高等院校交通运输工程专业教材

道路线形设计

程国柱　李英涛◎主编　　池利兵　李岩　曹弋◎副主编

知识产权出版社
全国百佳图书出版单位

图书在版编目(CIP)数据

道路线形设计/程国柱,李英涛主编. —北京:知识产权出版社,2013.10
ISBN 978-7-5130-2373-3

Ⅰ.①道… Ⅱ.①程…②李… Ⅲ.①公路线形—线形设计—教材 Ⅳ.①U412.3

中国版本图书馆 CIP 数据核字(2013)第 248187 号

内容提要

本教材以道路线形设计基本理论与方法为主线,注重与实践相结合,在对道路设计背景知识给予介绍的基础上,重点阐述道路线形设计理论、道路线形设计成果、桥梁与隧道线形设计、国内外道路设计新理念、道路线形与景观评价方法、道路线形计算机辅助设计及相应规范和标准的具体要求,力求为读者在从事工程设计实践时提供参考,达到学以致用的目的。

本书可作为高等院校交通运输工程学科研究生的教材及交通工程、道路工程等专业本科生、公路与城市道路设计与规划部门的技术人员及有关管理人员的参考书。

责任编辑:陆彩云　　　　　　　　执行编辑:徐家春
责任出版:刘译文

道路线形设计

程国柱　李英涛　主　编
池利兵　李　岩　曹　弋　副主编

出版发行:	知识产权出版社有限责任公司	网　　址:	http://www.ipph.cn
			http://www.laichushu.com
电　　话:	010-82004826		
社　　址:	北京市海淀区马甸南村1号	邮　　编:	100088
责编电话:	010-82000860 转 8573	责编邮箱:	xujiachun625@163.com
发行电话:	010-82000860 转 8101/8029	发行传真:	010-82000893/82003279
印　　刷:	北京中献拓方科技发展有限公司	经　　销:	各大网上书店、新华书店及相关专业书店
开　　本:	787mm×1092mm　1/16	印　　张:	17.75
版　　次:	2014年9月第1版	印　　次:	2014年9月第1次印刷
字　　数:	410 千字	定　　价:	39.00 元

ISBN 978-7-5130-2373-3

出版权专有　侵权必究
如有印装质量问题,本社负责调换。

前　言

　　交通运输与国民经济有着不可分割的密切关系,要实现国民经济的现代化,必须首先实现交通运输的现代化。在综合交通运输系统中,道路运输发挥着重要的作用。"十一五"期间,我国公路客运在综合运输体系中的优势地位明显,客运量比重基本稳定在92%左右。到2013年底,我国高速公路通车总里程达到10.4万公里,已超过美国跃居世界第一。经国务院审议通过的《国家高速公路网规划》将对中国经济、社会的发展及公众的生活方式和质量产生重大而深远的影响。此外,党中央、国务院部署的"十二五"期间一项重要政治任务便是加快农村公路建设,农村公路建设正在全国广泛开展,其规模和影响前所未有。同时,我国城镇化步伐加快,城市交通基础设施建设规模和水平日益提高,特别是在"优先发展城市公共交通"和"城市公共交通一体化"政策的引导下,城市轨道交通设施的规划和建设提速明显,这都将促进中国道路交通建设与管理的现代化进程。作为道路工程规划、设计及科研等一系列技术工作重要基础的道路线形设计理论也在不断地发展和进步。我国对有关设计标准、规范也作了多次的修订,同时颁布了新的标准、规范和指南,交通运输部提出的设计新理念也已成为今后勘察设计工作的重要指导方针,以适应新时期对道路发展的需要。

　　与以往教材相比,本书对于路线设计侧重于理论与方法的对比介绍,桥梁与隧道部分本书则只重点介绍线形设计部分的内容,同时增加了路侧设计、基于驾驶员特性的道路线形设计、道路线形设计评价部分,将道路设计的新理念也一并纳入到教材的编写内容中;并将对公路与城市道路设计文件组成中的道路线形设计内容给予介绍,力求与前面的理论知识融会贯通,为读者在从事工程实践时提供参考,达到学以致用的目的。本教材另外一处亮点在于,考虑了道路景观设计对驾驶员行驶舒适性的影响,将其与道路线形设计一并予以介绍,并强调了二者的协调性。

　　本教材受"哈尔滨工业大学研究生教育教学改革研究项目"资助,全书分为八章,依次为绪论、道路线形设计理论、道路线形设计成果、桥梁线形设计、隧道线形设计、道路线形设计新理念、道路线形与景观评价、道路线形计算机辅助设计。本教材编写分工为哈尔滨工业大学程国柱(第1、2、7章),大庆高新技术产业开发区规划建筑设计院李英涛(第2、3章),哈尔滨工业大学李岩

(第4、5章),中国城市规划设计研究院池利兵(第6章),大连交通大学曹弋(第8章),全书由程国柱、李英涛负责统稿并任主编。

本教材在编写过程中,参考了有关标准、规范、教材和论著,在此谨向有关编著者表示衷心的感谢!由于作者水平有限,书中难免有不妥之处,敬请读者批评指正。

编　者

2014年7月

目 录

第1章 绪论 … 1
1.1 道路的基本建设程序 … 1
1.2 道路工程可行性研究编制 … 1
1.3 道路勘测设计阶段划分及其目的与要求 … 7
1.4 道路线形设计标准与规范 … 10
1.5 道路线形总体设计 … 14
1.6 道路建设项目前期工作咨询与工程设计收费标准 … 18

第2章 道路线形设计理论 … 24
2.1 基于汽车行驶稳定性的道路线形设计理论 … 24
2.2 基于人类工效学的道路线形设计理论 … 32

第3章 道路线形设计成果 … 51
3.1 道路设计文件组成 … 51
3.2 公路线形设计成果 … 52
3.3 城市道路线形设计成果 … 104

第4章 桥梁线形设计 … 113
4.1 桥梁的基本组成和分类 … 113
4.2 桥梁设计的基本要求 … 119
4.3 桥梁工程设计与建设程序 … 124
4.4 桥梁总体规划设计 … 128
4.5 桥位的选择 … 135
4.6 桥梁设计方案构思与美学法则 … 142
4.7 桥梁线形设计的主要成果 … 154

第5章 隧道线形设计 … 158
5.1 设计原则与位置选择 … 158
5.2 隧道线形设计 … 161
5.3 隧道线形设计成果 … 176

第6章 道路线形设计新理念 ········ 178
6.1 灵活设计理念 ········ 178
6.2 宽容设计理念 ········ 180
6.3 景观设计理念 ········ 191
6.4 创作设计理念 ········ 207
6.5 "六个坚持,六个树立"的公路勘察设计新理念 ········ 209

第7章 道路线形与景观评价 ········ 210
7.1 基于运行速度的道路线形评价方法 ········ 210
7.2 道路空间线形评价方法——透视图法 ········ 213
7.3 路侧设计评价 ········ 220
7.4 桥隧线形评价 ········ 222
7.5 道路线形安全审计 ········ 223
7.6 道路景观评价 ········ 231

第8章 道路线形计算机辅助设计 ········ 238
8.1 道路CAD系统的基本原理 ········ 238
8.2 典型公路设计软件介绍 ········ 244
8.3 典型城市道路设计软件介绍 ········ 259

参考文献 ········ 275

第 1 章 绪 论

本章主要从总体上介绍道路基本建设程序、道路工程可行性研究编制、道路勘测设计阶段划分及其目的与要求、道路线形设计标准与规范、道路线形设计总体，以及道路建设项目前期工作咨询与工程设计收费标准。

1.1 道路的基本建设程序

道路工程项目的设计与建设一般包括规划、预可行性研究、项目建议书、工程可行性研究、勘测设计、施工、竣工验收等阶段。道路基本建设程序为

1）根据相关规划，进行项目预可行性研究；
2）根据项目预可行性研究，编制项目建议书；
3）根据项目建议书，进行项目工程可行性研究；
4）根据项目工程可行性研究，编制计划任务书；
5）根据批准的计划任务书，进行现场勘测，编制初步设计文件和概算；
6）根据批准的初步设计文件，编制施工图设计文件和预算；
7）列入年度基本建设计划；
8）进行施工前的各项准备工作；
9）编制实施施工组织设计及开工报告，报上级主管部门审批；
10）严格执行有关施工的规程和规定，坚持正常施工秩序，做好施工记录，建立技术档案；
11）编制竣工图表和工程决算，办理竣工验收。

1.2 道路工程可行性研究编制

道路建设项目可行性研究，是对项目建设的必要性、技术可行性、经济合理性和实施可能性进行综合性研究论证的工作，是道路建设项目前期工作的重要组成部分，是建设项目立项、决策的主要依据。

1.2.1 工作阶段划分

道路建设项目可行性研究，按其工作深度分为预可行性研究和工程可行性研究。编制预可行性研究报告，应以项目所在地区经济社会发展规划、交通发展规划及其他相关规划为依据；编制工程可行性研究报告，原则上以批准的项目建议书为依据。

道路建设项目预可行性研究要求通过实地踏勘和调查，重点研究项目建设的必要性

和建设时机,初步确定建设项目的通道或走廊带,并对项目的建设规模、技术标准、建设资金、经济效益等进行必要的分析论证,编制研究报告,作为项目建议书的依据。

道路建设项目工程可行性研究要求进行充分的调查研究,通过必要的测量和地质勘察,对可能的建设方案从技术、经济、安全、环境等方面进行综合比选论证,确定项目起、终点,提出推荐方案,明确建设规模,确定技术标准,估算项目投资,分析投资效益,编制研究报告。工程可行性研究报告一经批准,即为初步设计应遵循的依据。

道路建设项目可行性研究报告,应对所有可能的工程建设方案进行粗略比选论证,筛选出有比较价值的方案(备选方案),进一步作同等深度的技术、建设费用、经济效益论证比较。二级及二级以上等级公路的预可行性研究、工程可行性研究阶段的路线方案,必须分别在 1∶50000、1∶10000 或更大比例尺地形图上进行研究;预可行性研究阶段的特殊工程困难路段和独立大桥(隧道)工程应在 1∶10000、1∶2000 地形图上进行研究;工程可行性研究阶段应进行必要的地质勘探,对长大桥梁、隧道等控制性工程,可采用遥感、物探、地质调绘等进行专项的地质勘探和调查,地质条件复杂时需进行必要的钻探分析。

1.2.2 公路可行性研究编制内容

1. 公路预可行性研究

(1) 预可行性研究报告

《公路建设项目可行性研究报告编制办法》(2010)给出的公路建设项目预可行性研究报告主要内容包括:

1) 概述:项目背景、编制依据、研究过程及内容、建设的必要性、主要结论、问题与建议。

2) 经济社会和交通运输发展现状及发展:研究区域概况,项目影响区域经济社会现状及发展(社会发展概况、经济发展现状、经济社会发展趋势),项目影响区域交通运输现状及发展(综合交通运输现状、相关公路技术状况及适应程度、交通运输发展规划)。

3) 交通量分析及预测:公路交通调查及分析(调查综述、调查资料分析),相关运输方式的调查与分析(调查概述、资料分析),预测思路与方法(交通量预测的总体思路、交通量预测方法及步骤概述),交通量预测(预测特征年、特征年路网、交通生成、交通分布、诱增交通量及其他运输方式转移交通量的初步估计、交通量分配、预测结果及分析)。

4) 建设的必要性:重点分析拟建项目在区域经济社会发展、城镇及路网规划、综合运输体系、满足交通需求等方面的定位和作用,阐述项目建设的必要性和建设时机。

5) 建设条件、技术标准及建设方案:建设条件(地形、地质、水文、气候等条件,制约建设方案的城镇规划、产业布局、资源分布、环境敏感点、文物等其他主要因素,筑路材料及运输条件,拟建项目与相关路网的衔接);技术标准(平、纵、横设计指标);建设方案(建设项目起终点论证、可能的建设方案、建设方案比选、推荐方案工作概况和建设规模、实施安排)。

6) 投资估算及资金筹措:按照交通运输部《公路基本建设工程投资估算编制办法》《公路工程估算指标》等执行,说明材料单价和征地拆迁取值依据及主要定额调整原因等,并给出方案估算汇总表;说明资金来源及相应比例,如国家拨款、交通运输部补贴、地方自筹等。

7) 经济评价:评价依据和方法,经济费用效益分析(参数选择与确定、经济费用调整、经济效益计算、经济费用效益分析指标计算、敏感性分析),财务分析(资金来源与融资方案、财务费用计算、收入费用计算、财务分析指标计算、敏感性分析),评价结论。

8) 节能评价:建设期能耗分析,运营期节能分析(项目运营管理耗能分析、项目使用者节能计算),主要节能措施,节能评价。

9) 社会评价:项目的社会影响分析、项目与所在地的互适性分析、社会风险分析及对策建议、社会评价结论。

10) 风险分析:对于特殊复杂的重大项目,应进行风险分析,包括项目主要风险因素识别、风险程度分析、防范和降低风险措施。

11) 问题与建议。

12) 附件:相关会议纪要、地方意见、部门意见等。

(2) 工程图表

公路建设项目预可行性研究工程部分的主要图表包括:地理位置图、路线方案示意图、路线平纵面缩图、主要技术经济指标表、路基标准横断面图、路线平面及纵断面图、桥型总体布置图(独立桥梁、特大桥梁)、隧道(地质)纵断面图(独立隧道、特长隧道)、主要工程数量估算表和投资估算文件(推荐方案的甲乙组文件和比较方案的甲组文件)。其中,地理位置图置于报告第1页,图幅范围按路线影响区域范围确定,一般应涵盖项目所在省全貌,位于省界的项目应涵盖相邻省份主要影响区域。路线方案示意图一般应在1∶50000~1∶200000地形图上标出全线推荐方案及比较方案,并标示现状路网、规划路网、城镇规划范围及沿线风景区、矿区、重要文物、环境敏感点等。路线平纵面缩图应标注城镇规划、风景区范围及资源分布、水源地等内容。

(3) 经济交通分析及经济评价图表

公路建设项目预可行研究经济交通分析及经济评价部分主要图表包括:项目影响区示意图、省(市、地、县)历年主要经济社会指标表、省(市、地、县)主要经济社会指标预测结果表、现有相关公路技术状况表、历年相关公路交通量表、项目影响区公路及其他运输方式现状图、项目基年OD表、项目基年出行期望线示意图、未来各特征年公路及其他运输方式规划图、未来各特征年OD表、分路段交通量预测结果表、交通量车型结构预测表、车辆经济运营成本调整表、项目投资经济费用效益流量表、经济费用效益分析敏感性分析表、项目投资现金流量表、项目资本金现金流量表、财务分析敏感性分析表。

2. 公路工程可行性研究

(1) 工程可行性研究报告

《公路建设项目可行性研究报告编制办法》(交通运输部2010年4月颁布)给出的公路建设项目工程可行性研究报告主要内容包括:

1) 概述:项目背景;编制依据;研究过程;建设的必要性(对于直接进行工程可行性研究的公路项目,应对项目建设的必要性、建设时机等进行详细论证);主要结论(交通量预测,技术标准,路线起终点、走向、主要控制点及建设规模,投资估算、资金筹措及工期安排,经济评价,土地利用、工程环境、节能及社会影响评价);问题与建议。

2)经济社会和交通运输发展现状及规划:研究区域概况,项目影响区域经济社会现状及发展(社会发展概况、经济发展现状、经济社会发展趋势),项目影响区域交通运输现状及发展(综合交通运输现状、相关公路技术状况及存在问题、交通运输发展趋势)。

3)交通量分析及预测:公路交通调查及分析(预可研工作回顾、调查综述、调查资料的分析),相关运输方式的调查与分析(调查概述、资料分析),预测思路与方法(交通量预测的总体思路、交通量预测方法及步骤概述),交通量预测(预测特征年、特征年路网、交通生成、交通分布、诱增交通量及其他运输方式转移交通量的初步估计、交通量分配、含比选方案的预测结果及分析)。

4)技术标准:根据拟建项目在区域公路网中的功能与定位、交通量预测结果,综合考虑地形条件、投资规模、环境影响及拟建项目连接的其他工程项目等影响因素,在通行能力及服务水平分析的基础上,按照《公路工程技术标准》相关规定,论证项目拟采用的技术等级、设计速度、车道数及路基宽度、荷载标准、抗震设防标准、隧道建筑限界、交通工程及沿线设施等具体指标,对于跨越有通航要求河流的桥梁,应明确通航标准等指标。

5)建设方案:建设条件(地形、地质、水文、气候等条件,制约建设方案的城镇规划、产业布局、资源分布、环境敏感点、文物等其他主要因素,筑路材料及运输条件,拟建项目与相关路网的衔接);建设项目起终点论证(建设项目与区域路网和前后路段衔接情况、与城市的衔接关系);备选方案拟定(主要控制因素,各备选方案走向及控制点、主要技术指标及规模);方案比选(综合考虑建设条件、工程规模及投资、经济评价、环境影响、土地占用等因素,提出推荐方案);推荐方案概况(起终点及主要控制点,规模、标准及主要技术经济指标,路基工程,路面工程,桥涵工程,隧道工程,交叉工程,连接线及辅道工程,交通工程及沿线设施,其他工程)。

6)投资估算及资金筹措:按照交通运输部《公路基本建设工程投资估算编制办法》《公路工程估算指标》等执行;说明主要材料来源、材料单价和征地拆迁取值依据、标准及主要定额调整原因等,并给出各方案总估算汇总表;说明资金来源及相应比例,如国家拨款、交通运输部补贴、地方自筹等。工程可行性研究与预可行研究的投资估算差别较大时,应说明原因。工程可行性研究阶段投资估算与初步设计概算之差,应控制在上下浮动10%以内,超出该范围的项目应补充研究,并重新报批。

7)经济评价:评价依据和方法,评价方案设定,经济费用效益分析(参数选择与确定、经济费用调整、经济效益计算、经济费用效益分析指标计算、敏感性分析),财务分析(资金来源与融资方案、财务费用计算、收入费用计算、财务分析指标计算、敏感性分析),经济评价结论。

8)实施方案:分析工程的施工条件和特点,研究制约工程进度、质量、造价的关键环节,提出工期安排等实施方案。对改扩建项目,应该包括施工期交通组织方案。

9)土地利用评价:区域土地利用、类型及人均占有量,推荐方案占用土地,主要拆迁建筑物的种类和数量,对当地土地利用规划影响,与《公路建设项目用地指标》的符合性、节约使用土地措施。

10)工程环境影响分析:沿线环境特征;推荐方案对工程环境的影响;减缓工程环境影响的对策(路线方案的对策,路基边坡防护对策,借方、弃方及水土保持对策,绿化恢复植被对策,其他对策)。

11) 节能评价:建设期能耗分析;运营期节能分析(项目运营管理耗能分析,包括项目的照明、服务区、收费站、监控设施等;项目使用者节能计算,采用"有无对比法",计算建设项目投入运营后,使用者的燃油节约量,并将最终结果换算成标准煤);当地能源供应的影响;主要节能措施(说明遵循的节能规范或标准,新材料、新工艺、新能源的应用等主要措施),节能评价结论。

12) 社会评价:社会影响分析(主要分析对所在地社会的正、负面影响,包括对居民收入、生活水平与质量、就业的影响,对不同利益群体、弱势群体的影响,对所在地文化、教育、卫生的影响,对少数民族风俗习惯和宗教的影响);互适性分析(当地政府对项目的态度、不同利益群体对项目的态度及参与程度、各部门或组织对项目的态度及支持程度、移民安置方案);社会风险分析(对可能影响项目的各种社会因素进行识别和排序,并对影响面大、持续时间长、容易引起较大矛盾的社会因素及未来可能的变化进行分析,提出必要的防范措施);社会评价结论。

13) 风险分析:对于特殊复杂的重大项目,应进行风险分析,包括项目主要风险因素识别(工程技术风险、资金风险、外部协作条件风险等,应结合项目实际进行识别)、风险程度分析(采用专家评估法、风险因素取值评定法或风险概率分析法等,按各风险因素对项目影响程度和风险发生的可能性大小确定风险的等级)、防范和降低风险措施(根据不同的风险因素提出相应的规避和防范对策)。

14) 问题与建议:存在的主要问题及建议。

15) 附件:相关审查意见、会议纪要、地方意见、部门意见等。

(2) 工程图表

公路建设项目工程可行性研究工程部分的主要图表包括:地理位置图、路线方案比较图、推荐方案路线平纵面缩图、路线平面及纵断面图(水平1:10000,垂直1:1000~1:5000)、主要技术经济指标表、综合交通规划图、相关城镇规划图、区域主要水系图、区域地震烈度分布图、区域工程地质图、重要工点地质剖面图、不良地质地段表、特殊路基处理数量表、路基每公里土石方数量表、路基标准横断面图、路面工程数量表、路面结构方案图、路基路面排水工程数量表、路基防护工程数量表、桥梁工程数量表、典型大桥桥型布置图、涵洞数量表、隧道工程数量表、隧道方案图、互通式立体交叉表、互通式立体交叉平面布置图、互通式立体交叉主要工程数量表、分离式立体交叉表、通道(天桥)工程数量表、公路用地表、拆迁建筑物数量表、拆迁电力电信设施表、主路材料料场调查表、投资估算文件(推荐方案的甲组文件和比较方案的甲组文件)。

地理位置图置于报告第1页,图幅范围按路线影响区域范围确定,一般应涵盖项目所在省全貌,位于省界的项目应涵盖相邻省份主要影响区域。

路线方案比较图一般应在1:50000~1:200000地形图上标出所有方案,标注起终点、控制点、主要城镇及规划范围、相关公路和铁路、沿线风景区、矿区、重要文物、县以上境界;简明标示出大桥、隧道、互通立交、连接线及沿线设施(服务区、停车区)等位置。

推荐方案路线平纵面缩图中,平面比例尺及标注内容同路线方案比较图;纵断图绘于平面缩图下,简明标示出主要地名、垭口、河流、大桥、隧道及主要路线交叉等位置、名称与高程。水平比例尺与平面缩图相同,垂直比例尺采用1:5000~1:10000。

（3）经济交通分析及经济评价图表

公路建设项目工程可行性研究经济交通分析及经济评价部分主要图表包括:项目影响区示意图、省（市、地、县）历年主要经济社会指标表、省（市、地、县）主要经济社会指标预测结果表、项目影响区各运输方式运量统计表、现有相关公路技术状况表、历年相关公路交通量表、项目影响区公路及其他运输方式现状图、项目基年OD表、项目基年出行期望路线示意图、未来各特征年公路及其他运输方式规划图、未来各特征年OD表、分路段交通量预测结果表、未来特征年各路段交通量及互通式立交转向交通量预测结果示意图、交通量车型结构预测表、主要投入物影子价格调整表、建设费用调整表、车辆经济运营成本调整表、项目投资经济费用效益流量表、经济费用效益分析敏感性分析表、项目投资现金流量表、项目资本金现金流量表、财务分析敏感性分析表、借款还本付息估算表、利润与利润分配表。

1.2.3 城市道路工程可行性研究编制

《市政公用工程设计文件编制深度规定》（建设部2013年3月颁布）给出城市道路建设项目可行性研究报告的主要内容应包括:现状评价及建设条件、道路规划及交通量预测、采用的规范和标准、工程建设必要性论证、工程方案、环境评价、新技术应用及建设科研项目、工程建设阶段划分和进度计划安排设想、征地拆迁及主要工程数量、资金筹措、投资估算及经济评价、结论和存在问题。附图应包括:道路区域地理位置图、道路平面及纵断面图、道路规划横断面及拟建横断面布置方案图、主要节点方案图、桥梁与隧道工程方案图。

1.2.4 编制单位及报批

道路建设项目可行性研究报告应由具备相应工程咨询资质的机构编制,编制单位对报告的质量负责。多个编制单位共同承担项目时,应确定一个主办单位。主办单位应负责协调有关参加单位承担的工作,使各部分工作相互衔接,内容统一。主办单位应对报告全面负责。

可行性研究报告由主报告及附件两部分组成。幅面尺寸:主报告采用297mm×210mm（A4）,附件中的图册采用420mm×297mm（A3）。封面颜色:预可行性研究报告采用淡黄色；工程可行性研究报告采用墨绿色。

道路建设项目可行性研究报告编制完成后,经项目负责人、编制单位的技术负责人和单位主管签字后报送主管部门或委托单位。可行性研究报告的审批按国家有关规定办理。凡需中央政府审批的项目一般先由省、自治区、直辖市及计划单列市进行预审,认为报告内容齐全,研究成果符合国家有关规定和办法的要求,提出预审意见,才能上报审批,否则应进行必要的修改补充。可行性研究报告报批后,在未批复前若发现报告的基础依据有重大变化,建设单位应修改或重新编制,补充报批。

1.3 道路勘测设计阶段划分及其目的与要求

1.3.1 道路勘测设计阶段

道路勘测设计应根据道路的性质和要求分阶段进行,其具体作法有:一阶段、两阶段和三阶段设计三种。

1. 一阶段设计

对于技术简单、方案明确的小型建设项目,可采用一阶段设计,即直接根据批准的设计任务书的要求,一次作详细测量并编制施工图设计。

一阶段施工图设计应根据可行性研究报告批复意见及测设合同的要求,拟定修建原则,确定设计方案和工程数量,提出文字说明和图表资料及施工组织计划,编制施工图预算,满足审批的要求,适应施工的需要。

2. 两阶段设计

公路工程基本建设项目,一般应采用两阶段设计,即按初步设计和施工图设计两阶段进行。第一阶段,根据批准的设计任务书,进行踏勘测量,并编制初步设计文件。第二阶段,根据批准的初步设计、审批意见及测设合同,进行详细测量,并编制施工图设计文件。

3. 三阶段设计

对于技术上复杂而又缺乏经验的建设项目或建设项目中的个别路段、特殊大桥、互通式立体交叉、隧道等,必要时应采用三阶段设计,即初步设计、技术设计和施工图设计三个阶段。

1.3.2 初步设计

1. 初步设计的目的

初步设计阶段的目的是基本确定设计方案。必须根据批复的可行性研究报告、测设合同的要求,拟定修建原则,选定设计方案、拟定施工方案,计算工程数量及主要材料数量,编制设计概算,提供文字说明及图表资料。经审查批复后的初步设计文件,则作为订购主要材料、机具、设备,安排重大科研试验项目,联系征用土地、拆迁,进行施工准备,编制施工图设计文件和控制建设项目投资等的依据。

采用三阶段设计时,经审查批复的初步设计为编制技术设计文件的依据。

2. 初步设计的要求

初步设计在选定方案时,应对路线的走向、控制点和方案进行现场核查,征求沿线地方政府、建设单位及规划、土地、环保等相关部门的意见,基本落实路线布设方案。对建设条件复杂地段的路线、路基、路面、特大桥、大桥、特长及长隧道、互通式立体交叉、服务设施,一般应选择两个或两个以上的方案进行同深度、同精度的测设工作和方案比选,提出推荐方案。

初步设计的具体要求如下:

1) 选定路线设计方案,基本确定路线位置;

2）基本查明沿线地质、水文、气候、地震、矿产、文物等情况；

3）基本查明沿线筑路材料的质量、储量、供应量及运输条件，并进行原材料、混合料的试验；

4）基本确定路基标准横断面和高填深挖路基、特殊路基的设计方案及沿线路基取土、弃土方案；

5）基本确定排水系统与支挡、防护工程的方案、位置、长度、结构形式和尺寸；

6）基本确定路面设计方案、路面结构类型及主要尺寸；

7）基本确定特大、大、中桥桥位、设计方案、结构类型及主要尺寸；

8）基本确定小桥、涵洞等的位置、结构类型及主要尺寸；

9）基本确定隧道位置、设计方案、结构类型及主要尺寸；

10）基本确定路线交叉的位置、形式、结构类型及主要尺寸；

11）基本确定交通工程及沿线设施各项工程的位置、形式、类型及主要尺寸；

12）基本确定改（扩）建工程施工期间的交通组织方案；

13）基本确定环境保护措施与景观设计方案；

14）基本确定改路改渠等其他工程的位置、结构形式及主要尺寸；

15）基本确定占用土地、拆迁建筑物及管线等设施的数量；

16）提出需要试验、研究的项目；

17）初步拟定施工方案及工期安排；

18）论证确定分期修建的工程实施方案；

19）计算各项工程数量；

20）计算人工及主要材料、机具、设备的数量；

21）编制设计概算。

1.3.3 技术设计

1. 目的与要求

技术设计阶段应根据初步设计批复意见、测设合同的要求，对重大、复杂的技术问题通过科学试验、专题研究，加深勘探调查及分析比较，解决初步设计中未解决的问题，落实技术方案，计算工程数量，提出修正的施工方案，修正设计概算，批准后则为编制施工图设计的依据。

技术设计应满足下列有关要求：

1）对初步设计所定方案详加研究，进一步补充和修改；

2）补充必要的地质、水文、气候地震和地质钻探资料以及土工、材料、结构或模型试验成果；

3）提出科学试验成果、专题报告；

4）提出修正的施工方案；

5）编制修正概算。

2. 组成与内容

公路工程建设项目技术设计文件，应根据技术设计的目的与要求及工程需要解决的技术问题,参照初步设计与施工图设计文件有关规定编制。

对于公路工程建设项目中的特大桥、互通式立体交叉、隧道、交通工程及沿线设施的技术设计文件,还必须对整个建设项目的总体设计情况予以补充说明,对总概算加以修正。

1.3.4 施工图设计

1. 施工图设计的目的

两阶段(或三阶段)施工图设计阶段应根据初步设计(或技术设计)批复意见、测设合同,进一步对所审定的修建原则、设计方案、技术决定加以具体和深化,最终确定各项工程数量,提出文字说明和适应施工需要的图表资料以及施工组织计划,并编制施工图预算。

一阶段施工图设计应根据可行性研究报告批复意见、测设合同的要求,拟定修建原则,确定设计方案和工程数量,提出文字说明和图表资料及施工组织计划,编制施工图预算,满足审批的要求,适应施工的需要。

2. 施工图设计的要求

施工图设计的具体要求如下:

1) 确定路线具体位置。

2) 确定路基标准横断面和高填深挖路基、特殊路基横断面,绘制路基超高、加宽设计图;计算土石方数量并进行调配;确定路基取土、弃土的位置,绘制取土坑、弃土场设计图。

3) 确定路基路面排水系统和支挡、防护工程的结构类型及尺寸,绘制相应布置图和结构设计图。

4) 确定高填深挖、陡坡路堤及特殊路基设计的结构形式及尺寸,并绘制设计图。

5) 确定各路段的路面结构类型、路面混合料类型,并绘制路面结构图。

6) 确定特大、大、中桥的位置、孔数及孔径、结构类型及各部尺寸,绘制结构设计图。

7) 确定小桥、涵洞、漫水桥及过水路面等的位置、孔数及孔径、结构类型及各部尺寸,绘制布置图。特殊设计的,应绘制特殊设计详图。

8) 确定隧道及其附属设施的形式及尺寸,绘制布置图和设计详图。

9) 确定路线交叉形式、结构类型及各部尺寸,绘制布置图和设计详图。

10) 确定交通工程及沿线设施的各项工程的位置、类型及各部尺寸,绘制布置图和设计详图。

11) 确定改(扩)建工程施工期间的交通组织设计详图。

12) 确定环境保护与景观工程的位置、类型及数量,绘制布置图和设计详图。

13) 确定改路、改渠(河)等其他工程的位置、结构形式及尺寸,绘制相应的布置图和设计详图。

14) 落实沿线筑路材料的质量、储藏量、供应量及运距,绘制筑路材料运输示意图。

15) 确定征用土地、拆迁建筑物及电力、电讯等的数量。

16) 计算各项工程数量。

17) 提出施工组织计划。

18) 提出人工数量及主要材料、机具、设备的规格及数量。

19) 编制施工图预算。

1.4 道路线形设计标准与规范

1.4.1 公路线形设计标准与规范

1. 公路工程技术标准

我国建国以来,于1951年9月颁发了中华人民共和国《公路工程设计准则(草案)》。

1954年9月颁发了中华人民共和国《公路工程设计准则(草案)》,同时废止了1951年9月颁发的中华人民共和国《公路工程设计准则(草案)》。

1956年6月颁发了中华人民共和国《公路工程设计准则(修订草案)》,同时废止了1954年9月颁发的《公路工程设计准则(草案)》。

1972年3月颁发了中华人民共和国交通部标准《公路工程技术标准(试行)》,同时废止了1956年6月颁发的《公路工程设计准则(修订草案)》。

1981年5月22日批准中华人民共和国交通部部颁《公路工程技术标准》,编号为JTJ 01—81,同时废止了1972年3月颁发的《公路工程技术标准(试行)》。

1988年12月3日批准中华人民共和国交通部部颁《公路工程技术标准》,编号为JTJ—88,同时废止了1981年5月22日颁布的《公路工程技术标准》。

《公路工程技术标准》JTJ 001—97于1997年11月26日经交通部交公路发〔1997〕755号文批准发布,自1998年1月1日起施行。同时废止了1988年12月3日发布的《公路工程技术标准》。

《公路工程技术标准》JTGB 01—2003,自2004年3月1日起施行。同时废止了1998年1月1日发布的《公路工程技术标准》。

五十年来,我国编制和修订了七次《公路工程技术标准》。其中,《公路工程技术标准》JTJ 001—97对公路分级进行了比较大的变动。修订中根据公路的作用任务、功能及适应交通量,把公路分为高速公路和一级、二级、三级、四级公路五个等级;取消了原标准的汽车专用公路,使公路分级概念明确,更加合理。本次修订取消了有关"高速公路交通量超过四个车道容量时,其车道数可按双数增加"的规定,而只给出了设计速度为120km/h时六个车道和八个车道的有关规定,其主要原因是不提倡六车道及八车道高速公路采用较低的设计速度。本次修订加宽了硬路肩,保证故障车停放于硬路肩上,与相邻车道有一定的安全宽度。

2004年颁布的《公路工程技术标准》JTG B01—2003,对1998年实施的JTJ 001—97进行了修订,标准修订后分为九章,分别是:

1) 总则;
2) 控制要素;
3) 路线;
4) 路基路面;
5) 桥涵;
6) 汽车及人群荷载;

7) 隧道;

8) 路线交叉;

9) 交通工程及沿线设施。

本次修订的公路分级仍为高速公路、一级公路、二级公路、三级公路、四级公路五个等级,但纳入了公路功能、通行能力和服务水平等内容。将小客车定为各级公路交通量换算和通行能力分析的标准车型,调整了各级公路的设计速度、路基压实度值、特大与大桥的分类、中与短隧道的分类;对公路交叉设计的主要技术指标、交通工程及沿线设施的分级与安全指标及设施配置等进行了修订;在设计与管理思想上引入了运行速度和安全性评价的概念。

2. 公路路线设计规范

现行《公路路线设计规范》JTG D20—2006 是在《公路路线设计规范》JTJ 011—94 基础上修订而成的,修订工作与《公路工程技术标准》JTJ 01—97 同步进行。《公路路线设计规范》JTG D20—2006 是根据《公路工程技术标准》JTGB01—2003 所规定的公路分级、控制要素、路线和路线交叉基本要求及其主要技术指标而编制的。

在 2004 年召开的全国公路勘察设计工作会上确立了公路设计六点新理念,《公路路线设计规范》JTG D20—2006 遵照会议精神进行了补充、完善。其后按照公路司关于设计规范与设计细则分别编制了交公便字〔2006〕162 号"关于《公路路线设计规范》修改意见的函"等的要求,重新进行了调整与修改。《公路路线设计规范》JTG D20—2006 适用于新建和改建公路,旅游、厂矿等专用道路可参照执行。

《公路路线设计规范》JTG D20—2006 分为十二章,分别是:

1) 总则;

2) 公路分级与等级选用;

3) 公路通行能力;

4) 总体设计;

5) 选线;

6) 公路横断面;

7) 公路平面;

8) 公路纵断面;

9) 线形设计;

10) 公路与公路平面交叉;

11) 公路与公路立体交叉;

12) 公路与铁路、乡村道路、管线交叉。

本次对《公路路线设计规范》进行修订的主要内容有:对公路等级、设计速度等进行修订,突出了公路功能、按设计路段选用不同设计速度等设计理念;公路通行能力一章中增加了有关交通量、通行能力、车辆折算系数、服务水平等内容;引入采用运行速度、安全性评价进行检验的方法和全寿命设计思想;公路与公路平面交叉一章中引入信号交叉口交通管理方式,并对非渠化交叉、渠化交叉、环形交叉等补充完善了相关主要技术指标。

3. 标准与规范的内涵

公路技术标准主要指公路等级、路基宽度(车道数)、设计速度三个关键要素,三者相辅相成,又相互独立。

公路等级主要由公路在路网中的功能决定。在大多数情况下,公路等级需要更多地考虑政治、经济、社会等宏观因素,并非单独由技术因素确定。

路基宽度由交通需求确定。但从根本上讲,交通需求决定的是公路的车道数,而非整个路基宽度。路基宽度则以车道数为基础,即由基本的行车道宽度加安全的路缘带宽度、硬路肩宽度、中央分隔带宽度等组成。

设计速度由地形条件决定。设计速度对于公路交通容量有一定影响,但以提高速度去获取有限的交通容量的提高,尤其在地形复杂路段,属舍本逐末之举。由此出发,可以再次理解,获取交通容量提高的根本途径是增加车道数,而非采用更高的设计速度。

4. 标准与规范的运用

公路呈线形带状走廊分布,具有较强的区域经济辐射作用,其交通流量分布不可能十分均衡。根据所处地域的经济发展状况、人口分布及交通需求,交通量分布一般就有路段时段积聚效应。因此,在确定一条公路技术标准时,应根据分段交通量的不同,在符合长远发展规划的前提下,合理确定不同路段的技术标准,不宜将一条公路按一个技术标准贯彻始终。

(1)路基宽度的选择

路基宽度的选择,应首先论证确定各构成尺寸,然后叠加确定。对路基宽度的掌握,以保证车道数所需的行车道宽度和行驶安全所需的路缘带宽度为根本,局部困难路段,可以通过采用省略硬路肩等附加宽度的做法予以降低。同时,路基宽度的把握不仅体现"降低",也可体现提高,在冬季冰雪灾害严重路段,可适当加宽路基,提高行车安全。对于长陡纵坡路段,上坡路段为保证通行能力,应设置爬坡车道,下坡路段为贯彻"容错"、"纠错"理念,减轻事故损失程度,应设置避险车道。

对于硬路肩,其主要为车辆紧急停靠服务,与设计速度关系不大,因此,不同设计速度的公路采用同等宽度的硬路肩更为合理。

(2)路基断面形式应结合自然条件灵活掌握

地形平坦、自然横坡较缓的路段,一般以整体式路基断面为宜;地形复杂,以挖方为主,尤其自然横坡较陡的路段,可采用分离式断面,水平布置或上下错开,或设计为半桥半路、半隧半路及半隧半桥,以减少开挖量,保护自然生态环境。

当路基横向地形等条件较困难,加宽路基宽度难度较大时,可根据往返方向的不同纵坡、不同的交通组成调整路基横断面布置,即往、返方向采用非对称布置。对于双向四车道公路,下坡方向可取消或保留部分硬路肩,把节约的宽度调整到上坡方向,将上坡方向调整为三条车道。

(3)地形决定设计速度

地形条件存在显著差异,设计速度的取值就可以不同。因此,不必固守全路段或某一长度路段设计速度必须统一的做法(实际上,驾驶人所操纵车辆的行驶速度是不断变化的),只要速度以连续、均衡的方式变化,保证运行安全即可。以此角度可以理解,地形条件较好路段,可以采用较高设计速度;地形条件较差路段,可以降低路段设计速度。

1.4.2 城市道路设计规范

1. 城市道路工程设计规范

《城市道路工程设计规范》CJJ 37—2012(以下简称《规范》)是在《城市道路设计规范》CJJ 37—90 基础上修订而成的。

《城市道路工程设计规范》CJJ 37—2012 的主要技术内容包括：

1) 总则；
2) 术语与符号；
3) 基本规定；
4) 通行能力和服务水平；
5) 横断面；
6) 平面和纵断面；
7) 道路与道路交叉；
8) 道路与轨道交通线路交叉；
9) 行人和非机动车交通；
10) 公共交通设施；
11) 公共停车场和城市广场；
12) 路基和路面；
13) 桥梁和隧道；
14) 交通安全和管理设施；
15) 管线、排水和照明；
16) 绿化和景观。

《城市道路工程设计规范》CJJ 37—2012 修订的主要技术内容有：作为通用规范，在章节编排和内容深度组成上较《城市道路设计规范》CJJ 37—90 有较大的变化，章节的编排上主要由城市道路工程涵盖的内容组成，内容深度上主要是对城市道路设计中的一些共性要求和主要技术指标进行规定；修订了原《规范》中的通行能力、道路分类与分级、设计速度、机动车单车道宽度、路基压实标准等内容；增加了道路服务水平、设计速度 100km/h 的平纵技术指标、景观设计等内容；明确了平面交叉和立体交叉的分类和适用条件；突出了"公交优先""以人为本"的设计理念；强化了交通安全和管理设施的设计内容。

2. 城市道路交叉口设计规程

《城市道路交叉口设计规程》CJJ 152—2010 适用于新建和改建城市道路交叉口设计。新建交叉口必须按该规程的要求设计；当改建交叉口受条件限制时，近期设计的技术指标可作合理调整，但远期改建设计应满足该规程的要求。

《城市道路交叉口设计规程》CJJ 152—2010 的主要内容包括：

1) 总则；
2) 术语；
3) 基本规定；
4) 平面交叉；

5) 立体交叉；

6) 道路与铁路交叉。

3. 城市快速路设计规程

《城市快速路设计规程》CJJ 129—2009 适用于新建和改建城市快速路工程的设计，主要技术内容包括：

1) 总则；

2) 术语；

3) 基本规定；

4) 通行能力和服务水平；

5) 横断面设计；

6) 线形设计；

7) 出入口设计；

8) 高架快速路设计；

9) 交通安全与管理设施设计；

10) 景观与环境设计。

1.5 道路线形总体设计

1.5.1 一般规定

总体设计应协调公路工程项目外部与内部各专业间的关系，确定本项目及其各分项的技术标准、建设规模、主要技术指标和设计方案，使之成为完整的系统工程，符合安全、环保、可持续发展的总体目标，保障用路者的安全，提高公路交通的服务质量。

各级公路应根据公路功能、公路等级及其在路网中的作用进行总体设计。高速公路、一级公路应综合考虑各种因素做好总体设计；二级公路宜按相关因素进行总体设计；三级公路、四级公路视其重要程度可参照执行。

总体设计应考虑的因素：

1) 根据路线在路网中的位置、功能，综合考虑路线走廊带范围的远期社会、经济发展，城市、工矿企业的现状与规划，铁路、水路、航空、管道的布局，自然资源状况等，确定本项目起讫点、主要控制点及与之相互平行、交叉等项目的衔接关系。

2) 科学确定技术标准，合理运用技术指标，注意地区特性与差异，精心做好路线设计，必要时宜进行安全性评价，以保障行车安全。因条件受限制而采用上限（或下限）技术指标值或对线形组合设计有难度的路段，应采用运行速度进行检验，并采取相应技术对策。

3) 应在查明路线走廊带的自然环境、地形、地质等条件的基础上，认真研究路线方案或工程建设同生态环境、资源利用的关系，采取工程防护与生态防护相结合等技术措施，减少对生态的影响程度，加强恢复力度，最大限度地保护环境。

4) 做好同综合运输体系、农田与水利建设、城市规划等的协调与配合，充分利用线位资源,合理确定建设规模,切实保护耕地,使走廊带的自然资源得以充分利用,公路建设得以可持续发展。

5) 总体协调公路工程各专业间、相邻行业间和社会公众间的关系,其设计界面、接口等应符合相关法规、标准、规范的要求或规定,并注意听取社会公众意见。

6) 路线方案比选应对设计、施工、养护、营运、管理的各阶段,从安全、环保、可持续发展理念,运用全寿命周期成本分析方法进行论证,采用综合效益最佳、服务质量最好的设计方案。

1.5.2 总体设计要点

道路线形总体设计要点如下:

1) 路线起、终点应符合路网规划要求。确定起讫点位置时,应为后续项目预留一定长度的接线方案,或拟定具体实施设计方案。

2) 根据公路功能、设计交通量、沿线地形与自然条件等,论证并确定公路等级、设计速度和设计路段。恰当选择不同设计路段的衔接地点,处理好衔接处的过渡及其前后一定长度范围内的线形设计。

3) 高速公路、一级公路应根据设计交通量论证并确定车道数;具备集散功能的一级公路、二级公路应根据混合交通量及其交通组成论证设置慢车道的条件,并确定其设置方式、横断面型式与宽度。

4) 高速公路、一级公路一般情况下宜采用整体式路基;位于丘陵、山区时,应结合地形、地质条件及桥梁、隧道的布设等论证采用分离式路基的可行性。

5) 路线设计应合理确定路堤高度,减小对沿线生态环境的影响,并做好防护、排水、取土、弃土等设计,防止水土流失,保护环境,使公路工程建设融入自然。当出现高填、深挖时,应同架桥、建隧方案进行比选论证。

6) 由面到带(走廊带)、由带到线(沿路线)查明工程地质、水文情况,重大自然灾害、地质病害的分布、范围、状态以及其对工程的影响程度,论证并确定绕越、避让或整治病害的方案与对策。

7) 确定同作为控制点的城市、工矿企业、特大桥、特长隧道等的连接位置、连接方式。

1.5.3 应重视的问题及服务社会的考虑

1. 应重视的问题

(1) 控制点和走廊带是一个项目的基础

控制点和走廊带一旦发生变化,不但影响到项目的工程规模和投资,而且还要影响到路网结构、路网整体功能,甚至影响到区域路网的社会经济效益。因此,可行性研究阶段对控制点和走廊带的选择要慎之又慎,应深入研究,多方案必选。

(2) 应以区域经济社会发展情况确定路线走廊带

当区域经济欠发达或交通基础设施不完善时,路线走廊应选择在具有一定经济基础的区域和经济带上,以刺激和带动当地经济的发展;当区域经济高度发达或交通基础设施相对完善时,路线走廊带应侧重选择在区域经济社会不均衡的走廊带内,以避免重复布线,同时有利于促进协调发展。

(3) 以运行车速理论指导路线方案选择和线形设计

公路相邻路段线形指标不均衡,衔接不合理,会使车辆行驶速度出现较大悬殊,从而导致交通事故。以运行车速理论指导线形设计是改善线形安全的有效方法。山区高速公路长陡纵坡的安全问题比较突出,路线走廊选择时应予以特别重视。

(4) 项目所在区域的工程地质灾害评价和环境影响评价应在路线走廊选择前完成

路线走廊选择应绕避活动断裂带、大型滑坡等重大地质灾害多发区,绕避环境敏感点。

(5) 树立全寿命周期成本的理念

路线走廊选择要从建设、养护、运营、管理等阶段进行全面经济比较,树立全寿命周期成本的理念。统筹考虑规划、建设、养护、运营的全过程,系统解决工程结构的耐久性、抗疲劳性、车辆行驶的安全性、养护维修的可行性、防灾减灾的有效性以及环境景观的协调性等问题,实现公路使用寿命更长、环境更美、行车更舒适、投资更节省的总体目标。

2. 服务社会的考虑

回顾多年的公路建设历程,我们通常比较重视公路工程初期建设成本,把它作为方案取舍的第一考虑因素,而对环境保护和土地资源利用等可持续发展问题关注不够;较重视公路直接使用者的安全和利益,常忽视路外居民和公众的感受;较重视地面以上可见地形、地物的控制,而对地面以下的地质、文物、矿藏等建设条件考虑不足;较重视公路自身各专业间的协调设计,而对公路与沿线自然、生态、社会、人文等周边环境的协调研究不够。总结以前的经验教训,在今后的公路建设中应该考虑以下几方面:

(1) 对占用耕地的考虑

公路建设不可避免会占用土地,但占用何种类型的土地与公路设计者选定的路线方案有直接关系。

耕地是不可再生资源,在偏僻的山区,几亩耕地可能就是居民祖辈赖以生存的唯一手段,一旦被占用,他们就将被迫改变生存方式;有些经济发达地区,由于赔偿标准较高,拆迁占地工作难度不大,业主和公路设计者往往就放松对占用耕地的控制,这种做法也是狭隘的和不负责的。

作为有责任心的设计者,在路线方案布设时必须时刻考虑尽量少占耕地,需要不辞辛劳地反复优化路线方案,尽量在山坡或坡脚布线,避免在耕地中部穿过;不可避免时,尽量降低填土高度或者布设桥梁。

同样是耕地,也有贫瘠和肥沃之分,若必须占用,也应尽量占用贫瘠耕地。

(2) 对村镇生产生活环境的考虑

在公路建设中,应充分考虑区域社会经济的发展要求,降低对村镇等生活环境的影响,减小对农民生产出行等的干扰。

公路选线应尽量避开村镇,尽量避免由于公路阻隔影响两侧居民往来、农耕。尽量避免大规模的拆迁安置,并要充分体现国家安置补助政策。农用通道要保证排水通畅、使用方便。

(3) 对水资源保护的考虑

路线方案布设时,时常遇到水库、湖泊、水产养殖区等,有些水体往往是附近城镇居民的引用水源地。

因公路排水属污染水，直接排入上述水体是对水资源的一种破坏，因此路线布设时，应优先考虑在水体下游布线，不得已必须在上游布线或以桥梁跨越水体时，应进行专项排水设计，做到路面积水独立排除，避免对水资源的污染。

(4) 对节约里程的考虑

在路线方案比选过程中，经常遇到造价低但路线需绕行一定长度、造价高但路线顺直两种方案比选的情况，设计者难于把握是绕行而节约直接建设成本的方案好，还是初期建设成本高一些但顺直的方案好。在其他建设条件基本相同的前提下，掌握这一定量关系对科学决策路线方案是有帮助的。

工程造价和节约里程实际上是统筹考虑建设成本和运营成本的问题。为保持路线顺直、减短路线里程，可能需要设置隧道或桥梁工程，这样势必增加初期建设成本；而绕行方案虽初期建设成本低，但由于公路运行里程增长，运行成本(如燃油消耗、时间损失、轮胎和机械损耗等)较高。

分别计算一定评价期内绕行长度的运行成本并予以折现比较，即可形成建设成本和运营成本直接比较的定量关系。

1.5.4 道路线形与景观的配合

"景观"最初的含义更多体现在视觉、美学方面，即与"风景""景物"同义或近义。随着社会发展和全球环境问题日益严重，越来越多的人开始用社会和生态的眼光关注生存环境，人们对景观内涵的认识和理解也随之拓展，不再把它当作仅供人欣赏的视觉关注对象和毫无生机的地表空间景物，而认为"景观是在地貌运动过程和各种干扰作用(特别是人为作用)中形成的，具有特定的社会、生态结构功能和动态特征的宏观系统"，也就是说，景观同时体现人对环境的影响及环境对人的约束，是人类文化与自然的交流和融合。

道路不仅是交通运输构造物，而且也是广大人民使用的建筑物。它应使人在道路上行车不感到疲倦，并使旅客在游览旅行时有欣赏风景的可能性。良好的道路系统不仅仅是给人们提供一种安全迅速的运输通道，而且还应具有赏心悦目的外观，应该与周围的地形、地物和地貌有机地融为一体，成为当地风景的组成部分。道路不仅要有圆顺、优美的线形，还要与周围景观环境相协调。道路景观应包括线形本身及与环境的协调两方面，其中除线形的舒顺连续与协调外，主要是指道路两侧坡面、路肩、分隔带等与环境的协调以及路线在自然景观中的宏观位置。

道路线形与景观的协调包括：道路绿化、建筑装饰、标志设置等。可通过护栏、植树、处理边坡、交通标志及路面划线来改善行车、诱导视线和美化景观。例如曲线外侧及丁字路口植树绿化可指引道路方向；直线或曲线弯曲点附近有凸顶，可在分隔带或路旁植树，有利于给司机预告道路方向；为避免过长直线招致车祸，可设置一些醒目的标志或者纪念碑，以调整司机视觉，减轻单调疲劳感觉；注意避免大填挖对自然景观的破坏，可用绿化隐蔽不雅观的景物(如陡峭的沟谷、杂乱的取土坑、造型不良的房屋等)。道路线形与景观的配合主要体现在：

1) 道路定线时，应使它们的形态柔和优美，并与附近的自然景色和建筑艺术相结合。路线应使其具有的柔和美丽得以显露或强调。在这种情况下，按景观设计的原则，要求路线采取柔和匀顺的空间曲线插入自然地形之中,但并不要求迁就地形的微小起伏。

2) 路线的平面和纵面设计时,应与地形合理配合,从而保证路线的舒顺。平面和纵面上的突变感觉只有在采用较大半径的平、竖曲线时才能消除。平、竖曲线的半径、长度和偏角(或转坡角)大小应相适应,以取得平缓而流畅的线形。

3) 道路的线形应能提供开阔的视野,并尽量利用最佳的景观特征引人入胜,避免感觉上的单调感。道路线形和附近构造物应纳入周围景色中,以得到优美和谐的美感。

4) 道路路线要在符合技术要求的条件下,尽量适应地形地貌及自然景观,避免有过大的填挖,力求与周围景色融为一体,而不露出施工痕迹,不可避免时应迅速予以恢复其自然外观。

5) 道路应该具有优美的三维空间外观,应当是顺畅连续和可以预知的,并应与周围建筑物保持适当的比例。

6) 为符合道路美化的要求,在道路用地范围内应当进行综合绿化处理,注意美化路容、诱导视线和防止冲刷。道路和环境的绿化将能衬托出风景的优美,并正确预估前方路线的特征。

总之,道路与景观的作用是相互的。良好的设计可对当地景观增添现代气息,而风景的利用不仅可以使道路使用者感到赏心悦目,而且可以增加行车的安全感。

1.6 道路建设项目前期工作咨询与工程设计收费标准

1.6.1 道路前期工作咨询收费标准

《建设项目前期工作咨询收费暂行规定》(计价格〔1999〕1283号)给出了建设项目前期工作的咨询收费标准,包括建设项目专题研究、编制和评估项目建议书或者可行性研究报告以及其他与建设项目前期工作有关的咨询服务收费。

工程咨询收费根据不同工程咨询项目的性质、内容、采取以下方法计取费用:
1) 按建设项目估算投资额,分档计算工程咨询费用。
2) 按工程咨询工作所耗工日计算工程咨询费用。
(1) 按建设项目估算投资额分档计费

采取按建设项目估算投资额分档计费的,以建设项目的项目建议书或者可行性研究报告的估算投资为计费依据。使用工程咨询机构推荐方案计算的投资与原估算投资发生增减变化时,咨询收费不再调整。按建设项目估算投资额分档收费标准见表1.1。

表1.1 按建设项目估算投资额分档收费标准　　　　　单位:万元

	3000万元~1亿元	1亿元~5亿元	5亿元~10亿元	10亿元~50亿元	50亿元以上
1. 编制项目建议书	6~14	14~37	37~55	55~100	100~125
2. 编制可行性研究报告	12~28	28~75	75~110	110~200	200~250
3. 评估项目建议书	4~8	8~12	12~15	15~17	17~20
4. 评估可行性研究报告	5~10	10~15	15~20	20~25	25~35

建设项目的具体收费标准,根据估算投资额在相对应的区间内用插入法计算。建设项目投资额在3000万元以下的和除编制、评估项目建议书或者可行性研究报告以外的其他建设项目前期工作咨询服务的收费标准,由各省、自治区、直辖市价格主管部门会同同级计划部门制定。

根据行业特点和各行业内部不同类别工程的复杂程序,计算咨询费用时可分别乘以行业调整系数和工程复杂程度调整系数。

行业调整系数:
1) 石化、化工、钢铁:1.3。
2) 石油、天然气、水利、水电、交通(水运)、化纤:1.2。
3) 有色、黄金、纺织、轻工、邮电、广播电视、医药、煤炭、火电(含核电)、机械(含船舶、航空、航天、兵器):1.0。
4) 林业、商业、粮食、建筑:0.8。
5) 建材、交通(公路)、铁道、市政公用工程:0.7。

工程复杂程度调整系数:0.8~1.2。

(2) 按工日费用标准计费

工程咨询人员工日费用标准如下:
1) 高级专家:1000~1200元。
2) 高级专业技术职称的咨询人员:800~1000元。
3) 中级专业技术职称的咨询人员:600~800元。

工程咨询机构对外聘专家的付费按工日费用标准计算并支付,外聘专家,如有从业单位的,专家费用应支付给专家从业单位。

按照上述两种方法不便于计费的,可以参照工日费用标准由工程咨询机构与委托方议定。但参照工日计算的收费额,不得超过按估算投资额分档计费方式计算的收费额。

(3) 其他规定

工程咨询机构在编制项目建议书或者可行性研究报告时需要勘察、试验,评估项目建议书或者可行性研究报告时需要对勘察、试验数据进行复核,工作量明显增加需要加收费用的,可由双方另行协商加收的费用额和支付方式。工程咨询服务中,工程咨询机构提供自有专利、专有技术,需要另行支付费用的,国家有规定的,按规定执行;没有规定的,由双方协商费用额和支付方式。

建设项目前期工作咨询应体现优质优价原则,优质优价的具体幅度由双方在规定的收费标准的基础上协商确定。工程咨询费用,由委托方与工程咨询机构依据本规定,在工程咨询合同中以专门条款确定费用数额及支付方式。工程咨询机构按合同收取咨询费用后,不得再要求委托方无偿提供食宿、交通等便利。

委托方应按合同规定及时向工程咨询机构提供开展咨询业务所必须的工作条件和资料。由于委托方原因造成咨询工作量增加或延长工程咨询期限的,工程咨询机构可与委托方协商加收费用。工程咨询机构提交的咨询成果达不到合同规定标准的,应负责完善,委托方不另支付咨询费。工程咨询合同履行过程中,由于咨询机构失误造成委托方损失的,委托方可扣减或者追回以至全部咨询费用,对造成的直接经济损失,咨询机构应部分或全部赔偿。涉外工程咨询业务中有特殊要求的,工程咨询机构可与委托方参照国外有关收费办法协商确定咨询费用。

1.6.2 道路工程设计收费标准

工程设计收费是指设计人根据发包人的委托,提供编制建设项目初步设计文件、施工图设计文件、非标准设备设计文件、施工图预算文件、竣工图文件等服务所收取的费用。工程设计收费采取按照建设项目单项工程概算投资额分档定额计费方法计算收费。《计委、建设部价格〔2002〕10号文件》给出了道路工程设计收费标准。

(1)工程设计计费公式

工程设计收费按照下列公式计算:

1) 工程设计收费＝工程设计收费基准价×(1±浮动幅度值);

2) 工程设计收费基准价＝基本设计收费＋其他设计收费;

3) 基本设计收费＝工程设计收费基价×专业调整系数×工程复杂程度调整系数×附加调整系数。

工程设计收费基准价是按照本收费标准计算出的工程设计基准收费额,发包人和设计人根据实际情况,在规定的浮动幅度内协商确定工程设计收费合同额。

基本设计收费是指在工程设计中提供编制初步设计文件、施工图设计文件收取的费用,并相应提供设计技术交底、解决施工中的设计技术问题、参加试车考核和竣工验收等服务。

其他设计收费是指根据工程设计实际需要或者发包人要求提供相关服务收取的费用,包括总体设计费、主体设计协调费、采用标准设计和复用设计费、非标准设备设计文件编制费、施工图预算编制费、竣工图编制费等。

工程设计收费基价是完成基本服务的价格。工程设计收费基价在《工程设计收费基价表》(表1.2)中查找确定,工程设计收费计费额处于两个数值区间的,采用直线内插法确定工程设计收费基价。工程设计收费计费额为经过批准的建设项目初步设计概算中的建筑安装工程费、设备与工器具购置费和联合试运转费之和。

工程中有利用原有设备的,以签订工程设计合同时同类设备的当期价格作为工程设计收费的计费额;工程中有缓配设备,但按照合同要求以既配设备进行工程设计并达到设备安装和工艺条件的,以既配设备的当期价格作为工程设计收费的计费额;工程中有引进设备的,按照购进设备的离岸价折换成人民币作为工程设计收费的计费额。

表1.2 工程设计收费基价表　　　　　　　　单位:万元

序号	计费额	收费基价
1	200	9.0
2	500	20.9
3	1000	38.8
4	3000	103.8
5	5000	163.9

续表

序号	计费额	收费基价
6	8000	249.6
7	10000	304.8
8	20000	566.8
9	40000	1054.0
10	60000	1515.2
11	80000	1960.1
12	100000	2393.4
13	200000	4450.8
14	400000	8276.7
15	600000	11897.5
16	800000	15391.4
17	1000000	18793.8
18	2000000	34948.9

注：计费额大于2000000万元的，以计费额乘以1.6%的收费率计算收费基价。

（2）工程设计收费调整系数

工程设计收费标准的调整系数包括：专业调整系数、工程复杂程度调整系数和附加调整系数。

专业调整系数是对不同专业建设项目的工程设计复杂程度和工作量差异进行调整的系数，交通运输工程专业调整系数如下所示：

1) 机场场道工程：0.8。
2) 公路、城市道路工程：0.9。
3) 机场空管和助航灯光、轻轨工程：1.0。
4) 水运、地铁、桥梁、隧道工程：1.1。
5) 隧道工程：1.3。

工程复杂程度调整系数是对同一专业不同建设项目的工程设计复杂程度和工作量差异进行调整的系数。工程复杂程度分为一般、较复杂和复杂三个等级，其调整系数分别是：一般（Ⅰ级）0.85；较复杂（Ⅱ级）1.0；复杂（Ⅲ级）1.15。计算工程设计收费时，交通运输工程复杂程度在表1.3中查找确定，公路和城市桥梁、隧道工程复杂程度见表1.4。

表1.3 交通运输工程复杂程度表

等级	工程设计条件
Ⅰ级	三、四级公路及交通安全设施、道班房工程
Ⅱ级	1) 二级公路及交通安全设施、管理养护及服务设施工程； 2) 城市街区道路、次干路工程
Ⅲ级	1) 高速公路、一级公路工程； 2) 高速公路、一级公路的交通安全设施、监控系统、通信系统、收费系统及管理养护、服务设施工程； 3) 城市主干路、快速路、城市地铁、轻轨、广场、停车场工程； 4) 客货运索道工程

附加调整系数是对专业调整系数和工程复杂程度调整系数尚不能调整的因素进行补充调整的系数。附加调整系数为两个或两个以上的,附加调整系数不能连乘。将各附加调整系数相加,减去附加调整系数的个数,加上定值1,作为附加调整系数值。表1.3中Ⅰ级工程附加调整系数为1.89,Ⅲ级工程中"序号1"高速公路、一级公路工程附加调整系数为0.61。

表1.4 公路与城市桥梁、隧道工程复杂程度

等级	工程设计条件
Ⅰ级	1) 总长小于1000m,水深小于15m,单孔跨径为30～50m的预应力混凝土简支梁,30～50m的预应力混凝土连续箱梁等大桥工程; 2) 地质构造简单,长度小于500m的隧道工程
Ⅱ级	1) 总长大于1000m,水深大于15m,单孔跨径为30～50m的预应力混凝土简支梁,30～100m的预应力混凝土连续箱梁等大桥工程; 2) 地质构造简单,长度500～1000m的隧道工程; 3) 城市立交桥、人行天桥、地下通道、涵洞工程
Ⅲ级	1) 总长大于1000m,水深大于15m,单孔跨径大于250m的预应力混凝土连续结构和钢筋混凝土拱桥,跨度400～1000m的斜拉桥,800～1500m的悬索桥等大桥工程; 2) 地质构造复杂,长度大于1000m的隧道工程; 3) 全苜蓿叶型、双喇叭型、枢纽型等各类独立的互通式立体交叉工程

注:1) 公路桥梁、隧道工程附加调整系数,Ⅰ级工程为2.0,Ⅲ级工程为0.7。
　　2) 城市道路桥梁、隧道通过地下管网密集区的,附加调整系数为1.1。

（3）各阶段工作量比例

交通运输工程设计在各阶段工作量比例见表1.5,其中,道路工程设计工作量在初步设计与施工图设计阶段的比例分别为45％和55％。

表1.5 交通运输工程各阶段工作量比例

工程类型	设计阶段	
	初步设计(％)	施工图设计(％)
公路工程	45	55
隧道、水运工程	40	60
城市道路	45	55
地铁、轻轨	45	55
民用机场工程	45	55

（4）其他规定

1) 改扩建和技术改造建设项目,附加调整系数为1.1～1.4。根据工程设计复杂程度确定适当的附加调整系数,计算工程设计收费。

2) 初步设计之前,根据技术标准的规定或者发包人的要求,需要编制总体设计的,按照该建设项目基本设计收费的5％加收总体设计费。

3) 建设项目工程设计由两个或者两个以上设计人承担的,其中对建设项目工程设计

合理性和整体性负责的设计人,按照该建设项目基本设计收费的5%加收工程设计协调费。

4）工程设计中采用标准设计或者复用设计的,按照同类新建项目基本设计收费的30%计算收费;需要重新进行基础设计的,按照同类新建项目基本设计收费的40%计算收费;需要对原设计做局部修改的,由发包人和设计人根据设计工作量协商确定工程设计收费。

5）编制工程施工图预算的,按照该建设项目基本设计收费的10%收取施工图预算编制费;编制工程竣工图的,按照该建设项目基本设计收费的8%收取竣工图编制费。

6）设计人提供设计文件的标准份数,初步设计、总体设计分别为10份,施工图设计、非标准设备设计、施工图预算、竣工图分别为8份。发包人要求增加设计文件份数的,由发包人另行支付印制设计文件工本费。工程设计中需要购买标准设计图的,由发包人支付购图费。

第 2 章 道路线形设计理论

本章对比介绍了基于汽车行驶稳定性的道路线形设计理论和基于人类工效学的道路线形设计理论。

2.1 基于汽车行驶稳定性的道路线形设计理论

2.1.1 平曲线半径设计

1. 圆曲线半径计算

根据汽车行驶横向稳定性要求,可以计算出圆曲线半径值,如图 2.1 所示。

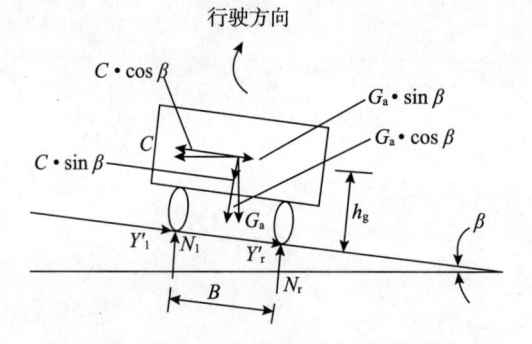

图 2.1 汽车在曲线内侧行驶的横向力

汽车在曲线内侧行驶所产生的横向力 Y 可按式(2.1)计算。

$$Y = C \cdot \cos\beta - G_a \cdot \sin\beta = C - G_a i_0 \tag{2.1}$$

式中　C——离心力力,N;

　　　G_a——汽车总重,N;

　　　β——道路横向坡度角(°);

　　　i_0——路拱横坡或路面超高横坡度,%。

上式中,由于道路坡度角 β 较小,$\cos\beta \approx 1$,$\sin\beta \approx i_0$,离心力 C 可按式(2.2)计算。

$$C = \frac{G_a}{g} \cdot \frac{v^2}{R} \tag{2.2}$$

式中　g——重力加速度,9.8m/s²;

　　　v——设计速度,m/s;

　　　R——圆曲线半径,m。

根据式(2.1)和式(2.2)可推导出圆曲线的计算公式:

$$R=\frac{v^2}{g(\mu+i_0)}=\frac{V^2}{127(\mu+i_0)} \tag{2.3}$$

式中　μ——横向力系数,即单位汽车重量所受的横向力;

　　　V——设计速度,km/h。

从式(2.3)中可以看出,确定圆曲线半径值,关键是合理确定横向力系数 μ 和横坡度 i_0。其中,为了确定横向力系数的设计值,既要通过实测路面与轮胎之间的摩擦系数范围,还要考虑司乘人员在行驶中所能忍受的横向力的大小和舒适感,综合平衡二者后才能确定。

2. 公路圆曲线最小半径确定

公路圆曲线最小半径有三种值:圆曲线最小半径极限值、圆曲线最小半径一般值和不设超高的圆曲线最小半径。公路线形设计时应根据沿线地形等情况尽量选用较大半径,在不得已情况下,方可使用极限值;当地形条件许可时,应尽量大于一般最小半径。选用曲线半径时应注意前后线形的协调,不应突然采用小半径曲线,长直线末端或线形较好路段不能采用最小圆曲线半径。从地形条件好的区段进入地形条件较差区段时,线形技术指标应逐渐过渡防止突变。

(1) 圆曲线最小半径极限值

《公路工程技术标准》JTG B01—2003(以下简称《标准》)计算圆曲线最小半径极限值时分别用6%、8%和10%的超高值代入式(2.3)计算,横向力系数取0.10～0.17。将计算结果取整即得出《标准》规定的圆曲线最小半径极限值,见表2.1。《标准》中所列的为采用8%超高的圆曲线最小半径极限值。

表2.1　公路圆曲线最小半径极限值

设计速度(km/h)	120	100	80	60	40	30	20
横向力系数	0.10	0.12	0.13	0.15	0.15	0.16	0.17
$i=10\%$	570	360	220	115	50	30	15
$i=8\%$	650	400	250	125	55	30	15
$i=6\%$	710	440	270	135	60	35	15

(2) 圆曲线最小半径一般值

圆曲线最小半径一般值对按设计速度行驶的车辆能保证其安全性与舒适性,是设计时建议采用的值。参考国内外使用的经验,采用的横向力系数值为0.05～0.06,这样行车将更加舒适,代入式(2.3)计算,将计算结果取整即得出《标准》规定的圆曲线最小半径一般值,见表2.2。

表2.2　公路圆曲线最小半径一般值

设计速度(km/h)	120	100	80	60	40	30	20
横向力系数	0.05	0.05	0.06	0.06	0.06	0.05	0.05
超高值(%)	6	6	7	8	7	6	6
圆曲线最小半径一般值	1000	700	400	200	100	65	30

(3) 不设超高的圆曲线最小半径

圆曲线半径大于一定数值时,可以不设置超高,而允许设置等于直线路段路拱的反超高,从行驶的舒适性考虑,必须把横向力系数控制到最小值。当路拱横坡为 1.5% 时,横向力系数采用 0.035;当路拱横坡为 2.0% 时,横向力系数采用 0.040。

考虑到现实的路拱横坡在高速公路及一、二、三级公路上还有大于 2.0% 的情况,横向力系数采用 0.040~0.050 的幅度来计算不设超高最小半径值。当路拱横坡为 2.5% 时,横向力系数采用 0.040;当路拱横坡为 3.0% 时,横向力系数采用 0.045;当路拱横坡为 3.5% 时,横向力系数采用 0.050。不设超高的圆曲线最小半径见表 2.3,此时,路拱横坡取负值。

表 2.3 公路不设超高的圆曲线最小半径

设计速度 (km/h)	120	100	80	60	40	30	20
$i_{路拱} \leqslant 2.0\%$ $\mu = 0.035 \sim 0.040$	5500	4000	2500	1500	600	350	150
$i_{路拱} > 2.0\%$ $\mu = 0.040 \sim 0.050$	7550	5250	3350	1900	850	450	200

3. 城市道路圆曲线最小半径确定

城市道路圆曲线最小半径分为不设超高最小半径、设超高最小半径一般值、设超高最小半径极限值三种。应采用大于或等于不设超高最小半径值;当受地形条件限制时,可采用设超高最小半径一般值;地形条件特别困难时,可采用设超高最小半径极限值。

(1) 不设超高最小半径

在城市道路建成区,由于两侧建筑已形成,如设超高,则两侧建筑物标高不宜配合而且影响街道景观,因此,城市道路可适当降低标准。而且城市道路由于非机动车的干扰,交叉口较多,一般车速偏低,因此,横向力系数可加大,在计算不设超过最小半径时,横向力系数 $\mu = 0.067$,路面横坡度 $i = -0.02$。圆曲线半径计算值与《规范》采用值见表 2.4。

表 2.4 城市道路不设超高圆曲线最小半径

设计速度(km/h)	100	80	60	50	40	30	20
横向力系数 μ	0.067	0.067	0.067	0.067	0.067	0.067	0.067
路面横坡度 i	−0.02	−0.02	−0.02	−0.02	−0.02	−0.02	−0.02
计算值(m)	1675	1072	603	419	268	151	67
采用值(m)	1600	1000	600	400	300	150	70

(2) 设超高最小半径一般值

城市道路设超高最小半径一般值计算中,横向力系数采用 0.067,超高值为 2%~6%,圆曲线半径计算值与《规范》采用值如表 2.5 所示。

表 2.5 城市道路设超高最小圆曲线半径一般值

设计速度(km/h)	100	80	60	50	40	30	20
横向力系数 μ	0.067	0.067	0.067	0.067	0.067	0.067	0.067
路面横坡度 i	0.06	0.06	0.04	0.04	0.02	0.02	0.02
计算值(m)	620	397	265	184	145	81	36
采用值(m)	650	400	300	200	150	85	40

(3) 设超高最小半径极限值

城市道路设超高最小半径极限值计算中，横向力系数采用 0.14~0.16，超高值为 2%~6%，圆曲线半径计算值与《规范》采用值见表 2.6。

表 2.6 城市道路设超高最小圆曲线半径一般值

设计速度(km/h)	100	80	60	50	40	30	20
横向力系数 μ	0.14	0.14	0.15	0.16	0.16	0.16	0.16
路面横坡度 i	0.06	0.06	0.04	0.04	0.02	0.02	0.02
计算值(m)	394	252	149	98	70	39	17
采用值(m)	400	250	150	100	70	40	20

2.1.2 纵坡及坡长设计

1. 纵坡设计

(1) 最大纵坡

在纵断面设计中，各级道路允许采用的最大纵坡值直接影响路线长度、道路使用质量、行车安全及运输成本和工程经济性。汽车沿陡坡上行时，因克服升坡阻力及其他阻力需增大牵引力，车速会降低，若陡坡过长，将引起汽车水箱开锅、气阻等情况，严重时还可能使发动机熄火，驾驶条件恶化。若沿陡坡下行，因制动次数增多，制动器易发热而失效，司机心理紧张，易引起事故。

道路最大纵坡依据汽车的动力特性、道路等级、自然条件、行车安全及工程与运营经济等因素确定，《标准》对公路最大纵坡的规定如表 2.7 所示。《标准》规定：设计速度为 120km/h、100km/h、80km/h 的高速公路受地形条件或其他特殊情况限制时，经技术经济论证，最大纵坡值可增加 1%；公路改建中，设计速度为 40km/h、30km/h、20km/h 的利用原有公路的路段，经技术经济论证，最大纵坡值可增加 1%。城市道路机动车道最大纵坡如表 2.8 所示，海拔 3000~4000m 的高原城市道路的最大纵坡度推荐值按表列值减小 1%；积雪寒冷地区最大纵坡推荐值不得超过 6%。

表 2.7 公路最大纵坡

设计速度(km/h)	120	100	80	60	40	30	20
最大纵坡(%)	3	4	5	6	7	8	9

表 2.8　城市道路机动车道最大纵坡

设计速度(km/h)	100	80	60	50	40	30	20
最大纵坡一般值(%)	3	4	5	5.5	6	7	8
最大纵坡极限值(%)	4	5	6	7	8	—	—

(2) 桥上及桥头纵坡

桥上及桥头纵坡设计要满足以下规定：

1) 小桥、涵洞处纵坡按路线规定进行设计；
2) 大、中桥上的纵坡不宜大于 5%；
3) 位于市镇附近非汽车交通较多的路段，桥上及桥头引道纵坡均不得大于 3%；
4) 紧接大、中桥桥头两端的引道纵坡应与桥上纵坡相同。

(3) 平均纵坡

平均坡度，是指在一定长度范围内，路线上两点间的高差值与相应水平距离之比，平均纵坡是衡量纵断面线形设计质量的一个重要指标。汽车长距离地爬行较大纵坡，为获得较大牵引力，只能长时间挂低档行驶，容易导致水箱开锅、发动机过热；而在同一路段上汽车下坡行驶时，司机精神紧张，不得不频繁制动，常引起制动器发热甚至烧掉制动片，容易发生事故。所以在设计中，为了合理运用最大纵坡、缓和坡段及坡长，应控制路线总长度内的平均纵坡。《标准》中对公路越岭路线的平均纵坡规定如下：

越岭路线连续上坡(或下坡)路段，相对高差为 200～500m 时，平均纵坡不应大于 5.5%；相对高差大于 500m 时，平均纵坡不应大于 5%。任意连续 3km 路段的平均纵坡不应大于 5.5%。

(4) 缓和坡段

山岭、重丘区的公路，由于汽车连续行驶在较大陡坡上，将影响汽车发动机的正常使用，并危及行车安全，故当连续纵坡大于 5% 时，应在其间设置纵坡不大于 3% 的缓和路段，其长度不应小于 100m。这时，即使整个坡段完全符合最大纵坡和坡长限制的规定，服务水平也不会很高。

(5) 合成坡度

合成坡度是指路线纵坡与路拱横坡或弯道超高横坡的矢量和，其坡度方向即流水线方向，按式(2.4)计算：

$$i_{合} = \sqrt{i_{纵}^2 + i_{横}^2} \tag{2.4}$$

式中　$i_{合}$——合成坡度，%；

　　　$i_{纵}$——路线纵坡，%；

　　　$i_{横}$——路拱横坡或弯道超高横坡，%。

路面上的雨水一般都流向合成坡度方向(因为该方向的坡度最大)。在冰滑、潮湿路段，车辆容易沿合成坡度方向产生滑溜，尤其在急弯陡坡处，由于合成坡度的影响，汽车重心发生偏移，将影响行车安全，甚至造成恶性交通事故。因此，从路面排水及行车安全等方面考虑，应对合成坡度加以限制。

《标准》及《规范》中规定的最大合成坡度如表 2.9 和表 2.10 所示。

第 2 章 道路线形设计理论

表 2.9 公路最大允许合成坡度

公路等级	高速公路			一级公路			二级公路		三级公路		四级公路
设计速度（km/h）	120	100	80	100	80	60	80	60	40	30	20
合成坡度(%)	10	10	10.5	10	10.5	10.5	9	10	9.5	10	10

表 2.10 城市道路最大允许合成坡度

设计速度(km/h)	100、80	60	50	40	30	20
合成坡度(%)	7	7.0	7.0	8.0	—	—

注：积雪地区各级道路的合成坡度应小于或等于 6%。

2. 坡长设计

（1）最大坡长

汽车沿长距离的陡坡上坡时，因需长时间低档行驶，易引起发动机效率降低。下坡时，由于频繁刹车将缩短制动系统的使用寿命，影响行车安全。一般根据汽车的爬坡能力，以末速度约降低至设计车速的一半考虑，对纵坡的最大长度予以限制。《标准》及《规范》规定，各级道路最大坡长应按表 2.11 和表 2.12 选用。连续上坡（或下坡）时，应在不大于表 2.11 所规定的纵坡长度范围内设置缓和坡段。缓和坡段的纵坡应不大于 3%，其长度应符合纵坡长度的规定。

表 2.11 公路最大坡长

纵坡坡度(%)	设计速度(km/h)						
	120	100	80	60	40	30	20
3	900	1000	1100	1200	—	—	—
4	700	800	900	1000	1100	1100	1200
5	—	600	700	800	900	900	1000
6	—	—	500	600	700	700	800
7	—	—	—	—	500	500	600
8	—	—	—	—	300	300	400
9	—	—	—	—	—	200	300
10	—	—	—	—	—	—	200

表 2.12 城市道路纵坡限制坡长

设计速度(km/h)	100	80	60			50			40		
纵坡度(%)	4	5	6	6.5	7	6	6.5	7	6.5	7	8
纵坡限制长度	700	600	400	350	300	350	300	250	300	250	200

（2）最小坡长

如果坡长过短，变坡点增多，形成"锯齿形"路段，容易造成行车起伏频繁，影响公路的服务水平,减少公路的使用寿命,因此,应减少纵坡上的转折点。此外,相邻变坡点间距应不小于两竖曲线间的切线长,以便插入适当的竖曲线。

《标准》和《规范》规定,各级道路最小坡长应按表 2.13 和表 2.14 选用。

表 2.13　公路最小坡长

设计速度(km/h)	120	100	80	60	40	30	20
最小坡长(m)	300	250	200	150	120	100	60

表 2.14　城市道路最小坡长

设计速度(km/h)	100	80	60	50	40	30	20
最小坡长(m)	250	200	150	130	110	85	60

(3) 组合坡长

当连续纵坡是由几个不同受限坡度值的坡段组合而成时,应按不同坡度的坡长限制折算确定。如设计速度为 40km/h 的公路某段 8% 的纵坡,长为 120m,该长度是相应限制坡长(300m)的 2/5;相邻坡段的纵坡为 7%,则其坡长不应超过相应限制坡长(500m)的(1-2/5),即 500×3/5=300m。也就是说 8% 纵坡设计 120m 后,还可以接着设计 7% 纵坡段 300m,其后再设置缓和坡段。

2.1.3　超高设计

在弯道上,当汽车在双向横坡的车道外侧行驶时,车重的水平分力将增大横向侧滑力。所以,当采用的圆曲线半径小于不设超高最小半径时,为抵消车辆在曲线路段上行驶时所产生的离心力,将曲线段的外侧路面横坡作成与内侧路面同坡度的单坡横断面,这样的设置称为超高。其单坡横断面的横方向坡度叫做超高横坡度。

1. 超高横坡度

超高的横坡度应根据设计速度、圆曲线半径、路面类型、自然条件和车辆组成等情况确定,必要时应按运行速度予以验算。其计算公式如下:

$$i_y = \frac{V^2}{127R} - \mu \tag{2.5}$$

式中　i_y——超高横坡度;

　　　V——设计速度,km/h;

　　　R——圆曲线半径,m;

　　　μ——横向力系数。

计算超高度 i_y 时,在一定的设计速度条件下,取用变动的横向力系数 μ,其变化范围为 $\mu=0.035\sim0.17$,且随半径的增大而减小,计算时可参考《标准》中在计算圆曲线最小半径极限值、一般值和不设超高的圆曲线最小半径采用的 μ 值进行拟合计算。当计算出的超高横坡度小于路拱坡度时,采用路拱横坡作为超高横坡;当其大于路拱横坡时,则应以计算值作为超高横坡度。

此外,为避免车辆由于超高横坡度过大而产生横向位移,《公路路线设计规范》

JTG D60—2006规定了最大超高横坡度,各级公路圆曲线最大超高值见表2.15,高速公路、一级公路正常情况下采用8%,交通组成中小客车比例高时可采用10%。二、三、四级公路接近城镇且混合交通量较大的路段,车速受到限制时,其最大超高值可按表2.16执行。

表2.15 各级公路圆曲线最大超高值

公路等级	高速公路、一级公路	二、三、四级公路
一般地区(%)	8或10	8
积雪冰冻地区(%)	6	—

表2.16 车速受限时的公路最大超高值

设计速度(km/h)	80	60	40、30、20
超高值(%)	6	4	2

《规范》规定,城市道路圆曲线半径小于不设超高最小半径时,在圆曲线范围内应设超高,最大超高横坡度的规定见表2.17。

表2.17 城市道路圆曲线最大超高横坡度

设计速度(km/h)	100、80	60、50	40、30、20
超高值(%)	6	4	2

2. 超高过渡方式

对于无中间带公路,当超高横坡度等于路拱坡度时,将外侧车道绕路中线旋转,直至超高横坡值。当超高横坡度大于路拱坡度时,可采用以下三种过渡方式:绕内侧车道边缘旋转,新建工程宜采用此种方式;绕中线旋转,改建工程可采用此种方式;绕外侧车道边缘旋转,路基外缘标高受限制或路容美观有特殊要求时可采用此种方式。

对于有中间带公路,有三种过渡方式,分别为绕中间带的中心线旋转,中间带宽度小于或等于4.5m的公路可采用;绕中央分隔带边缘旋转,各种宽度中间带的公路均可采用;分别绕行车道中线旋转,车道数大于4条的公路可采用。

对于分离式路基公路,其超高过渡方式宜按无中间带公路分别予以过渡。

城市道路超高的过渡方式应根据地形状况、车道数、超高横坡度值、横断面型式、便于排水、路容美观等因素决定。单幅路路面宽度及三幅路机动车道路面宽度宜绕中线旋转;双幅路路面宽度及四幅路机动车道路面宽度宜绕中间分隔带边缘旋转,使两侧车行道各自成为独立的超高横断面。

3. 超高过渡段

由直线段的双向路拱横断面逐渐过渡到圆曲线段的全超高单向横断面,其间必须设置超高过渡段。超高过渡段长度可按式(2.6)计算。

$$L_c = \frac{B' \cdot \Delta i}{q} \tag{2.6}$$

式中 B'——旋转轴至行车道(设路缘带时为路缘带)外侧边缘的宽度,m;

Δi——超高坡度与路拱坡度代数差,%;

q——超高渐变率,即旋转轴线与行车道(设路缘带时为路缘带)外侧边缘线之间相对升降的比率,公路旋转轴位置的规定见表 2.18 城市道路的规定见表 2.19。

表 2.18 公路超高渐变率

设计速度(km/h)	超高旋转轴位置	
	中线	边线
120	1/250	1/200
100	1/225	1/175
80	1/200	1/150
60	1/175	1/125
40	1/150	1/100
30	1/125	1/75
20	1/100	1/50

表 2.19 城市道路超高渐变率

设计速度(km/h)	100	80	60	50	40	30	20
超高渐变率	1/175	1/150	1/125	1/115	1/100	1/75	1/50

超高的过渡应在回旋线全长范围内进行。当回旋线较长时,超高过渡段可设置在回旋线的某一区段范围内,其超高过渡段的纵向渐变率不得小于 1/330,全超高断面宜设在缓圆点或圆缓点处,六车道及以上的公路宜增设路拱线。

硬路肩超高值与相邻车道超高值相同时,其超高过渡段应与车道相同,并采用与车道相同的超高渐变率。硬路肩超高值比相邻车道超高值小时,应先将硬路肩横坡过渡到与车道路拱坡度相同,再与车道一起过渡,直至硬路肩达到其最大超高坡度值。

2.2 基于人类工效学的道路线形设计理论

2.2.1 现有设计理论的缺陷

北京工业大学任福田教授于 20 世纪 90 年代初首次提出"道路线形设计新理论"。该新理论认为现行以"汽车行驶理论"为基础的道路设计理论仅仅是保障了汽车在运动学方面的最小安全性,而未充分考虑道路使用者的心理生理特性与要求。

平面设计中,平曲线半径的确定原理是以标准汽车以一定速度通过弯道时的横向稳定性为前提的,在其计算公式中,横向力系数是与人的舒适感受相联系的,即横向力系数越小,舒适性越好,其缺点首先是舒适性感受是一个定性的指标;其次,横向力系数的确定只孤立地考虑了该曲线自身的情况。

纵断面设计时,最重要的控制性指标是最大纵坡、最大坡长和最小坡长。最大纵坡和最大坡长的确定是根据汽车的动力特性、道路等级、自然条件及工程运营经济的分析等因素综合考虑的。在汽车方面可谓考虑得周全备至,在驾驶员方面,除了下陡坡时注意到了驾驶员的因素外,其他方面都没有考虑道路使用者的感受与反应。

在横断面方面,车道宽是以标准车的横向尺寸加横向摆动宽构成的。路肩宽度则主要是考虑对行车道的保护及方便临时停车。其实不管是车道宽还是路肩宽,不同的车道宽和路肩宽对行车的驾驶员肯定会构成不同的心理、生理反应,从而影响安全与舒适。

道路线形设计新理论提出:以道路使用者的交通需求和生理—心理反应特征作为道路线形设计的理论基础,用动的观点设计路线的各个元素,力求协调。用道路线形设计新理论来检查现行以"汽车行驶理论"为基础的道路平、纵、横设计主要指标的选取情况。

2.2.2 道路交通中的人类工效学需求

人类工效学也称人机工程学、工程心理学、人因工程学等,在国外开始于30年代。人类工效学的基本定义为研究人和机器、环境的相互作用及其合理结合,使设计的机器和环境系统适合人的生理、心理等特征,达到在生产中提高效率、安全、健康和舒适的目的。

道路交通是由人、机、环境组成的一个复杂的动态的人机系统。在此,"机"不光是指汽车,还包括道路;环境也不光是指驾驶员所处的驾驶室,还指道路沿线与行车有关的除路和车辆以外的方方面面。一般人—机系统的"机"与环境都是相对固定和静止的,而道路交通系统中的"机"和环境则是动态变化的。

以往对道路交通系统中的人与汽车之间的"小"人机系统研究得较多,但对道路设施怎样符合动态的驾驶员的心理、生理要求研究欠少,因而常常发生交通安全问题。应当把人机工程学理论和原理应用于其中,体现处处以人为主体的,人、机、路、环境系统的最佳协调。

2.2.3 驾驶员舒适性基础理论与紧张度分析方法

1. 驾驶舒适性的心生理素质特征

解剖学家把神经系统分为中枢神经系统和周围神经系统两部分。中枢神经系统由脑和脊髓组成;周围神经系统包括躯干和植物神经系统。周围神经系统广布全身,把全身各器官与中枢神经联系起来,以使中枢神经系统实现对整个机体的调节。

交通环境刺激通过传入神经作用于驾驶员,产生视觉、听觉等。驾驶员经过大脑皮层初步的认知活动,根据已有的经验判断,做出驾驶行为的决策。这种决策再通过大脑皮层传出神经,将意志决定传给效应器官,做出恰当的动作效应,从而使驾驶员安全驾驶。各个过程相互联系、相互制约,构成一个完整的心理活动的整体。

2. 驾驶员行车紧张性与心率的关系

对于同一个人,心率的大小会受其病理、饮食、姿势、情绪和智力活动的影响。如果在其他条件相对不变的情况下,给某人以紧张的刺激,则该人的心率会随着刺激强弱而发生变化。驾驶员在道路上行车,时刻会有来自道路线形、车辆和环境等方面的刺激。以道路为例,如果道路线形在某些部位出现急弯陡坡,或者组合连接不顺,则驾驶员行车至这些路段,会因为紧张而引起心率的急速加快。

对于紧张与心率间的关系,生理学上的分析如下:

1) 驾驶员从一段长直线路段高速进入小弯道之前,小弯道的形状会转变成视觉刺激进入驾驶员的脑中枢;

2) 脑中枢依据视觉刺激的强弱,经快速处理后将冲动经延髓、脑干网状结构、下丘脑等部位传至脊髓上的交感神经,使驾驶员的交感神经产生兴奋;

3) 交感神经的兴奋,使其节后纤维释放的去甲肾上腺素增多,促使 Ca^{2+} 从心肌细胞膜外向膜内流;

4) 心肌细胞膜内外离子浓度的改变,必将对心肌细胞的生物电活动和生理特性产生明显的影响,从而影响到驾驶员心率的快慢变化。

心率能很好地反映车速和道路线形对驾驶员行车紧张性的影响。因此,可以用心率这个人体最普通的生理反应指标来研究驾驶员行车时心理紧张与车速和道路线形之间的关系。

3. 驾驶员紧张度的分析

用心率来表示驾驶员的心理紧张程度是符合实际的,而且有一定的规律性。但是不同素质的驾驶员心率是不同的,也就是说心率不能定量反映驾驶员的紧张程度。因为每个人的心理变化是一致的,所以可以用心率增长率来衡量人的紧张程度。为了定量研究驾驶员紧张程度和实际操作的关系,用驾驶模拟舱对紧张度标准做了初步研究。图 2.2 所示为驾驶员紧张度的阈值。

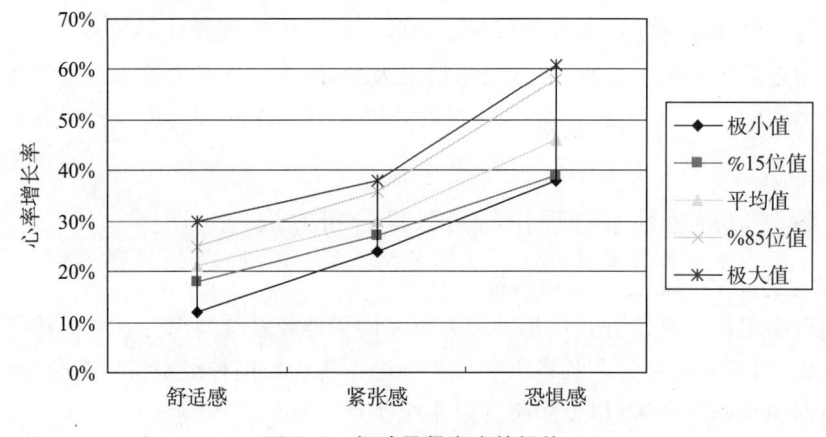

图 2.2 驾驶员紧张度的阈值

由图 2.2 可以定量得出驾驶员的舒适、紧张、恐惧感是三条垂直线段,线段的长度代表其离散程度。

为了准确地研究紧张度的阈值,把舒适、紧张、恐惧感的极大值、极小值、平均值、15%值、85%值分别连接起来,低于最下线的区域为舒适区,高于最上线的区域为恐惧区。在图中各线段与曲线 15%位值的交点为理论舒适、紧张、恐惧阈值,分别为 18%、27%、39%。

2.2.4 基于驾驶员心率增量的平曲线半径设计

道路平曲线由圆曲线和缓和曲线构成,是道路线形最丰富的组成部分。平曲线在给

第 2 章　道路线形设计理论

道路交通带来巨大价值的同时也给人们的汽车出行带来不利的影响,如与车速不相适应的过小半径的平曲线、位置设置不当或组合不合适的平曲线等,轻者给驾驶员或乘客带来紧张与不适,重者造成交通事故。据一些资料统计分析,道路上有相当比例的交通事故是发生在平曲线上,而且平曲线半径越小,发生事故的概率就越大。

1. 自由流下驾驶员心率增量与平曲线半径和车速间的关系

具体确定和计算三参数(心率增量 N、平曲线半径 R 和车速 V)样本数据的方法是:

1) 确定行车试验起点和终点间不受超车、被超车和跟车影响的时段;
2) 选择包含有平曲线在内的这些符合条件的时段;
3) 在其间找到每个平曲线的曲中点;
4) 计算曲中点左右 5~6s 内行车速度和驾驶员心率增量的均值。

这样就采集到了各个驾驶员沿途行车时在各个符合条件的平曲线中圆曲线上三参数对应的总样本数据。对总样本数据进行一定的处理,即由于平曲线半径的离散性及样本量较大,所以同一个平曲线半径 R 上对应有许多个速度值和心率值,又由于受"无车流影响"的约束,有的 R 上所对应的速度值和心率值的数据较少。对在 $R<2000$m 范围内的平曲线求同一半径 R 所对应的多个车速和心率数据的平均值,并按置信度为 95% 的置信区间剔除少数落在区间以外的数据,然后再求平均值,则得表 2.20。

表 2.20 是驾驶员的综合样本数据,它汇聚了试验路段从 $R=200$~2000m 的各种半径的平曲线上的行车速度和心率增量值。

表 2.20　车辆在平曲线上行驶时三变量的对应样本数据

心率增量(次/min)	23.65	24.13	23.38	24.97	24.47	22.45	21.59	20.2	24.16	20.74	19.68	20.5
曲线半径(m)	200	250	300	350	400	440	450	470	500	550	600	665
行车速度(km/h)	76.43	80.08	85.33	96.76	97.2	95.12	97.03	90.94	102.8	97.01	99.61	97.14
心率增量(次/min)	22.29	23.35	19.87	20.8	22.27	19.44	20.46	20.89	21.72	22.09	20	
曲线半径(m)	700	750	770	800	900	1000	1200	1500	1750	1872	2000	
行车速度(km/h)	106.9	110.2	100	107.6	113.6	107.4	112.3	113	118.1	123.1	116.8	

针对表 2.20 中的数据可得心率增量 N、平曲线半径 R、车速 V 两两之间的关系散点图,如图 2.3、2.4 和 2.5 所示。

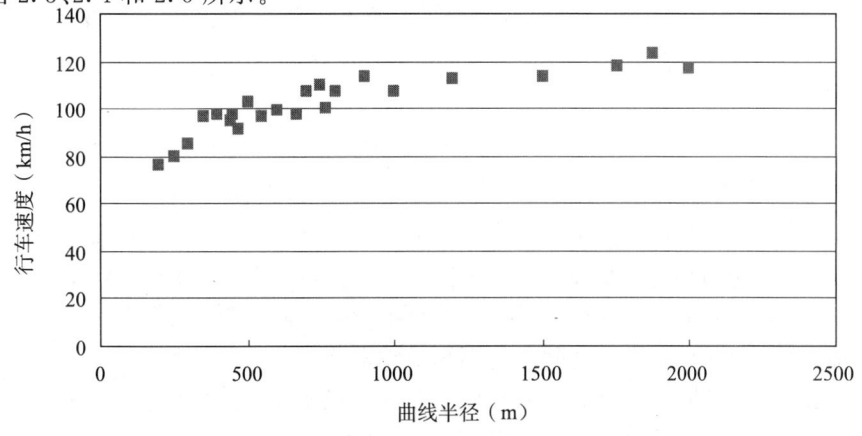

图 2.3　平曲线半径与车速散点

35

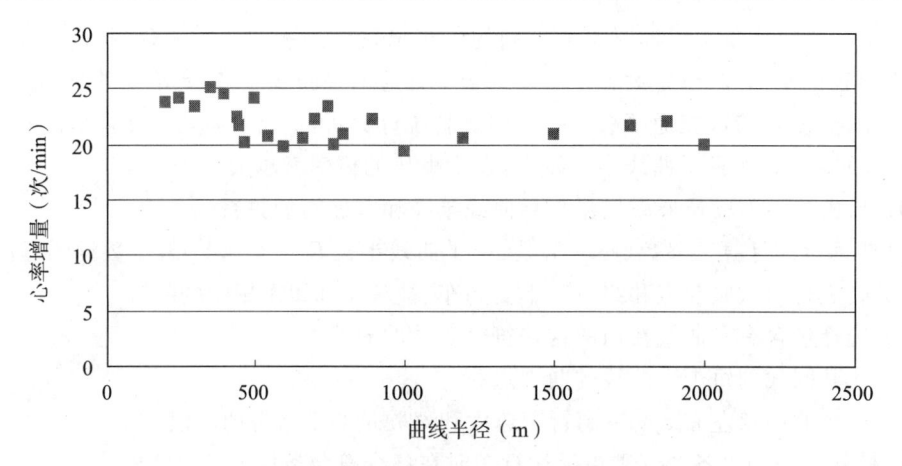

图 2.4 平曲线半径与心率增量散点

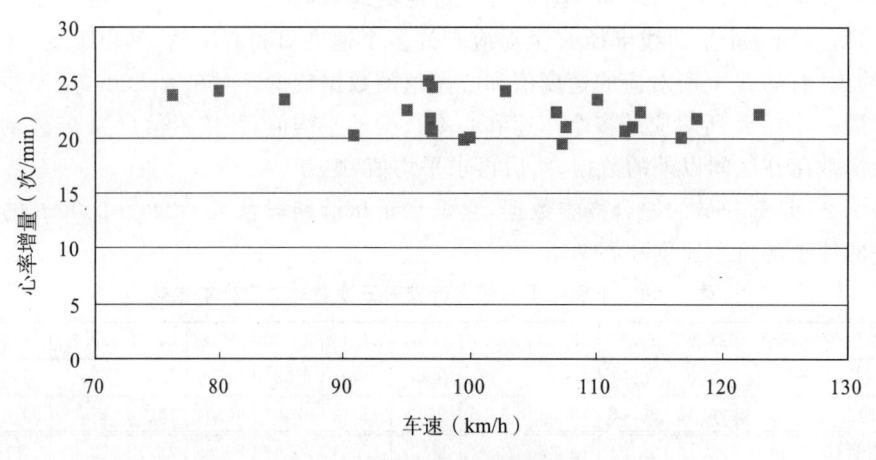

图 2.5 车速与心率增量散点

从图 2.3 可见，平曲线上的行车速度，因主要受平曲线半径的影响，所以它们之间散点图的规律性较强。而在图 2.4 中，因驾驶员在平曲线上的行车心率同时受车速和半径的影响，所以 $R-N$ 关系图上的散点趋势不十分清晰。即使这样，仍可看出 N 随 R 增大先急剧的下降，在 R 到达一定值 R_1 后，N 随 R 的增大沿水平方向上下波动。这表明在 $R<R_1$ 时，半径对行车驾驶员紧张性的影响严重；反之在 $R>R_1$ 时，影响变得轻微甚至消失。

在图 2.5 中，$V-N$ 之间的关系走向显得非常模糊，散点图有随 V 增大 N 稍稍减小的趋势。如果单纯考虑 V、N 这两个指标的关系，这种趋势与常理是背道而驰的。按常理，应该是车速越高，驾驶员感觉心理越紧张，但如果在 V、N 中掺合进半径 R 这样一个重要的指标，V、N 之间的常规关系就被完全打乱了。即在 $V-N$ 图上，V 小的一头，就意味与其对应的半径也小。在较小半径的平曲线上行车，即使降低了车速，但由于离心力仍然存在，加上操纵上难度增加，驾驶员仍不知不觉地增加了紧张。况且多数驾驶员在驾车进入平曲线之前难以把车速恰好降低到该平曲线半径所要求的速度。图 2.3 就是很好的见证，即使半径小到 300m 以下，驾驶员仍以不低的速度通过。再看 $V-N$ 图上 V 大的一头,按常理,车速升高驾驶员紧张应增加,但高的车速对应着大的半径,与速度的升高相比,大的半径给驾驶员带来行车的放松会足够抵消因速度的增加而造成的紧张。

通过上述对三参数关系的定性分析,再参照 $R-N$ 和 $V-N$ 间的散点规律,可以认为 $R-N$ 之间是呈负幂函数关系变化的,而 $V-N$ 间呈近似线性的正幂函数关系变化,综合这些分析可得到 R、V、N 三者间的关系模型是二元非线性的。

在此假设三参数之间的关系模型为

$$N = b_0 \cdot \frac{V^{b_1}}{R^{b_2}} \tag{2.7}$$

式中 N——心率增量,即驾驶员行车时平均心率与其静止时平均心率之差,次/min;

V——行车速度,km/h;

R——平曲线半径,m;

b_i——待定系数。

2. 平曲线上超车行驶时心率增量与半径和车速的关系

上述的各种状况分析是在无超车、被超车和跟车影响下的纯自由流环境中。事实上,驾驶员在道路上行车,随时都有可能与道路上的其他车辆交汇,发生超车、被超车和跟车。接下来主要分析在有其他车流影响的条件下,驾驶员在平曲线上的驾车行为特性及心理、生理的反应。

图 2.6、图 2.7 和图 2.8 是驾驶员在不同半径的平曲线上超车行驶时,按超越瞬间前后 6 秒钟的平均车速、心率增量与平曲线半径之间的散点图。

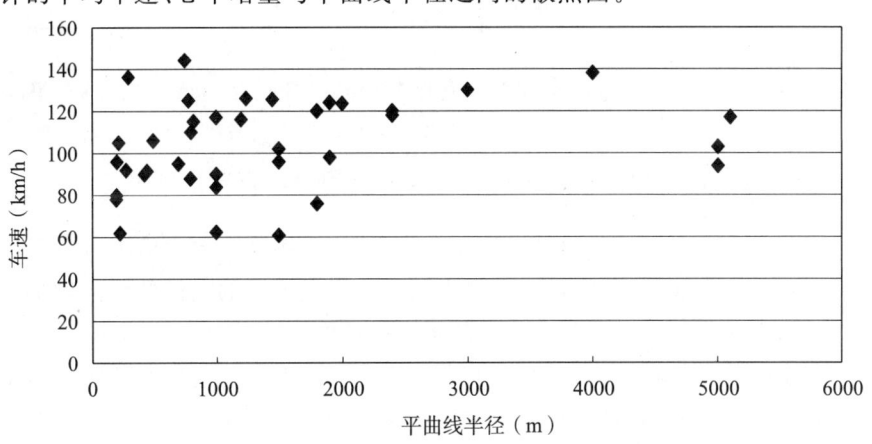

图 2.6 超车行驶时平曲线半径与车速间散点

从三图中可以看出,$R-V$ 之间仍然存在较密切的相关,两者的回归曲线依然存在,且该曲线与无车流影响时的 $R-V$ 回归曲线相比(如图 2.3),除整体升高外,形状上大体和无车流影响时的 $R-V$ 曲线相同。曲线在坐标图上的位置整体升高,意味着大部分时候超车行驶比正常行驶需要更高的速度。除非是前方道路上同时出现了两辆需要超越的车,或者是前方只有一辆待超越的车,但这辆车的横向行驶状态很不稳定,否则后车的驾驶员是不会先降速,再伺机加速超车的。图 2.6 中有一些点的车速很低,反应了某些超车行驶的危险性,驾驶员在这些地方不得不把车速降得很低。

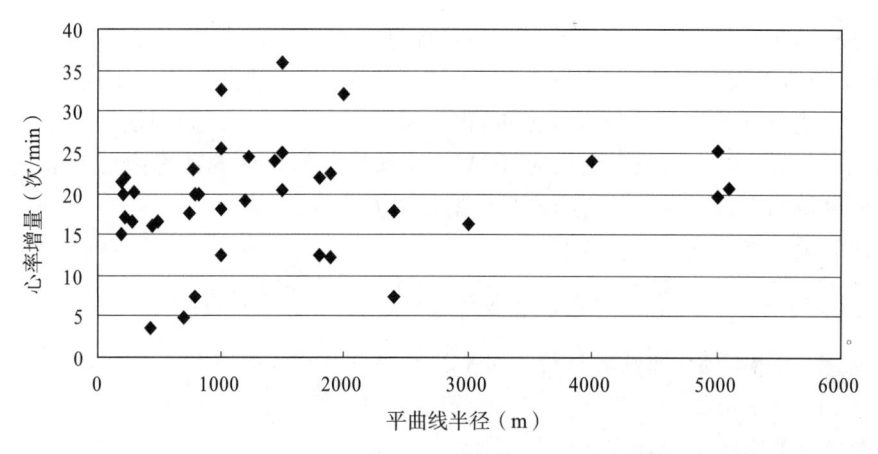

图 2.7 超车行驶时平曲线半径与心率增量间散点

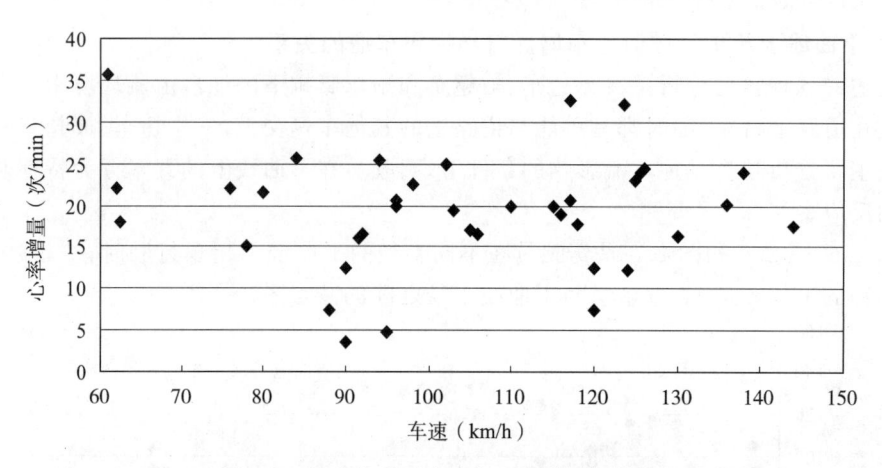

图 2.8 超车行驶时车速与心率增量间散点

图 2.7 和图 2.8 中散点图的形状已没有了图 2.4 和图 2.5 自由流下行车时的那种规律。与图 2.4、图 2.5 相比，图 2.7、图 2.8 中的心率增量大小的离散性大大增加。这意味着超车行使时，驾驶员的心理紧张是忽轻忽重的。正像上面已分析的那样，此时驾驶员行车的紧张，完全由前车的车型、行驶状态和车速决定。视前车的速度和横向占用车道或摆动的情况，即使是在相同的路段，驾驶员有时会毫无反应地完成超车，有时却要付出心理高度紧张的代价。

3. 夜间行车时心率增量与平曲线半径和车速的的关系

夜间行车时驾驶员的视野减小，视觉清晰度降低，与白天行车时相比，应该感觉更加紧张。本部分定量研究在无其他车流影响的条件下，驾驶员在夜间行车时平曲线半径、车速和心率增量之间的关系。表 2.21 是自由流下夜间在平曲线上行车时平曲线半径、车速和心率增量样本数据。

据表 2.21 可知，与白天行车时相比，三个参数两两之间趋势都大体上相同，只是幅度上有所变化。车速随半径 R 的增大仍旧呈先迅速后缓慢增加的趋势，但车速与白天相比却大大降低。相反，虽然车速与白天相比降低了很多，但心率增量却稍稍有所升高，而且

第 2 章　道路线形设计理论

心率增量随平曲线半径变化的离散性更大,这些特性是由于黑夜给驾驶员的视野和视觉上带来不便以及偶尔受对向车灯的照射出现眩目而造成的。

表 2.21　自由流下夜间在平曲线上行车时半径、车速和心率增量样本数据

心率增量(次/min)	20.99	20.52	16.64	18.82	18.29	22.22	16.06	17.17	16.89	18.47	20.28
曲线半径(m)	200	250	300	350	400	450	470	500	550	600	665
行车速度(km/h)	67.06	65.84	78.30	78.30	78.98	79.02	73.41	83.07	70.70	84.47	65.82
心率增量(次/min)	15.27	20.12	17.26	21.37	16.96	23.73	16.30	17.77	19.44	23.28	15.08
曲线半径(m)	700	750	800	1000	1500	1600	2000	3000	4000	5000	5080
行车速度(km/h)	87.40	94.42	75.78	90.67	79.75	93.76	80.20	85.44	82.57	92.44	76.82

4. 基于驾驶员心率增量的平曲线半径推荐值

把式(2.7)两边取对数,得

$$\ln N = \ln b_0 + b_1 \ln V - b_2 \ln R \tag{2.8}$$

设 $N' = \ln N, B_0 = \ln b_0, V' = \ln V, R' = \ln R$

代入式(2.8),得

$$N' = B_0 + b_1 V' - b_2 R' \tag{2.9}$$

这是一个二元线性方程,可以用最小二乘法由样本数据确定出回归系数 b_0、b_1、b_2。应用表 2.21 中三参数对应的样本值,按最小二乘法可求得回归系数的值分别为 $b_0 = 2.483, b_1 = 0.756, b_2 = 0.203$。把它们分别代入上述各式,最后可得三参数的回归模型为

$$N = 2.483 \cdot \frac{V^{0.756}}{R^{0.203}} \tag{2.10}$$

回归模型的适用范围是:200m<R<2000m。

取研究路段的设计速度 $V = 80$km/h,代入则得到 $R-N$ 的关系式:

$$N = 68.189 R^{-0.203} \tag{2.11}$$

在设计速度 $V = 80$km/h 条件下,R 和 N 的关系曲线如图 2.9 所示。

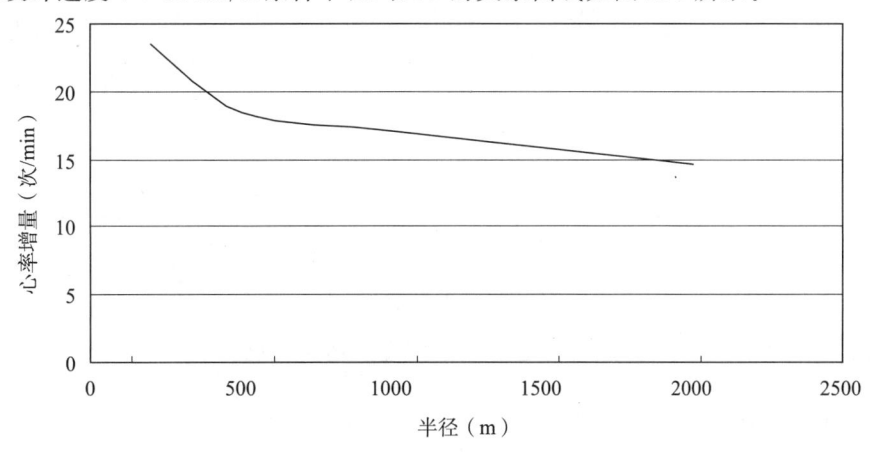

图 2.9　$V = 80$km/h 时 $R-N$ 关系曲线

在图 2.9 中,曲线在 $R=509$m 的左边 N 随 R 减少有较急剧的增加;在 $R=509$m 右边 N 随 R 增加而缓慢地减少。

半径值在实际使用中习惯取 50 的整数倍,所以最终取驾驶员在平曲线上行车时心率发生陡缓变化的分界点半径值为 $R=500$m。以此半径作为设计车速为 80km/h 的高速公路符合行车驾驶员心生理需求的最小平曲线半径值。

把 $R=500$m 代入式(2.11),即得对应的心率增量为 $N=19.31$ 次/min。

2.2.5 基于驾驶员心率增量的纵坡设计

1. 顺直下坡路段对车速和心率的影响

在顺直路段上选择自由流条件下的下坡路段,在行车试验数据中求与每一纵坡值相对应的车速和心率增量。见表 2.22。

表 2.22 下坡路行车时纵坡与心率增量和车速的样本数据

纵坡(1/1000)	3	8	12	13	16	20	22
车速(km/h)	141	128	146.7	137	133	142.5	134.7
心率增量(次/min)	21.15	21.7	21.59	22.1	19.15	24.65	20.91
纵坡(1/1000)	24	27	30	32	36	40	50
车速(km/h)	133.7	138.3	138	136.3	132.3	131	115
心率增量(次/min)	22.29	21.72	19.99	20.13	19.25	14.7	14.9

对表 2.22 中的数据进行回归分析,可得图 2.10 和图 2.11。

图 2.10 中曲线的回归模型为

$$V=-0.0194i_x^2+0.6465i_x+133.41 \tag{2.12}$$

模型的适用范围为 $0<i_x<5\%$,模型的相关系数为 $R=0.78$。

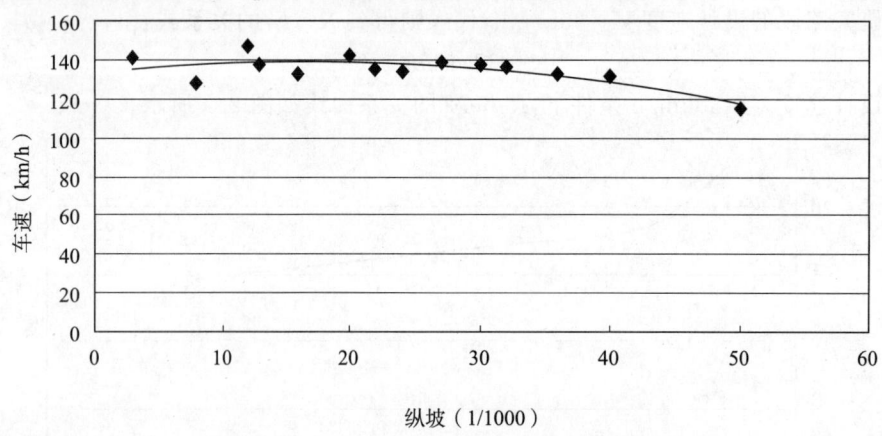

图 2.10 下坡段纵坡与车速间的回归曲线

图 2.11 中曲线的回归模型为

$$N=-0.0064i_x^2+0.1822i_x+20.601 \tag{2.13}$$

模型的适用范围为 $0<i_x<5\%$,模型的相关系数为 $R=0.83$。

第 2 章 道路线形设计理论

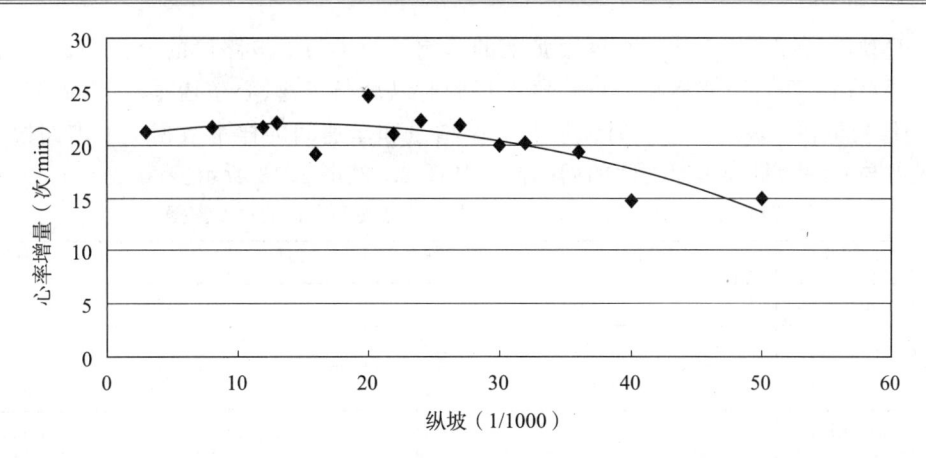

图 2.11 下坡纵坡与心率增量间的回归曲线

从图 2.10 中的 i_x-V 曲线上可见，纵坡在 $i_x=0\sim2.0\%$ 之间时，因重力沿纵坡方向分力的作用，使车辆沿纵坡方向产生一个加速度，即

$$a_m = \frac{F}{m} = \frac{mgi_x}{m} = gi_x \tag{2.14}$$

式中 a_m——车辆下坡时由重力沿纵坡方向产生的加速度，m/s²；
F——车重沿纵坡方向分量，N；
m——车的质量，kg；
g——重力加速度，m/s²。

因 i_x 在 0～2.0％之间变化，所以 $a_m=0\sim0.196\text{m/s}^2=0\sim0.706\text{km/h/s}$。

可见纵坡在 2％以下时重力分量产生的加速度很小，即不加制动地任车辆自由下坡行驶，当车辆到达该纵坡路段的终点时，也不致于产生过大的车速而迫使驾驶员采取制动措施。例如纵坡小于 2％的所有路段的平均长度为 760m，则按 2％的纵坡计算，车辆从坡顶以 100km/h 以上的速度让车辆自由驶向坡底时，坡底与坡顶的速度差大约只在 8km/h 左右。而且 2％以下的纵坡让驾驶员看起来有纵坡存在的感觉较弱。综合上述两点，如果驾驶员在坡顶的行车速度不是特别大，则其在小于 2％以下的纵坡路段上下坡行驶时，一般不会做刹车操作，这也就是图 2.10 在 $i_x<2\%$ 范围内车速随 i_x 增大而缓缓上升的原因。

但是 $i_x>2\%$ 以后，随 i_x 的不断增大，重力分量引起下坡行驶车辆的加速度越来越大，而且这样的路段让驾驶员看起来有纵坡存在的感觉也越来越强。迫于安全考虑驾驶员会随纵坡的增大做不同强度的刹车操作，于是出现了图 2.10 所示的 $i_x>2\%$ 区域的曲线。

图 2.11 中 i_x-N 间的关系曲线与图 2.10 中的 i_x-V 曲线是相对应的。虽然下坡时纵坡增大可能引起驾驶员的心率增加，但因随纵坡增大驾驶员的行车制动不断加强，从而车速也随着降低。这样不但抵消了驾驶员因纵坡增大而引起的紧张，而且还使驾驶员在相对较大的纵坡上以不大的车速行车时感受到了安全和舒适。

2. 顺直上坡路段对车速和心率的影响

除非驾驶员的视线在纵向上坡时受到遮挡，不然在线形设计标准范围内的上坡坡度不会给驾驶员的行车带来什么心理紧张上的影响。为了与下坡路段的分析相比较,在此也给出了自由流条件下车辆在上坡路段上行驶时纵坡与车速、心率增量之间的关系。表 2.23 是驾驶员在上坡路段行车时纵坡与心率增量和车速间的样本数据。上坡路段上行车时纵坡与心率增量和车速之间的回归曲线如图 2.12、图 2.13 所示。

表 2.23 上坡路段行车时纵坡与心率增量和车速的样本数据

纵坡(1/1000)	3	8	12	13	16	22
车速(km/h)	117.3	130	136	129	127	132
心率增量(次/min)	19.29	19.1	22.62	20.2	19.66	20.04
纵坡(1/1000)	24	27	30	36	40	50
车速(km/h)	123	126	132	128.5	120	106.3
心率增量(次/min)	24.31	19.04	17.99	18.17	22.83	18.62

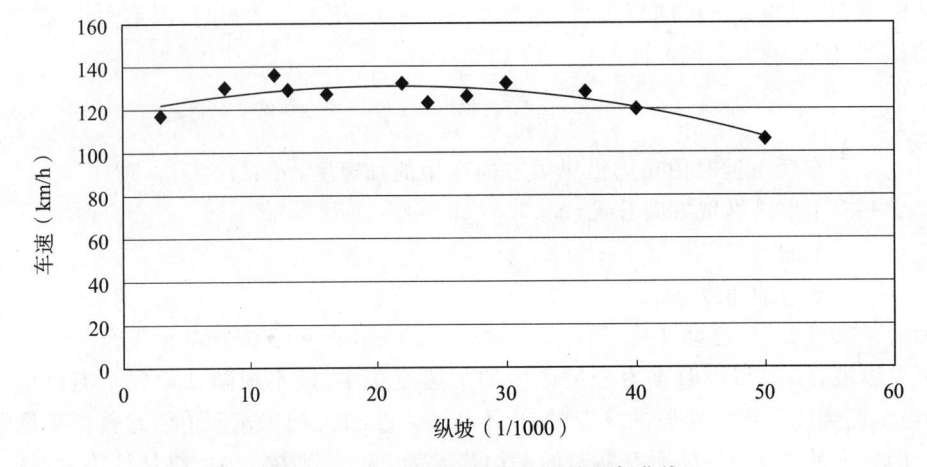

图 2.12 上坡时纵坡与车速间的回归曲线

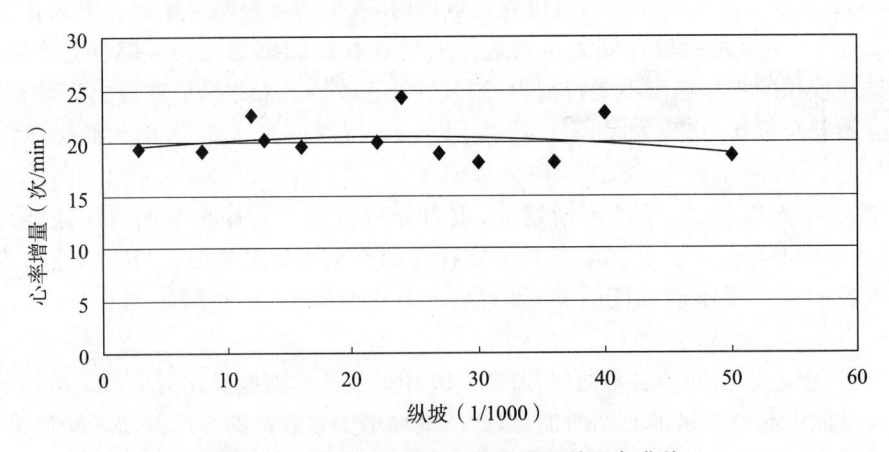

图 2.13 上坡时纵坡与心率增量间的回归曲线

图 2.12 中曲线的回归模型为

$$V=-0.0274i_x^2+1.114i_x+118.92 \tag{2.15}$$

模型的适用范围为 $0<i_x<5\%$，模型的相关系数为 $R=0.84$。而图 2.13 中回归曲线的相关性较差，相关系数只有 $R=0.23$。

从图 2.12 可见，在上坡路段上 i_x-V 的关系曲线在形状上与下坡路段的 i_x-V 曲线完全相同。对比两条曲线可以看出下坡时的 i_x-V 曲线似乎就是上坡时的 i_x-V 曲线向上平移了一个距离一样，这个平移的距离大约 8km/h。不过虽然上、下坡两曲线的形状相似，但曲线变化的本质原因却有区别。在上坡的 i_x-V 曲线中，之所以也在纵坡 2% 左右出现了车速的分水岭，是因为在 $i_x<2\%$ 的范围内，随 i_x 的增大，驾驶员已对上坡坡度有所感觉，而且此时产生加速的牵引力只被车辆的重力分力抵消了很小的一部分，容易给车辆进行加速，从而使车速随 i_x 的增大而增大。但在 $i_x>2\%$ 的范围内，一方面随 i_x 增大重力分量也增大，使加速度的得来渐渐变难；另一方面随 i_x 增大纵向视距会越来越短，这样会迫使驾驶员放弃加速，这两方面原因就造成了 V 随 i_x 增大而减少。

上坡时的 i_x-N 曲线不像下坡时的 i_x-N 曲线那样随车速的变化而有较强的变化规律，而且上坡行驶时的 i_x-N 相关性很低。如图 2.13 中上坡路段在 $i_x>2\%$ 以后，随 i_x 增大之所以 N 不随 V 的下降而快速下降，可能是因为越来越陡的纵坡使纵向视距的长度越来越有限，从而引起驾驶员心理的某种紧张。

3. 基于驾驶员心率增量的纵坡设计推荐值

大量数据研究表明，驾驶员心率增量与上、下坡路段的坡度可以进行多项式拟合。在设计速度为 80km/h 的高速公路路段上，在下坡不制动及上坡加速情况下，驾驶员心率增量与下坡路段坡度的拟合如图 2.14 所示；驾驶员心率增量与上坡路段的坡度拟合如图 2.15 所示。

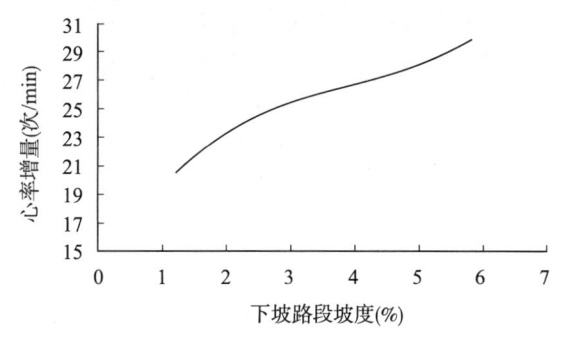

图 2.14 下坡时驾驶员心率增量与坡度的拟合关系

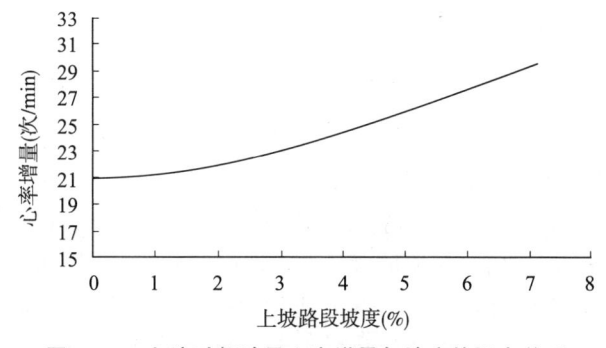

图 2.15 上坡时驾驶员心率增量与坡度的拟合关系

从图 2.14 可知,当下坡坡度小于 2‰时,心率增量较小,驾驶员没有明显感觉紧张,且心率增量随着坡度的增加而线性增加;当纵坡达到 2‰时,心率增量值与安静时的心率的比值大于 30%,驾驶员心理较为紧张;当纵坡达到 6%左右时,驾驶员心率增量值与安静时的心率的比值大于 40%,心理非常紧张,容易产生交通事故。因此,设计速度为 80km/h 的高速公路,建议下坡路段的纵坡值不宜大于 6%。

相对于下坡路段,上坡时驾驶员心率增量较大。从图 2.15 可知,当上坡坡度小于 3‰时,由于坡度较小,驾驶员不易感知,心率增量变化不明显,没有明显感觉紧张;当纵坡大于 3‰而小于 7‰时,驾驶员心率增量变化率增大,驾驶员对纵坡坡度的敏感性增加,心率增量值与安静时的心率的比值大于 30%,心理较为紧张;当纵坡达到 7‰时,驾驶员心率增量值与安静时的心率的比值大于 40%,心理非常紧张,容易产生交通事故,在此路段上应设置严禁超车、严禁超速等标志牌,以保证其安全性。因此,设计速度为 80km/h 的高速公路,建议上坡路段的纵坡值不宜大于 7%。

2.2.6 基于驾驶员心率增量的超高设计

1. 超高对运行速度的影响

当曲线半径较小时,需设置超高,以抵消车辆转弯行驶引起的离心力,减少驾驶员的紧张心理,消除道路的安全隐患。可见,超高的设计是非常关键的,那么超高从人的心理舒适角度考虑设置多大为好呢?图 2.16 为超高与速度关系图。

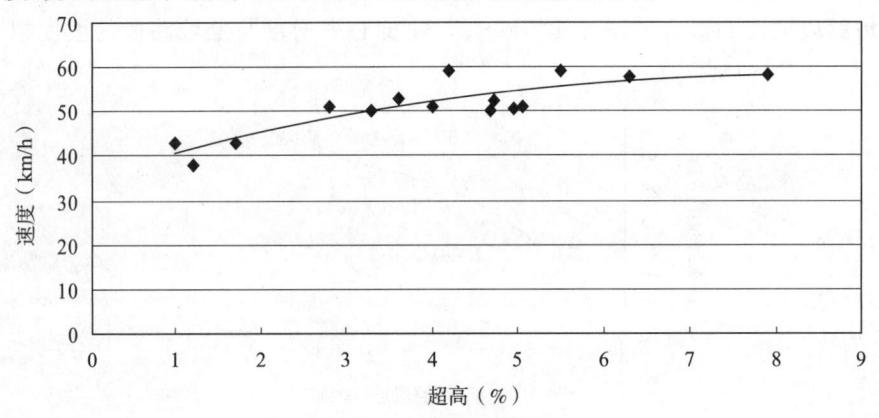

图 2.16 超高与速度关系

根据图 2.16,可以得出超高与速度的数学关系模型为

$$V = -0.4402i^2 + 6.3196i + 34.3 \qquad (2.16)$$

其相关系数 $R=0.8923$;适用条件是:半径为 20~350m、设计车速为 40km/h、坡度为 $-2.5\% \sim 2.5\%$、超高值小于 10%的双车道公路。

2. 超高对驾驶员心率增量的影响

对于不同超高值的平曲线,驾驶员在其上行车时的感觉有不同的反应,为了研究在不同半径、不同超高值的道路上驾驶员心率的变化规律,把超高、半径与观测的心率增量数据进行分析研究。图 2.17 为超高与驾驶员心率增量关系图。

第 2 章 道路线形设计理论

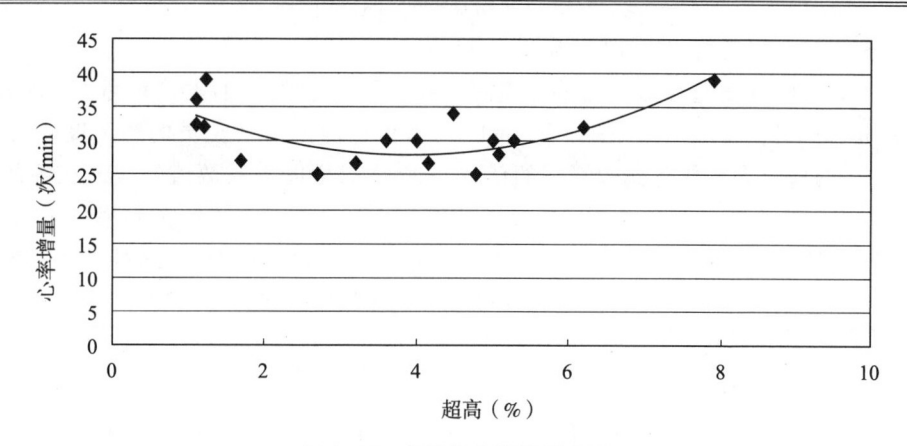

图 2.17 超高与心率增量关系

根据图 2.17,可以得出超高与心率增量的数学关系模型为

$$N=0.7327i^2-5.6584i+38.955 \tag{2.17}$$

其相关系数 $R=0.717$;适用条件是:半径为 $20\sim350\text{m}$、设计车速为 40km/h、坡度为 $-2.5\%\sim2.5\%$、超高值小于 10% 的双车道公路。

3. 横向力系数对驾驶员心率增量的影响

在不同半径的平曲线上,根据曲线超高和实测车速,使用如下公式,便可得到实测横向力系数 μ 值:

$$\mu=v^2/127R-i \tag{2.18}$$

式中 v——实测行驶车速,km/h;

R——平曲线半径,m;

i——平曲线超高横坡度,%。

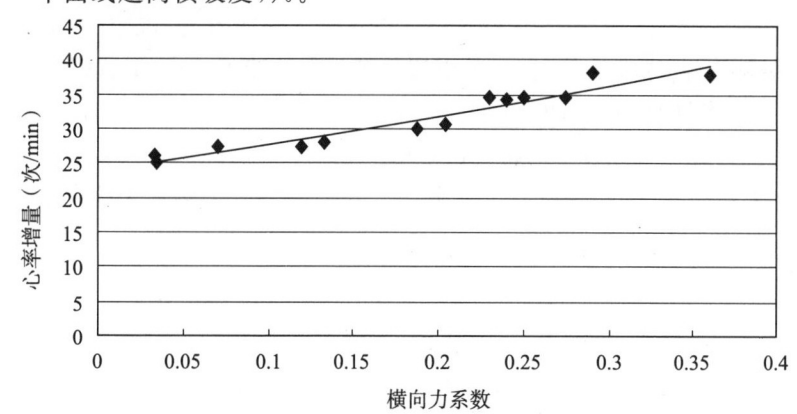

图 2.18 横向力系数与心率增量关系

图 2.18 为横向力系数与心率增量关系曲线,根据图 2.18 可以得出横向力系数与心率增量数学模型为

$$N=42.065\mu+23.627 \tag{2.19}$$

其相关系数 $R=0.9616$;适用条件是:半径为 $20\sim350\text{m}$、设计车速为 40km/h、坡度为

−2.5%~2.5%、超高值小于10%的双车道公路。

由图2.18可以发现心率增增量与横向力系数呈线性关系,且心率增量30次/min和40次/min分别对应于横向力系数0.15和0.39,根据前人对驾驶员的感觉度的研究,认为$\mu<0.15$的横向力系数是比较舒适的值;$\mu>0.39$的横向力系数值是应该杜绝的;μ为0.15~0.39之间的横向力系数是可以忍受的值。从另一方面也说明了心率增量为30次/min是舒适阈值,心率增量为40次/min是安全阈值。为便于比较,详细对照见表2.24。

表2.24 横向力系数与心率增长率和驾驶员的感觉对照表

横向力系数	心率增量	驶过曲线时的感觉
0.10	28次/min	感觉不到有曲线存在,驾驶员不紧张
0.15	30次/min	稍感到有曲线,但没有什么不舒服的感觉,驾驶员不紧张,不会使驾驶员疲倦
0.20	32次/min	感觉到通过曲线,无不舒服感觉,稍有不稳定感,多数驾驶员明显紧张
0.25	34次/min	40%的驾驶员对曲线上行车感到不舒服
0.30	36次/min	所有通过曲线的人都感到不舒服
0.35	38次/min	驶过曲线感到非常不舒服,驾驶员的紧张情绪急剧增长,有滑向路边的危险
0.40	40次/min	乘客感到非常不稳定,站立不住,欲倒,车辆有倾覆的危险
0.50	45次/min	杜绝值,驾驶员有恐惧感,车辆易发生倾覆

4. 基于驾驶员心率增量的超高设计推荐值

由图2.16可以看出,运行速度随着超高值的增加而增加,超高值在5%以内速度增长的较快,而且超高值在4%的时候曲线出现拐点,此时的行车速度到达85%位车速;超高值大于8%时速度增长的比较缓趋于直线,速度维持在58km/h,所以建议在设置超高时应尽量大于4%,以保证驾驶员能舒适地在道路上以85%位车速自由行车。

由图2.17可以看出,超高值在3%以下,心率增量随着超高值的减少而增加,且变化的幅度比较缓,而实际的超高值过小,就引起驾驶员在曲线上行车的心理紧张。在超高值为3%以上时,心率增量随超高的增加而增加,当超高值为2%、5.5%时对应的心率增量30次/min,所以建议2%为最小的超高值,车速为85%时的超高值5.5%为舒适值,当超高值为8%时的曲线对应心率增量为40次/min,所以建议8%为最大超高值。部分超高、速度、心率增量值见表2.25。

表2.25 部分超高、速度与心率增量值

序号	速度(km/h)	超高(%)	半径(m)	心率增量(次/min)
1	42	2	250	30
2	58	5.5	120	30
3	51	4	140	27
4	58	8	50	40

2.2.7 基于驾驶员心率增量的弯坡设计

弯坡组合路段是道路行车的一个不舒适且不安全的地点,驾驶员既要忙于操纵方向

第 2 章 道路线形设计理论

盘,又要注意对下坡处重力分量引起的车辆前行的动力加以适当的制动及对上坡时重力分量引起的阻力采取换挡增加牵引力加以克服。如果由于线形前后的连接不合理,使得行驶车辆以较高的速度进入下坡的弯坡组合较剧烈的弯坡段,则这种路段对行车驾驶员的驾车技术、心理素质、反应素质等都是一种严峻考验,当然,会对路段的交通安全造成严重的威胁。

1. 弯坡组合影响驾驶员心理生理特性的单因素分析

为了分析弯坡路段驾驶员行车时的心理生理变化特性,先分别考虑在弯坡路段单一因素对驾驶员行车时心率的影响。如果道路线形在某些部位出现急弯陡坡,或者组合连接不顺,驾驶员行车至这些路段时,会因为紧张而引起心率的急速加快。与平曲线路段相比,弯坡路段上需多考虑一个纵坡值因素对行车心理生理反应的影响。

相关的研究分析表明,驾驶员在弯坡路段上行车时坡长、半径、坡度、速度与心率增量的关系如图 2.19～图 2.22 所示。

图 2.19 是弯坡段坡长与心率增量关系图。可以看出,驾驶员在弯坡路段上行车时,其心率增量随着坡长的增加而降低,但数据较为离散。而且,当坡长大于 100m 时,其心率增量的离散程度随坡长的加长而变大。这说明,当坡长较大时,能够引起驾驶员不同程度的注意,并采取有效的安全保证措施。

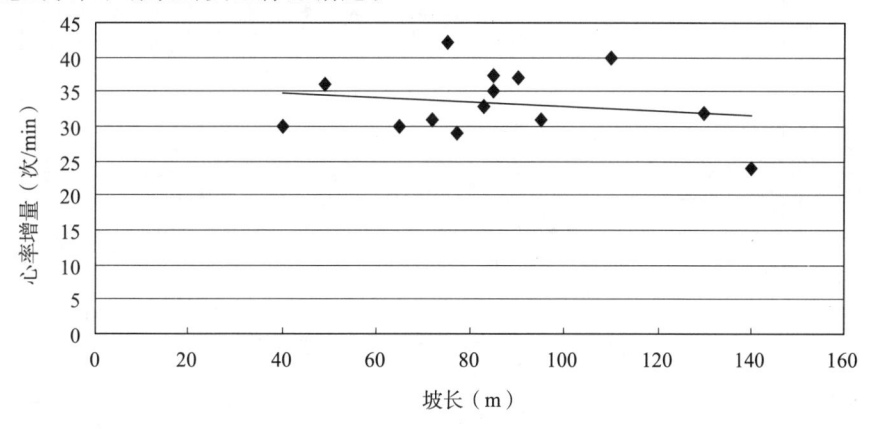

图 2.19 弯坡段坡长与心率增量关系

图 2.20 是弯坡段半径与心率增量关系图。可以看出,驾驶员在弯坡路段上行车时的心率增量随平曲线半径的增大有增大的趋势。当半径小于 120m 时,变化较快;半径大于 120m 时变化较缓。但是,心率增量维持在 35 次/min 附近,下限为 30 次/min,上限为 40 次/min,这说明弯坡路段是比较危险的路段。经相关的研究表明,这主要是车辆的速度、纵坡坡度、纵坡坡长等因素共同作用的结果。

图 2.21 是弯坡段坡度与心率增量关系图。可以看出,驾驶员在弯坡路段上行车时,驾驶员的心率增量随坡度大小的增加而增加。坡度小于 4%时心率变化较快,坡度大于 4%时心率变化较缓。当坡度等于 7%时心率增量为 40 次/min,当坡度小于 3.2%时心率增量小于 30 次/min。

图 2.22 是弯坡段速度与心率增量关系图。可以看出,驾驶员在弯坡路段上行车时心率增量随着速度的增加而增加。当速度大于 42km/h 时,驾驶员的心率增量出现了离散

现象,并且随着车速的提高离散度加大。当速度小于 42km/h 时,驾驶员的心率增量小于 30 次/min,当速度大于 52km/h 时,驾驶员的心率增量大于 40 次/min。

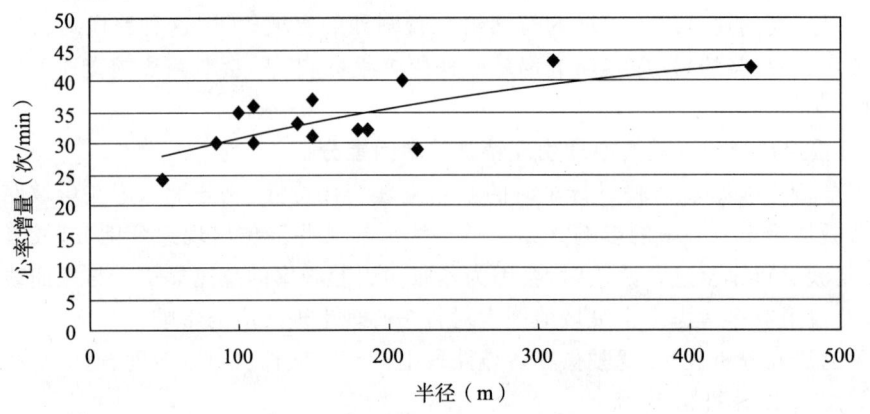

图 2.20 弯坡段半径与心率增量关系

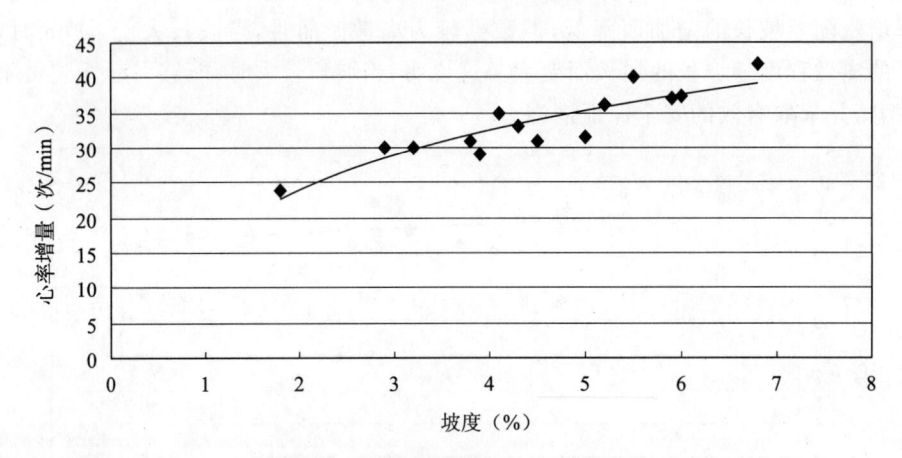

图 2.21 弯坡段坡度与心率增量关系

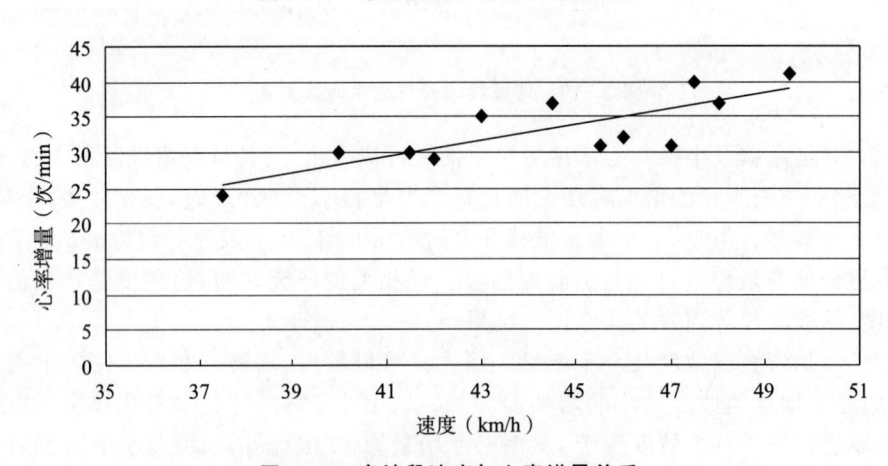

图 2.22 弯坡段速度与心率增量关系

2. 弯坡组合影响驾驶员心理生理特性的多因素分析

在弯坡组合路段上行驶的车辆,受多个因素影响,从前面分析可知,坡长对于驾驶员的心生理影响比较小,为了分析的方便和计算模型的通用性,坡长的影响忽略不计。

表 2.26 是驾驶员在弯坡路段上行车时的 i、R、V、N 对应的样本数据。弯坡段上三个指标同时对行车驾驶员的心理生理反应造成影响,但 i、R 都是描述道路线形特性的指标。在此可把它们合并为一个指标,即令 $W=i/R$,据此,对表中的样本数据仍可用回归方法按三变量的关系进行分析。

表 2.26　弯坡段上各变量对应的样本数据

纵坡(1/1000)	4.5	3	13	6.6	4.5	4.5	4.5	35.7	20
平曲线半径 R	2000	700	1500	750	500	450	400	1500	700
$W=i/R$	2.25	4.29	8.667	8.8	9	10	11.25	23.8	28.57
车速(km/h)	128.5	113	120	119	113.8	121	111	110	106
心率增量(次/min)	18.93	17.8	20.53	17.4	19.72	18.79	17.49	19.03	21.89
纵坡(1/1000)	39.5	20	20	31	30	25.5	39.5	33	32.4
平曲线半径 R	1000	450	400	600	545	400	600	500	440
$W=i/R$	39.5	44.44	50	51.7	55.05	63.8	65.83	66	73.64
车速(km/h)	116	100.5	98	108	120	99.7	113	105	102
心率增量(次/min)	19.8	21.87	19.78	19.2	19.27	21.2	20.98	19.2	18.43
纵坡(1/1000)	33.3	35	35	31	38	50	50	29	
平曲线半径 R	450	470	400	350	300	350	350	200	
$W=i/R$	74	74.47	87.5	88.57	110.5	126.7	142.9	145	
车速(km/h)	84	102	104.8	83	87	99.33	86	86.3	
心率增量(次/min)	18.61	22.01	21.12	18.87	21.62	20.6	22.65	23.2	

据表 2.26 的样本数据,应用多元线性回归方法,可得三变量间的回归方程为
$$N=0.027W+0.018V+16.56 \tag{2.20}$$
对该方程进行回归检验,在 0.05 的显著水平下该方程是有效的,即
$$F=4.66>F0.05(22,3)=3.05 \tag{2.21}$$
如果把 $W=i/R$ 代入式(2.25),并把 i 和 R 化成正常的量纲,则从式(2.26)可得
$$N=270\frac{i}{R}+0.018V+16.56 \tag{2.22}$$

式中　N——驾驶员驾车通过弯坡路段时的心率增量,次/min;
　　　i——弯坡路段的纵坡,%;
　　　R——弯坡路段的平曲线半径,m;
　　　V——在弯坡路段上行车的车速,km/h。

在式(2.22)中,如取研究路段的设计车速 $V=80$km/h,取弯坡段纵坡 $i=2.5\%$,则得
$$N=675R^{-1}+18 \tag{2.23}$$

由此可见，心率增量 N 与弯坡段平曲线半径 R 间成负幂函数变化。

3. 基于驾驶员心率增量的弯坡设计推荐值

根据弯坡段车速、纵坡、平曲线半径和心率增量的回归模型，在 $N=19.31$ 次/min 的条件下取不同的车速值，则能得到符合行车心生理反应要求的纵坡和平曲线半径的对应值。表 2.27 是在 $N=19.31$ 次/min 条件下，车速分别取为 80km/h、90km/h、100km/h 时纵坡和平曲线半径的对应值。表中在一定车速下与各纵坡对应的平曲线半径值，是在该纵坡下最小的平曲线半径值。

表 2.27　在不同车速下与各纵坡对应的最小平曲线半径

纵坡(%)	2.43	2.50	3.00	3.50	4.00	4.50	5.00
$V=80$km/h 时与各纵坡对应的最小半径(m)	501	515	618	721	824	927	1031
$V=90$km/h 时与各纵坡对应的最小半径(m)	581	597	717	836	956	1075	1195
$V=100$km/h 时与各纵坡对应的最小半径(m)	691	711	853	995	1137	1279	1421

第3章 道路线形设计成果

本章主要介绍公路与城市道路的设计文件组成,以及初步设计阶段和施工图设计阶段道路线形的设计成果。

3.1 道路设计文件组成

设计文件是道路勘测设计的最后成果,经审查批准后作为道路施工的依据。其组成、内容和要求随设计阶段不同而异。

3.1.1 公路设计文件组成

根据《公路工程基本建设项目设计文件编制办法》(交通部2007年7月发布)规定,公路设计文件的组成和内容如下:

1. 初步设计

公路初步设计文件共十二篇,其表达形式包括文字说明、设计图和表格三种。具体组成如下:

1) 总体设计;
2) 路线;
3) 路基路面;
4) 桥梁涵洞;
5) 隧道;
6) 路线交叉;
7) 交通工程及沿线设施;
8) 环境保护与景观设计;
9) 其他工程;
10) 筑路材料;
11) 施工方案;
12) 设计概算。

2. 施工图设计

公路施工图设计文件共十二篇,其表达形式包括文字说明、设计图和表格三种。具体组成如下:

1) 总体设计;
2) 路线;
3) 路基路面;

4）桥梁涵洞；

5）隧道；

6）路线交叉；

7）交通工程及沿线设施；

8）环境保护与景观设计；

9）其他工程；

10）筑路材料；

11）施工组织计划；

12）施工图预算。

3.1.2 城市道路设计文件组成

根据《市政公用工程设计文件编制深度规定》（建设部2004年3月颁布），城市道路设计文件的组成和内容如下：

1. 初步设计

城市道路初步设计文件由设计说明书、工程概算、主要材料及设备表、主要技术经济指标、附件（可行性研究报告批复文件、勘测及设计合同、有关部门的批复及协议、纪要等）与设计图纸组成。

其中，设计图纸包括：平面总体设计图，平面设计图，纵断面图，典型横断面设计图，广场或交叉口设计图，挡土墙、涵洞及附属构筑物图，交通标志、标线布置图，工程特殊部位技术处理的主要图纸，桥梁、排水、监控、通信、供电、照明设施图。

2. 施工图设计

城市道路施工图设计由设计说明书、施工图预算、工程数量和材料用量表与设计图纸组成。

其中，设计图纸包括：平面总体设计图，平面设计图，纵断面图，横断面设计图，广场或交叉口设计图，路面结构设计图，需进行特殊处理、加固的路基设计图，排水设计图，挡土墙、涵洞及附属构筑物平、立、剖面结构详图，交通标志、标线设计图，其他有关通用说明及标准图、通用图等。

3.2 公路线形设计成果

3.2.1 初步设计阶段

1. 总体设计

公路工程初步设计第一篇"总体设计"中的公路线形设计成果主要包括：项目地理位置图、路线平纵面缩图、路线方案比较图、公路平面总体设计图、公路标准横断面图、运行速度曲线图，运行速度计算表和公路分期修建方案设计图。

（1）项目地理位置图

项目地理位置图需要示出路线在省级以上交通网络图中的位置及沿线主要城镇，如图3.1所示。

第 3 章 道路线形设计成果

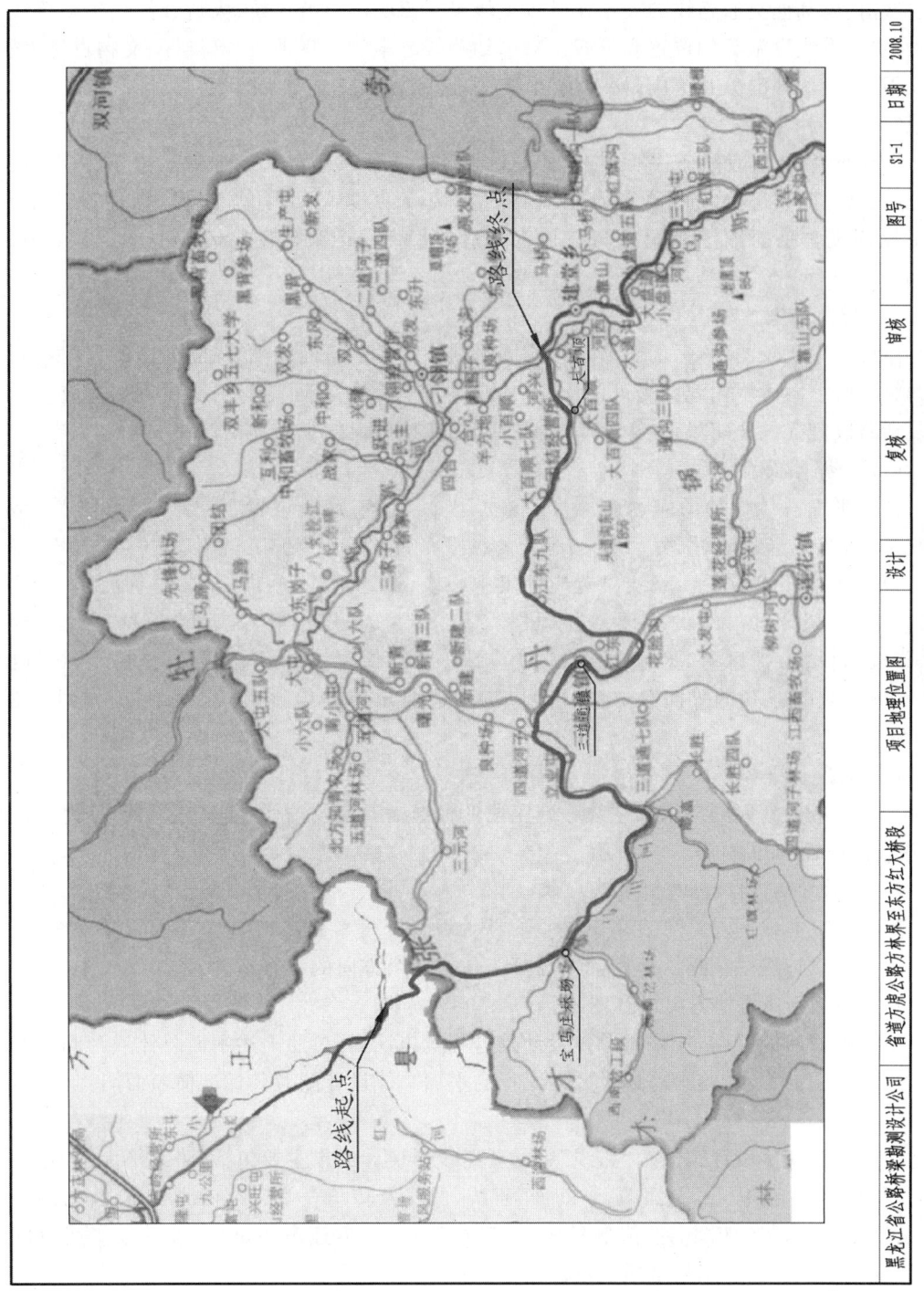

图 3.1 公路项目地理位置图

(2) 路线平纵面缩图

平面缩图应示出路线(包括比较方案)起讫点、5公里(或10公里)标、控制点、地形、主要城镇、与其他交通路线的关系及县以上境界。简明示出特大桥、大桥、隧道、主要路线交叉、主要沿线设施等的位置和形式。对制约路线方案的不良地质、滞洪区、文物古迹、城镇规划、风景区等的分布范围,必要时可着色,醒目示出其分布,比例尺采用1:10000～1:100000。

纵断面缩图一般绘于平面缩图之下,必要时也可单独绘制,简明示出主要公路、铁路、河流、特大桥、大桥、隧道及主要路线交叉等的位置、名称与高程,标注设计高。水平比例尺与平面缩图相同或与其长度相适应,垂直比例尺用1:1000～1:10000,如图3.2所示。

(3) 路线方案比较图

路线方案比较图中,平面图所示内容同平纵缩图中的平面缩图,纵断面图所示内容同路线纵断面缩图所示内容。平面图比例尺为1:10000,纵断面图与平面比例相适应。山区复杂路段宜提供全路段1:10000平面图和相应比例尺的纵断面图。

(4) 公路平面总体设计图

公路平面总体设计图应示出地形、地物、坐标网格、路线位置、桩号、桥涵、隧道、路线交叉、沿线排水系统、服务区、停车区、紧急停车带、管理养护区、沿线取(弃)土场、路(渠)改移等的布设位置。路线位置应标出中心线、路基边线、示坡线、公里桩、百米桩及曲线主要桩位。对沿线的重要地物(村镇、文物、古迹、规划等)和环境敏感区、点(景区、学校、自然保护区等)及重要设施的范围必要时应示出。比例尺采用1:1000或1:2000。比较方案的平面总体设计图应按上述要求单独绘制,同深度比较,如图3.3所示。

(5) 公路标准横断面图

公路标准横断面图应示出主线一般路段的标准横断面及护栏、隔离栅等的设置位置。比例尺采用1:200,如图3.4所示。

(6) 运行速度曲线图与计算表

运行速度曲线图与计算表用于检验与评价设计速度≤100km/h公路的行车安全性,为交通工程设计提供依据。运行速度计算表包括两个方向的小客车、大型车。

(7) 公路分期修建方案设计图

对分期修建的公路,应根据总体设计及分期实施计划,参照上述平面总体设计和公路典型横断面图的要求,绘出前期及后期工程的平面总体设计图及其标准横断面图。

2. 路线

公路工程初步设计第二篇"路线"中的公路线形设计成果主要包括:路线平面图,路线纵断面图,路线比较方案平面图、纵断面、直线、曲线及转角表、纵坡、竖曲线表、公路用地表,公路用地图,赔偿树木、青苗数量表,拆迁建筑物表,拆迁电力、电讯及其他管线设施表,工程地质平面图和工程地质纵断面图。

第3章 道路线形设计成果

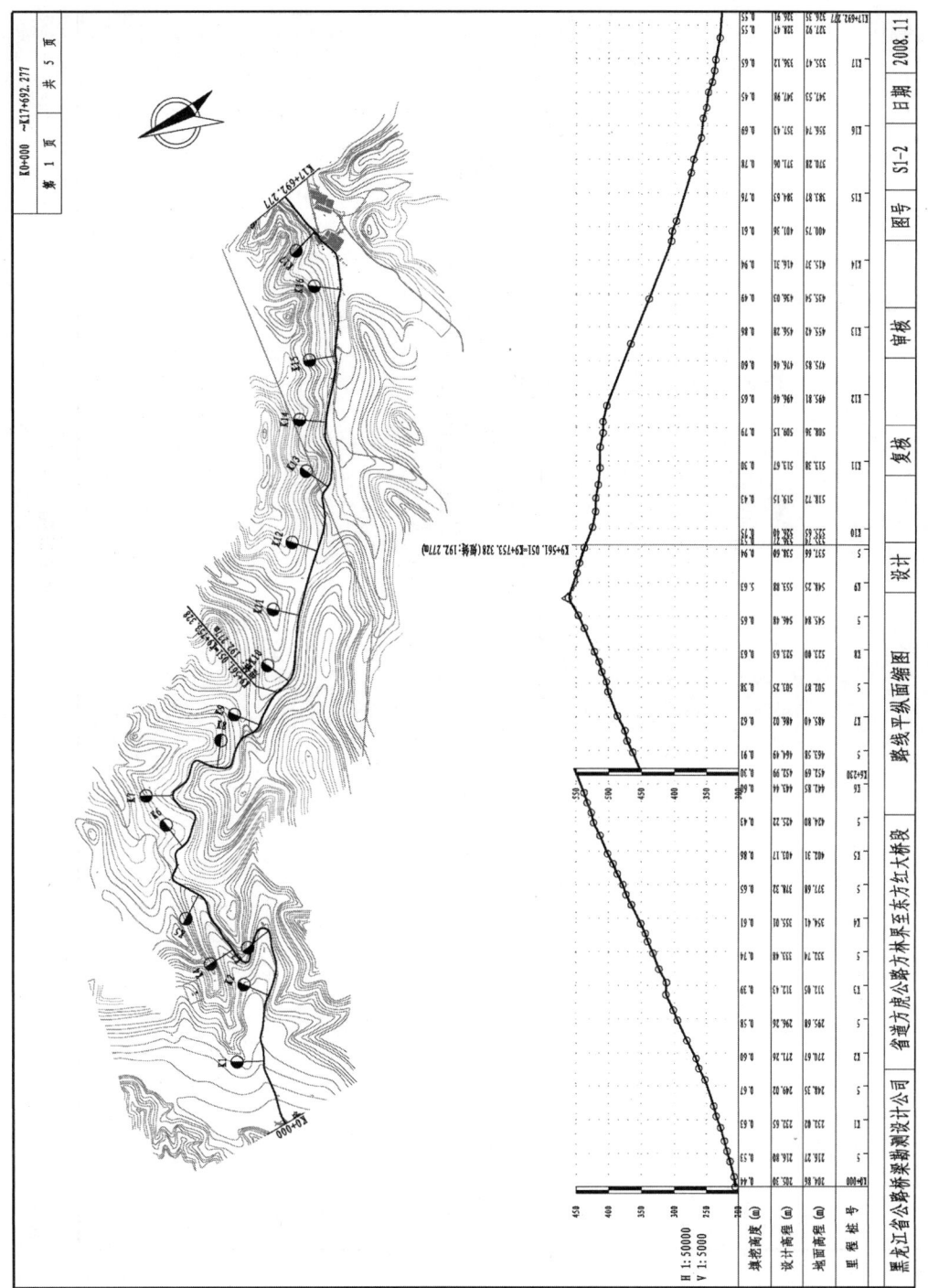

图 3.2 公路路线平纵面缩图

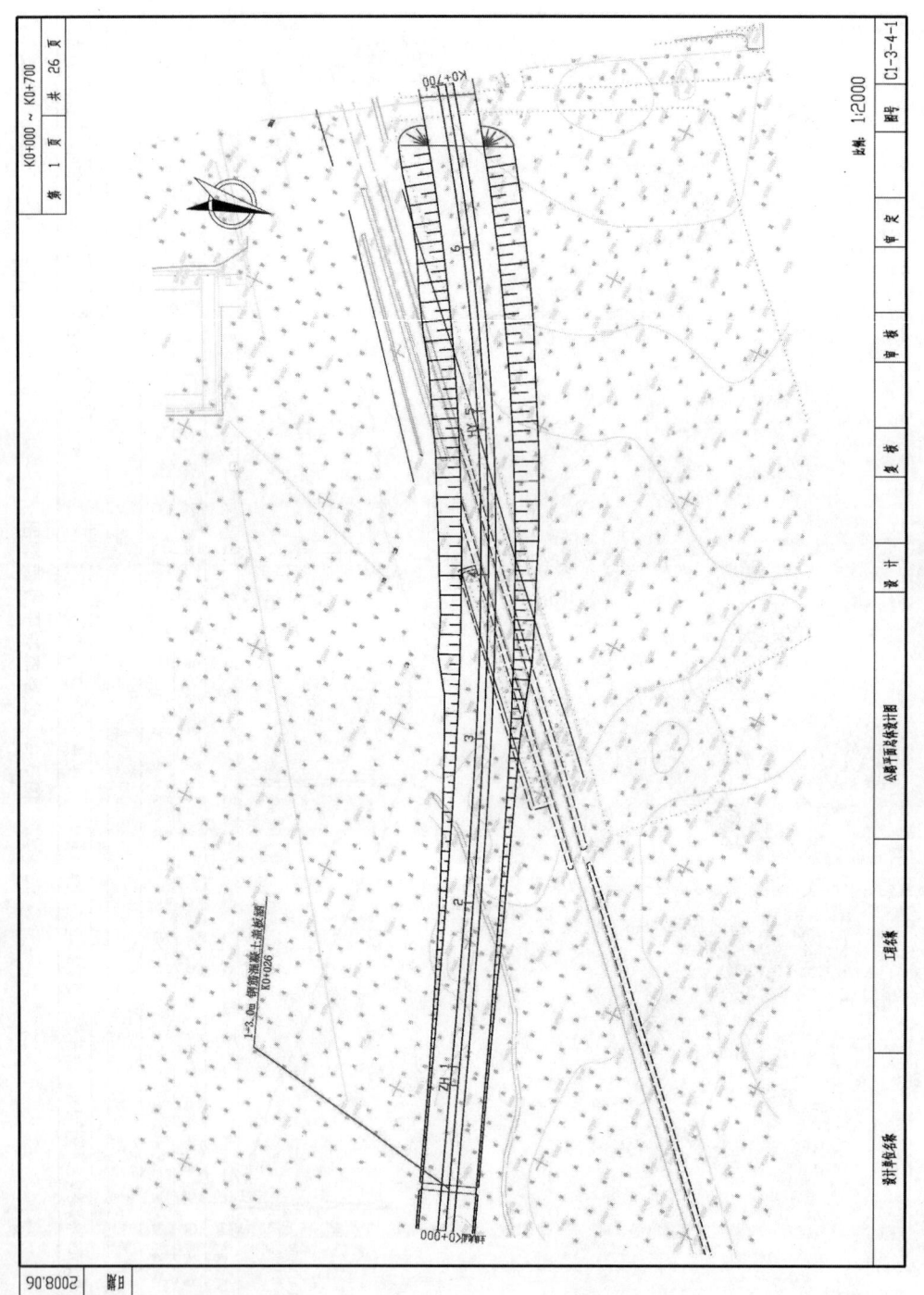

图 3.3 公路平面总体设计图

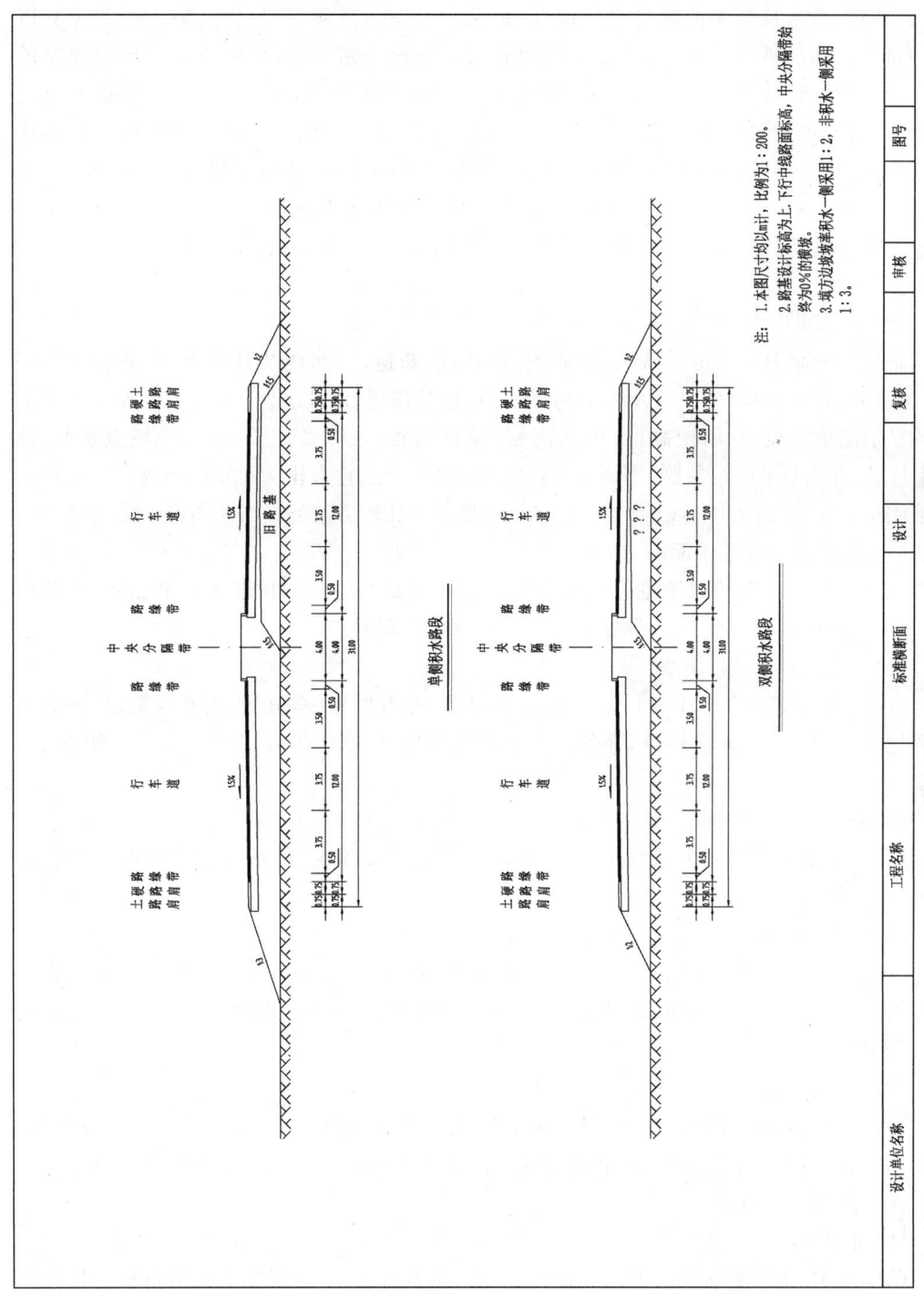

第3章 道路线形设计成果

图 3.4 公路标准横断面图

(1) 路线平面图

路线平面图应示出地形、地物、平面控制点、高程控制点,路中心线位置及平曲线交点,公里桩、百米桩及平曲线主要桩位,断链位置及前后桩号,各种构造物的位置及县以上境界等。标出指北图式,列出平曲线要素表。高速公路、一级公路及采用坐标控制的其他等级公路还应示出坐标网格,互通式立体交叉平面布置形式,跨线桥(包括分离式立体交叉桥)位置及交叉方式,复杂平面交叉位置及形式。标注地形图的坐标和高程体系及中央子午线经度或投影轴经度。高速公路、一级公路比例尺采用1∶2000,其他公路也可采用1∶1000、1∶2000、1∶5000。必要时增加在影象地形图上绘制的平面图。比较方案如远离推荐方案时,可单独绘制(注明上承下接关系、对应桩号),如图3.5所示。

(2) 路线纵断面图

路线纵断面图应示出网格线、地面线、设计线、断链、竖曲线及其要素,桥涵和立体交叉(含通道、人行天桥)的位置及其结构类型、孔数及跨径,设计水位,隧道位置等。图的下部各栏示出地质概况、填挖高度、地面高程、设计高程、坡度及坡长(包括变坡点桩号、高程)、桩号、直线及平曲线参数。水平比例尺与平面图一致,垂直比例尺视地形起伏情况可采用1∶100、1∶200、1∶400或1∶500,如图3.6所示。比较方案的纵断面图可单独绘制。

(3) 路线比较方案平面图、纵断面

山区公路复杂路段以踏勘或地质调绘为基础的路线应绘制比较方案平面图、纵断面图,图中所示内容与比例尺同路线平面图和路线纵断面图。

(4) 直线、曲线及转角表

直线、曲线及转角表需列出交点号、交点坐标、交点桩号、偏角、曲线各要素值、平曲线主要桩位、直线长、计算方位角,并备注路线起讫点桩号、断链桩号、坐标系统等,如表3.1所示。

(5) 纵坡、竖曲线表

纵坡、竖曲线表需列出变坡点桩号和高程、竖曲线要素值、纵坡值、变坡点间距离、直坡段长等,如表3.2所示。

(6) 公路用地表

公路用地表需列出用地起讫桩号、长度、所属单位、土地类别等。临时用地记入临时工程内。推荐方案全线贯通,数量表中与比较方案对应路段桩号断开进行小计,以便方案比较和编制概算,见表3.3。

(7) 公路用地图

公路用地图应示出路线用地界线(变宽点处注明前后用地宽度及里程桩号或用坐标表示),土地类别,分界桩号及地表附着物,土地所属单位等。比例尺用1∶500~1∶2000,如图3.7所示。

(8) 赔偿树木、青苗数量表

赔偿树木、青苗数量表需列出其桩号、位置、所有者、树木青苗类别及数量等。推荐方案全线贯通,数量表中与比较方案对应路段桩号断开进行小计,以便方案比较和编制概算,见表3.4。

第 3 章 道路线形设计成果

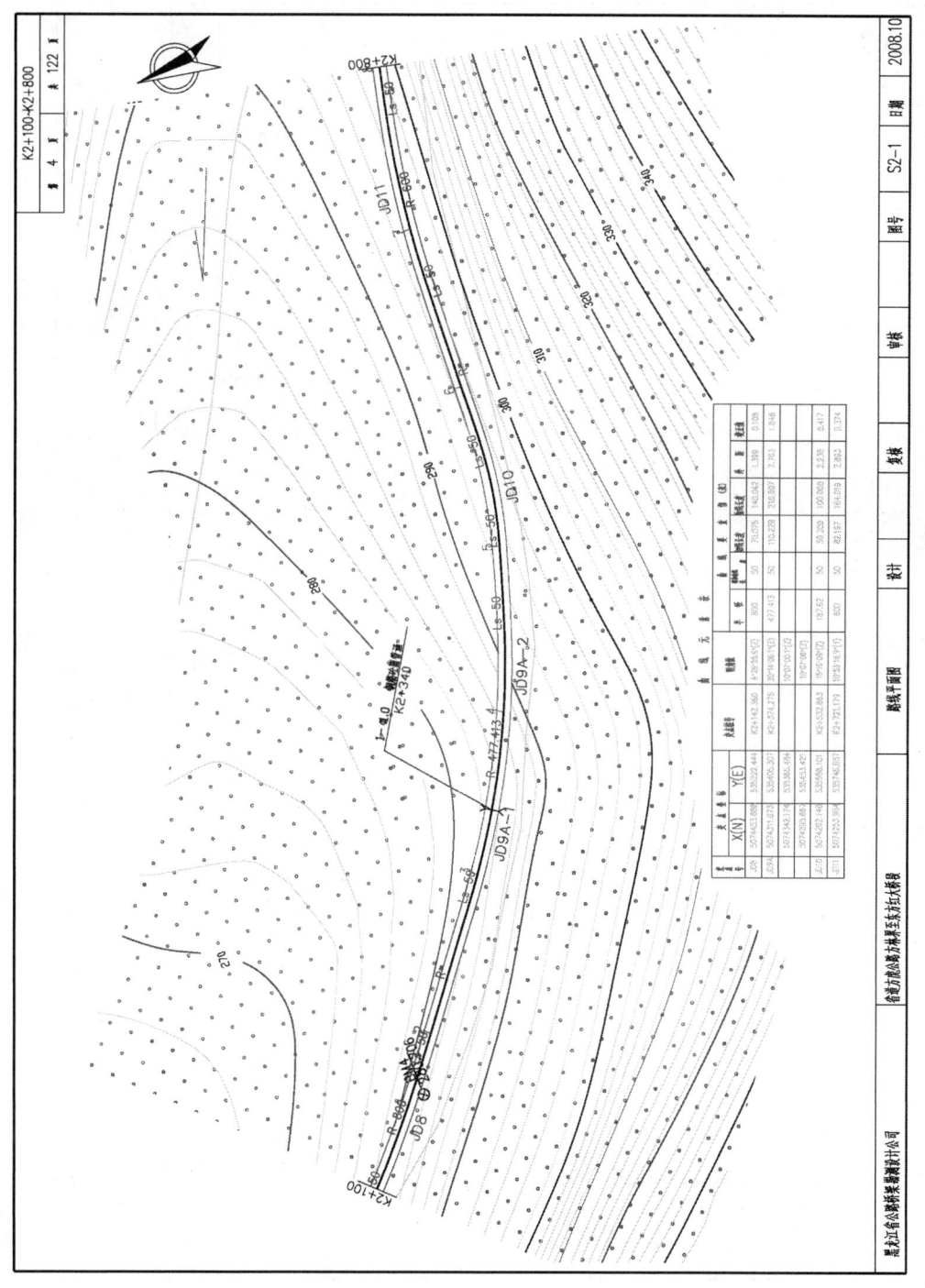

图 3.5 公路路线平面图

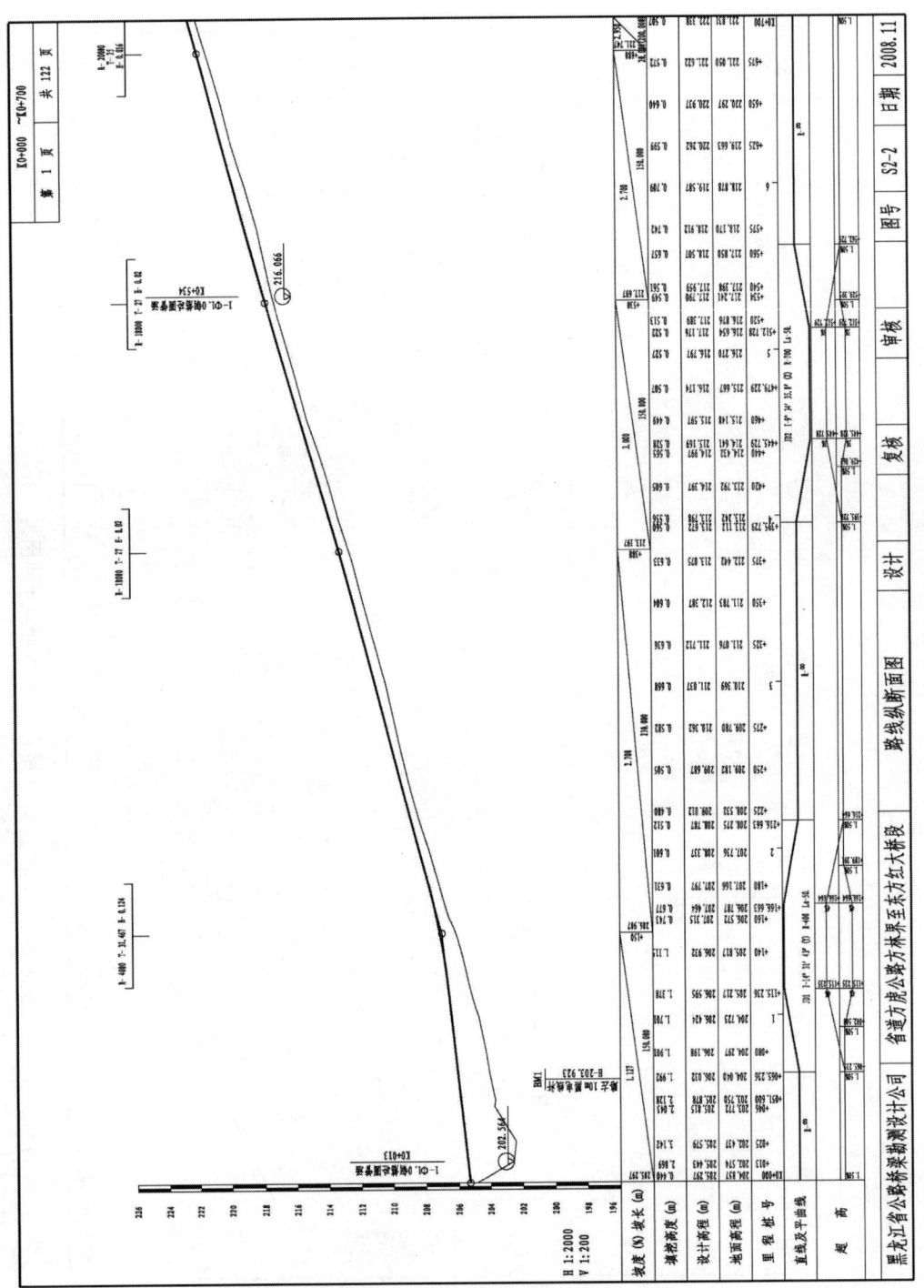

图 3.6 公路路线纵断面图

第3章 道路线形设计成果

表3.1 直线、曲线及转角表

交点号	交点坐标 N(X)	E(Y)	交点桩号	转角值	半径	缓和曲线长度	缓和曲线参数	切线长度	曲线长度	外距	校正值	第一缓和曲线起点	第一缓和曲线终点或圆曲线起点	曲线中点	第二缓和曲线起点或圆曲线终点	第二缓和曲线终点	直线段长(m)	交点间距(m)	计算方位角	备注
1	2	3	4	5	6	7	8	9	10	11	12	13	14	15	16	17	18	19	20	21
QD	5163026.3150	429336.9290																	200°5′53.0″	
JD1	5162747.3570	429231.1590	K18+180.068	13°8′35.9″(Y)	200.000			23.335	46.461	1.357	0.21	K18+455.069	K18+478.300	K18+501.530		275.001	298.337	214°4′28.9″	
JD2	5162562.1350	429105.8740	K18+478.405	14°4′08.4″(Z)	800.000			102.262	203.422	6.510	1.10	K18+599.547	K18+701.258	K18+802.969		98.017	223.615	199°6′20.5″	
JD3	5161893.2810	428868.9450	K18+701.810	7°7′36.5″(Z)	1500.000			102.174	204.033	3.476	0.32	K19+308.111	K19+410.127	K19+512.143		505.142	709.578	191°2′44.0″	
JD4	5161100.1080	428704.5110	K19+410.285	7°6′02.2″(Y)	4500.000			285.768	570.770	9.065	0.77	K19+934.240	K20+219.625	K20+505.009		422.096	810.038	198°8′46.2″	
JD5	5159861.3410	428278.4650	K20+220.008	0°2′47.3″(Z)	70000.000			435.637	871.262	1.356	0.01	K21+93.588	K21+529.219	K21+964.850		588.579	1309.984	198°5′58.9″	
JD6	5157063.2580	427354.9100	K21+529.225	1°0′38.7″(Z)	23000.000			303.243	606.450	1.999	0.04	K24+172.532	K24+475.757	K24+778.982		2207.682	2946.561	196°5′20.2″	
JD7	5155478.4360	426877.7640	K24+475.775	6°0′02.7″(Z)	8000.000			419.316	837.864	10.982	0.77	K25+711.516	K26+130.448	K26+549.381		932.534	1655.092	190°5′17.5″	
JD8	5154270.4360	426648.4040	K26+130.832	8°4′51.9″(Y)	6000.000			458.924	916.063	17.525	1.78	K26+900.243	K27+358.275	K27+816.307		350.863	1229.102	199°0′09.4″	
JD9	5152703.1480	426093.1450	K27+359.167	11°6′03.2″(Z)	6000.000			583.066	1162.483	28.264	7.51	K28+437.517	K29+118.759	K29+800.000		621.211	1663.201		
ZD	5151928.0350	425982.0320	K29+800.000																	

编制：　　　　　复核：　　　　　审核：　　　　　审定：

表 3.2　纵坡、竖曲线表

序号	桩号	标高(m)	凸曲线半径 R(m)	凹曲线半径 R(m)	切线长 T(m)	外距 E(m)	起点桩号	终点桩号	纵坡(%) +	纵坡(%) −	变坡点间距(m)	直线段长(m)	备注
1	K19+000	148.153							−0.042		244.296		
2	K19+410	147.979		11284	165.70	1.22	K19+244.296	K19+575.704	2.895	410	400	0.000	
3	K19+810	159.557	8000		234.30	3.43	K19+575.703	K20+044.297		−2.963	390	0.000	
4	K20+200	148.002		10850	155.70	1.12	K20+044.297	K20+355.703		−0.093	600	308.977	
5	K20+800	147.445		200000	135.32	0.05	K20+664.681	K20+935.319	0.042		681	464.563	
6	K21+481	147.735		100000	81.12	0.03	K21+399.882	K21+562.118	0.205		469	318.315	
7	K21+950	148.695		4000	69.57	0.60	K21+880.433	K22+019.567	3.683		255	112.612	
8	K22+205	158.087	2000		72.82	1.33	K22+132.180	K22+277.820		−3.599	295	154.201	
9	K22+500	147.470		4000	67.98	0.58	K22+432.022	K22+567.978		−0.200	400	214.833	
10	K22+900	146.670		8000	117.19	0.86	K22+782.811	K23+017.189	2.730		400	59.389	
11	K23+300	157.589	8000		223.42	3.12	K23+076.578	K23+523.422		−2.856	400	56.144	
12	K23+700	146.165		8000	120.43	0.91	K23+579.566	K23+820.434	0.155		330	143.093	
13	K24+030	146.676		8000	66.47	0.28	K23+963.526	K24+096.474	1.817		300	111.417	
14	K24+330	152.127	6000		122.11	1.24	K24+207.891	K24+452.109		−2.253	285	81.858	
15	K24+615	145.704		8000	81.03	0.41	K24+533.967	K24+696.033		−0.228	759	576.799	
16	K25+374	143.976		200000	101.17	0.03	K25+272.832	K25+475.168		−0.126	326	122.673	
17	K25+700	143.564	200000		102.16	0.03	K25+597.841	K25+802.159		−0.229	450	218.073	
18	K26+150	142.535		40000	129.77	0.21	K26+020.232	K26+279.768	0.420		595	335.563	
19	K26+745	145.035	100000		129.67	0.08	K26+615.331	K26+874.669	0.161		830	626.053	
20	K27+575	146.370	70000		74.28	0.04	K27+500.722	K27+649.278		−0.051	355	170.104	
21	K27+930	146.188		8000	110.62	0.76	K27+819.381	K28+040.619					

编制：　　　　　复核：　　　　　审核：　　　　　审定：

第3章 道路线形设计成果

表3.3 公路用地表

起迄桩号	长度(m)	所属单位	旱田	林地	建设用地	乱掘	芦苇塘	灌木林	征用土地(m²) 旧路	鱼池	城市用地	草地	荒地	河渠	备注
K19+000~K19+850	850	大庆市区							46750						
K19+850~K21+948	2098	大庆市区							39344		75497			549	
K21+948~K22+192	244	大庆市区							4514		8906				
K22+192~K22+213	21	大庆市区							1155						铁路
K22+213~K22+479	266	大庆市区							4921		9709				
K22+479~K23+300	821	大庆市区							14778		30377				
K23+300~K23+316	16	大庆市区							880						
K23+316~K24+090	774	大庆市区							11610		30960				
K24+090~K24+333.3	243.3	大庆市区							123952		13382			549	
K19+000~K24+333.3 小计										259	168831		49591		
K24+333.3~K24+338	4.7	大庆市区							4419						
K24+338~K25+320	982	大庆市龙凤区龙凤镇												48400	水泡滩
K25+320~K26+200	880	大庆市龙凤区龙凤镇											1775		
K26+200~K26+692	492	大庆市龙凤区龙凤镇	19935												
K26+692~K27+115	423	大庆市龙凤区龙凤镇向阳村冯家窑屯			9263										
K27+115~K27+494	379	大庆市龙凤区龙凤镇向阳村冯家窑屯				15516									
K27+494~K27+856	362	大庆市龙凤区龙凤镇向阳村冯家窑屯	11562												
K27+856~K27+876	20	大庆市龙凤区龙凤镇向阳村冯家窑屯		645											
K27+876~K28+267	391	大庆市龙凤区龙凤镇向阳村冯家窑屯	13325												

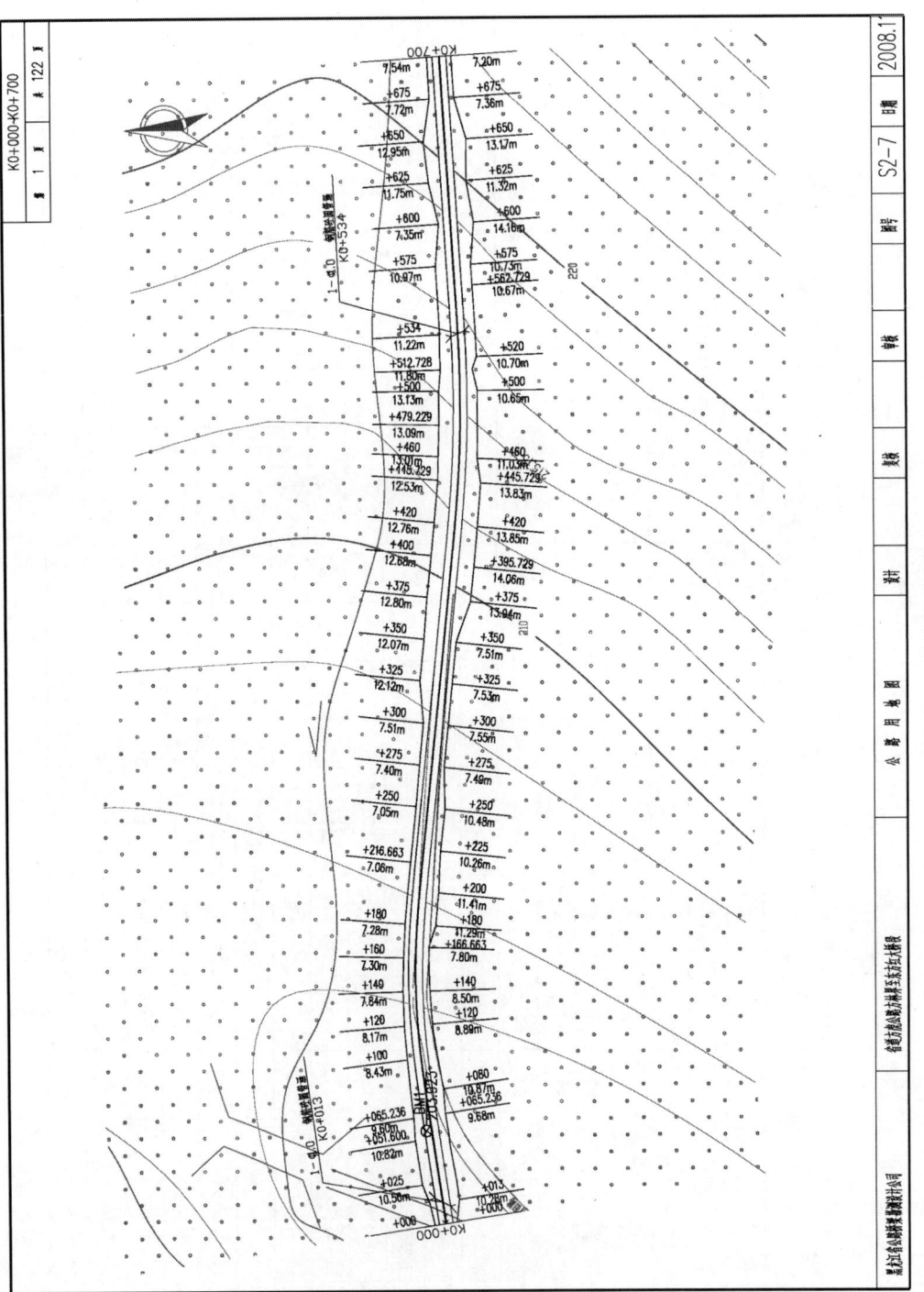

图 3.7 公路用地图

第3章 道路线形设计成果

表3.4 赔偿树木、青苗数量表

序号	桩号	长度(m)	所属县、乡、村(所有者)	针叶(棵) φ<5cm	针叶 5<φ<10	针叶 φ>10cm	阔叶 φ<5cm	阔叶 5<φ<10	阔叶 φ>10cm	灌木(株)	柳树(棵)	草地(m²)	备注
1	K37+030~K37+055	25	大庆市龙凤区龙凤镇前进村					867					
2	K37+250~K37+355	105	大庆市龙凤区龙凤镇前进村				50		160				
3	K39+200~K39+210	10	大庆市龙凤区龙凤镇前进村				200						
4	K40+890~K40+910	20	大庆市龙凤区龙凤镇前进村				311						
5	K41+998~K42+030	32	大庆市龙凤区龙凤镇前进村				373						
6	K42+056~K42+100	44	大庆市龙凤区龙凤镇前进村						20				
7	K42+293~K42+319	26	大庆市龙凤区龙凤镇前进村				3640						
8	K42+400~K42+530	130	大庆市龙凤区龙凤镇前进村				18200						
9	K46+270~K46+337	67	大庆市龙凤区龙凤镇中内泡村				80						
10	K46+932~K46+970	38	大庆市红岗区杏树岗镇中内泡村					50					
11	K47+497~K47+503	6	安达市万宝山镇福民村					20					
12	K50+043~K50+140	97	安达市万宝山镇福民村					1509					
13	K50+540~K50+560	20	安达市万宝山镇福民村					350					
14	K50+570~K50+575	5	安达市万宝山镇福民村					40					
15	K50+800~K50+850	50	安达市万宝山镇义和村				438						
16	K50+890~K50+915	25	红岗区杏树岗镇义和村					389					
17	K51+100~K51+500	400	红岗区杏树岗镇义和村				1556						
18	K52+300~K52+325	25	红岗区杏树岗镇义和村					50					
19	K54+010~K54+020	10	红岗区杏树岗镇吉村						20				
20	K54+824~K54+850	26	红岗区杏树岗镇吉村					152					
21	K78+431~K78+435	4	安达市昌德镇永兴村						35				
22	K78+447~K78+453	6	安达市昌德镇永兴村						53				
23	K82+170~K82+189	19	大同区祝三乡大奋斗村于家窝棚					166					
24	K82+842~K82+852	10	大同区祝三乡大奋斗村于家窝棚					125					
25	K83+455~K83+465	10	大同区祝三乡大青山村				200						
合计:							25048	3718	288				

65

(9) 拆迁建筑物表

拆迁建筑物表需列出建筑物所在桩号、距路中心线距离(左、右)、所属单位或个人、建筑物种类及数量等。推荐方案全线贯通,数量表中与比较方案对应路段桩号断开进行小计,以便方案比较和编制概算,见表 3.5。

(10) 拆迁电力、电讯及其他管线设施表

拆迁电力、电讯及其他管线设施表需列出其桩号、交叉角度、所属单位、用途、拆迁长度、设备种类和数量等(根据需要按电压进行分类合计)。推荐方案全线贯通,数量表中与比较方案对应路段桩号断开进行小计,以便方案比较和编制概算,见表 3.6。

(11) 工程地质平面图

工程地质平面图需示出地层年代符号、地层分界线,勘探点、工程地质区划界线及地质构造,主要构造物、村镇地名,路线、比较线位置及桩号,沿线不良地质段及桩号等。比例尺采用 1∶10000～1∶100000。不良地质地段应另绘比例尺为 1∶2000～1∶10000 的工程地质平面图。改建的二级公路、三级公路、四级公路利用原路时,可只绘不良地质地段的工程地质平面图。

(12) 工程地质纵断面图

工程地质纵断面图需示出地面高程线、设计线、试坑、钻孔编号、孔深、岩土类型界限及地质构造等。图的下部各栏示出地质概况、试坑与钻孔的地面标高及桩号等。水平比例尺采用 1∶2000～1∶100000,垂直比例尺相应地用 1∶200～1∶5000。不良地质地段应另绘水平比例尺为 1∶2000～1∶10000、垂直比例尺相应地为 1∶200～1∶1000 的工程地质纵断面图。改建的二级公路、三级公路、四级公路利用原路时,可只绘不良地质地段的工程地质纵断面图。

3. 路基、路面

公路工程初步设计第三篇"路基、路面"中的公路线形设计成果主要包括:路基标准横断面图,一般路基设计图,路基每公里土石方数量表,取土坑(场)、弃土堆(场)一览表和取土坑(场)、弃土堆(场)设计图。

(1) 路基标准横断面图

路基标准横断面图需示出路中心线、行车道、拦水缘石(如果有)、路肩、路拱横坡、边坡、护坡道、边沟、碎落台、截水沟、用地界碑等各部分组成及其尺寸,路面宽度及概略结构。高速公路、一级公路按整体式路基、分离式路基分别绘制,还应示出中央分隔带、缘石(如果有)、左侧路缘带、硬路肩(含右侧路缘带)、护栏、隔离栅、预埋管道(如果有)等设置位置。比例尺用 1∶100～1∶200,如图 3.8 所示。

(2) 一般路基设计图

一般路基设计图应绘出一般路堤、低填路堤(路基高度较小且需特殊处理)、路堑、半填半挖路基、陡坡路基、填石路基、半路半桥路基、悬出路台或半山洞路基(如果有)、水田内路堤及沿河(江)或水塘(库)等不同形式的代表性路基设计图,并应分别示出路基、边沟、碎落台、截水沟、护坡道、排水沟、边坡坡率、护脚墙、护肩、护坡、挡土墙等结构类型及防护加固结构形式且标注主要尺寸。比例尺采用 1∶200,如图 3.9 所示。

第3章 道路线形设计成果

表3.5 拆迁建筑物表

序号	桩号	距离中线距离(m) 左	距离中线距离(m) 右	所属县、乡(所有者)	砖房(m²)	土房(m²)	围墙(m)	仓房(m³)	水井(口)	铁围栏(m)	路灯(盏)	电话亭(席)	铁大门(座)	广告牌(块)	标志牌(块)	信号灯(个)	坟(座)	备注
1	K19+000~K19+788			大庆市路灯管理所							22							
3	K19+030			大庆市交警大队											1			中型2
4	K19+060			大庆市交警大队											2			中型
5	K19+130			大庆市交警大队											1			大型
6	K19+150			大庆市交警大队											1			中型
7	K19+250			大庆市交警大队											1			门式1
8	K19+290			大庆市交警大队											2			
9	K19+575			大庆市交警大队											1			大型
10	K19+600			大庆市交警大队											2			中型
11	K19+685			大庆市交警大队											1			中型
12	K19+710			大庆市交警大队											1			
13	K19+800			大庆市交警大队						45					2	2		
14	K20+207~K20+242			杨华														
15	K20+305~K20+550			大庆市鑫鹏防水卷材厂			245											刺铁丝
16	K20+390			大庆市交警大队										2	2			
17	K20+407			大庆市鑫鹏防水卷材厂														
18	K20+680~K20+950			木材市场			270											铁板网

67

表 3.6 拆迁电力、电讯及其他管线设施表

序号	桩号	交叉角度(°)	拆迁长度(m)	所属单位	用途	电杆种类	电杆编号	电杆根数	电线架(塔)种类	电线架编号	电线架根数	电信种类	电信编号	电信根数	电压(kV)	管理(m)	管沟(m)	管线(m)	备注
1	K30+600	37	100	大庆市电业局		混凝土		3							10				
2	K30+916	88	60	大庆天然气公司														60	φ159×6 天然气
3	K30+916	88	60	大庆天然气公司														60	φ159×6 天然气
4	K30+916	88	60	大庆天然气公司														60	φ159×6 天然气
5	K30+916	88	60	大庆天然气公司														60	φ219×7 天然气
6	K31+300	67	80	油田采气分公司														80	φ159×6 天然气
7	K33+800	75	49	网通公司龙凤分局								木杆		2					
8	K33+800~K34+670	0	870	网通公司龙凤分局								木杆		27					
9	K39+877	62	60	大庆天然气公司														60	φ377×7 天然气
10	K45+975	50	50	大庆市电业局		混凝土		2							10				
11	K46+430	59	80	油田采气分公司														80	φ508×10 天然气及光缆1根
12	K82+550	87	150	大庆市电业局		混凝土		3							30				
13	K82+950	68	250	大庆市电业局		混凝土		2							220				
14	K83+000	67	117	大庆市电业局		混凝土		2							10				
15	K83+350	80	80	油田采气分公司														80	φ219×7 天然气

第3章 道路线形设计成果

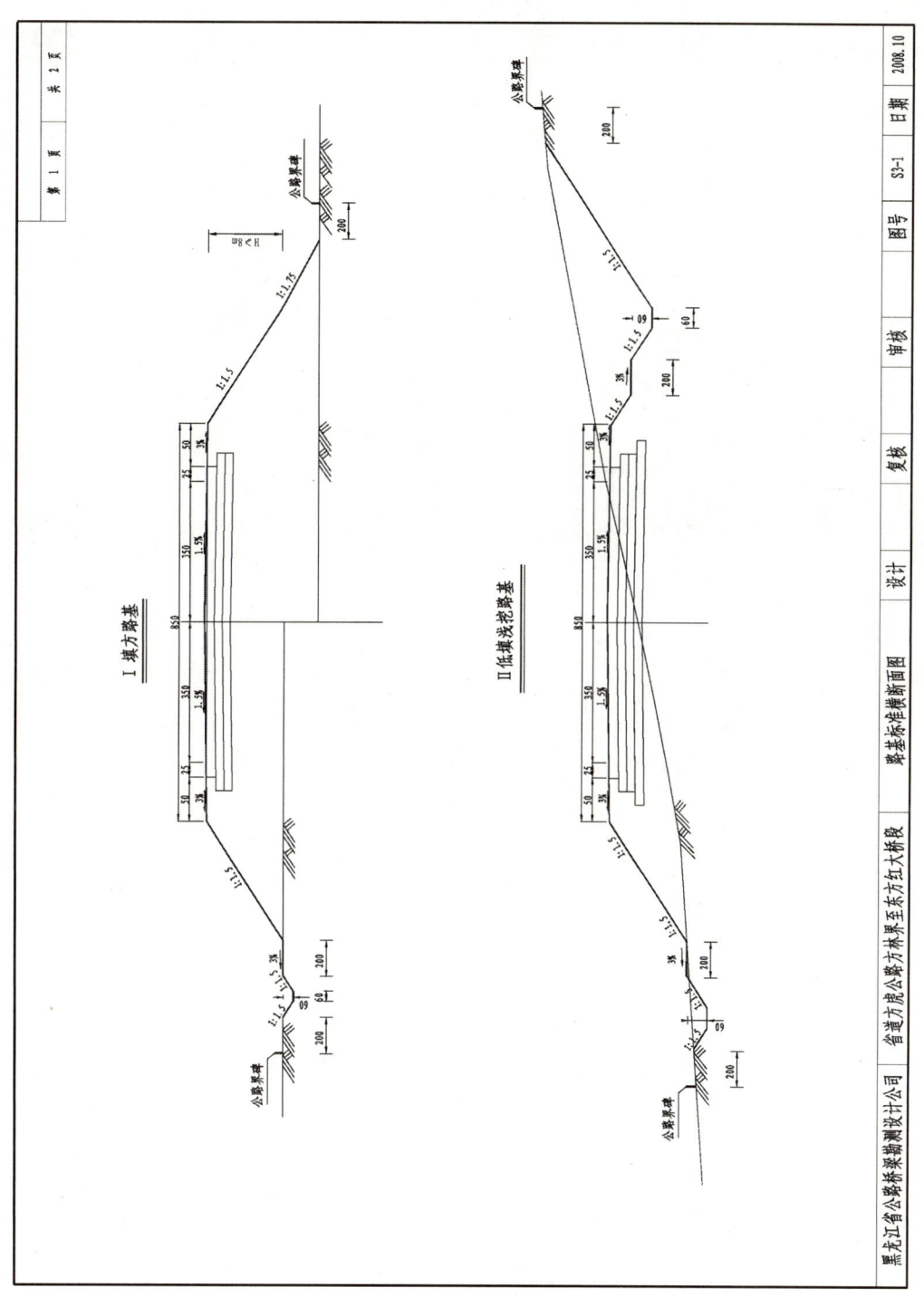

图3.8 公路路基标准横断面图

图 3.9 公路路基一般设计图

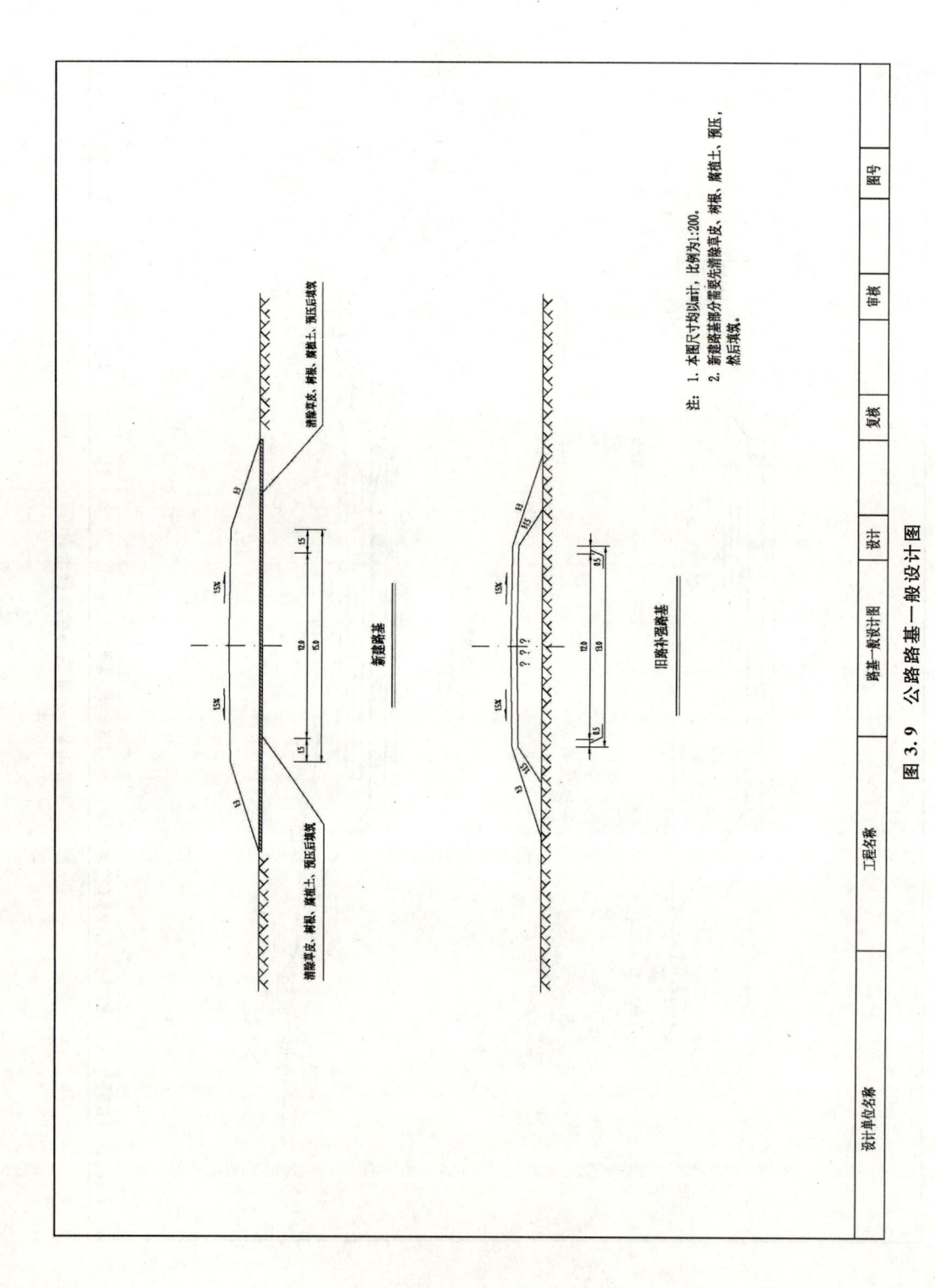

(3) 路基每公里土石方数量表

路基每公里土石方数量表应列出起讫桩号、长度、挖方(包括挖路槽,按总体积、土类、石类计列)、清除表土土方数量、填方(填土、填石分压实方、自然方计列)、本段利用方(按土方、石方计列)、远远利用方(按土方、石方平均运距计列)、借方(按土方平均运距计列)、弃方(按土方、石方平均运距计列)。并说明表土的利用保护措施、平均运距、临时占地等,见表 3.7。

(4) 取土坑(场)、弃土堆(场)一览表

取土坑(场)、弃土堆(场)一览表需列出取土坑中心桩号、位置(分左、右)、运距、数量(分取土、弃土)、占地(永久占地与临时占地)、临时工程(便道、便桥)、防护、排水、绿化、复垦工程数量,供应或弃方起讫桩号,并且列出取弃土场范围内表层种植土的数量及其占地,说明表层种植土的利用措施,见表 3.8。

(5) 取土坑(场)、弃土堆(场)设计图

大型取土坑(场)、弃土堆(场)应绘制本图。示出地形、地物、位置、范围、运输道路、防护、排水、绿化及复垦或地表恢复的设计说明及平面、纵断面图等内容,有条件时可附现场实景照片。比例尺采用 1∶500～1∶10000(比例小于 1∶2000 时,应采用现场实测断面)。

4. 路线交叉

公路工程初步设计第六篇"路线交叉"的设计文件组成分为互通式立体交叉设计图表,分离式立体交叉设计图表,通道、天桥设计图表,平面交叉设计图表和管线交叉设计图表几部分。

(1) 互通式立体交叉设计图表

互通式立体交叉设计图表中的线形设计成果主要包括互通式立体交叉一览表、互通式立体交叉方案比较表、互通式立体交叉交通量分布图、互通式立体交叉平面图、互通式立体交叉纵断面图和互通式立体交叉横断面图。

1) 互通式立体交叉一览表:

互通式立体交叉一览表应列出全线各互通式立体交叉的名称、交叉桩号、起讫桩号、互通形式、交叉方式、被交叉道路名称及等级,分别按主线、匝道、被交叉道路或连接线列出最小平曲线半径、最大纵坡、全长、路面结构类型及厚度、跨线桥、匝道桥结构类型及数量(米/座),以及涵洞、通道等其他附属工程,见表 3.9。

2) 互通式立体交叉方案比较表:

逐处编制此表,列出各方案平面示意图、中心桩号、地名、交叉方式、互通立交形式、被交叉道路名称及等级、土石方数量、拆迁数量、占地面积,主线、匝道及被交叉道路主要技术指标,收费站数量及收费车道数,附属工程的种类、结构类型、数量,路面结构类型、厚度、面积,桥梁按跨线桥、匝道桥等分别列出交角、结构类型、孔数及孔径、桥长、桥面宽度、墩台形式、基础类型,各方案总造价、主要优缺点及方案采用意见。

3) 互通式立体交叉交通量分布图:

互通式立体交叉交通量分布图需示出主线、被交叉道路及各转向设计年限日平均交通量、设计小时交通量,如图 3.10 所示。

71

表 3.7 路基每公里土石方数量表

起讫桩号	长度 (m)	总体积	挖方 (m³) 松土	普通土	硬土	软石	次坚石	填方 (m³) 总数量	土方	石方	本桩利用 土方	石方	远运利用(挖余) 土方	石方	平均运距 (km) 土方	石方	借方/填缺 土方	平均运距(km)	度方 土方 (m³)	石方 (m³)	平均运距(km) 土方	石方	计价方 (m³)	备注
K0+000~K1+000	1000	1036		829			207	4601	4601	207	534		285		0.15		3782		11	207			4818	
K1+000~K2+000	1000	1171		938			234	4492	4492	234	400		494		0.10		3598		43	234			4769	
K2+000~K3+000	1000	5159		4109			1050	4957	4957	1050	2374		553		0.10		2030		1182	1050			7189	
K3+000~K4+000	1000	5626		3938			1688	3640	3640	1688	1295		800		0.05		1545		1843	1688			7171	
K4+000~K5+000	1000	4913		3439			1474	3723	3723		1790		1009		0.07		924		640	1475			5837	
K5+000~K6+000	1000	5093		3571			1523	3981	3981	1523	1529		1646		0.13		806		399	1523			5899	
K6+000~K7+000	1000	5792		4054			1737	4275	4275		1965		1786		0.11		524		302	1738			6316	
K7+000~K8+000	1000	13130		9191			3939	3056	3056		2551		490		0.06		15		6151	3939			13145	
K8+000~K9+000	1000	34567		24197			10370	9937	9937		2076		1723		0.06		6138		20398	10370			40705	
K9+000~K10+000	808	1761		1233			528	9578	9578		816	2100	417		0.06		8345			528			10106	
K10+000~K11+000	1000	6069		4249			1821	3148	3148		1642		614		0.13		893		1992	1820			6962	
K11+000~K12+000	1000	4347		3043			1304	2582	2582		1864		526		0.14		192		653	1304			4539	
K12+000~K13+000	1000	4431		3101			1329	4366	4366		1493		1577		0.09		1296		31	1329			5727	
K13+000~K14+000	1000	6219		4353			1865	2429	2429		1675		681		0.13		73		1996	1865			6292	
K14+000~K15+000	1000	8691		6083			2607	3145	3145		2063		1022		0.10		60		2999	2608			8751	
K15+000~K16+000	1000	10320		7224			3096	5008	5008		1860		1093		0.09		2055		4270	3096			12375	
K16+000~K17+000	1000	7004	4902	2101	2227			758	758		2830	155	7159										2582	
K17+000~K18+000	1000	1951		1579		107	265	2153	2153		763		758		0.17		631		57	372			3190	
K18+000~K19+000	1000	529		479		54		3121	3121		427		32		0.05		2661		19	53			5158	
K19+000~K20+000	1000	3899		3510		388		3913	3913		1033		1621		0.07		1259		853	390			5158	
K20+000~K21+000	1000	10180		9162		1018		4343	4343		2722		1303		0.09		318		5137	1018			10498	
K21+000~K22+000	1000	501		451		50		2498	2498		451						2046			50			2549	
K22+000~K23+000	1000	6932		6239		693		4400	4400		1615		2785						1838	693			6932	
K23+000~K24+000	1000	9653		8687		965		4253	4253		2764		1490						4434	965			9653	
K24+000~K25+000	1000	4887		4398		489		2550	2550		857		1693						1848	489			4886	
小计		163862	4902	122959	2227	3764	37139	102378	102378		37876	2255	25156				39346		59926	40904			203208	

编制：　　　　　　　　　　　　　　　　　　　　　复核：

第3章 道路线形设计成果

表3.8 取土坑(场)、弃土堆(场)一览表

起讫桩号或中心桩号	序号	长度(m)	挖度(m)	左侧顶宽(m)	左侧底宽(m)	右侧顶宽(m)	右侧底宽(m)	工程数量 取土数量(m³)	工程数量 弃土数量(m³)	备注
取土坑										
K0+840~K0+970	1	130.00	5.00			10.00	2.5	4002		
K1+250~K1+700	2	200.00	1.50	10.00	7.75	5.00	3.25	3975		
K1+600~K1+700	3	100.00	1.50	10.00	7.75	7.00	4.75	2212		
K3+200~K3+425	4	225.00	1.50	7.00	4.75	3.50	1.25	1238		
K7+720~K7+940	6	200.00	3.00			3.50	1.25	1500		
K8+800~K9+100	7	300.00	1.50	10.00	7.75	7.00	4.75	6637		
K9+230~K9+740	8	510.00	1.50			3.50	1.25	1068		
K9+600~K10+900	9	300.00	1.50			3.50	1.25	1068		
K10+100~K11+200	10	100.00	1.50			3.50	1.25	356		
K20+800~K21+200	12	400.00	3.00			5.50	3.25	5250		
K25+690~K25+810	13	120.00	5.00	5.00	2.75			3000		
K26+100~K26+200	14	100.00	1.50	10.00	7.75			1331		
K30+940~K30+970	15	30.00	2.00	5.50	3.25			262		
K33+300~K33+700	16	400.00	2.00	10.00	7.00			10600		
K35+600~K36+600	17	500.00	2.00			10.00	7.75	8500		
K37+300~K37+400	18	100.00	1.50			5.00	2.75	581		
K37+950~K38+900	19	950.00	1.50	10.00	7.75			12646		
K40+520~K40+560	20	40.00	5.00	10.00	2.50			3000		
K43+350~K43+900	21	150.00	2.00	10.00	2.50			4687		
K44+780~K45+000	22	220.00	2.00			5.50	2.50	1760		
K50+700~K51+200	23	500.00	1.50			10.00	2.50	4689		
K51+900~K52+300	24	400.00	2.00			5.50	2.50	3200		
K53+570~K53+610	25	40.00	2.00	5.00	2.00			2800		
K61+150~K61+580	26	430.00	2.00	5.50	3.25			3762		

表3.9 互通式立体交叉一览表

序号	中心桩号及起讫桩号	互通方式名称	互通方式	交叉方式	被交路名称主等级	主线 最小曲线半径(m)	主线 最大纵坡(%)	主线 全长(m)	主线 设计速度(km/h)	主要经济指标 匝道 最小曲线半径(m)	匝道 最大纵坡(%)	匝道 全长(m)	匝道 设计速度(km/h)	被交路或连接线 最小曲线半径(m)	被交路或连接线 最大纵坡(%)	被交路或连接线 全长(m)	被交路或连接线 设计速度(km/h)	路面(类型及厚度) 主线(cm)	路面 匝道(cm)	路面 被交路(cm)	桥梁 预应力混凝土连续(m/座)	桥梁 钢筋混凝土连续梁(m/座)	备注
1	2	3	4	5	6	7	8	9	10	10	11	12	10	13	14	15	10	16	17	18	19	20	23
1	K29+150 K28+600~K29+800	龙凤互通	双喇叭型	主线下穿	南三路	—	−0.27	1200	80	60	3.5	5243.66	40	—	0.02	1200	70	17cm 沥青混凝土	12cm 沥青混凝土	17cm 沥青混凝土	212/2		

编制: 复核: 审核:

第 3 章 道路线形设计成果

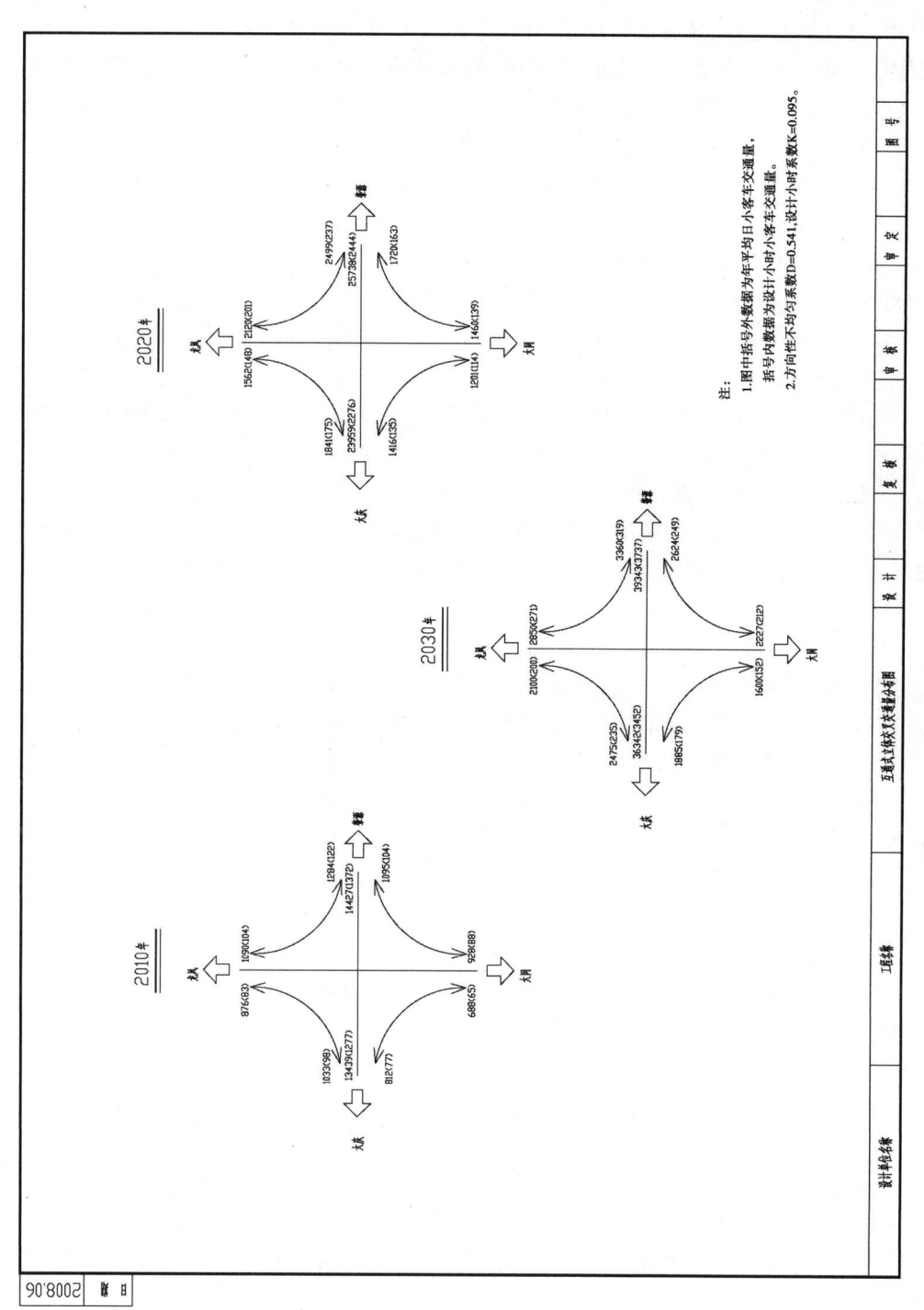

图 3.10 互通式立体交叉交通量分布图

4) 互通式立体交叉平面图：

在地形图上直接绘制，不应遮盖原有地形图。示出主线、匝道、变速车道、被交叉道路位置（中心线、路基边线、坡脚或坡顶线、标出平曲线半径、缓和曲线参数、平曲线要素点及百米桩），加减速车道及渐变段长度、匝道编号、跨线桥位置及交角、导线点、坐标网格、收费站及管理区、桥涵、通道的位置。示出互通式立体交叉区综合排水系统（位置、水流方向），支挡构造物的设置（工程名称、位置）及改路、改渠等其他工程（工程名称、位置），并绘出主线、被交叉道路、匝道的代表性横断面等。采用整幅图，比例尺一般采用1：2000。比较方案单独绘制平面图，如图3.11所示。

5) 互通式立体交叉纵断面图：

分别绘出主线、被交叉道路和匝道的纵断面图，其内容和路线纵断面图相同，水平比例尺采用1：2000，垂直比例尺采用1：200。比较方案单独绘制纵断面图。

6) 互通式立体交叉横断面图：

参照第三篇路基标准横断面图的内容和要求，分别绘出主线、被交叉道路和匝道的路基横断面图。

(2) 分离式立体交叉设计图表

分离式立体交叉设计图表中的线形设计成果主要包括分离式立体交叉一览表、分离式立体交叉平面图、分离式立体交叉纵断面图和分离式立体交叉横断面图。

1) 分离式立体交叉一览表：

分离式立体交叉一览表需列出各分离式立体交叉的中心桩号及地名、被交叉道路名称及等级、交叉方式及与主线交角、设计荷载、孔数及孔径、桥面净空、桥梁总长度、上部构造、下部构造、被交叉道路改建长度、最大纵坡等，见表3.10。

2) 分离式立体交叉平面图：

参照互通式立体交叉平面图内容及要求绘制，并示出被交叉公路或铁路、跨线桥及其交角、桩号和平曲线要素等。

3) 分离式立体交叉纵断面图：

参照互通式立体交叉纵断面图内容及要求绘制，可与平面图合并绘制。

4) 分离式立体交叉横断面图：

绘出被交叉道路路基、路面结构等。其内容及要求参照第四篇路基标准横断面图及路面结构图绘制。

(3) 通道、天桥设计图表

通道、天桥设计图表中的线形设计成果主要包括通道、天桥一览表，通道一般布置图和天桥一般布置图。

1) 通道、天桥一览表：

列出通道及天桥的中心桩号、地名、工程名称、被交叉道路种类、交角、结构类型、孔数及孔径、全长、净宽、净高、被交叉道路改建长度及纵坡、路面类型及厚度等，见表3.11和表3.12。

第3章 道路线形设计成果

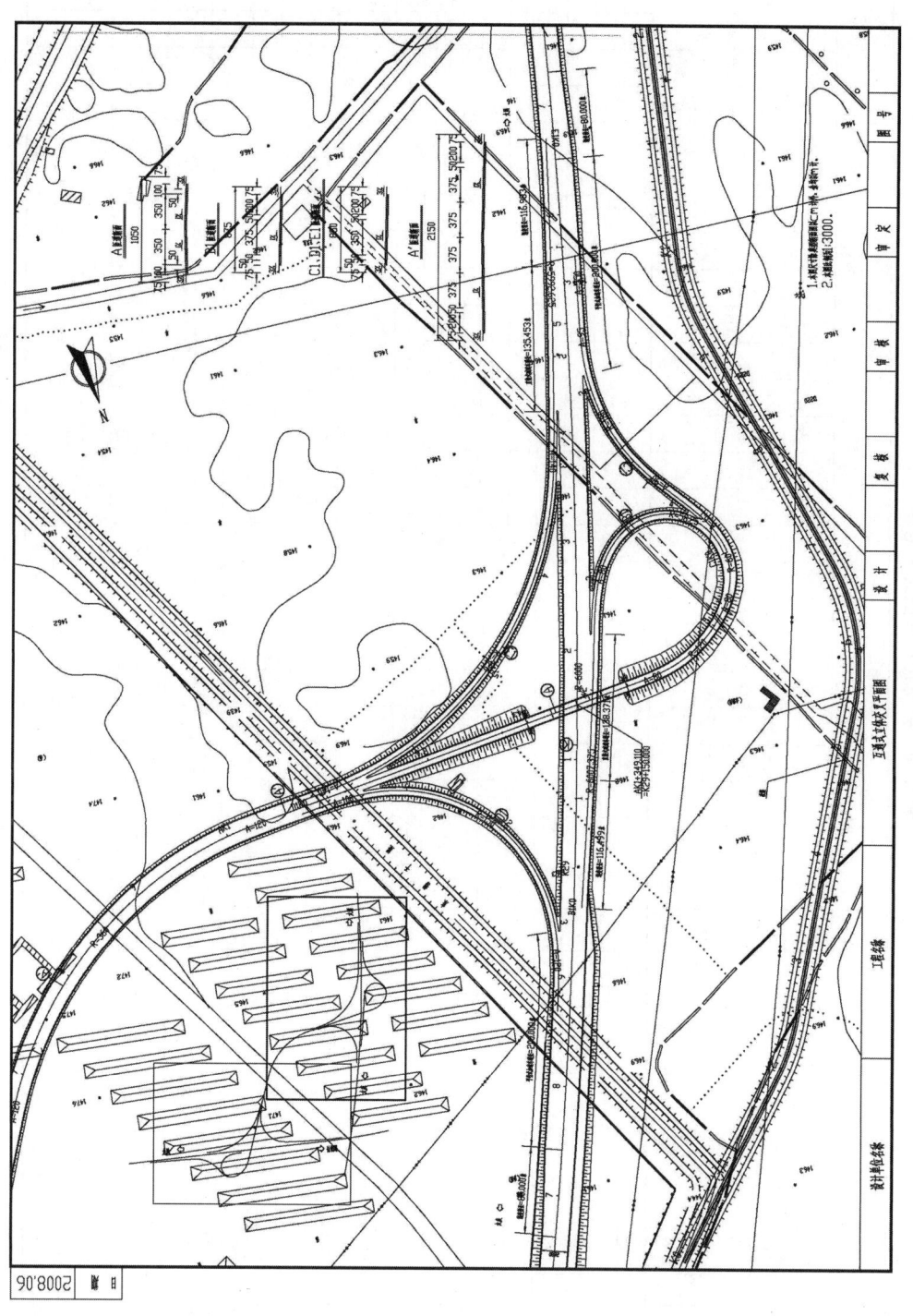

图 3.11 互通式立体交叉平面图

表 3.10 分离式立体交叉一览表

序号	主线中心桩号/与主线交叉线号	交角(°)	分离立交形式	被交叉道路 现有等级	被交叉道路 改造后等级	桥梁工程 跨径组合	桥梁工程 全长(m)	桥梁工程 桥宽(m)	土方 借方(m³)	防护 植草(m²)	防护 植索锚喷(m²)	防护 C20混凝土预制块(m²)	防护 浆砌片石(m²)	路基处理 挖除土方(m³)	路基处理 换填土方(m³)	路基处理 换填砂砾(m²)	路基处理 汪砂(m³)	路面工程 面层 4cm 厚沥青混凝土 AC- 16 20 (m²)	面层 6cm 厚沥青混凝土 AC- 20 (m³)	面层 5cm 厚沥青混凝土 AC- 16 20 (m³)	面层 7cm 厚沥青混凝土 AC- 20 (m³)	厚水泥混凝土 20	基层 18cm 厚6% 水泥稳定砂砾(m²)	18cm 厚5% 水泥稳定砂砾(m³)	16cm 厚6% 水稳定砂砾(m³)	16cm 厚5% 水稳定砂(m²)	20cm 厚6% 水泥稳定砂砾(m²)	30cm 厚6% 水泥稳定砂砾(m³)	15cm 厚5% 水泥稳定砂砾(m³)	12cm 厚5% 水泥结碎石(m³)	16cm 厚二灰土	备注
	主线																													
1	K0+737.0	100	主线上跨	高速公路	高速公路	5—30	155.04	2×12																						
2	K8+375.0	110	主线上跨	油田路	油田路	3—13	44.40	2×12																						
3	K10+073.5	90	主线上跨	城市主干路	城市主干路	13×25	325.04	2×11.5																						
4	K11+670.5	90	主线上跨	城市主干路	城市主干路	8×25+2×20+3×25	315.04	2×11.5																						
5	K14+252.85	90	主线上跨	城市主干路	城市主干路	20+11×25	295.04	2×11.5																						
6	K16+502.85	90	主线上跨	城市主干路	城市主干路	7×25+3×20+2× 25+2×20+18×25	775.04	2×11.5																						
7	K19+809.5	115	主线上跨	城市主干路	城市主干路	8×25+40+7×25	415.04	2×11.5																						
8	K22+192.0	115	主线上跨	滨洲铁路	滨洲铁路	11×20+13+20+ 13+10×20	466.04	22.25																						
9	K23+306.5	97	主线上跨	城市主干路	城市主干路	8×25+40+8×25	440.04	2×11.5																						
10	K24+343.3	73	主线上跨	三级路	三级路	12—25	302.59	2×11.5																						
11	K28+406.7	72	主线上跨	城市主干路	城市主干路	11×25+40+9×25	542.59	2×12.75																						
12	K34+955.6	90	主线上跨	专用路	专用路	3—13	43.3	2×12.75																						
13	K74+635.6	120	主线上跨	二级路	二级路	3—16	52.5	2×12.75																						
14	K75+742.5	65	主线上跨	二级路	二级路	3—20	65.1	2×12.75																						
15	K88+665	105	主线上跨		3级路	3—16m	53	2×12.75																						
16	K113+453	105	主线上跨		3级路	3—16m	53	2×12.75																						
17	K115+001	110	主线上跨		二级路	3—25m	81	2×12.75																						
18	K21+811.0	86	主线下穿	城市主干路		7×25+27+7×25	427.04	30	22615	3676				2721		1460		4284	4284	14204			4710		14898		15070			
19	K50+860.5	115	主线下穿	三级路		16+2×20+16	78	8.50	41077	3372	41.1	421	865		2558			14204	14204	14204		4710					1003			

78

第3章 道路线形设计成果

表3.11 通道设置一览表

序号	中心桩号	被交叉道路种类	孔数-跨径×净高 (孔-m)	交角 (°)	桥宽或通道长 (m)	结构类型 上部构造	结构类型 下部构造 桥墩	结构类型 下部构造 桥台	结构类型 下部构造 基础	被交叉道路改线 长度 (m)	被交叉道路改线 纵坡 (%)	被交叉道路改线 路面 路面类型	被交叉道路改线 路面 厚度 (cm)	其他附属工程	备注
	主线														
1	K33+400	乡村道	1-5×3.2	90	26	钢筋混凝土箱涵									
2	K38+335	等外	1-4×2.2	90	26	钢筋混凝土箱涵									
3	K44+600	等外	1-4×2.2	90	26	钢筋混凝土箱涵									
4	K49+700	等外	1-4×2.2	90	26	钢筋混凝土箱涵									
5	K57+680	等外	1-4×2.2	90	26	钢筋混凝土箱涵									
6	K59+943	等外	1-4×2.2	90	26	钢筋混凝土箱涵									
7	K76+100	乡村道	1-5×3.2	90	26	钢筋混凝土箱涵									
8	K78+327	乡村道	1-10	80	2×12.75	预应力混凝土空心板	柱式	薄壁台	钻孔桩基础						
9	K90+199	通村路	1-5×3.2	75	26.0	钢筋混凝土箱涵									
10	K96+518	通村路	3-10m	105	2×12.75	预应力混凝土简支空心板		肋式	钻孔桩						
11	K98+360	机耕道	1-5×3.2	60	33.7	钢筋混凝土箱涵									
12	K100+000	通村路	1-6×4	90	28.4	钢筋混凝土箱涵									
13	K111+192	通村路	1-6×4	90	27.5	钢筋混凝土箱涵									
14	K117+900	通村路	1-5×3.2	75	28.6	钢筋混凝土箱涵									
15	K124+140	机耕道	1-5×3.2	90	28.4	钢筋混凝土箱涵									
16	K145+790	机耕道	1-5×3.2	90	30.5	钢筋混凝土箱涵									

编制: 复核: 审核: 审定:

表 3.12 天桥设置一览表

序号	与主线交叉桩号	交角(°)	被交叉道路 现有等级	被交叉道路 改建后等级	桥梁工程 跨径组合(m)	桥梁工程 桥梁全长(m)	桥梁工程 桥宽(m)	路基工程 土方 借方(m^3)	路基工程 土方 植草(m^3)	路基工程 防护 植紫穗槐(m^2)	路基工程 防护 C20混凝土预制块(m^3)	路基工程 防护 浆砌片石(m^3)	路基工程 路基处理 挖除土方(m^3)	路基工程 路基处理 掺灰土方(m^3)	路基工程 路基处理 填江砂(m^3)	路基工程 路基处理 换填砂砾(m^3)	路面工程 面层 22cm厚水泥混凝土(m^2)	路面工程 面层 20cm厚水泥混凝土(m^2)	路面工程 基层 12cm厚6%水泥稳定砂砾(m^2)	路面工程 基层 18cm厚6%水泥稳定砂砾(m^2)	路面工程 基层 16cm厚二灰土(m^2)	备注
主线																						
1	K31+600	90	机耕道	四级	20+30+20	76	6.5	36352	441	3761	35.5	354	343			3425			3684		3991	
2	K35+780	115	乡村道	四级	16+2×20+16	78	6.5	36176	413	3921	35.8	358	2410			315	3940			4269		
3	K37+339	60	机耕道	四级	16+2×20+16	78	6.5	33013	353	3643	34.9	345	2207			252			3672		3979	
4	K40+875	120	乡村道	四级	16+2×20+16	78	6.5	42047	399	4481	52	499	2831			328	5112			5538		
5	K46+300	60	机耕道	四级	16+2×20+16	78	6.5	35962	433	4050	43.2	418	2534			333			3672		3978	
6	K47+645	120	机耕道	四级	16+2×20+16	78	6.5	34878	491	3683	41	407	330			3636			3372		3653	
7	K53+700	90	机耕道	四级	20+30+20	76	6.5	35014	290	3245	42.4	405	2227			260			3684		3991	
8	K54+740	90	乡村道	四级	20+30+20	76	6.5	35420	262	4342	32.3	321	2415			364	3684			3991		

2)通道一般布置图:

按不同类型分别绘出典型图,比例尺采用1:50～1:200。

3)天桥一般布置图:

按不同类型分别绘出典型图,比例尺采用1:50～1:200。

(4)平面交叉设计图表

平面交叉设计图表包括平面交叉设置及工程数量一览表和平面交叉布置图。

1)平面交叉设置及工程数量一览表:

平面交叉设置及工程数量一览表需列出沿线各平面交叉的中心桩号、起讫点桩号、被交叉路名称及等级、交叉形式、交角、引道纵坡、改建长度及工程数量(包括该范围内的主线工程),见表3.13。

2)平面交叉布置图:

在地形图上直接绘制,不应遮盖原有地形图。示出地形、地物、主线、被交叉道路或铁路、交通岛、辅助车道的纵、横断面及设计主要尺寸(如转弯平曲线半径、车道宽度、渐变段长度等)。比例尺采用1:500～1:2000。

(5)管线交叉设计图表

管线交叉设计图表包括管线交叉设置及工程数量一览表和管线交叉设计图。

1)管线交叉设置及工程数量一览表:

管线交叉设置及工程数量一览表应列出各管线交叉的桩号、地名、被交叉的管线长度及管线类型、所属单位、交角、管线交叉方式(上跨或下穿)、净空或埋深及工程、材料数量,见表3.14。

2)管线交叉设计图:

典型及复杂的交叉管线应绘本图。

3.2.2 施工图设计阶段

1. 总体设计

公路工程施工图设计第一篇"总体设计"中的公路线形设计成果主要包括:项目地理位置图、路线平纵面缩图、公路平面总体设计图。

(1)项目地理位置图

示出路线在省级以上交通网络图中的关系及沿线主要城镇等的概略位置。

(2)路线平纵面缩图

与初步设计要求相同,但要增加标段划分的桩号与合同段的名称,不绘路线比较方案。

表 3.13 平面交叉设置及工程数量一览表

序号	中心桩号	被交叉公路或铁路等级	交叉形式	交角 α (°)	路基宽度 (m)	半径 R r (m)	改建长度 (m)	路中心标高 (m)	被交叉道坡度 (%)	路基土方 填 (m³)	路基土方 挖 (m³)	路面 22cm 水泥混凝土 (m²)	路面 钢筋用量 φ8 (kg)	路面 钢筋用量 φ14 (kg)	路面 18cm 风化碎石 (m²)	路面 18cm6%水泥稳定砂粒 (m²)	改线土方 填 (m³)	改线土方 挖 (m³)	备注
1	2	3	4	5	6	7	8	9	10	11	12	13		14	15	16	17	18
1	K0+000	二级	T型交叉	55°	12.0	R=40 r=15	10	205.297	1.5	150		431	994.4	196.1		491.74			路线两侧面积包括加铺转角面积
2	K8+834.7	四级	十字交叉	90°	4.0	R=15	20	559.544	4.6		188				353.50				路线两侧
3	K38+663	四级	T型交叉	60°	5.0	R=20 r=15	20	196.032	7.9	88					275.50		54		路线右侧
4	K40+059	四级	T型交叉	120°	4.0	R=20 r=15	20	171.736	2.5	50					255.50		78		路线右侧
5	K40+413	四级	T型交叉	60°	3.0	R=20 r=15	20	164.366	6.5	155					235.50				路线左侧
6	K43+052.5	四级	T型交叉	90°	5.0	R=15	20	149.709	−0.1	98					196.50				路线左侧
7	K47+693	四级	T型交叉	60°	4.0	R=20 r=15	20	146.991	−0.2	41					255.50		59		路线右侧
8	K48+700	四级	T型交叉	60°	4.5	R=20 r=15	20	146.526	0.2	142					265.50				路线左侧
9	K49+140	四级	T型交叉	90°	4.0	R=15	20	147.220	1.5	52					353.50				路线两侧
10	K49+996	四级	十字交叉	90°	5.0	R=15	20	149.391	1.6	99					196.75				路线左侧
11	K50+196	四级	T型交叉	90°	5.0	R=20 r=15	20	148.523	0.3	92					226.75				路线右侧
12	K50+283	四级	T型交叉	90°	6.5	R=20 r=15	20	148.778	0.3	91					226.75				路线左侧
13	K55+693	四级	T型交叉	75°	6.0	R=20 r=15	20	168.265	8.0	76					252.19				路线右侧
14	K55+754	四级	T型交叉	75°	6.0	R=20 r=15	20	166.947	8.0	151					252.19				路线左侧
15	K55+814.5	四级	T型交叉	90°	6.0	R=15	20	165.616	8.0	87					216.75				路线左侧
16	K56+018	四级	T型交叉	60°	6.0	R=20 r=15	20	162.875	0.5	97					275.50		89		路线两侧
17	K56+112	四级	十字交叉	60°	6.0	R=20 r=15	20	159.307	8.0	318					551.00				路线两侧
18	K56+870	四级	T型交叉	120°	3.5	R=20 r=15	20	159.210	3.2		96				245.50				路线右侧
19	K58+584	四级	T型交叉	75°	8.0	R=20 r=15	20	185.929	5.7	131					292.19				路线左侧
20	K59+694	四级	十字交叉	60°	6.0	R=20 r=15	20	164.704	3.0	177					295.50				路线两侧
21	K64+253.5	四级	T型交叉	90°	3.0	R=15	20	265.222	6.3	94					156.75				路线右侧
小计										2189	284	431	994.4	196.1	5348.82	491.74	280		

编制：　　　　　　复核：

82

第3章 道路线形设计成果

表 3.14 管线交叉设置及工程数量一览表

序号	中心桩号	被交叉管线类别	交叉角 (°)	交叉方式	结构类型	孔数及孔径 (孔·m)	涵长或管长 (m)	修复工程成辅助工程数量 洞身 混凝土 C30 (m³)	洞身 混凝土 C25 (m³)	洞身 浆砌片石 MU7.5 (m³)	洞身 沥青混凝土 (m³)	洞口 混凝土 C25 (m³)	洞口 浆砌片石 MU7.5 (m³)	平均挖土深度 (m)	挖方 (m³)	回填砂砾高度 (m)	回填砂砾 (m³)	备注
1	K19+130	预埋管	90	下穿	钢筋混凝土盖板涵	φ426×8 钢管 1-4.0	52.00	124.90	190.94	277.7				1.5	158.03	1.5	158.03	为管局通讯公司预留
2	K19+150	预留涵	90	下穿	钢筋混凝土盖板涵	1-4.0	52.00	124.90	190.94	277.7					2378.50			为天然气公司设置
3	K19+177	预留涵	90	下穿	钢筋混凝土盖板涵	1-4.0	52.00	124.90	190.94	277.7					2378.50			为天然气公司设置
4	中八路东	预留涵	90	下穿	钢筋混凝土盖板涵	1-4.0	44.00	105.68	161.56	235.0					2012.60			为天然气公司设置
5	K19+350	预埋管	90	下穿		φ426×8 钢管 1-4.0	56.00							1.5	170.18	1.5	170.18	为管局通讯公司预留
6	K19+393	预留涵	90	下穿	钢筋混凝土盖板涵	1-4.0	52.00	124.90	190.94	277.7					2378.50			为供水公司管线预留
7	K19+665	预留涵	90	下穿	钢筋混凝土盖板涵	1-4.0	52.00	124.90	190.94	277.7					2378.50			为供电公司预留
8	K19+763	预留涵	90	下穿	钢筋混凝土盖板涵	1-4.0	58.00	139.31	231.00	309.7					2652.90			城市发展预留设置
9	K19+769	预埋管	90	下穿		φ426×8 钢管 1-4.0	56.00							1.5	170.18	1.5	170.18	为管局通讯公司预留
10	K19+880	预埋管	90	下穿		φ325×8 钢管 1-4.0	62.00							1.5	179.50	1.5	179.50	为供电公司预留
11	K19+905	预留涵	90	下穿	钢筋混凝土盖板涵	φ426×8 钢管 1-4.0	55.00	132.11	202.00	293.7					2517.70			为采油一厂预留
12	中八路口东侧	预埋管	90	下穿		φ325×8 钢管 1-4.0	44.00							1.5	127.40	1.5	127.40	为管局通讯公司预留
13	K19+925	预埋管	90	下穿		φ325×8 钢管 1-4.0	58.00							1.5	167.90	1.5	167.90	为供电公司预留
14	K19+925	预埋管	90	下穿		φ426×8 钢管 1-4.0	58.00							1.5	176.26	1.5	176.26	为采油一厂预留
15	K20+205	预埋管	90	下穿		φ426×8 钢管 1-4.0	58.00							1.5	176.26	1.5	176.26	为移动公司预留
16	K20+215	预留涵	90	下穿	钢筋混凝土盖板涵	1-4.0	52.00	124.90	190.94	277.7					2378.50			为管局通讯公司预留
17	K20+700	预埋管	90	下穿		φ219×6 钢管 1-4.0	56.00							1.5	170.18	1.5	170.18	为供电公司预留
18	K20+726	预埋管	90	下穿		φ325×8 钢管 1-4.0	56.00							1.5	162.12	1.5	162.12	为采油一厂预留
19	K20+946	预埋管	90	下穿		φ325×8 钢管 1-4.0	56.00							1.5	162.12	1.5	162.12	为采油一厂预留
20	K21+010	预留涵	90	下穿	钢筋混凝土盖板涵	1-4.0	57.00	136.94	209.30	304.4					2607.20			为管局通讯公司预留
21	K21+500	预埋管	90	下穿		φ219×6 钢管 1-4.0	56.00							1.5	170.18	1.5	170.18	为采油一厂预留
22	K21+540	预留涵	90	下穿	钢筋混凝土盖板涵	1-4.0	52.00	124.90	190.94	277.7					2378.50			为管局通讯公司预留
23	K21+730	预留涵	90	下穿	钢筋混凝土盖板涵	1-4.0	58.00	139.31	213.00	309.7					2652.90			为采油一厂预留

编制：　　　　复核：　　　　审核：　　　　审定：

(3) 公路平面总体设计图

公路平面总体设计图中需示出地形、地物、平面控制点、高程控制点、坐标网格、路线位置(桩号、断链、路中心线、中央分隔带、路基边线、坡脚或坡顶线、示坡线及曲线主要桩位)、与其他交通路线的关系、沿线排水系统、改移河道(沟渠)及道路、县以上境界、用地界等,标出桥梁、涵洞、隧道、路线交叉及防护工程的位置(桥梁按孔数及孔径、长度标绘,注明桥名、结构类型、孔数及孔径、中心桩号;隧道按长度标绘,注明名称、长度、桩号;互通式立体交叉绘出平面布置形式,注明跨线桥名称、结构类型、孔数及孔径、交叉方式;平面交叉示出平面形式;涵洞与通道按孔数标绘,示出结构类型、孔数及孔径,通道还应注明类别;防护工程注明类型),示出服务区、停车区、收费站等。对设置爬坡车道、应急车道、紧急停车带、公共汽车停车站的路段,应示出其放置位置及起讫点桩号。比例尺采用1∶1000或1∶2000。

2. 路线

公路工程施工图设计第二篇"路线"中的公路线形设计成果主要包括:路线平面图,路线纵断面图,直线、曲线及转角表,纵坡、竖曲线表,总里程及断链桩号表,公路用地表,公路用地图,赔偿树木、青苗数量表,砍树挖根数量表,拆迁建筑物表,拆迁电力、电讯设施表,纸上移线图,路线逐桩坐标表和控制测量成果表。

(1) 路线平面图

施工图阶段路线平面图基本同初步设计阶段,需示出地形、地物、路线(不绘比较方案)位置及桩号、断链、平曲线主要桩位与其他交通路线的关系及县以上境界等、标注平面控制点和高程控制点及坐标网格和指北图式,示出涵洞、桥梁、隧道、路线交叉(标明交叉方式和形式)位置、中心桩号、尺寸及结构类型等,并示意出主要改路、改渠等。图中列出平曲线要素表。标注地形图的坐标和高程体系及中央子午线经度或投影轴经度,高速公路、一级公路比例尺采用1∶2000,其他公路也可采用1∶2000~1∶5000。

(2) 路线纵断面图

施工图阶段路线纵断面图基本同初步设计阶段,需示出网格线、高程、地面线、设计线、竖曲线及其要素、桥涵、隧道、路线交叉的位置,桥梁按桥型、孔数及孔径标绘,注明桥名、结构类型、中心桩号、设计水位;跨线桥示出交叉方式;隧道按长度、高度标绘,注明名称;涵洞、通道按桩号及底高绘出,注明孔数及孔径、结构类型、水准点(位置、编号、高程)及断链等。水平比例尺与平面图一致,垂直比例尺视地形起伏情况可采用1∶200、1∶400或1∶500。图的下部各栏示出地质概况、填挖高度、地面高程、设计高程、坡长及坡度、直线及平曲线(包括缓和曲线)、超高、桩号。

(3) 直线、曲线及转角表

同初步设计阶段,施工图阶段的直线、曲线及转角表需列出交点号、交点桩号、交点坐标、偏角、曲线各要素数值、曲线控制桩号、直线长、计算方位角或方向角、备注路线起讫点桩号、坐标系统等。

(4) 纵坡、竖曲线表

同初步设计阶段,施工图阶段的纵坡、竖曲线表需列出变坡点桩号和高程、变坡点间距离、纵坡值、竖曲线要素值、直坡段长等。

（5）总里程及断链桩号表

总里程及断链桩号表需列出总里程、测量桩号、断链桩号（增长、减短）、断链累计（长链、短链）、换算连续里程等，见表3.15。

表3.15　总里程及断链桩号表

总里程 （公里号）	测量桩号	断链桩号	断链 增长(m)	断链 减短(m)	断链累积 长链(m)	断链累积 短链(m)	换算连续里程	备注
K0+000							K0+000	起点
	K9+561.051	K9+753.328		192.277	0	192.277	K9+561.051	
K85+480.538							K85+288.261	终点

编制：　　　　　　　　　　　　　　　　　复核：

因局部改线或量距中发生错误等均会造成里程桩号与实际距离不相符，这种在里程中间不连续的情况叫"断链"。凡新桩号比老桩号大（新路线比老路线长）的叫"长链"；凡新桩号比老桩号小（新路线比老路线短）的叫"短链"。所谓"断链处理"就是不牵动全线桩号，允许中间断链，而出现桩号不连续。仅在改动处用新桩号，其他不变动处仍用老桩号。并就近在直线段选一个是整桩的老桩号为断链桩。在同一断链桩上分别标明新老两种里程及相互关系。

例：某路线A在定测时，在AK2+356.400处开始局部改线，老路线A、新改路线B各自经过一段连续里程后，新改路线B在BK3+426.200处又与老路线A重合，此处老桩号为AK3+641.600。断链桩应选在AK3+660处，是短链（短链215.400m），该桩的桩志和桩号为BK3+444.600=AK3+660（短链215.4m）。若该断链桩之后还有一处断链现象，且为长链65.4m。则新路终点AK8+500的实际连续里程=末桩里程+长链总和－短链总和=8500.000+65.400－215.400=8350.000m。

（6）公路用地表

同初步设计阶段，施工图阶段的公路用地表需列出用地起讫桩号、长度、宽度、所属县、乡、村，土地类别及数量等。

（7）公路用地图

同初步设计阶段，施工图阶段的公路用地图需示出路线用地界线（变宽点处注明前后用地宽度及里程桩号），土地类别、分界桩号及地表附着物，土地所属单位等。高速公路、一级公路在用地范围以外还应标出建筑红线。比例尺用1∶500～1∶2000。

（8）赔偿树木、青苗数量表

同初步设计阶段，施工图阶段的赔偿树木、青苗数量表需列出桩号、位置、所有者、树木、青苗类别及数量等。

（9）砍树挖根数量表

砍树挖根数量表需列出桩号、长度、宽度，以及除草、砍灌木林、砍树挖根、挖竹根的数量等（也可与耕地填前夯（压）实数量表、挖淤泥排水数量表放在一起列入路基工程中），见表3.16。

表 3.16 砍树挖根数量表

序号	起讫桩号	距离(m) 左侧	距离(m) 右侧	所有者	砍树(棵) 直径>20cm	砍树(棵) 直径<20cm	挖根(棵)	除草(处)	备注
1	K0+000～K1+000			方正林业局	277	320		1	
2	K1+000～K2+000			方正林业局	95	685			
3	K2+000～K3+000			方正林业局	270	218			
4	K3+000～K4+000			方正林业局	175	410			
5	K4+000～K5+000			方正林业局	415	760			
6	K5+000～K5+443			方正林业局	5	220			
7	K5+443～K6+000			方正林业局	5	220			

(10) 拆迁建筑物表

同初步设计阶段,施工图阶段的拆迁建筑物表需列出建筑物所在路线的桩号、距路中心线的距离(左右)、所属单位或个人、建筑物种类及数量等。

(11) 拆迁电力、电讯设施表

同初步设计阶段,施工图阶段的拆迁电力、电讯设施表需列出各项设施所在桩号、交叉角度、所属单位、用途、拆迁长度、设备种类和数量等(需要时应根据电压进行分类合计)。

(12) 纸上移线图

在编制三、四级公路施工图设计文件时,如发现路线有局部修改需作纸上移线的应绘本图。

(13) 路线逐桩坐标表

高速公路、一级公路编制本表。列出桩号、纵横坐标等并注明坐标系统及中央子午线经度或投影轴经度,见表 3.17。

(14) 控制测量成果表

导线点成果表需列出导线点编号、点名、坐标、边长、方位角及高程等并注明坐标系统、高程系统及中央子午线经度或投影轴经度,见表 3.18。水准点表需列出水准点编号、高程、位置等,见表 3.19。

该成果只交付施工部门,不报送审批单位。

3. 路基、路面

公路工程施工图设计第三篇"路基、路面"中的公路线形设计成果主要包括:路基设计表,边沟(排水沟)设计表,路基标准横断面图,一般路基设计图,路基横断面设计图,超高方式图,隧道进出口过渡设计图,中间带设计图,中央分隔带开口设计图,路基土石方数量表,路基每公里土石方数量表,取土坑(场)、弃土堆(场)一览表,取土坑(场)、弃土堆(场)设计图,平曲线路面加宽表,路基、路面排水系统布置图,路基、路面排水工程数量表和路基、路面排水工程设计图。

第3章 道路线形设计成果

表3.17 路线逐桩坐标表

桩号	坐标 N(X)	坐标 E(Y)	桩号	坐标 N(X)	坐标 E(Y)	桩号	坐标 N(X)	坐标 E(Y)	桩号	坐标 N(X)	坐标 E(Y)
K0+000	5075002.364	533243.679	K0+395.729	5074995.749	533637.041	K0+818.699	5075007.226	534059.214	K1+180	5074919.449	534406.683
K0+013	5075004.263	533256.540	K0+400	5074995.293	533641.288	K0+820	5075007.304	534060.514	K1+194.999	5074917.133	534421.501
K0+025	5075006.015	533268.411	K0+420	5074993.224	533661.181	K0+840	5075008.360	534080.485	K1+200	5074916.483	534426.460
K0+046	5075009.082	533289.186	K0+440	5074991.432	533681.100	K0+860	5075008.642	534100.481	K1+220	5074914.382	534446.348
K0+050	5075009.666	533293.143	K0+445.729	5074991.001	533686.812	K0+868.699	5075008.338	534109.173	K1+240	5074912.779	534466.284
K0+051.600	5075009.900	533294.726	K0+460	5074990.130	533701.057	K0+880	5075007.444	534120.438	K1+244.999	5074912.409	534471.269
K0+065.236	5075011.891	533308.215	K0+479.229	5074989.415	533720.272	K0+887.592	5075006.519	534127.973	K1+250	5074910.197	534476.256
K0+080	5075014.021	533322.825	K0+480	5074989.398	533721.043	K0+900	5075004.450	534140.206	K1+275	5074910.197	534501.188
K0+100	5075016.621	533342.655	K0+500	5074989.237	533741.041	K0+906.485	5075003.095	534146.548	K1+288.058	5074909.234	534514.210
K0+115.236	5075018.160	533357.811	K0+512.728	5074989.432	533753.768	K0+920	5074999.710	534159.630	K1+300	5074908.309	534526.117
K0+120	5075018.532	533362.562	K0+520	5074989.645	533761.037	K0+940	5074993.695	534178.702	K1+320	5074906.014	534545.981
K0+140	5075019.474	533382.537	K0+534	5074990.228	533775.024	K0+956.485	5074988.279	534194.272	K1+338.057	5074902.248	534563.630
K0+140.950	5075019.494	533383.487	K0+540	5074990.532	533781.017	K0+975	5074982.124	534211.734	K1+340	5074901.708	534565.496
K0+160	5075019.417	533402.535	K0+560	5074991.678	533800.984	K1+000	5074973.813	534235.312	K1+346.588	5074899.663	534571.758
K0+166.663	5075019.176	533409.195	K0+562.729	5074991.842	533803.707	K1+025	5074965.501	534258.890	K1+355.118	5074896.530	534579.690
K0+180	5075018.381	533422.507	K0+575	5074992.580	533815.957	K1+050	5074957.190	534282.468	K1+360	5074894.499	534584.129
K0+200	5075016.615	533442.428	K0+600	5074994.082	533840.911	K1+075	5074948.879	534306.046	K1+380	5074884.759	534601.585
K0+216.663	5075014.874	533459.001	K0+625	5074995.585	533865.866	K1+088.960	5074944.238	534319.212	K1+400	5074873.644	534618.209
K0+225	5075013.983	533467.289	K0+650	5074997.087	533890.821	K1+100	5074940.579	534329.628	K1+405.118	5074870.714	534622.405
K0+250	5075011.313	533492.146	K0+675	5074998.590	533915.776	K1+110.500	5074937.156	534339.554	K1+425	5074859.319	534638.699
K0+275	5075008.643	533517.003	K0+700	5075000.092	533940.731	K1+120	5074934.155	534348.568	K1+450	5074844.992	534659.186
K0+300	5075005.973	533541.860	K0+725	5075001.595	533965.685	K1+138.960	5074928.605	534366.696	K1+451.252	5074844.274	534660.212
K0+325	5075003.303	533566.717	K0+750	5075003.097	533990.640	K1+140	5074928.322	534367.697	K1+460	5074839.264	534667.383
K0+350	5075000.633	533591.574	K0+775	5075004.600	534015.595	K1+160	5074923.398	534387.079	K1+480	5074827.907	534683.846
K0+375	5074997.963	533616.431	K0+800	5075006.102	534040.550	K1+166.979	5074921.909	534393.897	K1+500	5074816.869	534700.523

编制： 复核：

表 3.18 导线点成果表

点名	X 坐标	Y 坐标	边长(m)	方位角(° ′ ″)	备注	点名	X 坐标	Y 坐标	边长(m)	方位角(° ′ ″)	备注
BP	5075002.364	533243.679	141.253	81°36′09″		JD19A-2	5074962.763	536592.452	215.287	100°58′07.2″	
JD1	5075022.993	533383.418	338.730	96°07′51.9″		JD20A	5074921.800	536803.805	154.283	100°58′07.2″	
JD2	5074986.815	533720.210	409.188	86°33′16.1″		JD20A-1	5074933.407	536743.916	108.587	75°34′24.2″	
JD3	5075011.407	534128.659	280.408	109°25′02″		JD20A-2	5074960.460	536849.079	555.752	49°30′18.2″	
JD4	5074918.187	534393.118	180.976	94°13′41.6″		JD21A	5075321.355	537271.708	504.950	49°30′18.2″	
JD5	5074904.844	534573.602	175.545	124°57′59.1″		JD21A-1	5075288.365	537233.075	65.234	86°49′37.7″	
JD6	5074804.239	534717.459	334.262	116°25′02.1″		JD21A-2	5075291.975	537291.975	185.442	137°57′00.2″	
JD7	5074655.525	535016.816	287.994	134°26′18.6″		JD22	5075154.274	537422.413	209.504	100°06′52.2″	
JD8	5074453.888	535222.444	232.023	127°59′23″		JD23A	5075117.481	537628.661	168.784	100°06′52.2″	
JD9A	5074311.073	535405.307	181.495	127°59′23″		JD23A-1	5075124.633	537588.574	64.729	131°55′55.2″	
JD9A-1	5074342.174	535365.484	99.477	117°52′22.9″		JD23A-2	5075081.378	537636.728	211.234	167°24′19.7″	
JD9A-2	5074295.667	535453.421	109.916	107°45′16.8″		JD24A	5074875.227	537682.787	160.561	167°24′19.7″	
JD10	5074262.149	535558.102	188.734	92°29′07.9″		JD24A-1	5074924.681	537671.738	118.391	142°04′16.7″	
JD11	5074253.964	535746.657	674.677	103°22′24.8″		JD24A-2	5074831.297	537744.510	151.800	125°26′24.7″	
JD12A	5074097.912	536403.039	257.644	103°22′24.8″		JD25	5074743.276	537868.185	247.362	132°42′48.5″	
JD12A-1	5074194.372	535997.315	87.914	68°16′08.2″		JD26A	5074575.482	538049.935	150.732	132°42′48.5″	
JD12A-2	5074226.922	536078.981	87.588	13°17′24.4″		JD26A-1	5074641.029	537978.936	64.453	99°15′28″	
JD12A-3	5074312.164	536099.116	66.410	340°39′19.4″		JD26A-2	5074630.660	538042.549	63.250	61°10′34″	
JD12A-4	5074374.824	536077.118	190.610	310°21′07.6″		JD26A-3	5074661.154	538097.963	132.524	29°16′28.5″	
JD13	5074498.240	535931.858	350.932	302°11′39.8″		JD27A	5074776.753	538162.766	103.720	29°16′28.5″	
JD14A	5074685.214	535634.884	277.078	302°11′39.8″		JD27A-1	5074751.627	538148.681	60.567	53°01′44.5″	
JD14A-1	5074645.865	535697.383	45.428	347°43′34.5″		JD27A-2	5074788.053	538197.070	279.153	71°46′03.5″	
JD14A-2	5074690.255	535687.726	61.551	42°18′57.9″		JD28A	5074875.392	538462.209	196.705	71°46′03.5″	
JD14A-3	5074735.768	535729.163	122.183	61°47′56.7″		JD28A-1	5074849.596	538383.900	53.031	99°12′44.5″	
JD15	5074793.508	535836.842	222.413	79°37′56.3″		JD28A-2	5074841.106	538436.247	62.291	131°26′39.1″	
JD16	5074833.534	536055.623	121.266	63°53′13.6″		JD28A-3	5074799.877	538482.940	256.089	164°38′55.1″	
JD17	5074886.908	536164.512	139.167	85°19′22.2″		JD29A	5074552.925	538550.737	228.265	164°38′55.1″	
JD18	5074898.256	536303.216	244.975	72°04′36.5″		JD29A-1	5074579.756	538543.371	66.778	141°26′26.6″	
JD19A	5074973.645	536536.302	199.952	72°04′36.5″		JD29A-2	5074527.538	538584.995	300.771	126°32′24.8″	
JD19A-1	5074959.790	536493.464	99.033	88°16′46.7″		JD30A	5074348.463	538826.646	219.480	126°32′24.8″	
JD19A-2	5074962.763	536592.452				JD30A-1	5074396.863	538761.333			

第3章 道路线形设计成果

表 3.19 水准点表

序号	水准点编号	高程	路线中心桩	位置说明	备注	序号	水准点编号	高程	路线中心桩	位置说明	备注
1	2	3	4	5	6	1	2	3	4	5	6
1	BM1	203.923	K0+062	路左10m黑电线杆		26	BM26	304.220	K20+835	路右树钉	
2	BM2	227.483	K0+891.4	路左9m杨树钉		27	BM27	294.706	K21+683.1	路左8.3m水曲柳树钉	
3	BM3	246.510	K1+434	路右8m杨树钉		28	BM28	290.138	K22+344	路右6m杨树钉	
4	BM4	280.206	K2+164	路左7.5m桦树钉		29	BM29	280.782	K23+305.3	路右4.3m杨树钉	
5	BM5	312.279	K2+974	路右11.2m杨树钉		30	BM30	274.193	K24+179	路右11.8m杨树钉	
6	BM6	343.659	K3+752	路右16m杨树钉		31	BM31	265.081	K25+257	路左5.8m杨树钉	
7	BM7	384.588	K4+636	路左9m杨树钉		32	BM32	262.917	K26+340	路左7.3m杨树钉	
8	BM8	424.077	K5+484	路右18m杨树钉		33	BM33	249.122	K27+320	路右6.1m杨树钉	
9	BM9	461.918	K6+441	路左10m杨树钉		34	BM34	244.517	K28+161	路左5m杨树钉	
10	BM10	495.249	K7+266	路左10m水曲柳树钉		35	BM35	234.491	K29+172	路右8.5m杨树钉	
11	BM11	524.168	K8+055	路左10m杨树钉		36	BM36	224.239	K30+112	路左13m杨树钉	
12	BM12	560.745	K8+957	路右6.5m杨树钉		37	BM37	221.251	K31+025	路右树钉	
13	BM13	533.121	K9+806	路左10m杨树钉		38	BM38	209.955	K31+974	路右16.8m榆树钉,有红漆	
14	BM14	514.224	K10+868	路右8.5m杨树钉		39	BM39	204.573	K32+565	路右杨树钉	
15	BM15	508.968	K11+558	路左7.2m桦树钉		40	BM40	202.904	K33+717	路左桦树钉	
16	BM16	479.634	K12+390	路左7m杨树钉		41	BM41	195.058	K34+570	路右20m杨树钉	
17	BM17	446.442	K13+235	路左9.3m桦树钉		42	BM42	189.525	k35+522	路左树钉	
18	BM18	412.851	K14+064.5	路右8.3m杨树钉		43	BM43	186.914	K36+125	路左松树钉	
19	BM19	391.730	K14+759.2	路右8.4m杨树钉		44	BM44	185.543	K37+280	路左杨树钉	
20	BM20	370.467	K15+480	路右11.3m杨树钉		45	BM45	187.154	K38+078	路左树钉	
21	BM21	350.476	K16+334	路右9.5m杨树钉		46	BM46	201.448	K38+946	路左杨树钉	
22	BM22	331.870	K17+196	路右9.3m杨树钉		47	BM47	181.974	K39+790.5	路左杨树钉	
23	BM23	323.167	K18+044	路左6m桦树钉		48	BM48	160.815	K40+750	路左杨树钉	
24	BM24	315.365	K19+007.5	路右9.6m桦树钉		49	BM49	155.488	K41+958	路左杨树钉	
25	BM25	307.905	K19+914	路左7m杨树钉		50	BM50	149.899	K43+048.5	路右宣传牌石台一角	

编制： 复核：

(1) 路基设计表

列出平曲线要素、纵坡(坡度、坡长、变坡点桩号及高程)、竖曲线要素、桩号、地面高程、设计高程、填挖高度、路基宽度(原宽、加宽、加宽后总宽)、缓和长度、超高值(左、右)、路基边缘与设计高之差(左、右)等,见表 3.20。高速公路、一级公路应列出平曲线要素、纵坡(坡度、坡长、变坡点桩号及高程)、竖曲线要素、桩号、地面高程、设计高程、填挖高度、路基宽度(中央分隔带、左右幅分别按行车带及路缘带、硬路肩、土路肩计列)、各点与设计高之差(左右幅分别按左侧路缘外缘、硬路肩外缘、土路肩外缘各点填列),并说明加宽、超高情况。

该成果只交付施工部门,不报送审批单位。

(2) 边沟(排水沟)设计表

高速公路、一级公路应列出桩号、地面高程、设计高程、按左右侧分别列出边沟或排水沟形式及尺寸、沟中心至中桩距离、沟底纵坡(设计资料、沟底高程、说明等),如表 3.21 所示。

该成果只交付施工部门,不报送审批单位。

(3) 路基标准横断面图

施工图路基标准横断面同初步设计。

(4) 路基一般设计图

施工图路基一般设计图同初步设计。

(5) 路基横断面设计图

路基横断面设计图需绘出所有整桩、加桩的横断面图,示出加宽、超高、边坡及坡率(包括各分级边坡)、边沟、截水沟、碎落台、护坡道、边坡平台、路侧取土坑(如果有)、开挖台阶及视距台等,注明用地界。挡土墙、护面墙、护脚、护肩、护岸、边坡加固、边沟(排水沟)及截水沟加固等均绘在本图上,并注明起讫桩号、防护类型及断面尺寸(另绘有防护工程设计图的只绘出示意图,注明起讫桩号和设计图编号),如图 3.12 所示。高速公路、一级公路还应标出设计高程,路基边缘高程,边沟(排水沟)底设计高程。比例尺采用 1:100～1:400。

(6) 超高方式图

分类型绘出超高纵断面、缓和段代表性超高横断面,注出主要尺寸、超高渐变率、横坡及超高值,如图 3.13 所示。

(7) 隧道进出口过渡设计图

完成连拱隧道、小净距隧道进出口段与路基段的中央分隔带宽度、行车道的位置、路基边坡设计及其防护工程的过渡平面图,标明过渡段长度、方式及各部分尺寸。比例尺采用 1:200～1:1000。

(8) 中间带设计图

绘出中央分隔带平面、断面设计图及路缘石大样图,示出预埋管道及轮廓尺寸等,比例尺根据需要确定,如图 3.14 所示。

第3章 道路线形设计成果

表3.20 路基设计表

桩号	平曲线 左偏	平曲线 右偏	竖曲线 凹型	竖曲线 凸型	地面高程(m)	设计高程(m)	填挖高度 填(m)	填挖高度 挖(m)	左侧 W1	左侧 W2	左侧 W3	中分带 W0	右侧 W3	右侧 W2	右侧 W1	左侧 A1	左侧 A2	左侧 A3	右侧 A3	右侧 A2	右侧 A1	中桩距离 左侧(m)	中桩距离 右侧(m)	备注
K0+000					204.86	205.30	0.44		0.50	0.25	3.50	0.00	3.50	0.25	0.50	205.23	205.24	205.24	205.24	205.23	4.71	4.83		
+013					202.57	205.44	2.87		0.50	0.25	3.50	0.00	3.50	0.25	0.50	205.37	205.39	205.39	205.39	205.37	5.80	8.28	
+025					202.44	205.58	3.14		0.50	0.25	3.50	0.00	3.50	0.25	205.51	205.52	205.51	8.56	8.36	7.65			
+046					203.77	205.82	2.04		0.50	0.25	3.50	0.00	3.50	0.25	0.50	205.74	205.76	205.76	205.74	8.70	7.65	7.71	
+50					203.69	205.86	2.17		0.50	0.25	3.50	0.00	3.50	0.25	0.50	205.79	205.80	205.81	205.81	205.80	205.79	8.63	7.71	
+051.600	K0+395.728 / (ZH)				203.75	205.88	2.13		0.50	0.25	3.50	0.00	3.50	0.25	0.50	205.82	205.83	205.82	205.81	8.82	7.94		
+065.236		K0+065.235 / (ZH)			204.04	206.00	1.99		0.50	0.25	3.50	0.00	3.50	0.25	0.50	205.96	205.98	205.98	205.98	205.97	7.60	7.68	
+80					204.30	206.20	1.90		0.50	0.25	3.50	0.00	3.50	0.25	0.50	206.19	206.20	206.15	206.14	206.13	7.04	8.87	
+100					205.22	206.60	1.38		0.50	0.25	3.50	0.00	3.50	0.25	0.50	206.73	206.75	206.74	206.46	206.45	206.43	6.20	6.99	
+115.236		K0+115.235 / (HY)			205.33	206.55	1.32		0.50	0.25	3.50	0.00	3.50	0.25	0.50	206.78	206.80	206.79	206.51	206.50	206.48	6.17	6.89	
+120					205.82	206.93	1.11		0.50	0.25	3.50	0.00	3.50	0.25	0.50	207.07	207.08	207.07	206.79	206.78	206.76	5.84	6.50	
+140					205.86	206.95	1.09		0.50	0.25	3.50	0.00	3.50	0.25	0.50	207.08	207.10	207.09	206.81	206.80	206.78	5.81	6.47	
+140.950		JD1			206.57	207.31	0.74		0.50	0.25	3.50	0.00	3.50	0.25	0.50	207.45	207.46	207.45	207.17	207.16	207.14	5.31	5.90	
+160				QD K0+118.533	206.79	207.46	0.68		0.50	0.25	3.50	0.00	3.50	0.25	0.50	207.60	207.61	207.60	207.32	207.31	207.29	5.21	5.80	
+166.663					207.17	207.80	0.63		0.50	0.25	3.50	0.00	3.50	0.25	0.50	207.88	207.89	207.89	207.71	207.70	207.69	5.28	9.29	
+180					207.74	208.34	0.60		0.50	0.25	3.50	0.00	3.50	0.25	0.50	208.33	208.35	208.35	208.28	208.28	208.27	5.19	9.41	
+200					208.28	208.79	0.51		0.50	0.25	3.50	0.00	3.50	0.25	0.50	208.72	208.73	208.73	208.73	208.72	5.06	8.61	
+216.663				206.99 K0+150	208.53	209.01	0.48		0.50	0.25	3.50	0.00	3.50	0.25	0.50	208.94	208.96	208.96	208.96	208.94	5.03	8.26	
+225					209.18	209.69	0.51		0.50	0.25	3.50	0.00	3.50	0.25	0.50	209.62	209.63	209.63	209.63	209.62	5.05	8.48	
+250					209.78	210.36	0.58		0.50	0.25	3.50	0.00	3.50	0.25	0.50	210.29	210.31	210.31	210.31	210.29	5.40	8.48	
+275					210.37	211.04	0.67		0.50	0.25	3.50	0.00	3.50	0.25	0.50	210.97	210.98	210.98	210.97	5.56	5.49		
+300					211.08	211.71	0.64		0.25	3.50	0.00	3.50	0.25	211.64	211.66	211.66	21.64	10.12	5.51			
+325					211.78	212.39	0.60		0.25	3.50	0.00	3.50	0.25	212.32	212.33	212.33	212.33	212.32	10.07	5.53		
+350					212.44	213.08	0.63		0.50	0.25	3.50	0.00	3.50	0.25	0.50	213.00	213.02	213.02	213.02	213.00	10.80	11.94	
+375					213.11	213.67	0.56		0.50	0.25	3.50	0.00	3.50	0.25	0.50	213.61	213.62	213.62	213.62	213.61	10.69	12.06	
+395.729					213.24	213.80	0.56		0.50	0.25	3.50	0.00	3.50	0.25	0.50	213.73	213.74	213.75	213.76	213.74	10.68	12.04	
+400					213.79	214.40	0.61		0.50	0.25	3.50	0.00	3.50	0.25	0.50	214.33	214.34	214.34	214.42	214.41	10.76	11.85	
+420					214.43	215.00	0.57		0.50	0.25	3.50	0.00	3.50	0.25	0.50	214.89	214.90	214.91	215.08	215.09	215.08	10.63	11.80	
+440								0.50																

编制：　　　　　　　　　　　　　　　　　　　　　　　　复核：

表 3.21 边沟、排水沟设计表

中桩		左侧									路基边缘		边坡		护坡道		右侧		
	路面边缘	边坡		护坡道		边沟或排水沟				路基边缘	边坡		护坡道		边沟或排水沟			
桩号	设计标高(m)	坡口、脚标高(m)	平面宽度(m)	破碎落台宽度(m)	中心至路中心距离(m)	沟底标高(m)	沟深(m)	坡度、坡长变坡点高程	备注	设计标高(m)	坡口、脚标高(m)	平面宽度(m)	破碎落台宽度(m)	中心至路中心距离(m)	沟底标高(m)	沟深(m)	坡度、坡长变坡点高程	备注
1	2	3	4	5	6	7	8	9	10	11	12	13	14	15	16	17	18	19
K0+000	205.23	204.92	0.00							205.23	204.84	0.00						
K0+013	205.37	204.34	0.00							205.37	202.69	0.00						
K0+025	205.51	202.64	0.00							205.51	202.77	0.00						
K0+046	205.74	202.78	0.00							205.74	203.48	0.00						
K0+050	205.79	202.87	0.00							205.79	203.48	0.00						
K0+051.600	205.81	202.76	0.00							205.81	203.35	0.00						
K0+065.236	205.96	203.73	0.00							205.97	203.68	0.00						
K0+080	206.19	204.33	0.00							206.14	203.05	0.00						
K0+100	206.50	205.04	0.00							206.33	203.86	0.00						
K0+115.236	206.73	205.43	0.00							206.43	204.60	0.00						
K0+120	206.78	205.50	0.00							206.48	204.72	0.00						
K0+140	207.07	206.01	0.00							206.76	205.26	0.00						
K0+140.950	207.08	206.05	0.00							206.78	205.30	0.00						
K0+160	207.45	206.75	0.00							207.15	206.04	0.00						
K0+166.663	207.60	206.96	0.00							207.29	206.26	0.00						
K0+180	207.88	207.19	0.00							207.69	206.26	0.00						
K0+200	208.33	207.71	0.00							208.27	204.84	0.00						
K0+216.663	208.72	208.18	0.00							208.72	205.82	0.00						
K0+225	208.94	208.42	0.00							208.94	206.27	0.00						
K0+250	209.62	209.08	0.00							209.62	206.79	0.00						
K0+275	210.29	209.52	0.00							210.29	209.46	0.00						
K0+300	210.97	210.13	0.00							210.97	210.10	0.00						
K0+325	211.64	210.66	1.47		5.45	211.04	0.60			211.64	210.79	0.00						
K0+350	212.32	211.37	1.42		5.45	211.72	0.60			212.32	211.48	0.00						
K0+375	213.00	211.57	2.15		5.45	212.40	0.60			213.00	213.99	3.29		8.35	211.80	0.60		
K0+395.729	213.61	212.25	2.04		5.45	213.01	0.60			213.60	214.67	3.41		8.35	212.40	0.60		
K0+400	213.74	212.38	2.03		5.45	213.14	0.60			213.74	214.80	3.39		8.35	212.54	0.60		
K0+420	214.33	212.92	2.11	5.45	5.45	213.73	0.60			214.41	215.34	3.20		8.35	213.21	0.60		
K0+440	214.89	213.57	1.98		5.45	214.29	0.60			215.08	215.97	3.15		8.35	213.88	0.60		
K0+445.729	215.04	213.79	1.88		5.45	214.44	0.60			215.27	216.19	3.18		8.35	214.07	0.60		
K0+460	215.47	213.90	2.36		5.45	214.87	0.60			215.70	214.74	0.38		8.35	214.50	0.60		

编制：　　　　　　　　　　　　　　　　　　　　　　复核：

第3章 道路线形设计成果

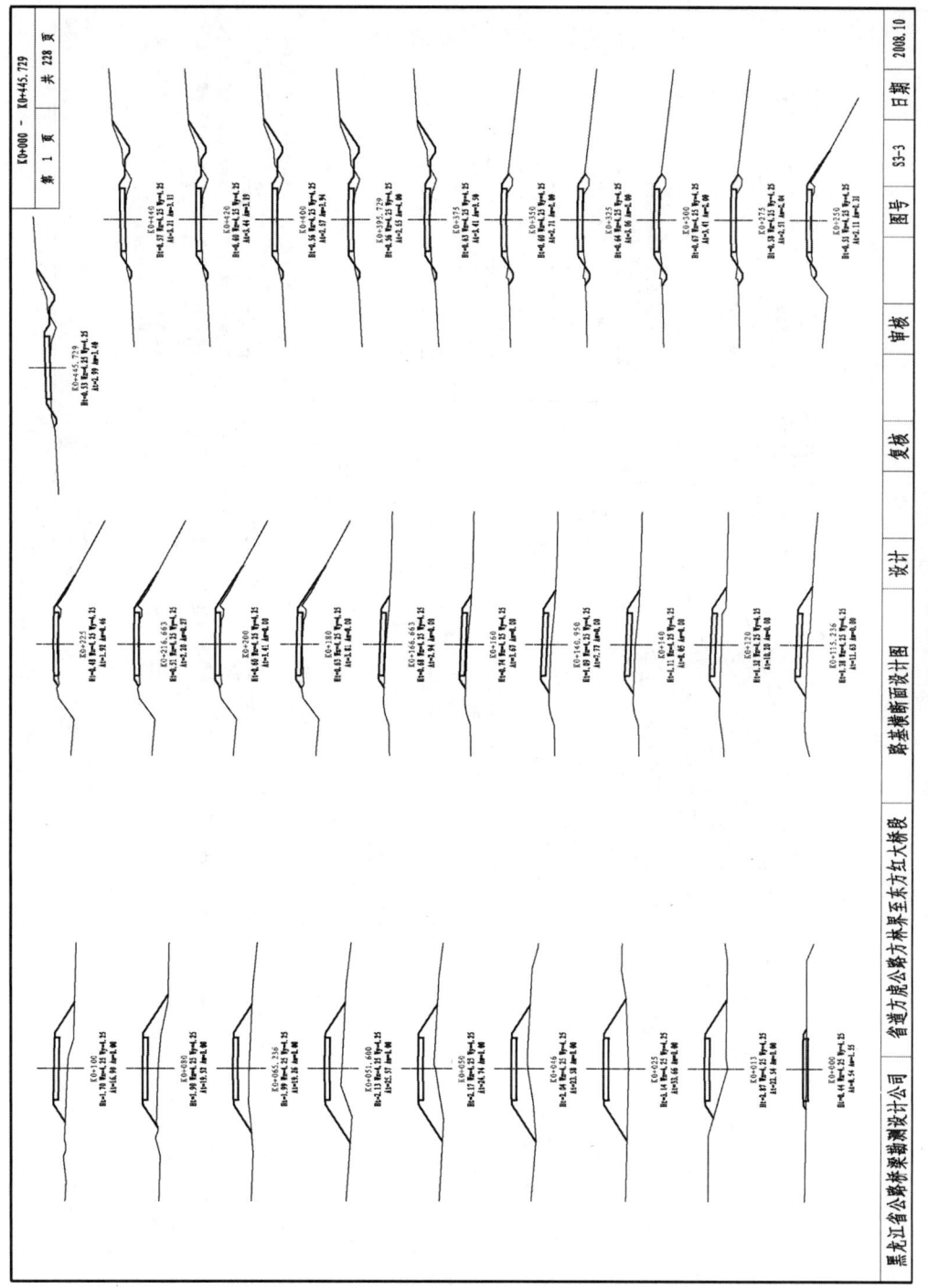

图 3.12 公路路基横断面设计图

道路线形设计

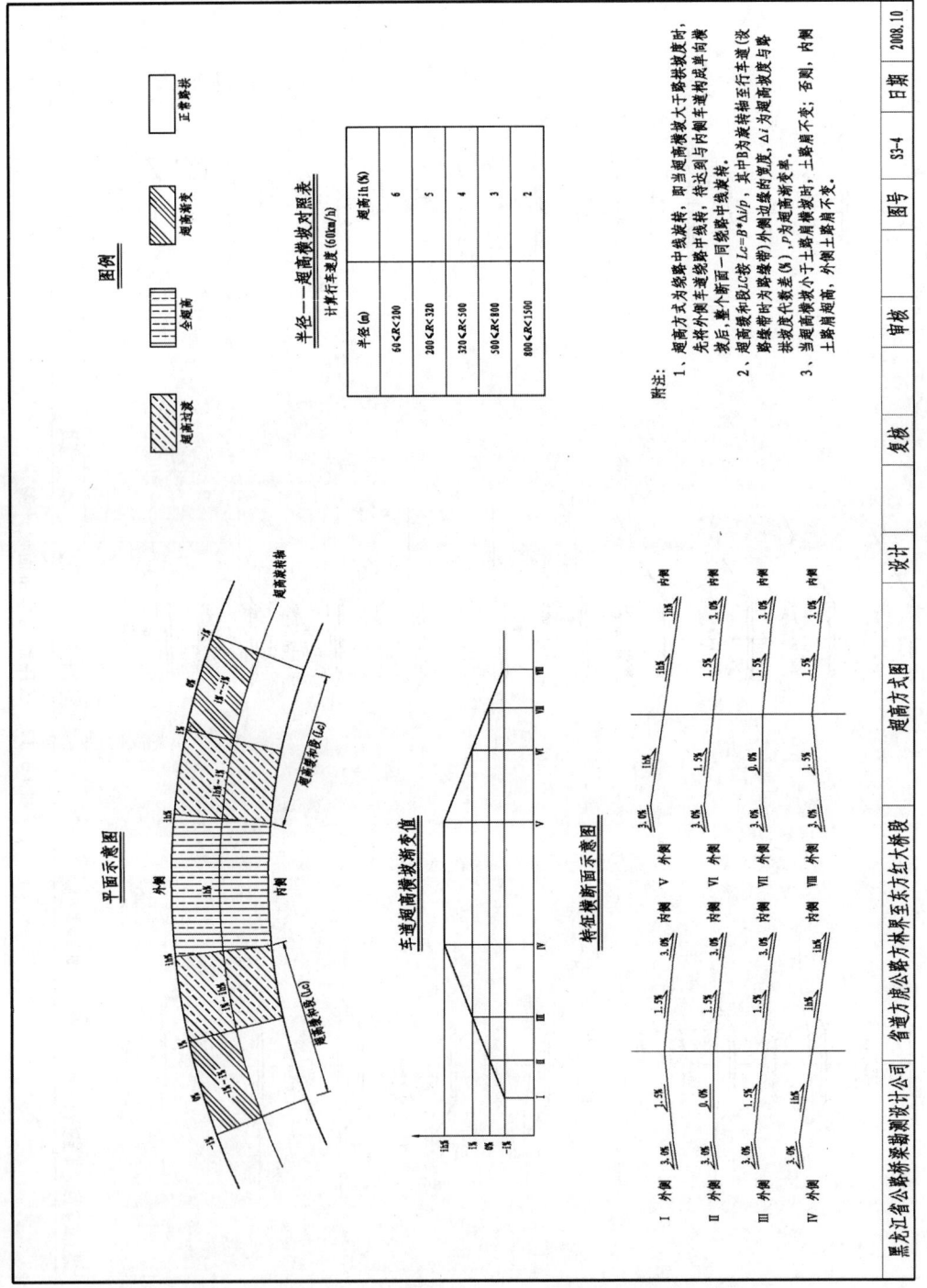

图 3.13 超高方式图

第 3 章 道路线形设计成果

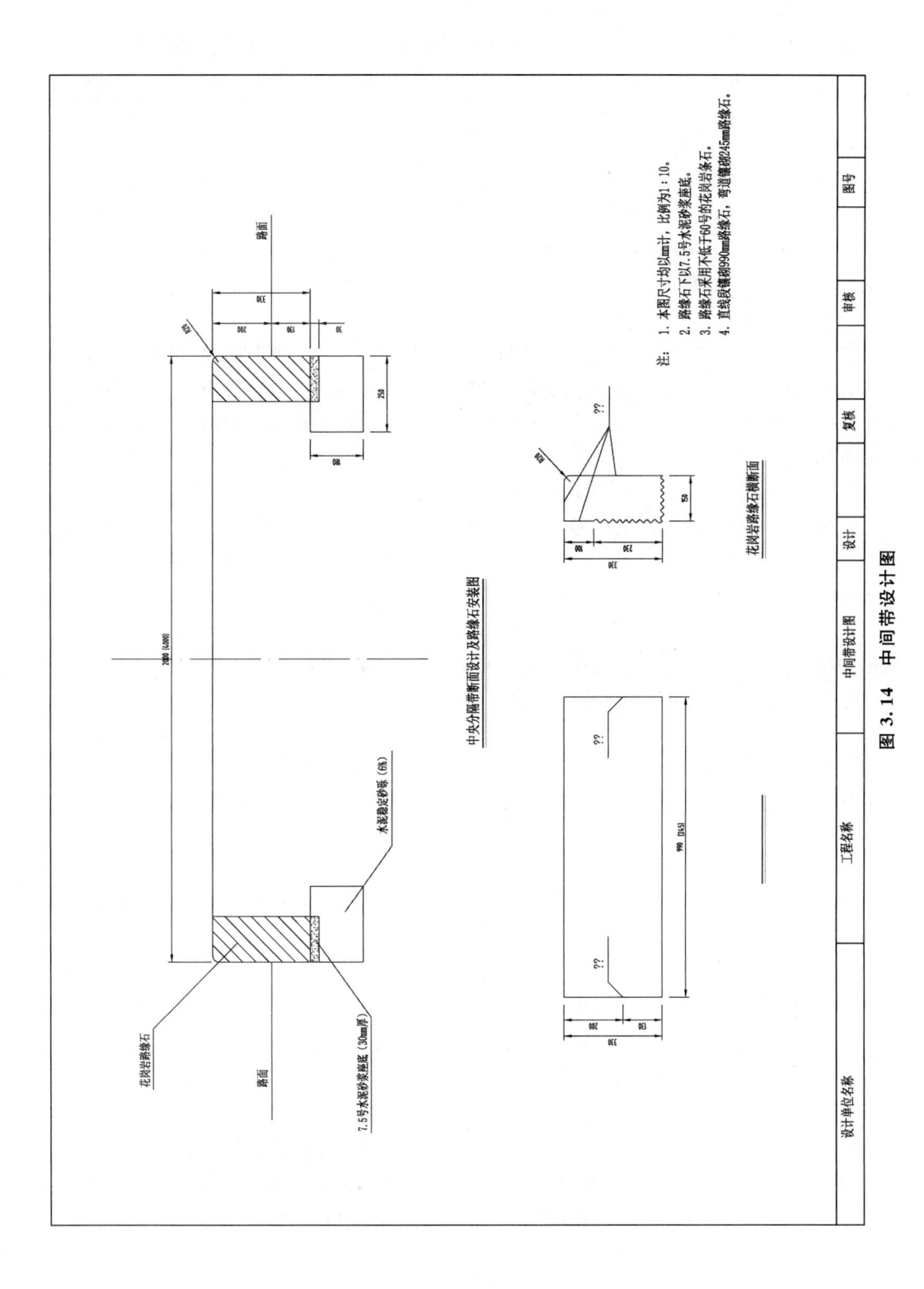

图 3.14 中间带设计图

(9) 中央分隔带开口设计图

按类型分别绘出平面布置图、中央分隔带渐变段断面图、开口处路面结构图、缘石大样图。比例尺采用1∶20～1∶200。列出中央分隔带开口一览表、一个开口工程材料数量表及总数量表,如图3.15所示。

(10) 路基土石方数量表

列出桩号、断面积、平均断面积、挖方(包括挖路槽的总体积、土类、石类)、清表土方数量、填方(总体积、填土及填石分压实方和自然方)、本桩利用方、余方、欠方、远运利用方、调配示意、运量、借方(分土类、石类、运距、运量)、弃方(土、石、运距、运量)等,见表3.22。该成果只交付施工部门,不报送审批单位。

(11) 路基每公里土石方数量表

同初步设计,施工图阶段的路基每公里土石方数量表需列出起讫桩号、长度、挖方(总体积、土类、石类)、清除表土、填方(总体积、填土及填石分压实方和自然方)、本桩利用方、远运利用方、借方、弃方、总运量、计价土石方总数等。并说明表土的利用措施、平均运距、临时占地等。

(12) 取土坑(场)、弃土堆(场)一览表

列出取土或弃土地段起讫桩号、取土或弃土位置(左、右侧)、上下路桩号、支线长度、运距、取土坑(范围、土名、土类、击实试验结果、最大挖深、可取量、计划用量)、占用土地(永久或临时)、开挖方式及运输条件、弃土堆(土石方数量、运距)、临时工程(便道、便桥等)、防护、排水、绿化、复垦工程数量,并列出取土坑(场)、弃土堆表层种植土的数量、说明表层种植土的利用措施。取土坑(场)或弃土堆(场)应分别列表。

(13) 取土坑(场)、弃土堆(场)设计图

大型取土坑(场)、弃土堆(场)应绘制本图。示出地形、地物、位置、范围、运输道路、防护、排水、绿化及复垦的设计要求及平面、断面图等内容,有条件时应附现场实景照片。并说明施工注意事项。比例尺用1∶500～1∶10000(比例小于1∶2000时,应采用现场实测断面)。

(14) 平曲线路面加宽表

列出平曲线交点(交点号、桩号)、半径、加宽宽度、圆曲线长度、缓和长度、加宽长度及面积等,见表3.23。

该成果只交付施工部门,不报送审批单位。

(15) 路基、路面排水系统布置图

一般公路排水系统困难地段应绘制本图,比例尺根据需要确定。高速公路、一级公路绘在路线平面总体设计图内,根据排水详细设计具体反映。

(16) 路基、路面排水工程数量表

路基、路面排水工程数量表需列出起讫桩号、工程名称、单位、断面形式和主要尺寸说明、工程及材料数量(包括边沟、跌水井、排水沟、截水沟、盲沟、急流槽及高速公路、一级公路中间带的纵向排水沟、集水井、横向排水管、拦水带及超高段路面排水等),见表3.24。

第3章 道路线形设计成果

平面图

开口位置及宽度统计一览表

中心桩号		开口类型	开口长度B(m)	中心桩号		开口类型	开口长度B(m)
上行线	下行线			上行线	下行线		
SK2+768.451	XK2+676.063	平交道口	20	SK9+966.786	XK9+878.365	平交道口	40
SK2+902.104	XK2+812.878	平交道口	20	SK10+413.588	XK10+318.146	平交道口	60
SK2+998.111	XK2+900.304	平交道口	65	SK10+528.257	XK10+436.511	平交道口	25
SK3+523.216	XK3+435.552	平交道口	20	SK10+786.906	XK10+683.870	平交道口	30
SK3+782.111	XK3+675.996	平交道口	25	SK10+906.577	XK10+803.703	平交道口	30
SK4+359.683	XK4+267.970	平交道口	25	SK11+074.752		平交道口	30
SK5+404.439	XK5+312.859	平交道口	25	SK11+439.464		平交道口	30
SK6+114.880	XK5+994.614	平交道口	25	SK12+109.489		平交道口	30
SK7+319.716	XK7+227.726	平交道口	20				

注：分隔带宽度及断口处路缘石半径见平面图。

设计单位名称		工程名称		中央分隔带开口设计图	设计		复核	审核	图号

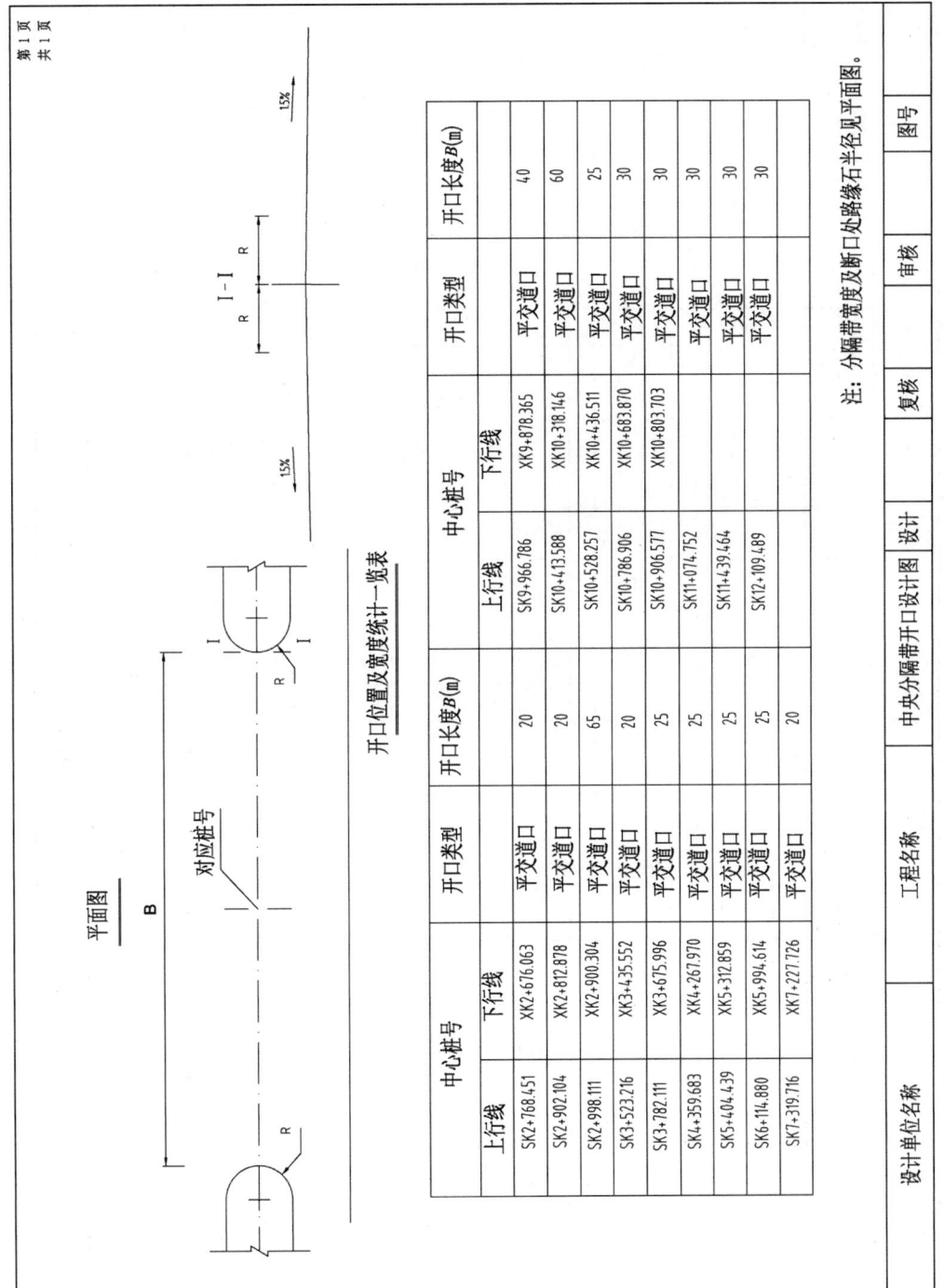

图 3.15 中央分隔带开口设计图

表 3.22 路基土石方数量表

桩号	横断面面积(m²) 挖方	横断面面积(m²) 填方	距离(m)	挖方分类及数量(m³) 总数量	I %	I 数量	土 II %	土 II 数量	III %	III 数量	IV %	IV 数量	石 V %	石 V 数量	VI %	VI 数量	填方数量(m³) 总数量	土	石	利用方数量及调配(m³) 本桩利用 土	本桩利用 石	填缺 土	填缺 石	挖余 土	挖余 石	远运利用及纵向调配示意	借方数量(m³)及运距(km) 土	石	弃方数量(m³)及运距(km) 土	石	备注
1	2	3	5	6	7	8	9	10	11	12	13	14	15	16	17	18	19	20	21	22	23	24	25	26	27	28	29	30	31	32	33
K0+000	2	1																													
K0+013	23		13	10			80	8					20	2			150	150		8		142									
K0+025	34		12				80						20				337	337				337									
K0+046	24		21				80						20				601	601				601									
K0+050	25		4				80						20				97	97				97									
K0+051.600	26		2				80						20				40	40				40									
K0+065.236	19		14				80						20				306	306				306									
K0+080	20		15				80						20				286	286				286									
K0+100	17		20				80						20				364	364				364									
K0+115.236	12		15				80						20				217	217				217									
K0+120	10		5				80						20				52	52				52									
K0+140	8		20				80						20				183	183				183									
K0+140.950	8		1				80						20				8	8				8									
K0+160	4		19				80						20				109	109				109									
K0+166.663	3		7				80						20				22	22				22									
K0+180	4		13				80						20				45	45				45									
K0+200	0	3	20	0			80	0					20	0			72	72		0		72		0							
K0+216.663	0	2	17	2			80	2					20	1			47	47		2		45		1							
K0+225	0	2	8	3			80	2					20	2			17	17		2		15		2							
K0+250	0	2	25	10			80	8					20	1			50	50		8		43		1							
K0+275	0	3	4	4			80	3					20	0			58	58		3		54		0							
K0+300	3		25	0			80						20				74	74		0		74									
K0+325	3		25				80						20				81	81				81									
K0+350	3		25	44			80	35					20	9			72	72		35		41		9							
K0+375	4		25	78			80	62					20	16			76	76		62		1		16							
K0+395.729	4		21	17			80	14					20	3			63	63		11		1	2								
K0+400	3		4														11	11													
小计				168				135						34			3438	3438		132		3306	2	34							
累计				168				135						34			3438	3438		132		3306	2	34							

编制：　　　　　　　　　复核：

98

第3章 道路线形设计成果

表 3.23 平曲线路面加宽表

号数	交点桩号	平曲线半径 (m)	加宽宽度 (m)	圆曲线长度 (m)	缓和曲线长度或超高缓和长度、加宽缓和长度 (m)	总加宽长度 (m)	加宽总面积 (m²)	备注
1	2	3	4	5	6	7	8	9
1	K0+888.269	220.000	0.8	37.787	100	137.787	70.230	
3	K1+347.611	125.000	1.5	17.060	100	117.061	100.592	
5	K2+532.863	187.620	1	0.000	100	100	50.000	
10	K3+395.482	108.000	1.5	238.439	100	338.439	432.659	
12	K3+744.586	60.000	2.5	75.250	100	175.249	313.123	
14	K4+229.386	133.646	1.5	0.000	100	100	75.000	
17	K4+367.725	216.277	0.8	0.000	100	100.001	40.000	
18	K4+880.248	241.932	0.8	167.306	100	267.306	173.845	
20	K5+479.244	75.000	2	65.774	100	165.774	231.548	
21	K5+671.534	75.717	2	0.000	100	100	100.000	
22	K5+878.380	105.000	1.5	73.317	100	173.317	184.976	
23	K6+571.966	97.000	2	125.119	100	225.119	350.238	
26	K6+729.402	144.733	1.5	57.341	100	157.34	161.010	
27	K7+038.957	99.000	2	110.487	100	210.487	320.974	
28	K7+323.525	180.000	1	69.721	100	169.721	119.721	
29	K7+661.951	79.000	2	85.731	100	185.731	271.462	
30	K8+207.576	125.000	1.5	129.770	100	229.769	269.654	
32	K8+663.366	155.607	1	44.629	84	128.629	86.629	
34	K8+919.170	150.000	1	58.154	100	158.154	108.154	
35	K12+850.621	149.500	1.5	77.630	100	177.63	191.445	
42	K14+904.562	159.387	1	0.000	100	100.001	50.000	
48	K15+781.785	200.651	0.8	82.390	100	182.39	132.390	
51	K16+524.753	180.000	1	35.354	70	105.353	56.282	
53	K16+844.285	245.000	0.8	26.630				
54	K18+924.766	180.000	1	35.834	80	115.834	75.834	
合计								

编制：

号数	交点桩号	平曲线半径 (m)	加宽宽度 (m)	圆曲线长度 (m)	缓和曲线长度或超高缓和长度、加宽缓和长度 (m)	总加宽长度 (m)	加宽总面积 (m²)	备注
1	2	3	4	5	6	7	8	9
65	K20+923.892	225.000	0.8	65.383	100	165.383	92.306	
66	K21+250.950	218.000	0.8	50.675	100	150.674	80.539	
67	K21+703.647	238.000	0.8	50.214	100	150.214	80.171	
71	K23+366.794	190.000	1	50.311	100	150.311	100.311	
78	K25+567.458	200.000	0.8	50.470	100	150.47	80.376	
79	K25+794.559	247.250	0.8	98.112	100	198.112	118.490	
81	K26+273.262	130.000	1.5	60.835	100	160.836	166.254	
83	K27+520.269	175.000	1	34.095	100	134.095	84.095	
91	K30+022.466	200.000	0.8	214.476	100	314.477	211.582	
97	K33+225.753	250.000	0.8	135.388	100	235.388	148.310	
98	K34+089.062	150.000	1	72.077	100	172.077	122.077	
100	K35+424.521	200.000	0.8	83.037	100	183.037	106.430	
107	K37+341.217	60.000	2.5	44.913	70	114.912	199.780	
111	K39+240.335	101.183	1.5	29.837	70	99.837	97.256	
114	K40+395.729	75.000	2	107.220	70	177.22	284.440	
115	K40+622.498	60.000	2.5	11.755	70	81.755	116.888	
116	K41+015.726	200.000	0.8	42.292	100	142.291	73.833	
117	K41+487.079	180.000	1	25.467	100	125.466	75.466	
119	K43+137.042	125.000	1.5	165.583	100	265.583	323.375	
120	K43+694.164	60.000	2.5	42.943	70	112.943	194.858	
124	K45+241.376	170.000	1	39.949	100	139.949	89.949	
127	K46+405.282	250.000	0.8	22.188	100	122.187	57.750	
134	K50+325.048	200.000	0.8	51.407	100	151.406	81.125	
136	K51+037.834	220.000	0.8	26.630	100	126.63	61.304	
137	K51+171.046	60.000	2.5	5.949	70	75.949	102.373	

复核：

道路线形设计

表 3.24　路基、路面排水工程数量表

序号	工程名称	位置	结构说明	长度(m)	M7.5浆砌片石(m³)	M10砂浆抹面(m²)	砂砾垫层(m³)	开挖土方(m³)	备注
1	2	3	4	5	6	7	8	9	10
	边沟								
1	K0+300－K0+375	左	I型	75.00				67.5	
2	K0+375－K0+575	左,右	I型	400.00				360.0	
3	K0+600－K0+650	左,右	I型	100.00				90.0	
4	K0+750－K0+860	右	I型	110.00				99.0	
5	K0+940－K1+075	左,右	I型	270.00				243.0	
6	K1+140－K1+338.057	左	I型	198.06				178.3	
7	K1+338.057－K1+400	左,右	I型	123.88				111.5	
8	K1+405.118－K1+540	左,右	I型	269.76				242.8	
9	K1+590.777－K1+775	左	I型	184.22				165.8	
10	K1+775－K1+920	左,右	I型	290.00				261.0	
11	K1+922.235－K2+860	左,右	II型	937.97	770.07	844.17	356.43	1830.9	
12	K2+860－K3+040	左,右	I型	180.00				162.0	
13	K3+040－K3+085.509	右	II型	91.02	74.73	81.92	34.59	177.7	
14	K3+085.509－K3+200	左,右	II型	114.49	94.00	103.04	43.51	223.5	
15	K3+200－K3+275	左,右	II型	150.00	123.15	135.00	57.00	292.8	
16	K3+275－K3+475	左,右	I型	200.00				180.0	
17	K3+475－K3+663.664	左,右	II型	377.32	309.78	339.59	143.38	736.5	
18	K3+663.664－K3+701.289	右	I型	75.25				67.7	
19	K3+701.289－K3+880	左,右	II型	178.71	146.72	160.84	67.91	348.8	
20	K3+880－K4+400	左,右	II型	1040.00	853.84	936.00	395.20	2030.1	
21	K4+400－K4+640	左,右	I型	240.00				216.0	
22	K4+640－K4+720	左,右	I型	160.00	131.36	144.00	60.80	312.3	
23	K4+840－K4+879.300	右	II型	39.30	32.27	35.37	14.93	76.7	
24	K4+879.300－K4+980	左,右	II型	201.40	165.35	181.26	76.53	393.1	
25	K4+980－K5+125	右	II型	145.00	119.05	130.50	55.10	283.0	

编制：

序号	工程名称	位置	结构说明	长度(m)	M7.5浆砌片石(m³)	M10砂浆抹面(m²)	砂砾垫层(m³)	开挖土方(m³)	备注
1	2	3	4	5	6	7	8	9	10
26	K5+125－K5+400	左,右	I型	550.00				495.0	
27	K5+420－K5+545.772	左,右	I型	251.54				226.4	
28	K5+545.772－K6+597.873	右	II型	1052.10	863.77	946.89	399.80	2053.7	
29	K6+597.873－K6+660	左,右	II型	124.25	102.01	111.83	47.22	242.5	
30	K6+660－K6+790	右	I型	130.00				117.0	
31	K6+790－K7+014.041	左,右	II型	224.04	183.94	201.64	85.14	437.3	
32	K7+014.041－K7+060	左	I型	91.92				82.7	
33	K7+060－K7+175	左,右	I型	115.00				103.5	
34	K7+175－K7+225	左,右	II型	100.00	82.10	90.00	38.00	195.2	
35	K7+225－K8+660	左,右	II型	1435.00	1178.14	1291.50	545.30	2801.1	
36	K8+660－K8+869.600	左,右	II型	419.20	344.16	377.28	159.30	818.3	
37	K9+010－K9+720	左,右	I型	710.00				639.0	
38	K9+720－K10+020	左,右	II型	300.00	246.30	270.00	114.00	585.6	
39	K10+020－K10+775	左,右	I型	755.00				679.5	
40	K10+775－K10+880	左,右	I型	210.00				189.0	
41	K10+880－K11+555.193	左,右	II型	675.19	196.72	215.65	91.05	607.7	
42	K11+555.193－K11+675	左,右	II型	239.61	410.50	450.00	190.00	467.7	
43	K11+700－K11+950	左,右	I型	500.00				976.0	
44	K11+950－K12+560	左	I型	610.00				549.0	
45	K12+560－K12+692.567	左,右	II型	265.13	217.68	238.62	100.75	517.5	
46	K12+725－K12+840	左	I型	115.00				224.5	
47	K12+846.146－K15+140	左	II型	2293.85				2064.5	
48	K15+143.925－K15+178.70	左,右	I型	69.55				62.6	
49	K15+200－K15+400	左	I型	200.00				180.0	
50	K15+400－K15+580	左,右	I型	360.00				324.0	
51	K15+580－K15+850	右	I型	270.00				243.0	

复核：

(17) 路基、路面排水工程设计图

路基、路面排水工程设计图需绘出各项排水工程平面布置、立面、断面及结构设计图和有关大样图,比例尺采用1∶20~1∶200。并列出急流槽、集水井与横向排水管的设置位置及每延米或每处工程数量表,如图3.16所示。

4. 路线交叉

公路工程施工图设计第六篇"路线交叉"中的设计文件组成分为互通式立体交叉设计图表,分离式立体交叉设计图表,通道、天桥设计图表,平面交叉设计图表和管线交叉设计图表几部分。

(1) 互通式立体交叉设计图表

互通式立体交叉设计图表中的线形设计成果主要包括:互通式立体交叉一览表,互通式立体交叉平面图,互通式立体交叉线位图,直线、曲线及转角表,逐桩坐标表,互通式立体交叉纵断面图,匝道连接部设计图,匝道连接部标高数据图,路基设计表和路基土石方数量表。互通式立体交叉区内路基、路面设计图表中的路基标准横断面图和互通式立体交叉横断面图参照第三篇"路基、路面"进行设计。

1) 互通式立体交叉一览表:

同初步设计阶段,施工图阶段的互通式立体交叉一览表需列出全线各互通式立体交叉的名称、交叉桩号、起讫桩号、互通形式、交叉方式、被交叉道路名称及等级,分别按主线、匝道、被交叉道路或连接线列出最小平曲线半径、最大纵坡、全长、路面结构类型及厚度、跨线桥、匝道桥结构类型及数量(米/座),以及涵洞、通道等其他附属工程。

2) 互通式立体交叉平面图:

同初步设计,采用整幅图,比例尺采用1∶1000或1∶2000。

3) 互通式立体交叉线位图:

绘出坐标网格并标注坐标。示出主线、被交叉公路及匝道(含变速车道)中心线、桩号(公里桩、百米桩、平曲线主要桩位)、平曲线要素等。比例尺一般采用1∶1000或1∶2000。

4) 直线、曲线及转角表:

参照"路线"篇直线、曲线及转角表编制,表中平曲线主要桩位附坐标。宜对收费站广场边线进行设计,并在直曲表中反映出来,便于控制施工质量。

5) 逐桩坐标表:

参照"路线"篇路线逐桩坐标表编制。该成果只交付施工部门,不报送审批单位。

6) 互通式立体交叉纵断面图:

参照路线纵断面图绘制出主线、被交叉公路、匝道的纵断面。示出互通式立体交叉简图及纵断面图位置。

7) 匝道连接部设计图:

示出互通式立体交叉简图及连接部位置,绘出匝道与主线、匝道与被交叉道路、匝道与收费站、匝道与匝道等连接部分设计图(包括中心线、行车道、路缘带、路肩、鼻端边线,不绘地形),示出桩号、各部分宽度等。当路基宽度(行车道、硬路肩等)发生变化时,应在附注中说明变化段的情况(起讫桩号、宽度值、变化方式等)。比例尺一般采用1∶200~1∶400。并绘出缘石平面图和断面图,比例尺一般采用1∶20~1∶50。

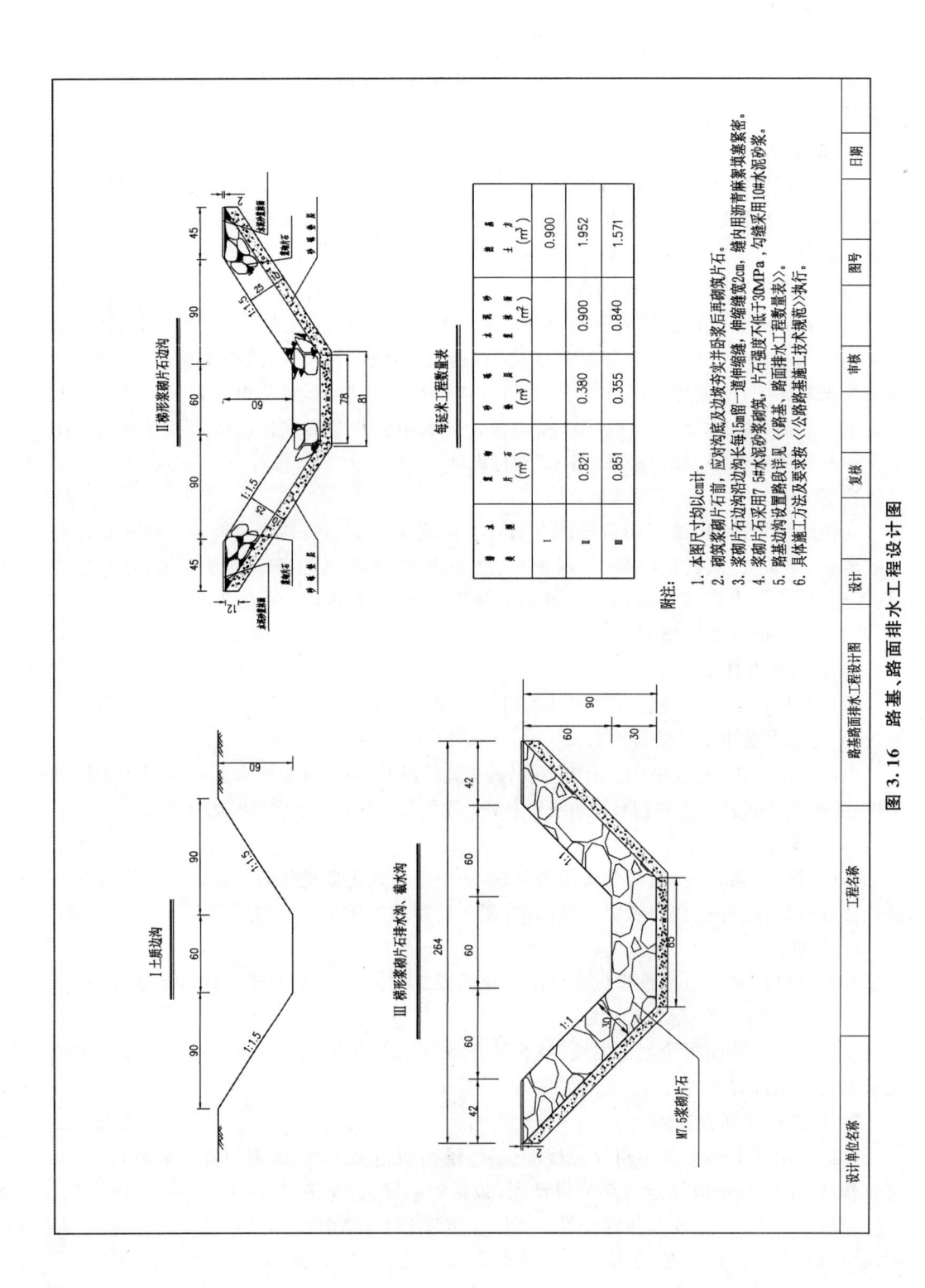

图 3.16 路基、路面排水工程设计图

8) 匝道连接部标高数据图：

示出互通式立体交叉简图及连接部位置，绘出连接细部平面（包括中心线、中央分隔带、路缘带、行车道、硬路肩、土路肩、鼻端边线，不绘地形），示出各断面桩号、路拱横坡和断面中心线及各部分宽度。对于未能在纵断面图中表示的超高变化情况，应在附注中明确说明。比例尺一般采用 1∶200。

9) 路基设计表：

参照"路基、路面"篇路基设计表编制。该成果只交付施工部门，不报送审批单位。

10) 路基土石方数量表：

参照"路基、路面"篇路基土石方数量表编制。

(2) 分离式立体交叉设计图表

分离式立体交叉设计图表中的线形设计成果主要包括分离式立体交叉一览表、分离式立体交叉平面图、分离式立体交叉纵断面图和被交叉公路横断面图和路基、路面设计图。

1) 分离式立体交叉一览表：

同初步设计阶段，施工图阶段的分离式立体交叉一览表需列出各分离式立体交叉的中心桩号及地名、被交叉道路名称及等级、交叉方式及与主线交角、设计荷载、孔数及孔径、桥面净空、桥梁总长度、上部构造、下部构造、被交叉道路改建长度、最大纵坡等。

2) 分离式立体交叉平面图：

参照路线平面图绘制。其范围应包括桥梁两端的全部引道在内，图中示出主线、被交叉公路或铁路、跨线桥及其交角、里程桩号和平曲线要素，护栏、防护网、管线及排水设施的位置等，比例尺采用 1∶1000 或 1∶2000。

3) 分离式立体交叉纵断面图：

参照路线纵断面图绘制，可与平面图合并绘制。

4) 被交叉公路横断面图和路基、路面设计图：

参照"路基、路面"篇的要求绘制。

(3) 通道、天桥设计图表

通道、天桥设计图表中的线形设计成果主要包括通道布置图。给出全部引道在内的平面、纵断面、横断面，地质断面、地下水位等，比例尺采用 1∶500～1∶1000。

(4) 平面交叉设计图表

平面交叉设计图表包括平面交叉设置及工程数量一览表、平面交叉布置图和平面交叉设计图。

1) 平面交叉设置及工程数量一览表：

参照不是阶段的平面交叉设置及工程数量一览表编制。

2) 平面交叉布置图：

绘出地形、地物、主线、被交叉公路或铁路、交通岛，注出交叉点桩号及交角、水准点位置及其编号和高程、管线及排水设施等的位置，比例尺采用 1∶500～1∶2000。

3) 平面交叉设计图：

绘出环形和渠化交叉的平面、纵断面、横断面及标高数据图。平面图中注明控制点处的坐标（如交通岛、转弯平曲线圆心及起终点等）。标高数据图中注明路面水流方向。平面设计图比例尺采用1：500～1：2000；纵断面图水平比例尺采用1：500～1：2000，垂直比例尺相应采地用1：50～1：200，横断面比例尺采用1：100～1：200。

(5) 管线交叉设计图表

管线交叉设计图表包括管线交叉工程数量表和管线交叉设计图。

1) 管线交叉工程数量表：

列出管线交叉桩号、地名、被交叉的管线长度及管线类型、所属单位、交角、管线交叉方式(上跨或下穿)、净空或埋深及工程、材料数量。

2) 管线交叉设计图：

管线交叉需修建人工构造物时应绘本图，比例尺采用1：50～1：200，细部结构采用1：5～1：50。

3.3 城市道路线形设计成果

3.3.1 初步设计阶段

1. 设计说明书

(1) 道路地理位置图

城市道路地理位置图示出道路在地区交通网络中的关系及沿线主要建筑物的概略位置，如图3.17所示。

(2) 概述

包括：经批复的可行性研究报告文件，有关评审报告及设计委托书，采用的规范和标准，对可行性研究报告批复意见的执行情况及需要说明的其他事项。

(3) 现状评价及沿线自然地理概况

包括：道路现状评价，现状交通量及技术评价(交通量、车辆组成、路口交通流量与流向特征及路口、路段饱和度等)，沿线控制性建筑、河流、铁路及地上、地下管线等情况，水文地质、气象等自然条件(如河流设计水位、流速、地下水位、气温、降雨、日照、蒸发量、主导风向、风速、冰冻等)，工程地质资料，地震基本烈度及对大型工程构筑物区域地震分析评价。

(4) 工程概况

包括：工程地点、范围、建设期限、分期修建计划，规划概况(着重阐明设计道路、立交在规划道路网中的性质、功能、位置、走向、相交道路的性质、功能)，远期交通流量流向的分析、设计小时交通量的确定、荷载等级的确定，主要交叉路口渠化处理方式(如选用立交，需阐明其必要性及选型依据)，原有道路情况(适用于改建道路，包括路面和路基宽度、路面结构种类及强度、交通流量情况、车速、排水方式、路面完好程度及沿线行道树树种、树干直径等)，工程建成后的功能和效益(对道路网的影响、缓解干扰提高车速和服务水平的程度、工程修建的意义)。

第3章 道路线形设计成果

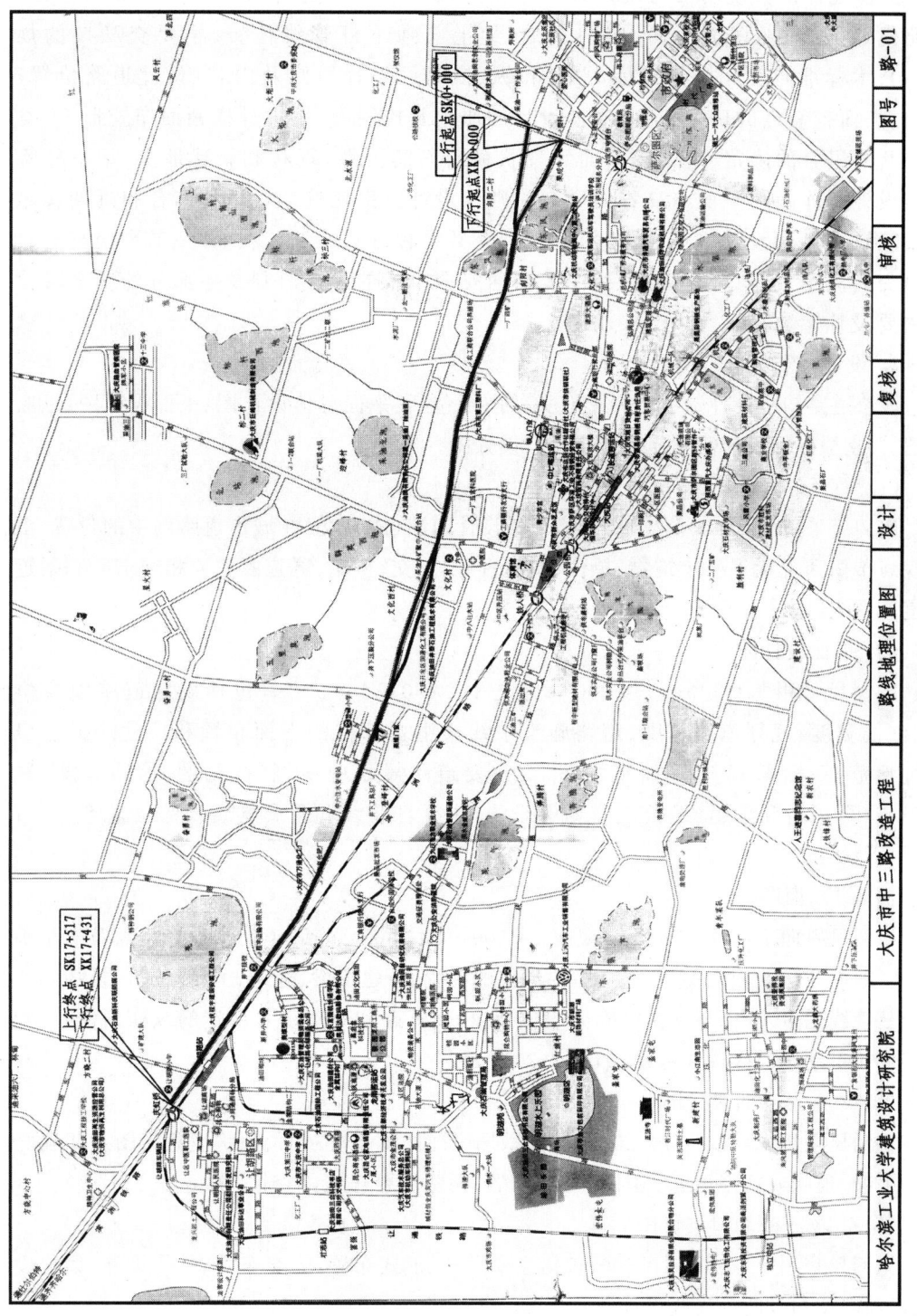

图 3.17 城市道路地理位置图

(5) 工程设计

工程设计部分说明书与线形设计相关的内容包括：道路网规划情况（规划位置、道路规划等级、规划横断面、竖向规划、地上与地下杆管线位置、主要交叉口的规划），技术标准与设计技术指标，平面和纵、横断面设计原则及内容（设计道路位置、走向、平面控制点的确定，道路竖向设计的原则及控制因素，设计横断面布置形式、宽度和断面组合的确定、规划横断面和现状横断面的关系，现状和新建地上、地下杆管线与设计断面间的平面与高程的配合原则），设计方案比选及远近期结合和近期实施方案，纵、横断面设计方案比选，沿线各种交叉设置方式比选（实施方案的平交与立交路口交通流量、流向分析，交通组织及交通安全设施的设计原则及各部分的基本尺寸和主要设计参数）。

2. 设计图纸

城市道路初步设计与道路线形有关的图纸包括：平面总体设计图、平面设计图、纵断面图、典型横断面设计图和广场或交叉口设计图。

(1) 平面总体设计图

比例尺采用1：2000～1：10000，包括设计道路（或立交）在城市道路网中的位置，沿线规划布局和现状重要建筑物、单位、文物古迹、立交、桥梁、隧道及主要相交道路和附近的道路系统，如图3.18所示。

(2) 平面设计图

比例尺采用1：500～1：2000（立交1：200～1：500），包括规划道路中线位置、红线宽度、规划道路宽度、道路施工中线及主要部位的平面布置和尺寸。拆迁房屋征地范围，桥梁、立交平面布置，相交主要道路规划中线、红线宽度、道路宽度、过街设施（含天桥和地道）及公交车站等设施，主要杆管线和附属构筑物的位置等，如图3.19所示。

(3) 纵断面图

比例尺纵向1：50～1：200，横向1：500～1：2000，包括：道路高程控制点及初步确定的纵断面线形及相应参数，立交主要部位的高程，新建桥梁、隧道、主要附属构筑物和重要交叉管线位置及高程；立交纵断面图包括：相交道路和匝道初步确定的纵断面，如设有辅路或非机动车道应一并考虑，如图3.20所示。

(4) 典型横断面设计图

比例尺采用1：100～1：200，包括规划横断面、设计横断面、现状横断面图及相互之间的关系，现状或规划地上、地下杆管线位置、两侧重要建筑，如图3.21所示。

(5) 广场或交叉口设计图

比例尺采用1：200～1：500，包括主要尺寸、形式布置、公交车站、过街设施、渠化设计、局部部位的竖向等高线设计图，如图3.22所示。

第 3 章 道路线形设计成果

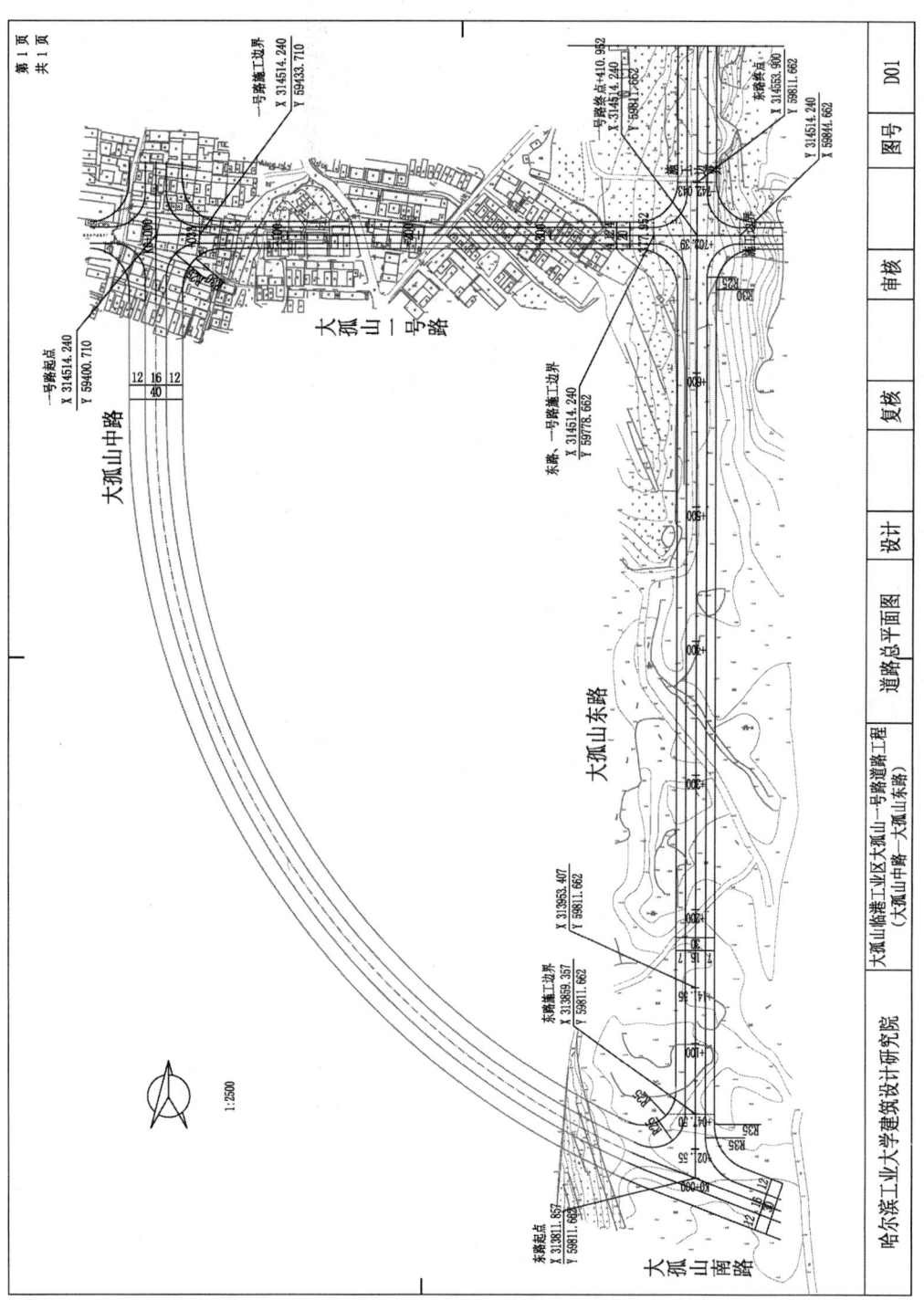

图 3.18 城市道路平面总体设计图

道路线形设计

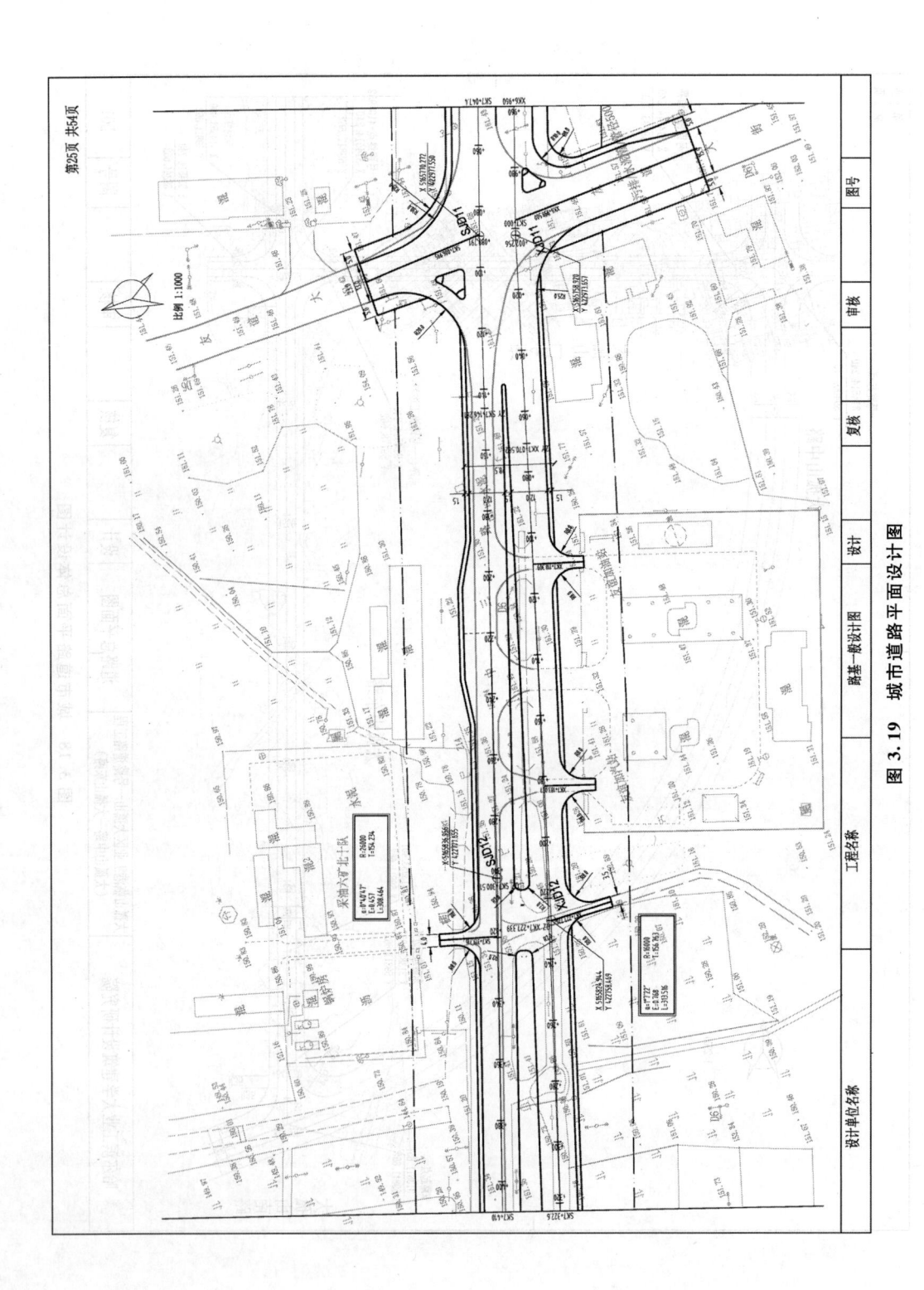

图 3.19 城市道路平面设计图

第3章 道路线形设计成果

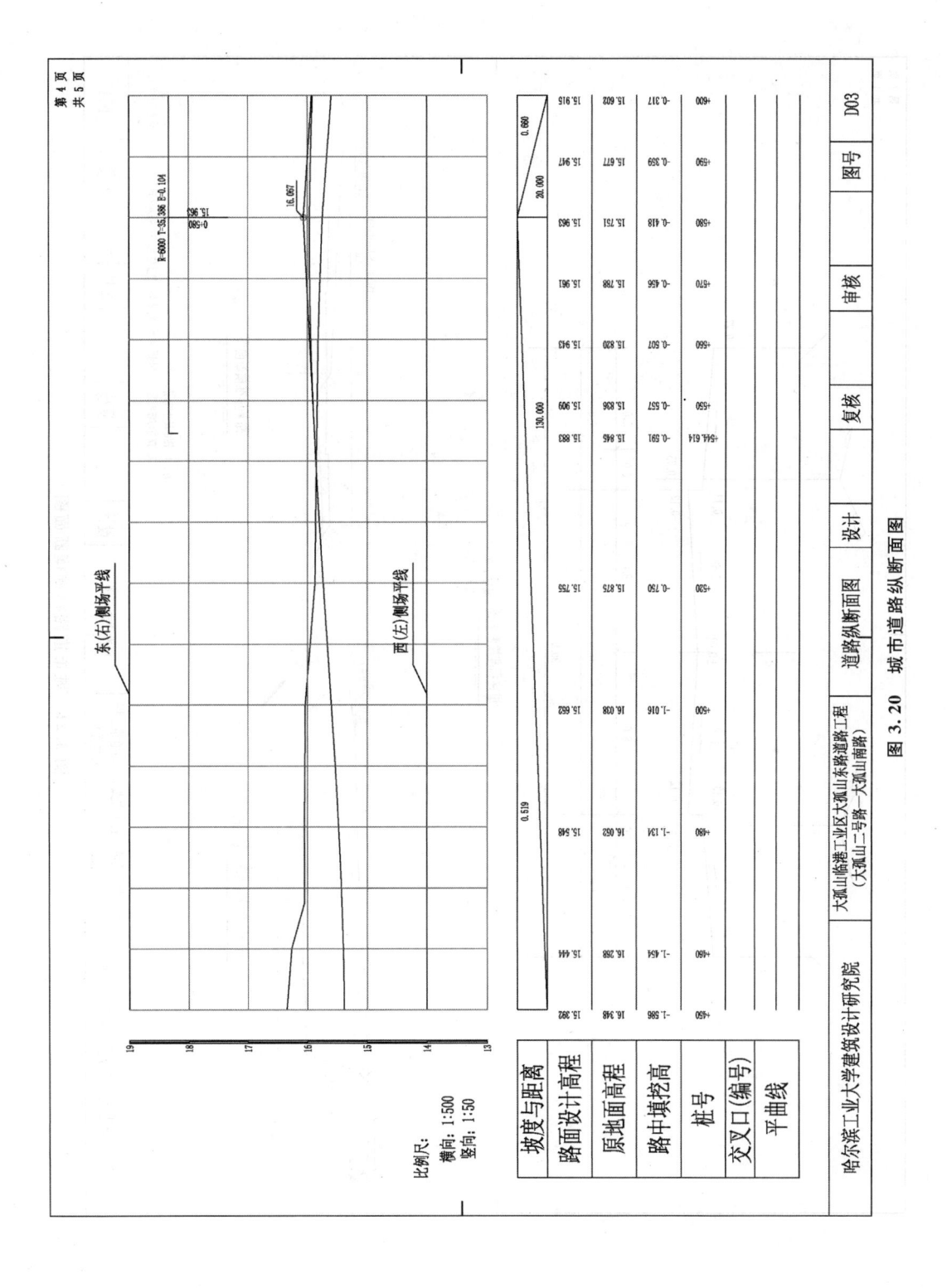

图 3.20 城市道路纵断面图

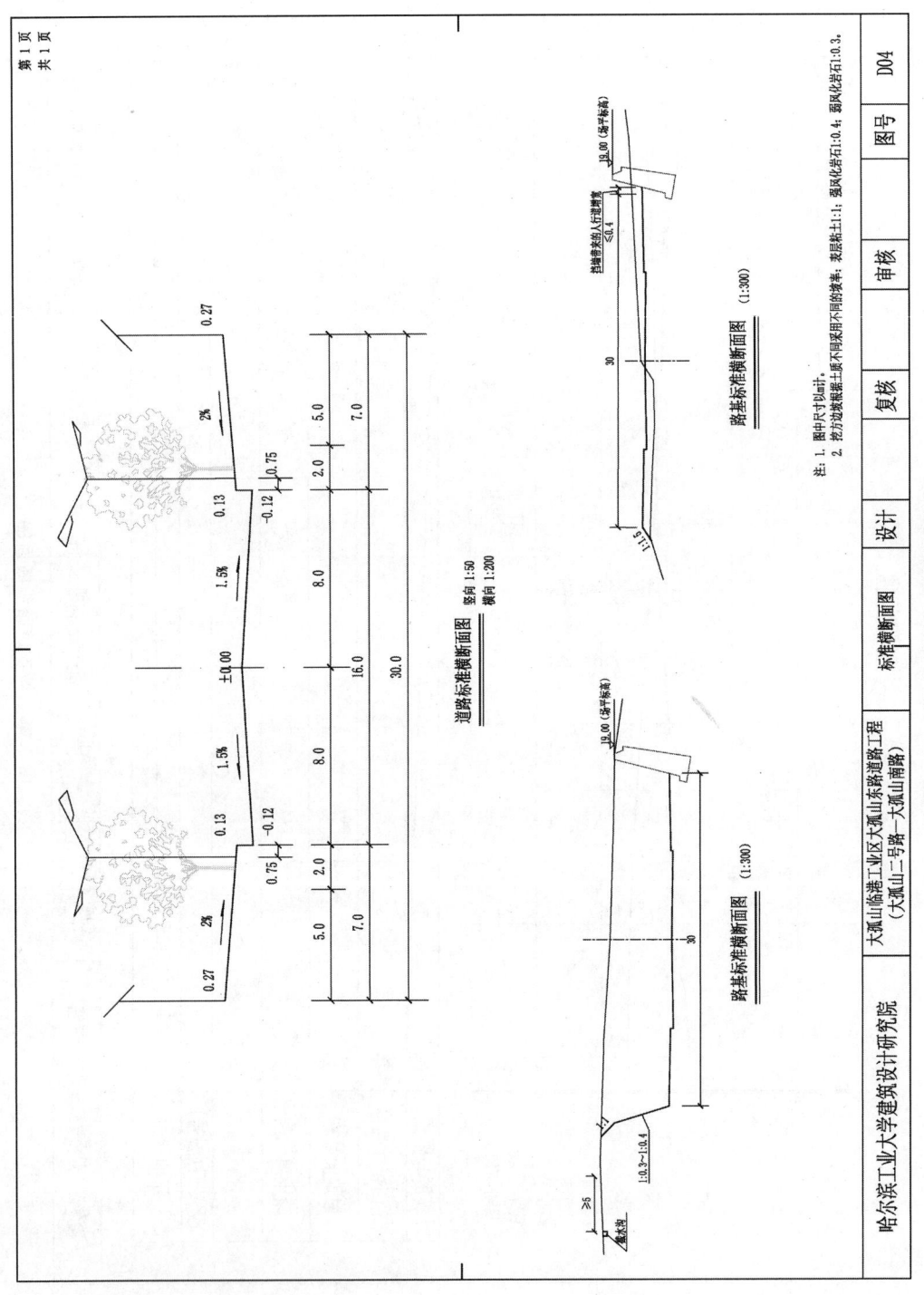

图 3.21 城市道路标准横断面图

第 3 章 道路线形设计成果

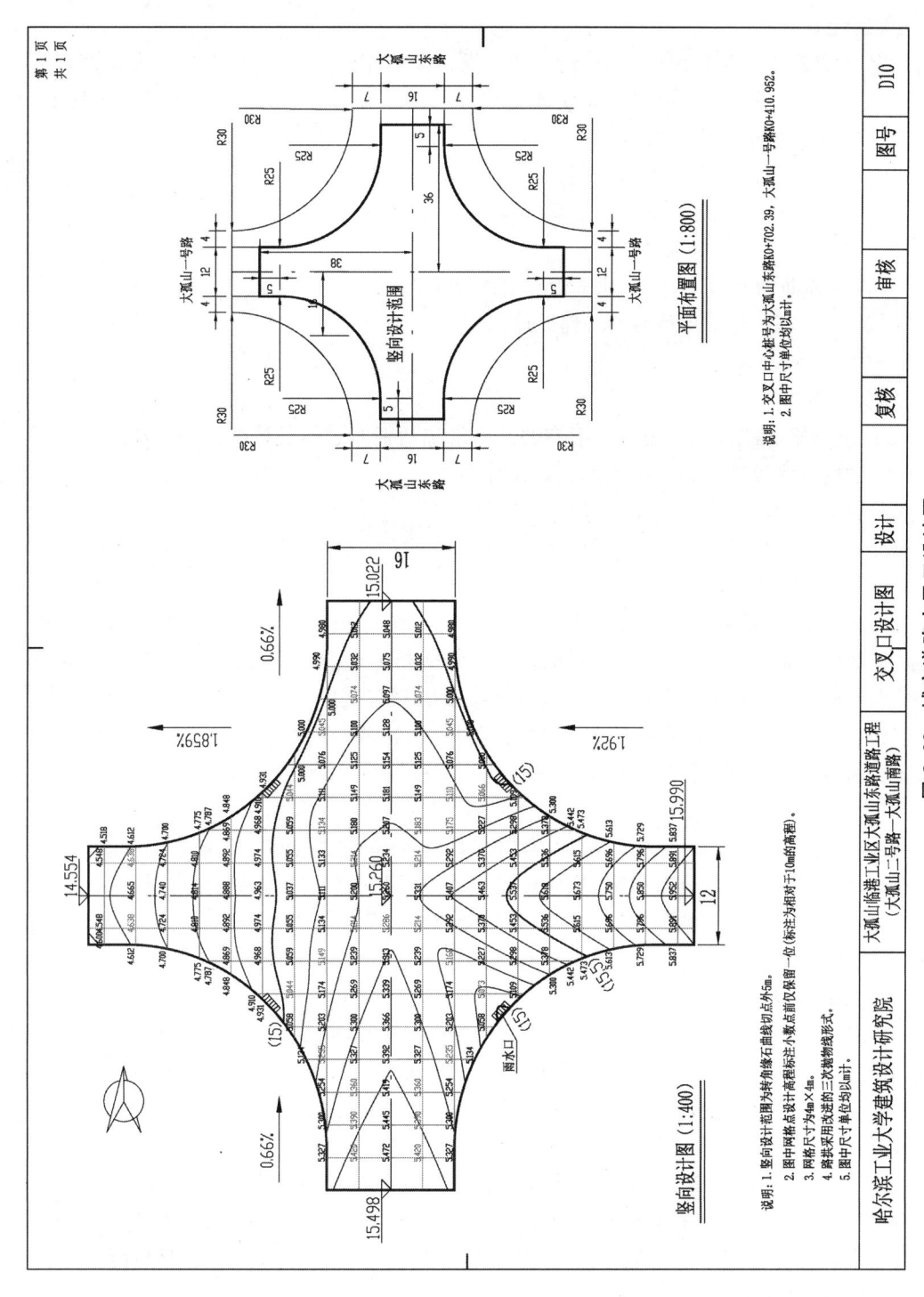

图 3.22 城市道路交叉口设计图

3.3.2 施工图设计阶段

1. 设计说明书

城市道路施工图设计说明书应包括：初步设计批复等依据文件，执行初步设计批复情况（如有改变初步设计的内容时需说明改变部分的内容、原因和依据），采用的施工规范、规程和工程验收标准及设计概要。

设计概要应对以下内容予以说明：

1) 工程范围、工程规模及主要工程内容。
2) 平纵线形设计技术要点。
3) 设计横断面及地上杆线、地下管线的配合关系。
4) 路基、路面、挡墙及涵洞等工程设计。
5) 施工注意事项。

2. 设计图纸

城市道路施工图设计与道路线形有关的图纸包括平面总体设计图、平面设计图、纵断面设计图、横断面设计图和广场或交叉口设计图。

(1) 平面总体设计图

城市道路平面总体设计图比例尺采用1：2000～1：10000，内容同初步设计要求。

(2) 平面设计图

城市道路平面设计图比例尺采用1：500～1：1000，包含规划道路中线与施工中线坐标、平曲线要素、机动车道、辅路（非机动车道）、人行道（路肩）及道路各部尺寸、港湾停靠站、人行通道或人行天桥位置与尺寸，道路与沿线相交道路及建筑进出口的处理方式，道路交通标志和标线及交通安全设施的位置与尺寸，桥隧、立交的平面布置与尺寸，各种杆、管线和附属构筑物的位置和尺寸，拆迁房屋、挪移杆线、征地范围等。

(3) 纵断面设计图

城市道路的纵断面设计图比例尺纵向采用1：50～1：100，横向采用1：500～1：1000，包含设计高程，交叉道路、新建桥隧中线位置及高程，边沟纵断面设计线、纵坡及变坡点高程，有关交叉管线位置、尺寸及高程、竖曲线及其参数等，立交设计应绘制匝道纵断面设计图。

(4) 横断面设计图

城市道路横断面设计图比例尺采用1：100～1：200，应示出规划道路横断面图、设计横断面图（不同路段和立交各部）、现状道路横断面及相互关系，大填大挖方路基设计，地上杆线、地下管线位置，特殊横断面及边沟设计、路拱曲线大样图等。

(5) 广场或交叉口设计图

设计平面（地形）大样图比例尺采用1：200～1：500，需示出平面各部详细尺寸，设计等高线及方格点高程，机动车站和停车场位置，中央岛、方向岛、绿化、雨水口和各种管线、交通设施的位置及尺寸，附属构筑物的位置和尺寸，人行道铺装范围和路面结构，拆迁、征地范围，立交相应的服务设施等。

第4章 桥梁线形设计

在公路、铁路、城市和农村道路交通及水利等基础设施的建设中,为了跨越各种障碍(如河流、沟谷或其他线路等)必须修建各种类型的桥梁,因此,桥梁也成为了陆路交通中的重要组成部分。在经济上,桥梁的造价一般占公路总造价的10%~20%。特别是在现代高等级公路及城市高架道路的修建中,桥梁不仅在工程规模上十分巨大,且往往也是保证全线通车的关键或节点工程。在本章中,主要针对桥梁设计的原则和程序、桥梁的总体规划设计、桥梁建筑的构型设计和美学原则等问题进行介绍。

4.1 桥梁的基本组成和分类

4.1.1 桥梁的基本组成

总体而言,桥梁由四个基本部分组成,即上部结构、下部结构、支座和附属设施。图4.1为一座公路桥梁的概貌,以其为参考将一般桥梁工程涉及的基本名词术语解释如下:

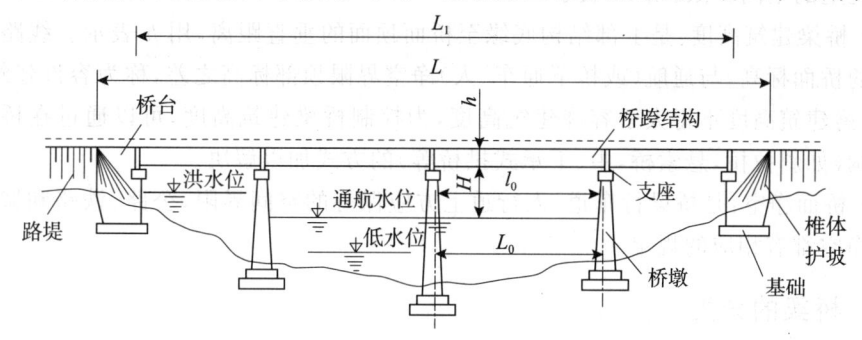

图 4.1 桥梁基本组成

1) 上部结构(桥跨结构或称桥孔结构):是线路遇到障碍(如河流、山谷或其他线路等)而中断时,实现跨越的主要承重结构,是桥梁支座以上(无铰拱起拱线或刚架主梁底线以上)跨越桥孔的总称,跨越长度越大,上部结构的构造也越趋复杂。

2) 下部结构:包括桥墩、桥台和基础,是支承桥跨结构的建筑物。桥台设在两端,桥墩则在两桥台之间。桥墩的作用是支承桥跨结构;而桥台除了起支承桥跨结构的作用外,还要与路堤衔接,并防止路堤滑坡。为保护桥台和路堤填土,桥台两侧常做一些防护和导流工程。桥墩与桥台底部的奠基部分,称为基础,基础承担了从桥墩、桥台传来的全部荷载。由于基础需埋于土层之中,基础工程是在整个桥梁工程施工中比较困难的部位,且常常需要在水中施工,因而遇到的问题也很复杂。

113

3) 支座：设在墩（台）顶，用于支承上部结构的传力装置，不仅要传递很大的荷载，并且要保证上部结构按设计要求能产生一定的变位。

4) 桥梁的附属设施：包括桥面系、伸缩缝、桥梁与路堤衔接处的桥头搭板和锥形护坡等。在桥梁建筑工程中，除了上述基本结构外，常常附属有路堤、护岸、导流结构等工程，其建设费用有时占整个桥梁建设费用的很大部分。

5) 水位：河流中的水位是变动的，枯水季节的最低水位称为低水位；洪峰季节河流中的最高水位称为高水位。桥梁设计中按规定的设计洪水频率计算所得的高水位，称为设计洪水位；设计洪水位加壅水和浪高，称为计算水位。在各级航道中，能保持船舶正常航行时的水位，称为通航水位。

6) 净跨径：对于设支座的桥梁为相邻两墩、台身顶内缘之间的水平净距，不设支座的桥梁为上、下部结构相交处内缘间的水平净距，用 l_0 表示。

7) 总跨径：是多孔桥梁中各孔净跨径的总和（$\sum l_0$），它反映了桥下宣泄洪水的能力。

8) 计算跨径：对于设支座的桥梁，为相邻支座中心的水平距离，对于不设支座的桥梁（如拱桥、刚构桥等），为上、下部结构的相交面之中心间的水平距离，用 l_c 表示，桥梁结构的力学计算以计算跨径为准。

9) 桥梁全长：简称桥长，对于有桥台的桥梁为两岸桥台翼墙尾端间的距离，对于无桥台的桥梁为桥面系行车道长度，用 L 表示。

10) 桥下净空：是为满足通航（或行车、行人）的需要和保证桥梁安全而对上部结构底缘以下规定的空间界限，用 H 表示。

11) 桥梁建筑高度：是上部结构底缘至桥面顶面的垂直距离，用 h 表示。线路定线中所确定的桥面标高，与通航（或桥下通车、人）净空界限顶部标高之差，称为容许建筑高度，显然，桥梁建筑高度不得大于容许建筑高度，为控制桥梁建筑高度，可以通过在桥面以上布置结构（如斜拉桥，悬索桥，中、下承式拱桥等）的方式加以解决。

12) 桥面净空：是桥梁行车道、人行道上方应保持的空间界限，公路、铁路和城市桥梁对桥面净空都有相应的规定。

4.1.2 桥梁的分类

1. 按结构体系分类

工程结构中的构件，主要有拉、压和弯曲三种基本受力形式。由基本构件所组成的各种结构物，在力学上也可归结为梁式、拱式、悬吊式三种基本体系及它们之间的各种组合。现代桥梁结构也一样，按照结构体系分类，桥梁有梁式桥、拱桥、刚架桥、吊桥等四种基本体系，以及由基本体系组合而成的若干种组合体系桥。

（1）梁式桥

梁式桥是一种在竖向荷载作用下无水平反力的结构（图 4.2(a)、(b)）。由于外力（恒载和活载）的作用方向与承重结构的轴线接近垂直，故与同样跨径的其他结构体系相比，梁内产生的弯矩最大，通常需要抗弯能力强的材料（钢、木、钢筋混凝土）等来建造。为节约钢材和木料（木桥使用寿命不长，除战备需要或临时性桥梁外，一般很少采用），目前在公路上应用最广的是预制装配式的钢筋混凝土和预应力混凝土简支梁桥。这种梁桥的结构简单、施工方便,对地基承载力要求也不高,其常用跨径在50m以下。当跨度较大时,从经济性的角度考虑,可根据地质条件等修建连续式或悬臂式梁桥(图4.2(c))。对于跨径很大，以及承受很大荷载的可建造成钢桥(图4.2(d))。

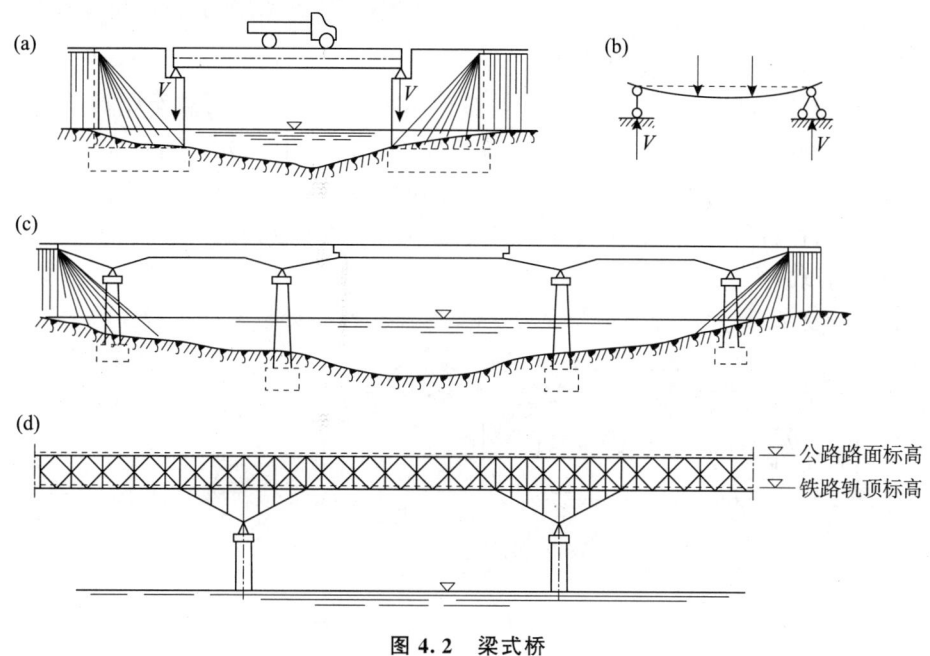

图 4.2　梁式桥

（2）拱桥

拱桥的主要承重结构是拱圈和拱肋。这种结构在竖向荷载作用下,桥墩或桥台将承受水平推力(图4.3)。同时,这种水平推力将显著抵消由荷载所引起的在拱圈(或拱肋)内的弯矩作用。因此,与同跨径的梁相比,拱的弯矩和变形要小得多。鉴于拱桥的承重结构以受压为主,通常采用抗压能力强的圬工材料(如砖石、混凝土)和钢筋混凝土来建造。对于大跨径的桥梁,有时也建造钢拱桥。

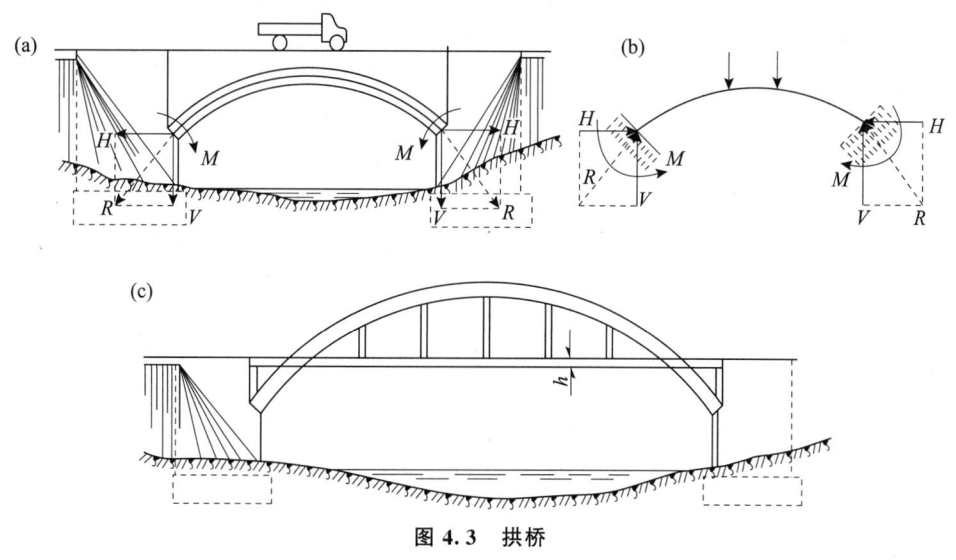

图 4.3　拱桥

拱桥的跨越能力很大,外形也较美观,在条件许可的情况下,修建圬工拱桥往往是经济合理的,但为了确保拱桥能安全使用,下部结构和地基必须能承受很大水平推力的作用。

(3) 刚架桥

刚架桥的主要承重结构是梁或板和立柱或竖墙整体结合的刚架结构,梁和柱的连接处具有很大的刚性(图 4.4(a))。在竖向荷载作用下,梁主要受弯,而在柱脚处也具有水平反力(图 4.4(b)),其受力状态介于梁式桥与拱桥之间。因此,对于同样的跨径,在相同的荷载作用下,刚架桥的跨中正弯矩要比梁式桥小。根据这一特点,刚架桥跨中的建筑高度可做得较小,在城市中遇到线路立体交叉或需要跨越通航江河时,采用这种桥型能尽量降低线路标高以减少路堤土方量。当桥面标高已确定时,能增加桥下净空。刚架桥的缺点是施工比较复杂,如使用普通钢筋混凝土修建,梁柱刚接处较易产生裂缝。

图 4.4 刚架桥

(4) 吊桥(悬索桥)

传统的吊桥均用悬挂在两边塔架上的强大缆索作为主要承重结构(图 4.5)。在竖向荷载作用下,通过吊杆使缆索承受很大的拉力,通常需要在两岸桥台的后方修筑非常巨大的锚碇结构。吊桥也是具有水平反力(拉力)的结构。现代的吊桥上,广泛采用高强度钢丝编制的钢缆,以充分发挥其优异的抗拉性能,因此结构自重较轻,能以较小的建筑高度跨越其他任何桥型无与伦比的特大跨度。其经济跨径在 500m 以上。吊桥的另一特点是:成卷的钢缆易于运输,结构的组成构件较轻,便于无支架悬吊拼装。

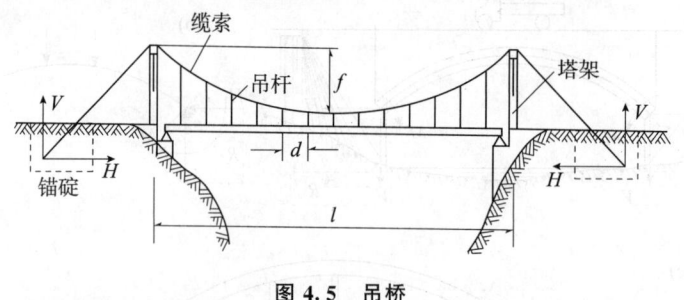

图 4.5 吊桥

(5) 组合体系桥

常用的组合体系桥有 T 形刚构桥,连续刚构桥梁、拱组合体系桥,以及斜拉桥。

1) T 形刚构桥与连续刚构桥:T 形刚构桥、连续刚构桥都是由梁和刚架相结合的体系。

它们是预应力混凝土结构采用悬臂施工法而发展起来的一种新体系。结构的上部梁在墩上向两边采用平衡悬臂施工,首先形成一个 T 形的悬臂结构。相邻的两个 T 形悬臂在跨中可用剪力铰或跨径较小的挂梁连成一体,即称为带铰或带挂梁的 T 形刚构桥,如图 4.6(a)、(b)所示。如结构在跨中采用预应力筋和现浇混凝土区段连成整体,即为连续刚构桥,如图 4.6(c)所示。采用悬臂施工法,施工机具简单,施工速度快,又因结构在悬臂施工时的受力状态与使用状态下的受力状态基本一致,所以省料、省工、省时;这就使 T 形刚构桥与连续刚构桥的应用范围得到了迅猛发展。据统计,在预应力混凝土桥梁中,这类结构体系(包括连续梁桥)约占 50% 以上。

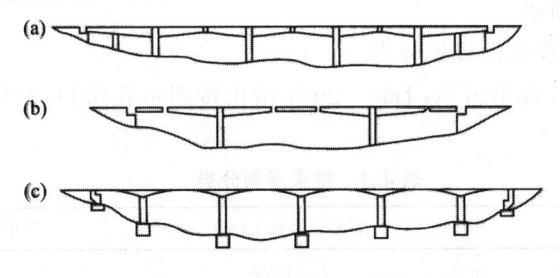

图 4.6　T 形刚构桥、连续刚构桥

2) 梁、拱组合体系桥:梁拱组合体系桥中有系杆拱、桁架拱、多跨拱梁结构等。它们利用梁的受弯与拱的承压特点组成联合结构(图 4.7)。在预应力混凝土结构中,因梁体内储备巨大的压力来承受拱的水平推力,使这类结构既具有拱的特点,又非推力结构,对地基要求不高,但其施工复杂,多用于城市跨河桥上。

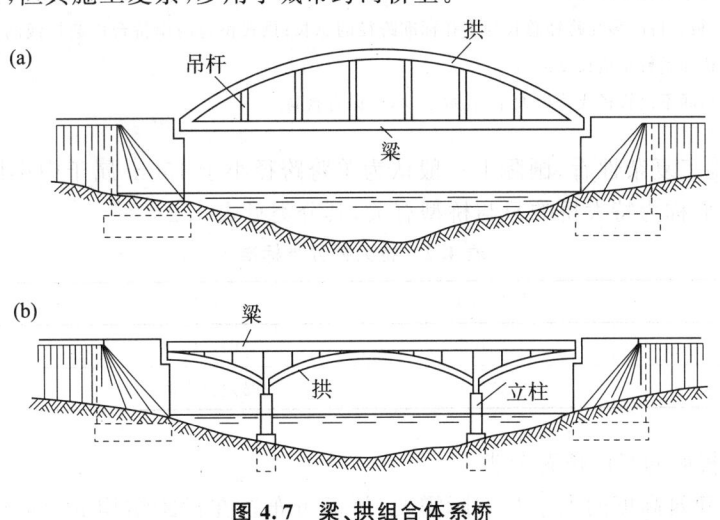

图 4.7　梁、拱组合体系桥

3) 斜拉桥:斜拉桥(图 4.8)是由承压的塔、受拉的索与承弯的梁体组合起来的一种结构体系。由于拉索将梁体多点吊住,梁体好似多跨弹性支承的连续梁,使梁体内弯矩减小,降低了桥梁的建筑高度。斜拉桥构想起源于 19 世纪,限于材料水平,建成不久即被淘汰。20 世纪中叶,出现了高强钢丝、正交异型钢板梁、计算机等,斜拉桥这种形式又蓬勃发展起来。

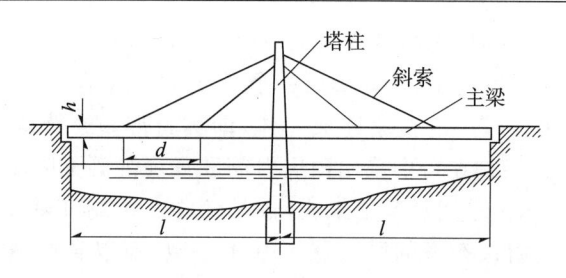

图 4.8 斜拉桥概貌

2. 桥梁其他分类简述

(1) 按照桥梁的工程建设规模分类

《公路桥涵通用设计规范》JTG D60—2004 给出按照单孔跨径或桥梁总长的分类,见表 4.1。

表 4.1 桥梁涵洞分类

桥涵分类	多跨径总长 L(m)	单孔跨径 L_K(m)
特大桥	L>1000	L_K>150
大桥	100≤L≤1000	40≤L_K≤150
中桥	30<L<100	20≤L_K<40
小桥	8≤L≤30	5≤L_K<20
涵洞	—	L_K<5

注:1) 单孔跨径系指标准跨径。
  2) 梁式桥、板式桥的多孔跨径总长为多孔标准跨径的总长;拱式桥为两岸桥台内起拱线间的距离;其他形式桥梁为桥面系行车道长度。
  3) 管涵及箱涵不论管径或跨径大小、孔数多少,均称为涵洞。

从设计、施工复杂性看,国际上一般认为单跨跨径小于 150m 属于中小桥,大于 150m 即称为大桥。而称为特大桥的只与桥型有关,其分类见表 4.2。

表 4.2 特大桥分类标准

桥型	跨径 L_0(m)	桥型	跨径 L_0(m)
悬索桥	>1000	钢拱桥	>500
斜拉桥	>500	混凝土拱桥	>300

(2) 按照桥面的竖向位置分类

根据容许建筑高度的大小和实际需要,桥面可布置在桥跨结构的上面或下面。布置在桥跨结构上面的称上承式桥;布置在桥跨结构下面的,称下承式桥;布置在桥跨结构中间,称中承式桥(见图 4.9)。

上承式桥的主要优点是构造简单,施工方便;桥跨结构的宽度可以做得小些,因而可节省桥墩台的圬工数量;桥道布置简单,车辆在桥面上通过时,视野开阔。所以,对城市桥来说,一般尽可能采用上承式。

上承式桥的建筑高度是包括主梁高度在内的,所以只是在容许的建筑高度较大时才

第 4 章 桥梁线形设计

(a) 上承式桥　　　　　　　(b) 下承式桥　　　　　　　(c) 中承式桥

图 4.9　按桥面位置分类

能采用。在容许的建筑高度很小的情况下,可将桥面降低,并设在桥跨结构的下面,即采用下承式桥;对大跨拱式结构则可将桥面布置在结构高度的中间,采用中承式桥。

在有些情况下,如果上承式桥面必须提高路面(或轨顶)的高程,势必增加桥头路堤的填土量(甚至增加引桥),反而不经济。在铁路桥中,限制纵坡很小,为了避免过高的路堤和过长的引桥,下承式桥采用较多。对于城市桥梁,只有在受到周围建筑的限制,不容许过分提高桥面高程时,才采用下承式桥。

(3) 按桥梁的用途分类

按桥梁的用途分类有公路桥、铁路桥、公路铁路两用桥、农桥、人行桥、运水桥(渡槽)及其他专用桥梁(如通过管路、电缆等)。

(4) 按主要承重结构所用的材料分类

按主要承重结构所用的材料分类有木桥、钢桥、圬工桥(包括砖、石、混凝土桥)、钢筋混凝土桥和预应力钢筋混凝土桥,钢－混凝土叠合或组合桥梁。木材易腐且资源有限,因此,除少数临时性桥梁外,一般不采用。在工程建设中,采用最广泛的是混凝土桥(包括钢筋混凝土桥、预应力混凝土桥和圬工桥)和钢－混凝土叠合或组合结构桥及钢桥。

(5) 按照桥梁的平面线型分类

按照桥梁的平面线型分类,可分为直桥、弯桥和斜桥等。

4.2　桥梁设计的基本要求

桥梁的产生和发展是由各种相关联的矛盾因素不断变革和推进的结果。从建筑材料的革新、结构形式的发展到建筑技术的进步、设计理论的完善和计算手段的更新,使桥梁建筑得以不断发展和进步,目前已进入一个现代化的辉煌发展新阶段。

时至今日,我们对桥梁建筑的要求从桥梁建筑基本规律出发,提出"公路桥涵的设计应符合技术先进、安全可靠、适用耐久、经济合理的要求""还应按着美观和有利环保的原则进行设计"(《公路桥涵通用设计规范》JTGD 60—2004)的原则。就实质而言,上述设计原则主要为三个方面的要求;一是人们对桥梁建筑提出的在保证安全使用条件下的功能方面的要求;二是人们对桥梁建筑提出的精神和美感方面的美学造型要求;三是在以必要的物质技术手段来达到前述两个方面要求下的经济性。上述原则,在进行桥梁方案设计与构思时必须认真贯彻执行。

4.2.1 桥梁安全使用的功能要求

从桥梁建筑的产生和发展历史可以看出，人类社会对桥梁功能方面的要求是决定性的因素。迄今为止，不存在脱离社会需要而孤立存在的桥梁。

在桥梁建筑中，功能的发展具有一定的客观性。由于它所处的主导地位，在功能与结构形式之间对立、统一的矛盾运动中，功能成为结构发展的决定动力。如果交通事业发展需要跨越大江大河甚至海峡，在结构上就需要发展大跨结构桥型；由于城市交通及高速公路建设又需要有立体交叉结构桥梁；为了保证城市交通和人行安全，需要修建人行桥及地道桥等。当然，一种新的结构形式的出现，不仅适应了新的功能要求，而且还会反过来促使功能朝着新的高度发展。

桥梁是一个在恶劣的环境和可能出现各种不利工况下的应用型结构，必须保证设计基准期内（规范规定一般为 100 年）使用功能的安全可靠性。整个桥梁结构及其各部分构件，在制造、运输、安装和使用过程中应具有规定的强度、刚度、稳定性和耐久性。强度要求桥梁的全部构件及其链接构造的材料抗力或承载能力应具有足够的安全储备；刚度要求桥梁在荷载作用下的变形不超过规定的容许值；稳定性是要求桥梁结构在各种因素影响下，具有能保持原来的形状和位置的能力；耐久性是要求桥梁在正常养护维修条件下，具有足够的耐久性能，能够使用到预期的耐久年限。另外，在地震区修建桥梁时，在结构上还要满足抵御地震破坏力的要求。

与此同时，桥梁也要保证行车和行人的舒畅、舒适和安全，既满足当前的需要，又要考虑到今后的发展；既满足交通运输本身的需要，也要考虑到支援农业，满足农田排灌的需要；通航河流上的桥梁，应满足航运的要求；靠近城市、村镇、铁路及水利设施的桥梁还应结合各有关方面的要求，考虑综合利用。

桥梁的功能要求是一个涉及多方面互动影响的综合功能质量。功能质量就是能满足功能条件的预见性和可持续性，预见性是对在桥梁全寿命期间（生命周期）可能出现问题的前瞻处理；可持续性是在全寿命期间按技术标准要求下的功能提高的可靠性和安全性，包括对管理、维修养护及改造提供可行性。

1. 通航要求

以通航性江河海峡建桥为例，除一般桥梁过水断面压缩或桥墩阻水产生的影响外，通航要求涉及通航孔的位置、跨径、净空高度、布墩形式及竖向高程等方面的因素。

比如我国长江中上游的一座桥，原设计方案是主孔 460m 的斜拉桥，当时连续刚构建得较多，后改为 245m 连续刚构桥，这样在水流转弯处就要布设一个桥墩，结果建成不久，就发生船撞事故，为此对主塔墩专设浮式消能防撞体，耗费近 2000 多万元。与此相反，法国的诺曼底大桥，位于塞纳河口，原设计为 512m 长的斜拉桥，后分析桥墩有被船撞的危险（通航 15 万 t 油轮），经过几年研究争议，最后桥长放大至 856m，一个塔移至岸边，另一塔设在人工岛上，彻底解决了船撞问题。

图 4.10 为美国佛罗里达州坦伯湾的阳光大桥，全桥长 6670m，中间通航孔为北美洲最大，通航净空 53.4m，该桥设计为防船撞，边孔都设有防撞墩；而且，主孔两侧四边孔的桥墩都予以加粗，具有一定的防撞能力，构思严密周全，值得借鉴学习。

图 4.10　美国佛罗里达州阳光大桥

2. 地形地质要求

我国西南地区修建了很多世界领先水平的大跨度拱桥,其原因是地形地质条件非常适合于修建拱桥。以万州长江大桥为例,桥位地形为 V 字形,基岩倾角平缓,裂隙不发育,且能一孔跨过。前期工作从 1983 年开始直到 1994 年 5 月 1 日正式开工,历时 11 年,这中间选取 4 个桥位进行比选,作了 4 种桥型 6 个布孔方案进行比较,最后钢管混凝土骨架拱桥方案以造价最低、坚固耐用、气势雄伟、景观优美等优点而胜出,并以 420m 的跨度创造同类桥梁世界最大跨径纪录,如图 4.11 所示。

图 4.11　万州长江大桥

拱桥是有推力结构,这种地形如拱桥不能一跨通过,多孔时要修建刚性高桥墩,具有很大难度。此时应采用具有柔性高墩的连续刚构桥,这类桥例如图 4.12 所示的重庆市黄花园嘉陵江大桥,该桥为连接重庆南北交通的重要枢纽,主桥全长 1024.32m,采用连续刚构方案,跨径布置为 137.16m+3×250m+137.16m,跨中与根部梁高的差异形成生动强势的优美曲线。

图 4.12　重庆市黄花园嘉陵江大桥

3. 可靠度要求

桥梁结构形式受环境条件和功能要求的制约,环境条件主要是温度、风、地震等的作用,功能的制约主要是设计标准和跨度等。比如风振,一般中小跨度桥梁多采用梁桥和拱桥,影响很小。但对一些超大跨度桥梁,400m 以上的主要采用索体系桥梁,在风作用下产生的动力响应引发结构的受力和变形的系统变化,从而产生结构内在品质的病害(如疲劳损伤等)。

因此需要树立桥梁的生命周期设计理念,从桥梁规划、方案确定、设计计算、施工质量、运营管理、养护维修一直到使用期结束,全过程考虑其服务质量和可靠度。方案构思和设计最主要的目的是"创造"一个先天健康的结构。而对于大跨径、复杂的桥梁结构还有必要进行生命周期内健康状况的监测,以保障结构的运营安全。

4. 施工技术要求

对于跨越大江大河、深水海峡与峻岭险涧的大桥或特大桥,要重点关注其施工难度问题。预应力混凝土的创始人,杰出的法国工程师弗莱西奈说过"100m 和 1000m 的拱桥在设计方面的难度相差不大,而在施工方面的难度差别就非常悬殊"。

以江阴大桥为例,桥位确定在江面最窄处(仅 1400m 宽),其上、下游江面很快拓宽至 2500m 以上。南岸是山,江道稳定,流速较大,水深达 60m,江中不宜设墩。除悬索桥外,其他桥型方案均需建深水墩,从深水基础工程及施工难度、施工技术的成熟程度、工期与投资比较,选用了一跨过江的钢悬索桥方案。在悬索桥方案中,又对主跨 1385m 和 1200m 两种跨径作了比较,最后确定采用 1385m 方案(表 4.3)。

表 4.3　江阴长江大桥两种跨度方案比选表

主　　跨	1385m 方案	1200m 方案
水文条件	对河势稳定没影响, 局部冲刷深度小	对河势稳定影响很小, 局部冲刷深度大些
北塔建设条件	距北大堤 93m 最大水深 4.4m 覆盖层厚 80.6m 岩面顶标高 −80m	距北大堤 303m 最大水深 21.7m 覆盖层厚 95m 岩面顶标高 −112m
通航条件	畅通无阻	畅通但靠近江轮航迹线

续表

主　　跨	1385m方案	1200m方案
墩台防撞	不考虑	要考虑江轮撞击力和可能的海轮撞击,需设永久防撞设施
主缆拉力	6.2万 t	4.8万 t
锚锭上受水平力	5.5万 t	4.2万 t
主桥造价比	1	1.36

4.2.2　桥梁结构的审美要求

桥梁建筑与其他事物一样具有自然的属性,即其物质功能作用,并在此基础上,形成精神感受方面的性质,具有得到社会承认的感染力。试想,一个功能不齐全,或让人失去安全感的桥梁结构,当然不会具备美感。除此之外,尚应说明以下几点:

1) 审美要有对象,审美的对象就是客观事物。桥梁建筑作为美的载体与一般艺术作品不同(如各流派的绘画),其美感的表现不是凭着人们的主观意念任意为之,无所傍依。我们要探求的是桥梁结构美的规律和法则。

2) 美感具有一定标准,它就是基于客观规律和由此而引起的人的主观情感。美有时间性,美的标准既有相对性又有连续性。所以美既有继承,又有发展和创新,有时代标准。

3) 美感具有个性,它因时、因地、因人而异。也就是说,桥梁建筑由于功能结构不同,应用性质不同(如人行桥),地形和环境不同,地区或民族的不同,甚至设计者的意图和构思不同,桥梁建筑在精神和审美方面具有不同的个性。

所以,一个桥梁设计者应当根据使用要求,以客观条件为出发点,在力学计算确定合理桥型方案的同时,从艺术的角度进行多方的构思,来完成美学要求上的再创造,形成一个具有审美感染力的桥梁建筑。

4.2.3　技术可行的经济要求

对同一座桥梁功能方面的要求,可用多种结构形式来实现,所以桥梁结构本身既有规律性,又有灵活性。在现今的情况下,桥梁结构作为一种特殊产品,除了要具有令人满意的使用和观赏价值外,还要有合理的价格,也就是说,必须处理好功能需求、美观和经济效益之间的关系。

在桥梁结构的设计中,要进行桥型方案的比选,最终使用功能和美学造型方面的要求则用技术经济性来统一。但是只单纯地用经济性来确定结构形式或只考虑美学要求而忽视经济性都是一种偏颇的做法。"安全、实用、经济、美观"四项设计原则,是相得益彰的有机整体。这就像人们穿衣服的双重性,一是遮体保暖、防寒祛暑,具有保护身体的实用功能,二是装饰、美化的审美功能。其矛盾的统一是用"物美价廉"的经济性来达到上述目的。

目前有人提出"实用经济美学"的理念,它揭示了美感的发展归根到底要受经济条件限制的经济原因,并用生产力经济学的原理来阐述实用美学对生产力发展的意义。

经济与美观是人们追求的两个目标,但经济与美观是矛盾统一的。跨江越谷、连路通途,桥梁建筑的功能要求是基本一致的,但其美学造型则会有不同的特点和要求。试想一座建在城市中的跨江大桥与建在荒原中的跨江大桥,能花费相同的代价来处理它的美观问题吗？答案是明显的。实用经济美学观点就是将处于实用、经济、美观矛盾中的产品,用优化的原则花费一定的代价,来获取高质量的美学效果。没有不付出代价的美观。毫无疑问,为了改善桥梁的建筑外观而增加一些造价是值得的,这已形成共识。以往过分强调造价经济的政策导向,致使很多桥梁在美学上不尽人意,使人们追悔莫及。

美学与产品的联系是现代社会发展的必然,随着科学技术和社会文明的发展会有越来越高的要求。对产品美学来说(包括建筑美学、桥梁美学),因为产品是生产(施工建造)出来的,所以产品的生产(施工建造)质量也是产品美学的含义之一。设计再合理、造型再美观的桥梁,施工质量粗糙,美感也会丧失。

经济美学还与管理经济学紧密相关。管理出效益,同样,管理出美观。设计再好的桥梁,养护管理跟不上,脏乱破损,何谈美观。

美学的经济效益不能仅从经济报偿上考虑,在某种意义上说其精神方面的影响,深远的社会意义甚至对人类建筑技术史的影响,如同其他艺术作品一样。这是桥梁建筑技术的科学文化价值。图 4.13 为桥梁方案构思的准则图解。

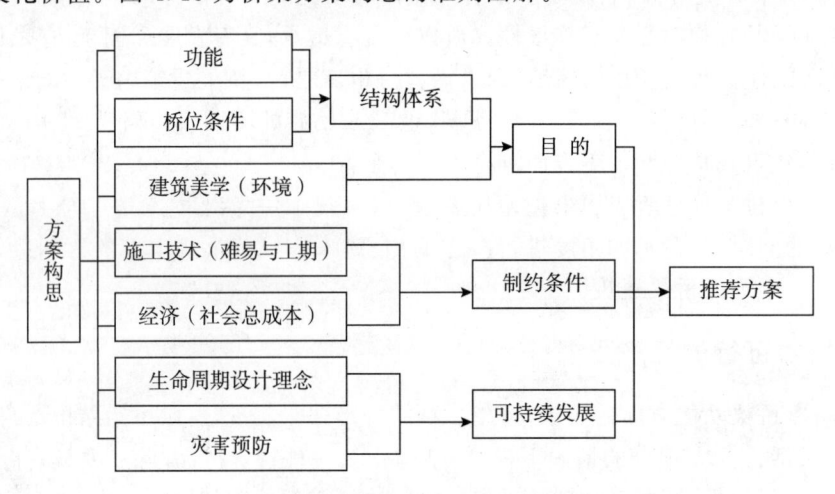

图 4.13 桥梁方案构思的准则图解

4.3 桥梁工程设计与建设程序

桥梁的规划设计所涉的因素众多,特别是对于工程比较复杂的大、中桥梁,是一个综合性的系统工程。设计合理与否,将直接影响到区域的政治、经济、文化及人民的生活,因此必须建立一套严格的管理体制和有序的工作程序。在我国,基本建设程序分为前期工作和正式设计两个大步骤,其关系如图 4.14 所示。现分别对其进行简要介绍。

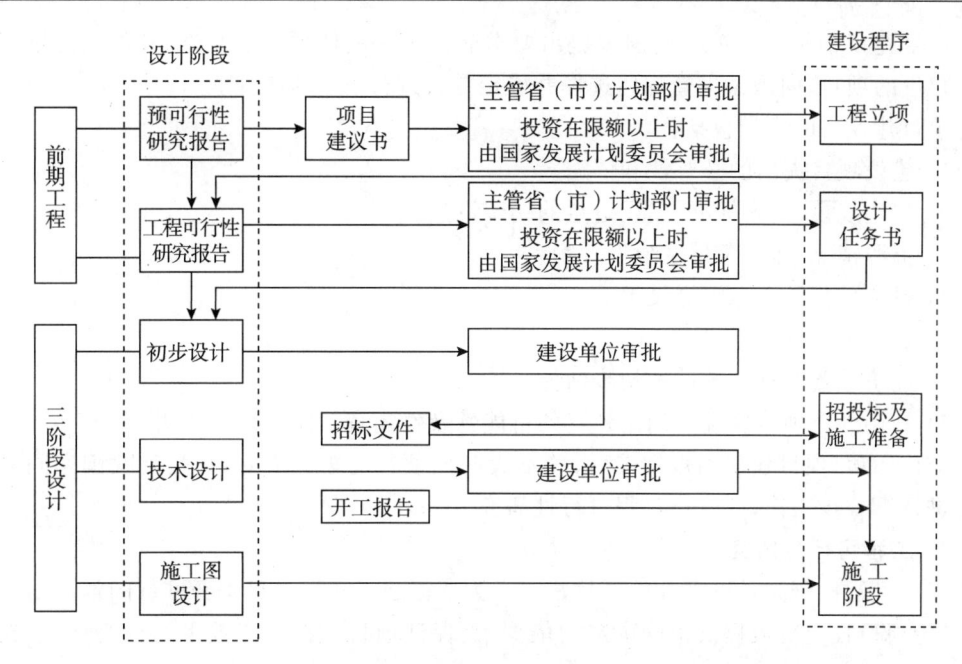

图 4.14　桥梁设计与建设程序

4.3.1　前期工作(工程)

桥梁工程建设项目前期工作,指从建设项目的酝酿提出到列入年度计划开工建设以前进行的工作。

可行性研究是基本建设前期工作的重要组成部分,是建设项目立项、决策的主要依据。决定一个项目是否能够成立,主要看可行性研究报告的结果。在可行性研究阶段,通过对多方案的研究和技术经济论证,提出评价意见,推荐技术可行、经济合理的方案,以便投资者及有关部门进行投资决策。

可行性研究按其工作深度,可分为预可行性研究和工程可行性研究两个阶段。一般大、中型及重点工程项目或技术复杂程度较高的项目,应按两阶段工作;小型工程和技术上较成熟的项目,可简化工作程序,经主管部门的同意,可只做工程可行性研究阶段的工作。

1. 预可行性研究

预可行性研究是基本建设程序中最初阶段的工作,是投资决策前对拟建项目的轮廓设想,主要是从拟建项目的必要性和宏观可能性考虑,并初步分析拟建的可能性。预可行性研究报告经审批后,就需编制项目建议书。

预可行性研究应通过实地踏勘和调查,重点研究项目建设的必要性,并对项目的建设规模、技术标准、建设资金、经济效益等进行必要的分析论证,编制研究报告,作为项目建议书的依据。

主要研究内容应包括项目影响区域社会经济和交通运输的现状及发展、交通量预测、建设必要性、建设标准和规模、建设条件和初步方案、投资估算和经济评价等。

项目建议书是建设单位向国家提出要求建设某一具体项目的文件,其作用是推荐拟进行建设的项目,向国家主管部门选择并确定是否进行下一步工作。

项目建议书的内容包括:

1) 建设项目提出的必要性和依据。
2) 拟建规模、技术标准、建设地点的初步设想。
3) 资源情况、建设条件及建设方案。
4) 投资估算及资金筹措设想。
5) 建设安排及实施方案。
6) 经济效益及社会效益的初步估计。
7) 利用外资项目要说明利用外资的可能性及偿还贷款能力的大体测算。

应该知道,项目建议书被批准后,并不表明该项目已正式成立,只是反映国家同意该项目进行下一步工作,即进行工程可行性研究。

2. 工程可行性研究

工程可行性研究是以批准的项目建议书为依据建立建设项目是否可行的最后研究阶段,是为项目投资决策提供正确决定的依据,是保证项目发挥投资效果的重要手段,在基本建设中占有极其重要的地位。

桥梁工程建设项目可行性研究报告的主要内容应包括:建设项目依据、历史背景;建设地区综合运输现状和建设项目在交通运输网中的地位和作用;原有公路、道路的技术状况及适应程度;论述建设项目所在地区的经济特性,研究建设项目与经济发展的内在联系,预测交通量、运输量的发展水平;建设必要性;建设项目的地理位置、地形、地质、地震、气候、水文等的自然特征;筑路材料来源及运输条件;论证不同建设方案的路线起讫点和主要控制点、建设规模、标准,提出推荐意见;评价建设项目对环境的影响;测算主要工程数量、征地拆迁数量、估算投资、提出资金筹措方式,提出勘测、设计、施工计划安排;确定运输成本及有关经济参数,进行经济评价、敏感性分析,收费公路、桥梁、隧道尚需做财务分析;评价推荐方案,提出存在问题和有关建议。

在此研究阶段需要编制设计任务书上报国家有关主管部门,由主管部门最终决策,确定项目,正式立项,列入基本建设计划。

设计任务书(即设计计划任务书)是工程建设的大纲,是确定建设项目和建设方案(包括建设依据、规模、布局及主要技术经济要求等)的基本文件和编制设计文件的主要依据,而且是制约建设全过程的指导性文件。

编制设计任务书的依据是经审批后的工程可行性研究报告,其作用是对可行性研究报告所推荐的最佳方案进行更深入细致的研究,进一步分析拟建项目的利弊得失,落实各项建设条件和协作配合条件,审核各项技术经济指标的可靠性,比较、确定建设规模和标准,审查建设资金来源,为项目的最终决策和初步设计提供依据。

尽管可行性研究和初步设计都是工作量很大的实质性工作,而且初步设计的工作量远远大于可行性研究,但在基本建设中所起的作用有实质上的不同。可行性研究对建设项目是否上马起着决定性的作用,而初步设计仅仅是项目决策后的实施方法而已。因此我们要特别重视可行性研究阶段的工作。

设计任务书的内容有：
1) 建设依据和建设规模。
2) 路线走向和主要控制点，独立大桥的桥址和主要特点。
3) 路线，桥梁地理位置，气象、水文地质、地形条件和社会经济状况。
4) 工程技术标准和主要技术指标。
5) 设计阶段和完成设计时间。
6) 环境保护、城市规划、防震、防洪、防空、文物保护等要求和采用的相应措施方案。
7) 投资估算和资金筹措，包括主体工程和辅助配套工程所需的投资，资金来源、筹措方式及贷款的偿付方式。
8) 经济效益和社会效益。
9) 建设工期和实施方案。
10) 施工力量的初步安排意见。

设计任务书经审批后，该建设项目才算成立，才能据此进行工程设计和其他准备工作。在工程可行性研究阶段需要编制相应的工程投资估算。投资估算是可行性研究报告中的一项重要内容，是控制整个建设项目投资额的依据，关系到整个建设项目的成功与否，必须引起足够的重视。

4.3.2 设计阶段

桥梁工程基本建设项目一般采用两阶段设计，即初步设计和施工图设计。对于技术复杂而又缺乏经验的建设项目，如特殊大桥，经主管部门同意可增加技术设计阶段，即按照初步设计、技术设计和施工图设计三个阶段进行。当采用两阶段设计的初步设计深度达到技术设计时，此时的初步设计也称为扩大初步设计。对于技术简单、方案明确的小型建设项目，可采用一阶段设计，即一阶段施工图设计

1. 初步设计

初步设计是根据已批准的设计任务书和初测资料编制的，需根据设计任务书的要求拟定修建原则，选定方案，计算主要工程数量，提出施工方案的意见，提供文字说明及图表资料。在初步设计阶段需由设计单位编制工程设计概算。设计概算一定要严格按照设计方案及其相应的施工方法进行编制，而且编制出的设计概算不允许突破投资估算允许幅度范围，即概算与投资估算的出入不得大于10%。若超出必须说明充分的理由，上报有关部门认可。否则，需修改设计方案，调整设计概算。

经批准的初步设计可作订购或调拨主要材料(如机具设备)，征用土地、控制基本建设投资、编制施工组织和施工图设计的依据。

当采用三阶段设计时，批准的初步设计亦作为编制技术设计文件的依据。

2. 技术设计

技术设计应根据批准的初步设计及审批意见，对重大、复杂的技术问题通过科学试验、专题研究，加深勘探调查及分析比较，解决初步设计中未能解决的问题，落实技术方案，计算工程数量，提出修正的施工方案，修正设计概算。批准后则作为编制施工图和施工图预算的依据。

3. 施工图设计

施工图设计应根据已批准的初步设计或技术设计进一步对所审定的修建原则、设计方案、技术决定加以具体和深化,最终确定各项工程数量,提出文字说明和适应施工需要的图表资料及施工组织设计,并且编制相应的施工图预算。编制出的施工图预算要控制在设计概算以内,否则需要分析超概算的原因并调整预算。

4.3.3 施工阶段

施工图设计文件编制好以后,需向设计单位和施工单位进行施工图交底。在施工阶段设计单位要进行施工配合,解决处理设计、施工中的问题。施工图交底和施工配合的目的就是要使设计思想及意图通过施工单位顺利实施。

施工阶段的工作主要由施工单位来实施,其主要工作项目有以下几项:

1. 前期准备工作

前期的准备工作主要指为整个建设项目顺利进行所必须做好的工作,如三通一平,临时设施建设,落实材料、机具设备、施工力量及有关部门的协调工作。

2. 施工组织设计

施工单位要遵照施工程序合理组织施工,按照设计要求和施工规范,制定各个施工阶段的施工方案和机具、人力配备及全过程的施工计划。

3. 施工组织管理

组织管理工作在整个施工过程中起着至关重要的作用,组织管理的水平反映了该施工单位整体水平的高低。特别是在建设市场竞争激烈的情况下,若组织管理得好,可节约工程投资、降低工程造价、提高本企业的经济效益。

4.3.4 竣工使用阶段

桥梁工程项目在交付使用之前,必须进行竣工验收。

竣工验收的内容有:竣工决算和竣工图(包括变更设计的资料),隐蔽工程施工记录,施工测量记录质量事故处理报告,各项试验和施工记录资料、试验资料及建设监理单位的有关文件资料和实施结果等,经验收合格后,方可办理竣工验收手续,正式移交使用。

可见,在整个基本建设过程中,各个阶段的工作都是密切相关的,其中一道工作失误,就会导致全盘失误。因此,只有严格按照基本建设程序,实事求是,循序渐进,以科学的态度及方法办事,建设工程才能顺利进行,才能达到预期的目的。

4.4 桥梁总体规划设计

4.4.1 勘测与调查

一座桥梁的总体规划设计涉及的因素很多,必须进行一系列的勘测和调查,从客观实际出发,分析该桥的具体情况,才能得出合理的设计建议。

对于跨越河流的桥梁一般包括下面几方面的内容：

1) 调查研究桥梁的具体任务：桥上的交通种类和它的要求，如汽车荷载的等级、交通量增长率、需要的车道数目或行车道的宽度及人行道的要求等。

2) 选择桥位：一般地说，大、中桥桥位的选择原则上应服从路线的总方向，路、桥综合考虑。一方面从整个路线或路网的观点来看，既要力求降低桥梁的建筑和养护费用，也要避免或减少车辆绕道而增加的运输费用。另一方面从桥梁本身的经济性和稳定性出发，应选择在河道顺直、水流稳定、河面较窄、河床地质良好、冲刷较少的河段上，以降低造价和养护费用，并防止因冲刷过大而发生桥梁倒塌的危险。此外，一般应尽量避免桥梁纵轴线与河流斜交，以免增加桥梁长度而提高造价。

小桥涵的位置则应服从路线走向。当遇到不利的地形、地质和水文条件时，应采取适当技术措施，不应因此而改变线路。

大、中桥一般应选择 2～3 个桥位，进行各方面的综合比较，然后选择出最合理的桥位。

桥位选择涉及影响因素众多，在桥梁的规划设计中也至关重要，本章在第五节对桥位选择涉及的影响因素进行具体介绍。

3) 测量桥位附近的地形，并绘制地形图，供设计和施工使用。

4) 通过钻探调查桥位的地质情况，并将钻探资料制成地质剖面图，作为基础设计的重要依据，为使地质资料更接近实际，可以根据初步拟定的桥梁分孔方案将钻孔布置在墩台附近。

5) 调查和测量河流的水文情况，为确定桥梁的桥面标高、跨径和基础深度提供依据。其内容包括：

① 了解河道性质，如了解河道是静水还是流水河，有无潮水，河床两岸的冲刷和淤积，河道的自然变迁和人为规划的情况等，北方地区还要了解季节河的具体性质。

② 测量桥位处河床断面。

③ 调查了解洪水位的多年历史资料，通过分析推算设计洪水位。

④ 测量河床比降，调查河槽各部分的标高和粗糙率，计算流速、流量等有关的资料，通过计算确定设计水位下的平均流速和流量，结合河道性质确定桥梁所需要的最小总跨径，选择通航孔的位置和墩台基础形式及埋置深度。

⑤ 向航运部门了解和协商确定设计通航水位和通航净空，根据通航要求与设计洪水位，确定桥梁的分孔跨径与桥跨底缘设计标高。

⑥ 对大桥工程，应调查桥址附近风向风速，以及有关的地震资料。

⑦ 调查了解其他与建桥有关的情况，包括：当地建筑材料（砂石料等）的来源，水泥钢材的供应情况；附近旧桥的使用情况，有关部门和当地群众对新桥有无特殊要求，例如，桥上是否需要铺设电缆或输水输气管道等；施工场地的情况，是否需要占用农田，桥头有无需拆除或迁移的建筑物，这些都要注意尽可能避免或减少损失至最低限度；当地及附近的运输条件，这些情况对施工起着重要的作用；桥梁施工机械动力设备与电力供应的情况，这些都影响设计与施工方案的确定。

4.4.2 桥梁纵断面设计

桥梁纵断面设计包括确定桥梁的总跨径、桥梁的分孔、桥面的标高、桥上和桥头引道的纵坡等。

1. 桥梁总跨径的确定

对于一般跨河桥梁,总跨径可参照水文计算来确定。由于桥梁墩台和桥头路堤压缩了河床,使桥下过水断面减少,流速加大,引起河床冲刷。因此桥梁总跨径必须保证桥下有足够的排泄面积,使河床不产生过大的冲刷。但为了避免总跨径过大而增加桥梁的总长度,同时又要允许有一定的冲刷,因此桥梁的总跨径不能机械地根据计算和规定冲刷系数来确定,而必须按具体情况分别对待,如当桥梁墩台基础埋置较浅时,桥梁的总跨径应大一些,可接近于洪水泛滥宽度,以避免河床过多的冲刷而引起桥梁破坏;对于深基础,允许较大冲刷,可适当压缩桥下排泄面积,以减少桥梁总跨径。山区河流一般流速已经很大,则应尽可能少压缩或不压缩河床,因为当桥头路堤和锥形护坡伸入河床时,就难以承受高流速的冲刷。平原宽滩河流虽然可允许较大的压缩,但必须注意壅水对河滩路堤及附近农田和建筑物可能产生的危害。

2. 桥梁的分孔

对于一座较长的桥梁,应当分成几孔,各孔的跨径应当多大,不仅影响到使用效果、施工难易程度等,而且在很大程度上关系到桥梁的总造价。跨径越大、孔数越少,上部结构的造价就越高,下部结构的造价就越低;反之,则上部结构的造价降低,而下部结构造价将提高。这与桥墩的高度及基础工程的难易程度有密切关系。最经济的分孔方式应使上下部结构的总造价趋于最低。

对于通航河流,在分孔时首先应考虑桥下通航的要求,桥梁的通航孔应布置在航行最方便的河域。对于变迁性河流,鉴于航道位置可能发生变化,就需要多设几个通航孔。

在山区深谷、水深流急的江河或水库上建桥时,为了减少中间桥墩,应加大跨径。条件允许时,可采用特大跨径单孔跨越。在布置桥孔时,有时为了避开不利的地质段(如岩石破碎带、裂隙、溶洞等),也要将桥基位置移开,或适当加大跨径。

在有些结构体系中,为了结构受力合理和用材经济,分跨布置时要考虑合理的跨径比例。跨径的选择还与施工能力有关,有时选用较大跨径虽然在经济上是合理的,但限于当时的施工技术能力和设备条件,也不得不将跨径减少。对于大桥施工,基础工程往往对工期起控制作用,在此情况下,从缩短工期出发,就应减少基础数量而修建较大跨径的桥梁。

总之,对于大、中桥梁的分孔是一个相当复杂的问题,必须根据使用任务、桥位处的地形和环境、河床地质、水文等具体情况,通过技术经济等方面的分析比较,才能作出比较完美的设计方案。

3. 桥面标高的确定

对于跨河桥梁,桥面的标高应保证桥下排洪和通航的需要;对于跨线桥,则应确保桥下安全行车。在平原区建桥时,桥面标高的抬高往往伴随着桥头引道路堤土方量的显著

第4章 桥梁线形设计

增加。在修建城市桥梁时,桥高了使两端引道延伸会影响市容,或者需要设置立体交叉或高架栈桥,这导致造价提高。因此必须根据设计水位、桥下通航(或通车)净空等需要,结合桥型、跨径等一起考虑,以确定合理的桥面标高。

1)在不通航河流上,桥面标高＝计算水位＋桥下最小净空＋建筑高度,计算水位＝设计洪水位＋壅水＋2/3倍浪高,桥下净空不应小于表4.4的规定。

表 4.4 非通航河流桥下最小净空

桥梁的部位		高出计算水位(m)	高出最高流冰面(m)
梁体	洪水期无大漂流物	0.50	0.75
	洪水期有大漂流物	1.50	—
	有泥石流	1.00	—
支承垫石顶面		0.25	0.50
拱脚		0.25	0.25

无铰拱的拱脚允许被设计洪水淹没,但不宜超过拱圈高度的2/3,且拱顶底面至计算水位的净高不得小于1.0m。

在不通航和无流筏的水库区域内,梁底面或拱顶底面离开水面的高度不应小于计算浪高的0.75倍加上0.25m。

当在河流中有形成流水阻塞的危险或有漂流物通过时,桥下净空应按当地具体情况确定,对于有淤积的河床,桥下净空应适当加高。

2)在通航或流放木筏的河流上,必须设置保证桥下安全通航的通航孔。在此情况下,桥面标高＝通航水位＋桥下净高＋建筑高度,桥下净高应大于自设计最高通航水位算起的净空高度;桥下净宽应大于设计最低通航水位时墩台间的净空宽度。通航河流的桥下净空如图4.15所示。通航河流的桥下净空应符合通航标准的规定,并应充分考虑河床演变和不同通航水位航迹线的变化。

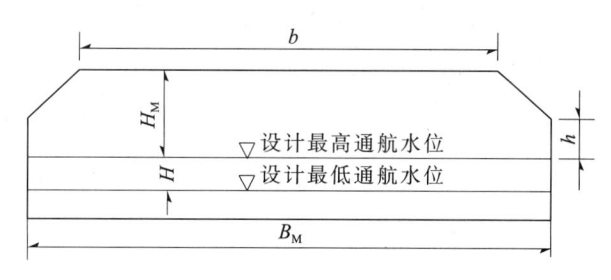

图 4.15 桥下通航净空

3)立体交叉的跨线桥桥下净空:当公路从公路桥下穿行时,跨线桥桥下净空应符合被交叉公路建筑限界的规定;当公路从铁路桥下穿行时,净宽及路肩或人行道的净高与公路和公路立体交叉的规定相同;当铁路从公路桥下穿行时,跨线桥桥下净空应符合铁路建筑限界的要求(如图4.16所示)。

(a)高速公路、一级公路（整体式）

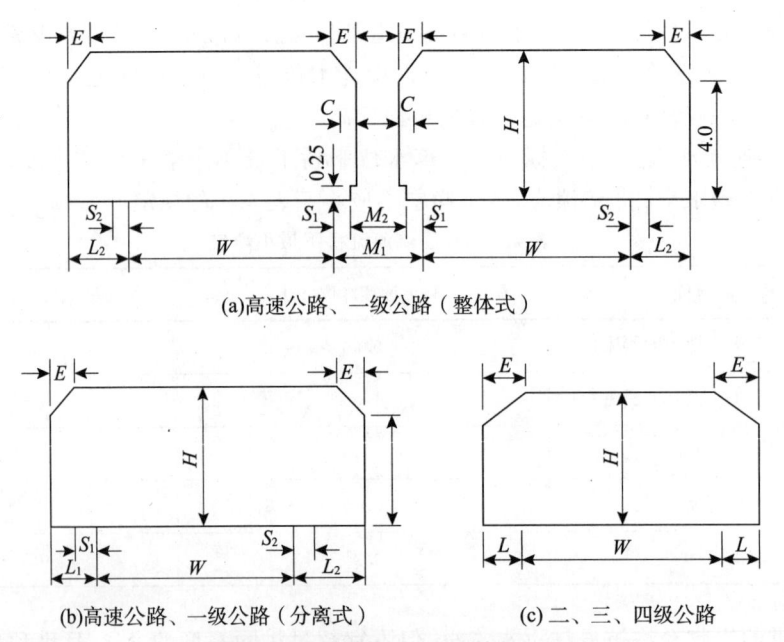

(b)高速公路、一级公路（分离式）　　(c)二、三、四级公路

图 4.16　桥涵净空（尺寸单位：m）

注：1）当桥梁设置的人行道宽度大于侧向宽度时，建筑限界应包括所增加的宽度。
　　2）人行道、自行车道与行车道分开设置时，其净高一般为 2.5m。

图中：

W——行车道宽度，为车道数乘以车道宽度，并计入所设置的加（减）速车道、紧急车道、爬坡车道、慢车道或错车道宽度，车道宽度规定见表 4.5。

C——当设计速度等于或大于 100km/h 时为 0.5m；当设计速度等于或小于 100km/h 时为 0.25m。

S_1——行车道左侧路缘带宽度，见表 4.6。

S_2——行车道右侧路缘带宽度，应为 0.5m。

M_1——中间带宽度，由两条左侧路缘带和中央分隔带组成，见表 4.6。

M_2——中央分隔带宽度，见表 4.6。

H——净空高度，高速公路和一级、二级公路上的桥梁应为 5.0m，三级、四级公路上的桥梁应为 4.5m。

L_2——桥涵右侧路肩宽度，见表 4.7；当受地形条件及其他特殊情况限制时，可采用最小值。高速公路和一级公路上的桥梁应在右侧路肩内设右侧路缘带，其宽度为 0.5m。设计速度为 120km/h 的四车道高速公路上桥梁，应采用 3.50m 的右侧路肩；六车道、八车道高速公路上桥梁，宜采用 3.00m 的右侧路肩。高速公路、一级公路上桥梁的右侧路肩宽度小于 2.50m 且桥长超过 500m 时，宜设紧急停车带，紧急停车带宽度包括路肩在内为 3.50m。有效长度不应小于 30m，间距不宜大于 500m。

L_1——桥涵左侧路肩宽度，见表 4.8；八车道及八车道以上高速公路上的桥梁宜设置左侧路肩，其宽度应为 2.50m，左侧路肩宽度内含左侧路缘带宽度。

L——侧向宽度,高度公路、一级公路上桥梁的侧向宽度为路肩宽度(L_1、L_2),二、三、四级公路上桥梁的侧向宽度为其相应的路肩宽度减去 0.25m。

E——桥涵净空顶角宽度,当 $L \leqslant 1m$ 时,$E = L_2$;$L > 1m$ 时,$E = 1m$。

表 4.5 车道宽度

设计速度(km/h)	120	100	80	60	40	30	20
车道宽度(m)	3.75	3.75	3.75	3.50	3.50	3.25	3.00 单车道为 3.5m

注:高速公路上的八车道桥梁,当设置左侧路肩时,内侧车道宽度可采用 3.50m。

表 4.6 中间带宽度

设计速度(km/h)		120	100	80	60
中央分隔带宽度(m)	一般值	3.00	2.00	2.00	2.00
	最小值	2.00	2.00	1.00	1.00
左侧路缘带宽度(m)	一般值	0.75	0.75	0.50	0.50
	最小值	0.75	0.50	0.50	0.50
中间带宽度(m)	一般值	4.50	3.50	3.00	3.00
	最小值	3.50	3.00	2.00	2.00

注:"一般值"为正常情况下的采用值;"最小值"为条件受限制时可采用的值。

表 4.7 右侧路肩宽度

公路等级		高速公路、一级公路				二、三、四级公路				
设计速度(km/h)		120	100	80	60	80	60	40	30	20
右侧路肩宽度(m)	一般值	3.00 或 3.50	3.00	2.50	2.50	1.50	0.75	—	—	—
	最小值	3.00	2.50	1.50	1.50	0.75	0.25			

注:"一般值"为正常情况下的采用值;"最小值"为条件受限制时可采用的值。

表 4.8 分离式断面高速公路、一级公路左侧路肩宽度

设计速度(km/h)	120	100	80	60
左侧路肩宽度(m)	1.25	1.00	0.75	0.75

4. 桥梁纵坡

桥面标高确定后,就可根据桥头两端的地形和线路要求来设计桥梁的纵断面线型。一般小桥,通常做成平坡桥。对于大、中桥梁,为了利于桥面排水和降低引道路堤高度,往往设置从中间向两端倾斜的双向纵坡。桥上纵坡不大于 4%,桥头引道纵坡不宜大于 5%。对位于市镇混合交通繁忙处的桥梁,桥上纵坡和桥头引道纵坡均不得大于 3%。桥上或引道处纵坡发生变更的地方应按规定设置竖曲线。

4.4.3 桥梁横断面设计

桥梁横断面设计的主要内容和目标是确定桥面净空和桥跨结构横断面的布置。

为了保证车辆和行人的安全通过,应在桥面以上垂直于行车方向保留一定限界的空间,这个空间称为桥面净空,它包括净宽和净高,其尺寸应符合《公路工程技术标准》有关公路建筑限界的规定,如图 4.16 所示。

确定桥涵净空时,其所依据的设计速度应沿用各级公路选用的设计速度。各级公路选用的设计速度见表 4.9。

表 4.9　各级公路设计速度

公路等级	高速公路			一级公路			二级公路		三级公路		四级公路
设计速度 (km/h)	120	100	80	100	80	60	80	60	40	30	20

桥涵净宽宜与相连公路的路基同宽。高速公路、一级公路上的特殊大桥(指技术特别复杂或建设条件特别复杂的桥梁)为整体式上部结构时,其中央分隔带和路肩的宽度可根据具体情况适当减少,但减少后的宽度不应小于表 4.6、表 4.7 规定的"最小值"。

高速公路、一级公路上的桥梁宜设计为上、下行两座分离的独立桥梁。

高速公路上的桥梁应设检修道,不宜设人行道。一、二、三、四级公路上桥梁的人行道和自行车道设置,应根据需要而定,并应与前后路线布置协调。人行道、自行车道与行车道之间,应设分隔设施。一个自行车道的宽度为 1.0m;当单独设置自行车道时,不宜小于两个自行车道的宽度。人行道的宽度宜为 0.75m 或 1.0m;大于 1.0m,按 0.5m 的级差增加。当设路缘石时,路缘石高度可取 0.25～0.35m。

高速公路、一级公路上的桥梁必须设置护栏。二、三、四级公路上特大、大、中桥应设护栏或栏杆和安全带,小桥和涵洞可仅设缘石或栏杆。

城市桥梁及位于大、中城市近郊的公路桥梁的桥面净空尺寸,应结合城市实际交通量和今后发展的要求来确定。在弯道上的桥梁应按路线要求予以加宽。

公路和城市桥梁,为了利于桥面排水,应根据不同类型的桥面铺装,设置从桥面中央倾向两侧的 1.5%～3.0%的横向坡度。

4.4.4　桥梁平面设计

桥梁的平面线型及桥头引道要保持平顺,使车辆能平稳地通过。高速公路和一级公路上的大、中桥,以及各级公路上的小桥的线型及其公路的衔接,应符合路线布设的规定。对于高速公路、一级公路上的上部结构为整体式的特殊大桥,若桥面宽度减少,则其与桥头引道应有良好的衔接,并有足够的过渡长度。

二、三、四级公路上的大、中桥平面线型,一般为直线,如必须设成曲线时,其各项指标应符合路线布设的规定。

桥梁纵轴线与洪水主流流向或与桥下路线应尽可能避免斜交。但对于一般小桥,为了改善路线的线型,或城市桥梁受原有街道的制约时,有时也修建斜交桥,斜交角度通常不宜大于 45°。在通航河流上的桥梁,其墩台沿水流方向的轴线与最高通航水位主流方向的交角大于 5°时,宜增加通航孔净宽。

4.5 桥位的选择

4.5.1 桥位选择概述

桥梁是交通线路的一个重要组成部分，桥位选择是解决跨越江河湖海等水道，或跨铁路、公路、轨道交通、地道等交通线合理通过的重要因素。对规模较大的桥梁工程，尤其是大型桥梁、高架桥、互通式立交等工程涉及面较广，桥位选择与工程条件及相关的规范、标准、法规等规定要求有关。因此应对现有主要规范有关桥位选择的条文内容加以收集，并结合具体工程实践情况，作为对桥位选择的补充及参考。

我国涉及桥位选择的现行主要标准、规范、准则、法规如下：
1)《公路工程技术标准》JTG B01—2003；
2)《公路路线设计规范》JTG D20—2006；
3)《公路桥涵设计通用规范》JTG D60—2004；
4)《城市桥梁设计规范》CJJ 11—2011；
5)《城市轨道交通设计规范》DGJ 08—109—2004；
6)《公路勘测规范》JTG C10—2007；
7)《公路工程地质勘察规范》JTG C20—2011；
8)《铁路工程水文勘测设计规范》TB 10017—99；
9)《公路桥梁抗震设计细则》JTGTB 02—01—2008；
10)《内河通航标准》GB 50139—2004；
11)《通航海轮桥梁通航标准》JTJ 311—97；
12)《110～500kV架空送电线路设计技术规程》DL/T 5092—1999；
13)《城镇燃气设计规范》GB 50028—2006；
14) 有关专业、系统、地方等制定的标准、规范、法规等。

选择桥位的主要因素包括：桥位与线路设计的关系；区域或城市规划要求；水文条件；工程地质及特殊地质条件，如岩溶、泥石流、黄土地区等；抗震要求；地形、地貌、地物条件；内河通航；海轮通航；机场航空管制；港区及锚地；防汛抗洪；农田水利；环境及文物保护；景观；管线；地下构（建）筑物；征地拆迁；特大桥梁或特殊大桥的桥位方案比选。

前述现行主要规范、准则等因其专业、主题不同，故各项条款内容要求亦不尽相同。如《公路工程技术标准》中的有关桥位内容较全面、原则性强；《城市桥梁设计规范》中有关桥位内容与前者基本相同，反映了城市道路与公路的共性，但突出了城市的特点要求。又如征地拆迁、环境保护等原则，要结合实际工程条件加以贯彻实施。

《公路路线设计规范》从路线设计标准出发，对桥位设计提出要求，并明确线与桥涵相互关系的协调。同样，有关通航、水文、地质、地震、管线等专业规范，是从各自专业出发对桥位选择提出来具体的规定或要求。

铁路工程与公路虽有不同但亦较类似，而且亦有公铁两用桥梁，故选择部分铁路规范中有关桥位选择的内容亦予以列入，以作借鉴或参考使用。

有关影响桥位选择的专业、系统、地方等制订的标准、规范、法规等,难以一一收集,在桥位选择时需注意这些部分的规定要求。例如:特大型斜拉桥、悬索桥工程临近机场时,须明确飞机起降对塔高的控制要求;各类地下管线、穿越江河湖海的水下光缆、大型高压线走廊等现有布设或规划管线,现有或规划的城市地铁隧道、地下建筑及地下空间开发等,各专业系统管理部门一般均有管理的法规。因此桥位设计时,这些问题的调查研究是很重要的。

4.5.2 影响桥位选择的相关规定和要求

1. 桥位与路线设计的关系

1)桥梁及其引道的平、纵、横技术指标应与路线总体布设相协调。高速公路和一级公路上的行车速度快,路桥衔接必须顺适才能满足行车要求。因此,要求高速公路、一级公路上的各类桥涵的线形布设都要满足路线总体布设的要求,同时,桥上线形应尽量简化,以方便桥涵结构的设计。二级、三级、四级公路上的中、小桥与涵洞的线形及其与公路的衔接亦应符合路线总体布设的要求。二级、三级、四级公路上的特大桥、大桥桥位,由于可能为控制性的桥位,桥位或路线线形选择的余地较小,故规定原则上应服从路线走向,桥、路综合考虑。

2)路线的控制点。路线起、终点和指定必须相连接的城镇等为路线基本走向的控制点。指定的特大桥、特长隧道的位置,亦为路线基本走向的控制点。

大桥、隧道、互通式立体交叉、铁路交叉等的位置,原则上应服从路线基本走向,一般作为路线走向的控制点。

中小桥涵的位置应服从路线走向。

3)高速公路、一级公路的特大、大、中桥桥位线形应符合路线布设要求。一般公路上的桥位,应桥路综合考虑。

4)中、小桥桥位宜服从城市道路的走向进行布置。城市桥梁桥位除符合整个城市规划要求外,还应适应城市车辆和行人的流向、流量需要,必须满足使用时的方便。

2. 区域或城市规划的影响

1)公路桥涵结构的设计基准期为100年。

2)设计交通量的预测应充分考虑走廊范围内远期社会、经济的发展和综合运输体系的影响。

3)城市桥梁的桥位选择,应根据城市规划,近、远期交通流线和流量的需要,水文、航道、地形、地质等条件,以及对邻近构筑物和公用设施和影响大小来确定。

4)桥位选择应从整体布局考虑,做好同相关规划的协调配合。城镇附近的桥位选择要考虑城镇规划要求。路线现场踏勘应根据初拟方案进行现场核查。核查工作应与当地政府或主管部门取得联系,对重要的路线方案,同地方规划或设施有干扰的方案,应征求相关部门的意见。

5)轨道交通线路的走向应根据城市总体规划在轨道线网规划的基础上进行研究,应符合城市主客流流向,串联主要客流集散点,方便与其他交通线路的换乘。

线路平面位置和高程应综合考虑城市现状与规划的道路。地面建筑物、管线和其他构筑物、文物古迹和环境保护要求、地形地貌、工程地质与水文地质条件,采用的结构类型与施工方法及运营要求等因素,经技术经济比较后确定。

高架区间结构线位和墩位布置应符合城市规划要求,跨越铁路、公路、城市道路及河流时,桥梁孔径及桥下净空应满足相应规范和有关部门的规划限界要求。

重庆长江大桥桥位经多方案比较后,集中在石板坡和南纪门两处方案。南纪门桥位更接近市中区中心,从交通规划要求看,预计大桥建成后南岸交通量将直接进入市中心,带来更大交通压力,故而成了舍弃该方案而取用石板坡桥位的重要因素。

上海卢浦大桥可使南北高架向南延伸,跨越黄浦江到浦东,并在浦东岸的大型企业上钢三厂厂区中间穿越而过,根据调整城市布局、改善环境的城市规划要求,该厂将予搬迁,为桥位的可实施性提供了条件。

3. 考虑水文条件的影响

(1) 桥位选择时要求的水文条件

1) 桥位应选在河道顺直、主流稳定,河槽通过流量较集中的河段上,不宜选在不稳定的河汊、泥沙冲淤严重、水流汇合口、急弯卡口、旧河道和具有滞洪作用的河段或洼地上。

2) 在水深流急的山区峡谷河段上,桥位宜选在可以一孔跨越处。否则,宜在河谷比较开阔、水深较浅和流速较缓处。

3) 桥位选择应注意河道自然演变和修桥后对天然河道的影响;平原蜿蜒河段上的桥位,还应注意河湾的可能下移。

4) 在平原分汊河段上,应了解河洲消长范围,桥位宜选在深泓线分叉点以上或深泓线汇合点以下处。

5) 桥梁轴线宜与中、高水位时的流向正交,如不能正交则应在孔径及墩台、基础设计中考虑其影响。

6) 在城市和重要工业区有特殊防洪要求时,桥位宜选在其上游跨越。

7) 在结冰河流上,桥位不宜选在容易发生冰塞、冰坝的河段上。

(2) 潮汐河段的桥位选择

1) 不应选在涌潮区段。

2) 应避开滩岸和凹岸多变地段。

3) 应离开既有挡潮闸。

(3) 不同河段上的桥位选择

1) 山区峡谷河段桥位宜选在可以一孔跨越处;否则,宜选在水深较浅、流速较缓的开阔河段上。

2) 平原顺直微弯河段应选在河槽与河谷方向一致、河槽流量较大处。

3) 平原弯曲河段上应选在主槽流向和河流的总趋势一致的比较长的河段上。

4) 平原分岔河段应选在分岔点以上;若江心洲稳定,可选在江心洲或洲尾两岔深泓线汇合点以下。

5) 平原宽滩河段桥位宜选在河滩地高、河槽居中、稳定、顺直和滩槽流量较小的河段上;当滩、槽流量比较大且滩内汊流距主槽较远时,宜选在河滩地势有利于分流的河段上,采用一河多桥方案。

6）平原游荡河段桥位宜选在两岸有固定依托的较长束窄河段上。

7）山前变迁河段桥位宜选在两岸与河槽相对比较稳定的束窄河段上；若必须跨越扩散段时,应选在摆动范围比较小的河段上,桥轴线宜与洪水纵趋势正交。

8）山前冲击漫流河段桥位宜选在上游狭窄段或下游收缩段；如必须通过中游扩散段时,宜采用一河多桥方案,且使各桥桥位大致在同一等高线上。

4. 地质影响

（1）一般地区的工程地质要求

1）桥位应选择在基岩和坚硬土层外露或埋藏较浅、地质条件简单、地基稳定处。

2）桥位不宜选在活动性断层、滑坡、泥石流、强岩溶等不良地质发育地段。

3）特大桥引桥很长时,应探明引桥范围内的地质条件。

（2）泥石流地区的桥位选择

1）在强泥石流地区,桥位应采取绕避方案。

2）当路线必须通过泥石流地区时,桥位应选在沟床稳定的流通区的直线段上,且桥轴线应与主流正交；不应选在沟床纵坡由陡变缓、断面突然收缩或扩散及弯道的转折处。

3）在泥石流区,严禁开挖设桥,亦不得改沟并桥。

4）当路线通过泥石流堆积扇时,桥位宜避开肩腰、扇顶部位,宜选在扇缘尾部,路线应沿等高线定线,桥梁宜分散设置。如堆积扇受水流切割时,桥位选择应考虑切割发展,留有一定的余地。

5）当路线通过泥石流堆积扇群时,桥位宜选在各沟出山口处或横切各扇缘尾部。

（3）岩溶地区桥位选择

1）桥位选择应避开岩溶发育地段；若难于避开,需在岩溶发育地段设桥时,则应选在岩层比较完整、洞穴顶板厚度尺寸足够处。

2）当路线跨越岩溶地区时,桥位应选在沟床稳定的流通区的直线段上,且桥轴线应与主流正交；不应选在沟床纵坡由陡变缓、断面突然收缩或扩散以及弯道的转折处。

3）在泥石流地区,严禁开挖设桥,亦不得改沟并桥。

4）岩溶塌陷区的桥位选择：桥位应选择工业与民用取水点所形成的地下水位下降漏斗范围以外；桥位应选在覆盖层较厚、土层稳固、洞穴和地下水位稳定处；如塌陷范围小,可用单孔跨越。

地下河范围内不宜设桥,也不宜靠近设桥。

（4）滑坡地区桥位选择：

1）桥位应绕避大型滑坡地带。

2）当路线必须通过滑坡地区时,桥位应选在边坡、沟床稳定而对桥梁无危害的地段。

3）通过桥位区工程地质条件的综合分析,预测施工及建桥后岩土体可能发生的变化及其对桥梁稳定性的影响,并作出评价。

（5）沼泽地区桥位选择

桥位应选在两岸地势较高的地点,桥头引道应尽量避免通过淤泥、软土、古河道等不良地质地段；如无法避开时,应选在基岩或硬土埋藏浅、软弱底层厚度薄的地段。

(6) 黄土地区桥位选择

1) 桥位宜选择在沟岸较低、冲沟较窄、抗冲性强而比较稳定的地段；桥位处应有利于处理沟底冲刷和沟岸防护。

2) 桥位不宜选在黄土陷穴、溶洞和易于崩解、潜蚀、顶冲及发育不稳定的地段。

5. 地震

1) 选择桥位时,应搜集基本烈度、地震活动情况和区域性地质构造等资料,并加强工程地质、水文地质和历史震害情况的现场调查和勘察工作,查明对公路工程抗震有利、不利和危险的地段。

对地震不利的地段系指软弱性土层、液化土层和地层严重不均的地段；地层陡峭、孤突、岩土松散、破碎的地段；地下水位埋藏较浅,地表排水条件不良的地段。

2) 当路线必须通过发震断层时,宜布设在其破碎带较窄的部位；当路线必须平行于发震断层时,宜布设在断层的下盘上,路线设计宜采用低填浅挖的设计方案。

当桥位无法避开发震断层时,宜将全部墩台布置在断层的同一盘(最好是下盘)上。

3) 对河谷两岸在地震时可能因发生滑坡、崩塌而造成堵河成湖的地段,应估计其淹没和堵塞体溃决的影响范围,合理确定路线标高和选定桥位。当可能因发生滑坡、崩塌而改变河流流向、影响岸坡和桥梁墩台及路基的安全时,应采取适当的防护措施。

4) 路线设计应尽量减少对自然平衡条件的破坏,避免造成较多的高陡临空面；不宜采用高墩台、高挡墙、深长路堑及在同一山坡上的连接回头弯道等对抗震不利的设计方案。在山岭区,可采用隧道、明洞等对抗震有利的设计方案。

5) 路线难以避开不稳定的悬崖陡壁地段时,宜采用隧道。

6. 地形、地貌和地物

1) 一般工程地质地区的桥位选择对地形、地貌、地物等方面的要求：

① 桥位应尽量选在两岸有山嘴或高地等河岸稳固的河段；平原区河流的顺直河段、两岸便于接线的较开阔的河段。

② 桥位应避免选在其上、下游有山嘴、石梁、沙洲等干扰水流畅通的地段。

③ 桥位应尽量避免选在地面、地下已有重要设施而需要拆迁的地段。

④ 桥位选择应考虑施工场地布置和材料运输等方面的要求。

2) 高速公路与各级公路交叉必须采用立体交叉。

3) 一级公路与交通量大的公路交叉应采用立体交叉。

4) 相邻互通式交通量大的交叉应采用立体交叉。

5) 互通式立体交叉与服务区、停车区、公共汽车停靠站、隧道等其他重要设施之间距离应能满足设置出口预告标志的需要。

6) 分离式立体交叉的设置应根据公路网规划,相交公路的功能、等级、交通量、地形和地质条件、经济与环境因素等确定。

7) 高速公路、一级公路与铁路相交叉时,必须设置立体交叉。

8) 公路、铁路立体交叉范围内的公路平、纵技术指标应符合公路路线设计规定的要求。

9) 公路、铁路平面交叉时,交叉角宜为正交;必须斜交时,交叉角应大于 45°,且道口应符合侧向瞭望视距的规定。

10) 大型桥梁的桥位,一般对易燃、易爆及其他危险品仓库、工厂应保持适当的安全距离要求。

7. 内河通航

1) 水上过河建筑物选址应满足下列要求:

① 过河建筑物应建在河床稳定,航道水深充裕和水流条件良好的平顺河段,远离易变的洲滩。

② 水上过河建筑物选址应避开滩险、通行控制河段、弯道分流口、汇流口、港口作业区和锚地。其距离上游不得小于顶推船队长度的 4 倍或拖带船队长度的 3 倍,下游不得小于顶推船队长度的 2 倍或拖带船队长度的 1.5 倍。

③ 两座相邻水上过河建筑物的轴线间距,Ⅰ～Ⅴ级航道应大于船队长度与代表船队下行 5min 航程之和,Ⅵ级和Ⅶ级航道应大于代表船队长度和代表船队下行 3min 航程之和。

2) 特殊情况下,当水上过河建筑物的选址不能满足《公路工程技术标准》5.0.6 条的要求时应采取下列相应措施,保证安全通航。

① 在洲滩易变河段兴建水上过河建筑物,可能引起航槽变迁,影响设计通航孔通航时,必须采取保持航道稳定的工程措施。

② 在滩险、通行控制河段、弯道、分流口或汇流口等航行困难河段兴建水上过河建筑物,影响通航时,必须采取整治工程措施满足通航条件。

③ 当两座相邻水上过河建筑物的轴线间距不能满足要求,且其所处通航水域无碍通航水流时,可靠近布置,但两过河建筑物间相邻边缘距离应控制在 50m 以内,且通航孔必须相互对应,水流平缓的河网地区两相邻过河建筑物的边缘距离,经论证可适当加大。

④ 当采取工程措施不能满足通航条件时应加大水上过河建筑物跨度或采取一孔跨过通航水域。

3) 枢纽上下游河段水上过河建筑物选址除应满足《公路工程技术标准》5.0.6 条的要求外,尚应考虑建库后河床冲淤变化对通航的不利影响。

4) 特殊困难和复杂河段水上过河建筑物的选址必须通过模拟试验研究确定。

5) 桥位、轴线的法线方向与河流流向的交角不宜超过 5°,其交角是指桥轴线上游 3 倍代表船队长度或 2 倍拖带船队长度范围内在不同水位期可能出现的最大交角,对感潮河段应同时考虑径流或潮流可能产生的最大交角。

8. 海轮通航

1) 桥位的确定要与航道的自然条件和远期开发的规划相适应,要与港口的现状及远期发展总体布局规划相协调。桥位的选择必须满足桥下船舶通航安全、通畅的要求。

2) 桥位应选择航道顺直、海床稳定、水深充裕、水流条件良好的航段上。

3) 桥址应远离航道弯道,滩险、汇流口、港口作业区和锚地,其距离应能保证船舶安全通航,通航海轮的内河航道桥梁上游不得小于代表船型或控制性顶推船队长度 4 倍的大值,下游不得小于代表船型或控制性顶推船队长度的2倍的大值;跨越海域的桥梁上下游均为不得小于代表船型长度的4倍。通航104DWT及以上船舶航道上的桥梁,远离的距离可适当加大,不能远离时需经实船试验论证确定,在航道弯道建桥宜一孔跨越或相应加大净空宽度。

4) 桥轴线的法线方向应与河流主流流向一致,必须斜交时,其偏角不宜超过5°。若超过5°应加大净宽,内河桥以水流主流方向与桥轴线的法线法向之夹角计算加宽值;跨海桥以涨落潮流主流方向与桥轴线的法线方向之大角计算加宽值。

5) 航道上相邻两座桥的轴线间距应保证船舶安全通过,在非感潮河段通航海轮的航道上建桥,应按现行国家标准《内河通航标准》确定,在感潮河段和海域通航海轮航道上设桥梁可参照《内河通航标准》,必要时需经实船试验确定。

9. 管线

1) 电讯线电力线电缆管道等的设置不得侵入公路桥涵净空限界,不得妨害桥涵交通安全,并不损害桥涵的构造和设施。

严禁天然气输送管道、输油管道利用公路桥梁跨越河流,天然气输送管道离开特大、大、中桥的安全距离不应小于100m,离开小桥的安全距离不应小于50m。

高压线跨河塔架的轴线与桥梁的最小间距,不得小于1倍塔高,高压线与公路桥涵的交叉应符合现行《公路路线设计规范》的规定。

2) 桥位与高压线跨河塔架轴线间距离不应小于1.2~1.5倍的塔架高;钢结构桥梁及在电压高塔架跨距大且风力大的地区宜用较大值。

3) 城市桥梁桥上通过的管线。不得在桥上敷设污水管、可燃、有毒或腐蚀性的液、气体管。如条件许可,允许在桥上敷设电讯电缆、热力管、自来水管、输送压力不大于0.4MPa的燃气管道。电压不高于10kV配电电缆,并必须采取有效的安全措施。

在城市郊区桥上,允许通过直径不大的煤气配气支管,其敷设位置宜在桥梁栏杆外侧,并保持适当距离。

10. 其他因素

1) 邻近机场的大型桥梁工程,应考虑机场航空管制;

2) 桥位选择应考虑对港口作业区及锚地的相关影响,满足相关行业规范要求;

3) 考虑桥梁对防汛抗洪的相关要求,结合水文、地质、通航、环境等条件进行桥位综合设计;

4) 桥涵设置应考虑并结合农田基本建设及灌溉的需要,满足水利化地区桥位选择的相关规定;

5) 重视桥位选择对环境及不可移动文物等的影响,尽可能避开或进行环境保护设计;

6) 特殊大桥宜进行景观设计,通过名胜、风景和古迹的公路,应在设计规划时注意与环境、景观协调,满足景观要求;

7) 城市桥梁、立交和高架道路工程线型选择时,应对城市区域地下空间开发和利用的情况有全面了解,确保桥跨结构满足地下建筑物的必要技术条件和要求;

8) 桥位选择时应注意征地拆迁的相关问题。

4.5.3　桥位方案比选

1. 桥位选择的一般规定

1) 大、中桥桥位选择应注意农田水利、环境保护及其他部门发展规划的影响与关系,并应征求地方政府和有关单位的意见。

2) 桥位选择应在符合路线走向的原则下,路、桥综合考虑,避免顾此失彼;不但要考虑路线平面线形的舒顺,还要考虑桥梁在运营中的安全,以及减少桥梁设计、施工的复杂性和工程造价等。

3) 路线上的一般大中桥基本上是按照路线的方向来确定桥位,具体到每个桥位,可在适当的范围内通过对水文地形工程地质条件的比较确定。

4) 跨越大江大河的特大桥,往往工程巨大,是公路运输的要害部分。选择一个水文工程地质条件比较优越的桥位,对保证建桥质量节约投资发展经济和公路运输具有决定性的作用,因此,有必要在已定路线大方向的前提下,在较大的范围内做全面的综合比较,选择最优。

5) 当路线采用纸上定线,可在现场踏勘时,确定桥位的大致范围,然后在大比例尺地形图上综合考虑确定桥位。初测时应实地放线现场调查并进行桥址勘测。

2. 技术复杂修复困难或重要特大桥的桥位

在已定线路大方向的前提下,应根据河流形态地质特点、通航条件、地面设施、施工布局及与地方工程工农业发展的关系,在较大范围内作全面比较确定。当方案比选结果相仿时,应优先采用水文及地质条件较好的桥位。

一般特大桥和大中桥的桥位,应配合路线走向,在适当范围内根据河段的水文、地形、地质、地物等特征,经综合比选确定。

在实际工程中进行桥位方案比较选择,尤其对特大工程的桥位需要考虑的因素如上所述有很多,因此必须根据工程特点,将影响桥位选择的关键因素与其他因素进行全面的综合性评价。以属于城市桥梁的南浦大桥为例,选择其桥位的关键因素是要符合城市总体规划及对港区船厂水上交通等的影响。该桥建成后日通车量很快就达到 5 万辆以上,尽管包括大量拆迁的前期费达到总投资的 49%,但结合城市规划调整城市结构和改善环境,在工程的总体上取得了良好的经济效益和社会效益。

4.6　桥梁设计方案构思与美学法则

4.6.1　桥梁设计方案构思过程

1. 设计基础资料调研

一座桥梁的规划设计涉及很多因素,必须充分调查研究,从客观实际出发,遵照"安全、实用、经济、美观"的原则,提出合理的设计方案。

(1) 桥梁功能作用

根据远景实用要求,确定桥梁设计的各种技术标准。

(2) 桥梁建设位置

桥位选择是以安全、经济、稳定为原则,城市桥梁及立体交叉则应根据城市交通网建设规划来确定。

(3) 水文地质条件

水文资料主要用以确定桥长、孔径及桥下净空等,这对桥梁造型是很重要的资料。地质资料主要通过钻探调查桥位处地质情况,作为基础设计的重要依据。

(4) 其他资料搜集

包括:施工机具设备及技术水平;材料供应及材质;城市规划及景观要求;国内外新的设计施工可供参考的资料等。

2. 桥位环境调查

桥梁建筑功能需求和美学要求不能独立于环境之外,所以,桥梁建筑与其周围背景环境的协调是美学设计的主要法则之一。桥梁建筑的环境设计,采用哪一种处理方法,主要由桥梁的建设规模和结构形式、桥位处的环境和景观形态确定。桥梁建设地点环境调查在可行性研究阶段是非常重要的工作。

3. 桥型方案拟定

在任何一个桥位处,从技术条件考虑,可修建的桥型会有很多种。初步拟定时不要遗漏有比较价值的方案,要广泛一些。这里说的方案拟定比选,是在可行性研究阶段所进行的方案设计,不是在初步设计中进行桥梁结构形式的比选。具体可按以下步骤进行:

1) 选用合适的比例尺寸画出各种可行桥型的布置图;
2) 注意根据不同的桥型来考虑分孔和使用的要求;
3) 对各种可行桥型结构进行技术、经济、美学方面的分析比较。

图 4.17 为一座无通航要求的跨河桥各方案比较。

重庆菜园坝长江大桥是重庆市区内规划的 16 座跨江特大桥之一,规划要求双向六车道公路交通和双线城市轻轨,双侧人行道。方案设计时提出的原则主要是确保通航安全,同时还要保证施工时不影响船只通航,桥墩放置应充分考虑对航道水流不产生影响;所选桥型要技术先进,结构有特色,有别于已建桥型,与城市环境相协调;同时还要满足施工进度要求下的经济合理的原则。基于上述要求,提出三种桥型四个方案进行初步比选(图 4.18),最后从通航条件、施工技术要求、工期和造价、城市景观要求等方面考虑,单孔拱桥和连续刚构造价较低(表 4.10),单拱方案主跨 360m,跨度远大于连续刚构方案,而且重庆市区需要建设一座大型拱桥,故推荐方案采用单孔拱桥方案。

表 4.10 主桥方案估算造价表

项目	单位	方案一(钢管混凝土单拱桥)	方案二(三塔斜拉桥)	方案三(钢管混凝土三拱桥)	方案四(连续刚构桥)
桥长	m	4×156.8+360 =987.2	146+2×380+146 =1052.0	3×316.8 =950.4	155+2×260+155 =830.0
估算总金额(含轻轨)	亿元	2.61	3.21	3.06	2.50

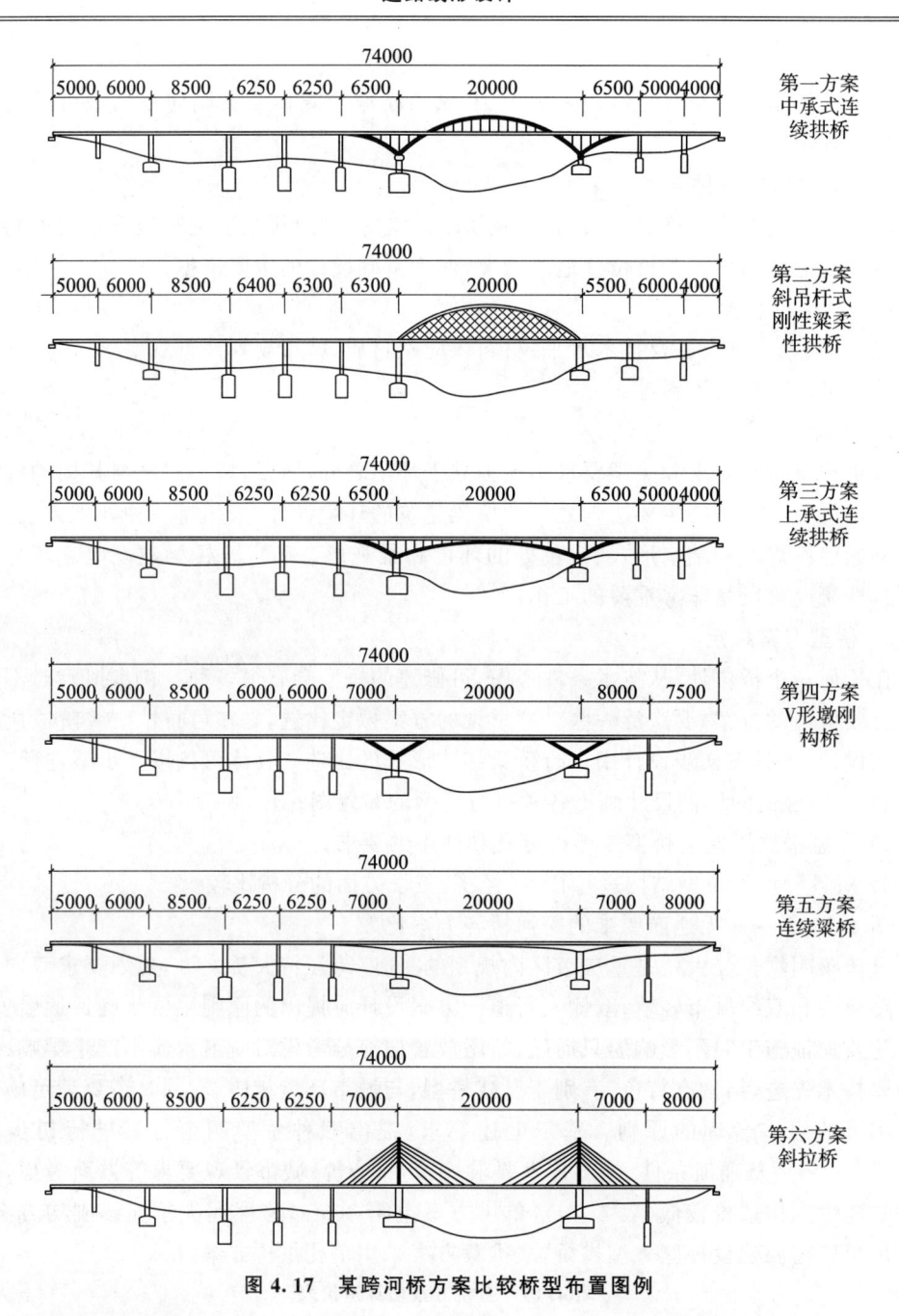

图 4.17　某跨河桥方案比较桥型布置图例

4. 效果图的绘制

任何一座桥梁,首先给人以深刻印象的是远视效果。人们在远处看到桥时,它的造型以广阔范围的背景映入人的眼帘,给人一种振奋和感叹。随着人们离桥越来越近,在景象的转化中桥梁的地位越来越突出,逐渐成为画面的主体。这种视觉变化的画面是在桥梁修建完成后获得的。如何在桥梁修建之前的方案比选中将人们观察到的桥梁造型景象展现出来呢?这就需要绘制效果图。桥梁方案设计中效果图的绘制,是从美学方面进行方

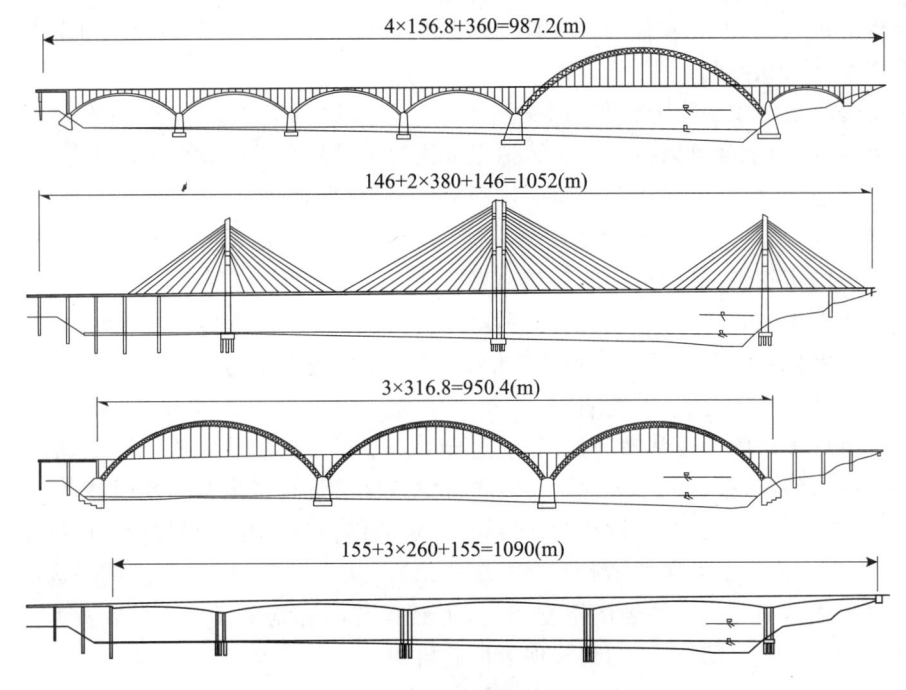

图 4.18 菜园坝大桥桥型方案图示

案比选的重要手段。效果图绘制和审核应注意以下几点：

1）要注意根据人们观赏桥梁的路线（如在道路上观赏桥的路线，或公园游人在侧面观赏路线）选择最佳视点位置，表现出桥梁的造型美，保证造型尺寸的平衡。

2）要注意恰当地描绘背景环境，抓住环境特点，突出桥梁建筑与环境设计的和谐性。

3）注意设计出显示构思意图和结构特色的色彩。

图 4.19 为武汉天兴洲长江公铁两用大桥的效果图，该桥为双层，下层 4 线铁路车道，上层 6 条公路车道，该桥全长 1657m，采用双塔三索面二主桁斜拉桥，主孔 504m。

图 4.19 武汉天兴州长江公铁两用大桥效果图

5. 桥型方案分析

前面介绍的重庆菜园坝大桥，在可研阶段确定采用单孔拱桥方案。进入初步设计阶段，又进行单孔拱桥方案具体结构构造方面的细部比较。

首先对加筋主梁，按功能要求梁高要 11m，是箱梁还是桁架梁，选定为桁架梁。其原因是结构通透,轻轨中的乘客能欣赏长江的景色;可不考虑通风设计;车道布置要求采用倒梯形截面,受力合理。

拱肋是拱桥的主要受力构件,以受压为主。由于轨道交通的要求,高 11m 的主桁梁刚度很大,拱肋的刚度可以减小。初始拟定方案时是采用格构式钢管混凝土拱肋,后根据拱肋受力状态与分析,若采用箱形截面拱肋会比桁架拱肋细小。从美学考虑,如果主梁和拱肋都是桁架,桥的外观会显得平淡呆板缺少变化,不够轻盈、缺少秀气。改为钢箱拱肋还会显示出虚实相济、静中寓动的景观动势。

几乎所有中承式系杆拱桥的边跨都设有立杆以支承梁的重量,并增强稳定性。该桥主梁的强度和刚度足够承受所加荷载,去掉立杆,显得边孔受力清晰,结构简洁。由于边孔拱肋不再承受竖向荷载,改为直线,拱桥下半部结构成为 Y 形混凝土刚构。一改以往中承式拱桥梁下桥墩处凌乱臃肿的形象,这样处理显得结构简洁轻盈,形成中承式钢箱系杆拱刚构组合结构,很有创意。评价时对各方案跨度又进行了更合理的调整,斜拉桥改为高低塔,更符合桥位条件。通过结构计算,在确定的结构尺寸和工程数量的前提下进行概算分析,得到三种桥型方案的造价比较(表 4.11)。从中可知,钢箱系杆拱刚构组合结构即使与应用成熟的同规模的经济桥型相比,仍然具有经济竞争优势。最后桥型结构设计方案如图 4.20 所示,图 4.21 为菜园坝大桥效果图。

表 4.11 方案工程材料及工程造价对比表

项 目	方案一 100+420+100(m)	方案二 220+420+120(m)	方案三 88+102+420+102+88(m)
混凝土(m^3)	66200	65000	46600
预应力钢材(t)	1350	1600	1700
普通钢筋(t)	7300	7500	5000
Q345 钢材(t)	17500	14500	18000
概算工程建安费(万元)	44000	41000	41300
主桥总长(m)	620	760	800
延米造价(万元)	71.00	53.95	51.62

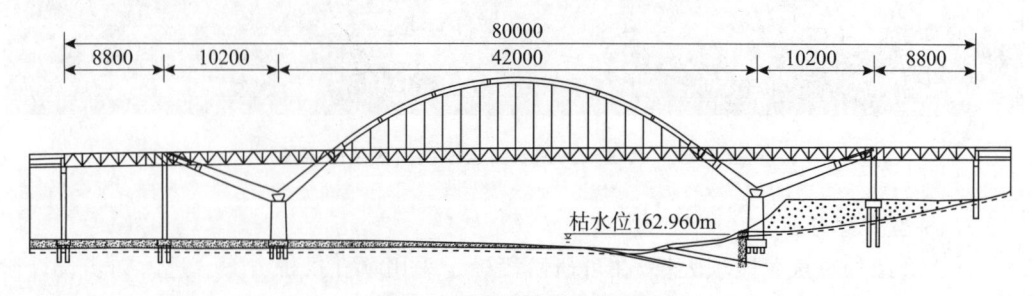

图 4.20 菜园坝桥实施方案

图 4.21 菜园坝大桥效果图

4.6.2 桥梁建筑的美学法则

1. 协调与统一

桥梁建筑的协调统一主要指两个方面:其一是桥梁建筑与桥位处的自然景观、附近的人工建筑物一起,处在人们的生活空间中,要求桥梁建筑造型应与环境相协调;其二是桥梁建筑本身,具有若干组成部分,其各自的功能和造型不同,必然存在差异,这种差别和变化,需在和谐与秩序中得到有机的统一。下面通过几个典型工程实例进行说明。

2000 年修建的广州丫髻沙大桥,主跨 360m,是当时最大跨径的钢管混凝土中承式拱桥(图 4.22),主桥建筑宏伟壮观,充分显示出钢管混凝土拱桥的魅力。但在引桥设计中选用三种结构:76m 的边拱、小跨径的等高连续梁和较大跨度的连续刚构桥,无论从上部高度的变化,跨径的差异和桥墩的形式,少了变化中的统一和谐性,显得有些杂乱。

图 4.22 丫髻沙大桥

日本中央本线新桂川桥是由三跨连续钢桁梁与简支箱形钢合成梁组成(图 4.23),全桥长 512.65m。桁架梁主孔 130m,梁高 12m,两边跨 70m,6 孔简支钢合成梁跨径 40m,梁高 2.9m。桁架梁下弦杆主跨为直线,边跨向上收缩形成鱼肚状,岸边斜坡使桁架梁在右岸仿佛搭到地面上,桥台几乎看不见。由于梁高相差悬殊使墩高发生变化,造成小跨高墩、大跨矮墩,整座桥梁从结构、形式、体量上令人观之感到很不协调,视觉的统一性较差。

图 4.23　日本中央本线新桂川桥

图 4.24 为法国南部圣·纳泽尔(St. Nazaire)桥,其跨径组合为 158＋404＋158(m),通航净空达 61m,简单的倒 V 形桥塔和等厚等高的巨大的塔墩显得呆板无变化,塔墩高耸强劲的力度不仅显现不出,而且若隐若现的斜拉索反而衬托出塔墩较弱的稳定性。塔柱上红白相间的色条,作为飞机的警告标志也可取消。

图 4.24　法国圣纳泽尔桥

2. 主从与重点

在若干要素组成的整体中,每一要素在整体中都占有一定的比重和地位,倘若所有要素都竞相突出自己,或者主次不分处于同等重要地位,则会削弱整体的完整统一性。

桥梁建筑也是如此,从功能特点考虑总有主体和附属之分,而从结构受力体系来说,有主要受力构件和次要受力构件之分。主桥和引桥、主孔和边孔、主体与附属存在主从差异,正是凭借着这种差异的对立,才使桥梁建筑形成一个完整协调的有机整体。

桥梁的主从首先从布孔上考虑。跨越通航河流上的桥梁,有通航孔和非通航孔,不通航河流上的桥梁也有跨越主河槽的主孔和河滩上的边孔,通航孔和主孔不仅跨径大,标高高,而且有时为了适应大跨而采用不同的结构形式。

第 4 章 桥梁线形设计

1992年建成的九江长江大桥(图4.25),是我国目前跨度最大的双层公铁两用桥。主孔为桁拱组合体系,并以高低与跨径不同的桁拱来突出主孔位置和造型,其余为连续钢桁梁,结构组合主从分明,视觉重点突出引人注意,也便于船舶通航。该桥如果取消桁拱而全部采用桁梁结构,则不会获得这种主从分明的效果。

图 4.25 九江长江大桥

斜拉桥、悬索桥基本结构图形简洁,由主塔、加筋主梁、拉索或主缆吊杆构成,主塔将竖向及斜向心理引诱线引向塔顶,形成人们瞩目的重要部位。高耸挺拔、气势夺人的塔,配以轻柔的拉索、无限延伸的水平加筋梁,这些都突出了桥塔作为主体的主导地位,形成索体系桥梁突出的个性和鲜明的形象。视觉上的主从分明,力传递线明确,形成索结构桥型所独有的形态和美感。

3. 对称与均衡

对称与均衡也是造型美的法则之一。对称是同形同量的对称组合,对称的造型统一感好,规律性强,使人产生庄严、整齐的美感。

均衡则是在非对称的构图中,以不等的距离形成力量(体量)的平衡感,对桥梁来说其非对称的均衡感还受地形地物的影响。均衡具有变化的美,其结构特点是生动活泼、有动感。

从结构到布孔按着对称原则设计建造的桥例很多。而结构的非对称造型,有时会产生令人难以预料的效果。图4.26是一座位于旅游区的人行桥,其和谐的钢拱形式与山顶的浏览景点遥相呼应。该桥位于公园中心地带,拱肋在纵横向的不对称造型设计别出心裁。其精心的设计和建造,使该桥建成后受到普遍关注和好评。

图 4.26 结构不对称拱桥造型

天津跨越海河的大沽桥,是一座下承式两榀斜拱肋矢跨比不同的三跨系杆拱桥,分孔为 24+106+24(m)。大拱肋平面向外倾斜比例 1∶3,竖直投影高度为 39m;小拱肋平面向外倾斜比例 1∶2.5,竖直投影高度为 19m。拱肋采用双索面保证其受力的平衡稳定性,横桥向每个断面是四根吊杆形成的三跨连续梁进行荷载分配(图 4.27),结构的不对称性通过细部处理得以完美解决,形成具有不对称形态的一座特色拱桥。

图 4.27　天津大沽下承式两榀拱肋不等高度拱桥

　　由于布孔的不对称要求,为了达到造型上的均衡性,斜拉桥可利用斜塔、疏密与长度不等的拉索和大小相差悬殊的跨径来调整布孔上的不对称而达到均衡的目的,从而使桥梁从构造、功能和景观得到协调一致的处理。

　　荷兰鹿特丹市修建的伊拉斯穆斯大桥是一座异形塔不对称布索、富有表现力的斜拉桥(图 4.28)。该桥构架以一种不对称的布置形式,按整体对称均衡的建筑学观念,进行精细的结构处理,是一个典范式的设计样本。

图 4.28　荷兰鹿特丹市伊拉斯穆斯大桥

4. 比例与尺度

　　比例的问题广泛存在于桥梁建筑设计中。它包括三个方面内容:一是桥梁结构整体或局部本身的三维尺寸的关系;二是桥梁结构整体与局部之间的三维尺寸关系;三是桥梁结构实体部分与空间部分(一般称为虚实)的比例关系。另外还有凸出部分与凹进部分、高起部分与低落部分的比例关系等。

　　比例和尺度是密切相关的一个建筑造型特性,是桥梁美必不可少的重要要素。一座桥梁建筑,其各部的比例和尺度只有达到匀称和协调才能构成优美形象。比例和尺度关系处理不当,在桥梁设计中屡见不鲜,国内外都不乏其例。图 4.29 所示桥塔在加劲梁下突然收缩,尺度的突变形成了塔重墩轻的形态。

图 4.29　斜拉桥桥塔与墩比例失调

5. 稳定与动势

功能要求决定了桥梁建筑造型具有稳定感和动势感。

安全稳定是对桥梁建筑最基本的使用要求。简洁的承载和传力结构，形成一个紧凑严密、蕴藏着巨大力量的构筑物，桥梁没有多余的结构。

桥梁本身的组成结构处在平衡状态，各部分在实现功能作用方面所显示出的安静、自信、坚固的形象，给人一种坚定、不可撼动的稳定感。任何一座设计合理、造型优美的桥梁都会给人以稳定感。

但在建筑造型设计中违背规律也会出现另外的情形。美国的弗朗西斯哥德桥，上部结构为拱形的钢桁架连续梁，由于上弦和下弦均设水平风撑，杆件排列过密，显得零乱而规律性不强（图 4.30）。尤其桥墩采用三角形结构，支承上部结构的墩帽过于尖小，显得单薄。与上部的曲线形造型过渡唐突生硬，很不协调。总体构图造型中缺憾的是稳定感不够。

图 4.30　美国弗朗西斯哥德桥

与其他建筑一样,桥梁是一个建筑在空间固定、场所不能移动的结构,但由于它所构成的使用空间是一个开敞空间,使用对象和观赏对象是高速行驶的车或移动的人。人们在近桥和过桥过程中,桥侧景观的快速相对移动,使观看到的实际桥梁建筑形象有规律地变换,给人一种动势感。

图 4.31 是一座大跨径中承式拱桥,格构式拱肋截面和变化的吊杆长度,在汽车行驶时有规律地变化,会感到仿佛是桥梁在运动。

图 4.31 中承式拱桥动势感

人们在斜拉桥或悬索桥上行使过程中,会感到巨大的桥塔逐渐变大,迎面而至。大跨度桥梁尤其是索结构桥梁的高耸桥塔显示着强壮伟岸,纤细的柔力拉索又蕴含着强劲的张力,巨大的跨度使水平的桥面系显得轻快舒展,其结构本身便显示出一种生气盎然、充满活力的气质。桥梁给予人们的这种动势"形态感情",是其他建筑所不及的(图 4.32)。

图 4.32 斜拉桥的动势

桥梁是强调一维方向的空间结构,其跨越方向的延伸长度要比宽度和高度大得多,人们沿着桥梁水平方向目视多跨桥梁,自然就会感到桥梁结构上的强烈运动伸延的动势。

图 4.33 为一座多跨拱桥,其拱肋的波浪起伏延伸就充分显示出动势的特点。曲线桥的动势则由于其纵向和水平向的起伏变化给人以深刻的感受。

图 4.33 多跨拱桥的动势

6. 韵律和节奏

韵律是一种重要的造型手法,设计者运用它可以把设计的建筑物构成一个系统的整体,通过有规律的重复和变化形成韵律、节奏,这在桥梁建筑方面运用地尤为普遍和突出。几乎所有桥梁结构都具有韵律和节奏的因素。

韵律美按其形式特点可分为如下四种类型:连续的韵律,指一部分重复连续出现构成整体,由于人的视觉角度不同,这种连续的韵律可以产生一定的动感;变韵律,指连续的部分按着一定的秩序变化,例如逐渐加长或缩短、变宽或变窄、变密或变疏等;另外还有起伏的韵律和交错韵律。后两种在桥梁建筑用得较少。

连续多跨拱桥,由于其曲线的构造形成动态的趋势,虚实的交替使其韵律感特别强烈(图 4.34)。

图 4.34 拱桥的韵律感

图 4.35 为北京颐和园十七孔桥。其各孔跨径和净高以中孔最大,两边渐小,形成规律性变化。中间桥面隆起,形如初月,通过渐变起伏韵律的美学表现,使桥型生动感人,富于活力,收到赏心悦目的美学效果。

图 4.35　北京颐和园十七孔桥

图 4.36 是一座跨海峡的多孔长桥,其强烈而优美的韵律,如一曲凝固的乐章,让人领略到桥梁建筑的独特魅力。

图 4.36　特长桥的优美韵律

4.7　桥梁线形设计的主要成果

4.7.1　初步设计阶段

1. 公路桥梁设计成果

公路工程初步设计第四篇"桥梁、涵洞"中的公路线形设计成果主要包括:原有构造物现状表,特大、大、中桥桥梁表,小桥表,涵洞表,桥梁加宽设计,桥涵维修、加固设计。

1) 原有构造物现状表:列出构造物位置(桩号和地名等)、构造物名称、结构类型、设计标准及各主要尺寸、修建年月、是否利用等,并附简要说明。

2) 特大、大、中桥桥梁表:列出中心桩号、河流名称或桥名、改(扩)建宽度、孔数及孔径、交角、全长、上下结构类型、加宽方法、维修加固方法等。

3) 小桥表:列出中心桩号,河流名称或桥名,改(扩)建宽度,孔数及孔径、交角、全长,上、下结构类型,加宽方法,维修加固方法等。

4) 涵洞表:列出中心桩号、结构类型、改(扩)建宽度、孔数及孔径、交角、填土高度、长度、设计流量、加宽方法、维修加固方法等。

5) 桥梁加宽设计。

① 特大、大、中桥主要工程数量表:按上、下部结构列出新建、连接部及部分拆除原桥的工程材料数量。

② 桥梁连接、加宽构造图(常规结构)。

③ 特大、大、中桥设计图:该部分应包括桥位平面图、桥型布置图、一般构造图和主要构造图。其中,桥位平面图应示出桥位地形、桥梁位置、原有桥梁边线、改(扩)建宽度及调治构造物、防护工程等。桥头接线应示出路线中心线、路基边缘线、公里及百米桩、直线或平曲线半径、缓和曲线参数,桥梁长度、宽度、锥坡、桥梁中心桩号和交角。比例尺采用1:500~1:2000。

④ 小桥主要工程数量表:按上、下部结构列出新建、连结部及部分拆除原桥的工程数量。

⑤ 小桥连接、加宽构造图。

⑥ 涵洞主要工程数量表:列出新建、连接部及部分拆除原涵的工程材料数量。

⑦ 涵洞连接、加宽构造图。

6) 桥涵维修、加固设计。

① 特大、大、中桥主要工程数量表:按上、下部结构列出维修、加固及部分拆除原桥的工程材料数量。

② 特大、大、中桥设计图:该部分应包括桥型布置图、一般构造图、主要构造图。

③ 小桥主要工程数量表:按上、下部结构列出维修、加固的工程材料数量。

④ 小桥加固构造图:应按不同结构形式分别绘制。绘出加固方案的构造、数量表。比例尺采用1:50~1:200。阐述本方案的施工方法及受力特点。

⑤ 涵洞主要工程数量表:列出维修、加固的工程材料数量。

⑥ 涵洞加固构造图:应按不同结构形式、不同加固方法分别绘制出加固方案的构造图、数量表。比例尺采用1:50~1:200。阐述本方案的施工方法及受力特点。

⑦ 废弃拆除原有桥涵及其他构造物表:列出中心桩号、河名或桥涵名称、交角、孔数及孔径、长度、结构类型、废弃原因及拆除数量。

⑧ 服务区、停车区连接通道设计图表。

2. 城市道路桥梁设计成果

城市桥梁工程初步设计文件的设计成果主要包括:设计说明书,工程概算,主要工程数量、材料及设备表,附件,设计图纸等。

1) 设计说明书。对工程的基本状况进行说明,包括以下内容:

① 项目地理位置图。

② 项目概述,应包括项目设计的依据、所处位置、范围、规模、可研及测设的情况、工期安排及周围场地的自然条件等。

③ 设计原则和技术标准。其中主要设计技术指标应包括道路等级、设计载荷、设计

洪水频率和水位、抗震设防标准、桥梁净空、桥梁横断面、设计通航标准、设计行车速度、道路线形标准等,必要时应说明选用标准的根据和理由。

④ 桥梁工程设计。包括桥梁总体设计,主桥工程,引桥工程,调治构筑物设置,环境和景观设计。

⑤ 引道工程。包括引道工程的设计范围,平纵横设计,路面结构设计,挡土墙设计,地基处理。

⑥ 附属工程。包括安全设施,照明工程,防、排水工程,附属人行梯道系统,配套服务管理设施等。

⑦ 桥梁工程施工方案。

2) 工程概算。

3) 主要工程数量、材料及设备表。

4) 附件:重要的设计依据文件及有关协议和纪要。

5) 设计图纸。

① 桥位平面图:示出地形、桥梁位置、墩台、引道、护坡、调治构筑物及防护工程,桥位控制点坐标、水流方向等。

② 桥位工程地质平面图、纵断面图:示出钻孔位置,深度及各层土分界线(适用于地质特殊复杂的大桥)。一般桥梁可将地质柱状图绘于桥型布置图之立面图上。

③ 桥型布置图:绘制出推荐方案的立面(或纵断面)、平面、横断面。示出工程范围道路或河床断面、地质分界线、特征水位、冲刷深度、道路净高或通航净空、墩台基础、基础埋置深度、桩号、控制点坐标、主要调治构造物和防护工程、桥面纵坡等。当为弯桥或斜桥时,应示出桥轴线半径,水流方向及斜交角度。

④ 主要结构构造图:大桥及复杂中桥应绘本图。

⑤ 桥梁结构比较方案图:大桥及复杂中桥应绘本图,示出比较范围,内容与桥型布置图相同。

4.7.2 施工图设计阶段

1. 公路桥梁设计成果

公路工程施工图设计第四篇"桥梁、涵洞"中的线形设计成果主要包括:桥梁工程数量表、桥位平面图、桥位工程地质纵断面图、桥型布置图、调治构造物及附属工程设计图。

1) 桥梁工程数量表:列出采用标准图编号、上下部构造、工程及材料数量等。

2) 桥位平面图:要求与初步设计相同。高速公路、一级公路应增绘中央分隔带、坡脚线,地质钻孔在平面上的位置和编号。

3) 桥位工程地质纵断面图:特大桥、大桥及地质复杂中桥应绘制本图。水平比例尺采用1:200~1:2000,垂直比例尺采用1:20~1:500。

4) 桥型布置图:绘出立面(或纵断面)、平面、横断面、示出河床断面、地质分界线、钻孔位置及编号、特征水位、冲刷深度、墩台高度及基础埋置深度、桥面纵坡及各部尺寸和高程。弯桥或斜桥尚应示出桥轴半径、水流方向和斜交角度。设计要素栏内应列出里程桩号、设计高程、地面高程、坡度、坡长、竖曲线要素、平曲线要素等。比例尺采用1:200~

1∶2000。

5) 调治构造物及附属工程设计图:绘出调治构造物平面、横断面,必要时应绘出立面,比例尺用 1∶50~1∶500。附属工程结构设计图(要求参考结构设计图)。

2. 城市道路桥梁设计成果

1) 设计说明书。城市道路桥梁工程施工图设计文件说明书应包括:概述,地质、水文、航运等基础资料,设计技术标准,材料、设备及产品采用的技术指标或标准,桥梁结构设计,附属构筑物设计,新技术采用情况、施工方案及注意事项、施工质量验收标准(常规桥梁可略去)。

2) 施工图预算。

3) 工程数量和材料用量表。

4) 设计图纸。

① 桥位平面图:包括桥梁平面布置、桥位附近地形、河流流向、桥头接线、构筑物、相关管线、防护工程等。

② 桥型布置图:包括立面、平面、横断面,需示出桥梁主要结构控制尺寸(桥梁全长、跨度、桥宽、桥高、基础、墩台、梁等),各部主要标高(基础底、顶面、墩台的顶面、桥面中心线等处),坡度(桥面纵坡、车行道及人行道的横坡)、河床断面、水流方向、特征水位、冲刷深度,地质剖面,弯桥、斜桥应示出桥梁轴线半径、斜交角度,注明尺寸单位、中线桩号、水准基点(必要时)、荷载等级、航道标准、地震烈度。

③ 上、下部结构设计图。

④ 附属设施构造图。

⑤ 附属工程:适用于独立立项的大桥及特大桥,包括:桥梁建筑,道路平、纵、横、路面结构、挡土墙,照明工程,排水工程,护岸码头工程。

第 5 章　隧道线形设计

我国是一个多山的国家,75%左右的国土是山地或重丘。为缩短里程,保护环境,节约土地,在山区公路建设中应重视隧道方案。以往修建公路隧道更多出于缩短行车里程、提高交通便捷性等考虑。随着科学发展观的确立,修建公路隧道也成为保护环境、防治地质灾害、改善行车安全、节约用地的重要手段。近10年来,随着我国公路交通事业的发展,公路隧道的建设规模越来越大。这些隧道在降低交通事故发生率、缩短行车距离、提高车速、保护环境等方面发挥了积极作用,取得了良好的社会经济效益。

5.1　设计原则与位置选择

5.1.1　隧道的分类

目前,除国际隧道协会按长度将隧道分为特长、长、中、短隧道外,其他像瑞士仅对隧道长度分布范围作了区分,但没有长短之分,德国、澳大利亚仅按长度的不同对隧道内应设置的安全设施提出了要求。其他各国如英国、挪威、日本、法国、瑞典等都是按照隧道长度与交通量这两个标准进行分级的,其目的主要还是为隧道内安全、营运管理设施设置规模提供一个标准。

我国公路与铁路部门都是按隧道长度进行分类的,但分类长度不同。另外在《高速公路隧道监控系统模式标准》GB/T 18567—2010 中提出了隧道监控等级划分原则(分 A、B、C、D 四个等级)。从国内外隧道分类(级)现状来看,多数国家没有隧道长短之分,隧道内安全设施根据隧道长度与交通量来确定。采用的隧道分级有 5 个级别、4 个级别和 3 个级别等多种情况,各级隧道起点长度也不一致,这主要与各国公路等级、交通组成及交通量是相对应的。

单按隧道长度划分,主要是给人们一个宏观的概念,此种分类方式称为隧道分类。按隧道长度与交通量这两个指标划分,主要是解决隧道内应设置的营运安全设施规模,体现隧道的安全与重要性,此种分类方式称为隧道分级。

通过对我国已建隧道的调查,长度小于 250m 的隧道仅占隧道总长的 18%;长度小于 1000m 的隧道占隧道总长的 58%,其中大量隧道长度都在 500m 以下,且从公路隧道建设的发展趋势看,500m 以下的隧道数量增加最快。另外,公路概预算定额是按照距离洞口 500m 以内的人工工日和机械台班数量作为基准定额。从洞内设施看,500m 以下的公路隧道一般采用自然通风方式,设施简单,以照明为主。因此,综合考虑公路隧道在勘测、设计、施工和管理中的技术要求和现状将短隧道的长度确定为小于等于 500m。《标准》中给出的隧道分类见表 5.1。

第 5 章 隧道线形设计

表 5.1 隧道分类

隧道分类	隧道长度 L(m)
特长隧道	$L>3000$
长隧道	$1000<L\leqslant 3000$
中隧道	$500<L\leqslant 1000$
短隧道	$L\leqslant 500$

5.1.2 设计原则

在设计隧道时,应贯彻以下基本原则:

1)应根据公路功能和发展的需求,遵照安全、经济、利于保护生态环境的原则,结合隧道所处地区的地形、地质、施工、运营、管理等条件进行综合设计。

2)隧道选址必须对该区域的自然地理、场地与生态环境、工程地质、水文地质、地震等进行勘察,取得完整勘察基础资料,经技术经济论证后确定。

3)隧道的标高和平面位置应根据公路等级、路线总体设计方案确定,宜选在地层稳定,利于设置两端接线、防灾救助系统、管理养护等设施的地段。

4)在拟定路线设计方案中,应论证采用填充、隧道或深挖等不同方案给生态环境带来的影响。对生态环境脆弱的地带或可能因施工造成生态环境难以恢复的地段,应优先选择对环境影响小的方案,并辅以治理措施。

5)隧道进出口的设计要追求自然,要提倡早进洞、晚出洞,与自然地形坡面平顺衔接;应避免洞口形成高边坡和高仰坡。在实在难以避免的情况下,则应通过采用接长明洞等方法消除不良影响。

6)隧道施工现场和施工便道的布置,也必须注意环境保护。避免在隧道正面山体的坡脚切坡修建便道和临时设施;施工的临时设施和施工便道在工程完工后要进行清理和恢复。

5.1.3 位置选择

1. 考虑地质条件

地质条件对隧道位置的选择往往起决定性作用。隧道位置应选择在岩性较好、稳定的地层中,这样既对施工和运营有利,又可节约资源。对岩性不好的底层、断层破碎带、含水层等工程地质、水文地质极为复杂的严重不良地质地段,应尽量避免穿越,以免增加设计、施工和营运的困难,甚至影响隧道的性能和安全,发生意料不到的灾害。若不能绕避而必须通过时,应减短其穿越的长度,采取可靠的工程处理措施,以确保隧道施工及营运的安全。

2. 越岭隧道

越岭隧道所经地区一般山峦起伏、地形陡峻、地质复杂,自然条件变化很大,其中分水岭垭口的高低、山梁的厚薄、山坡的陡缓及垭口两面的沟台走势,主、支沟台地分布情况,对构成越岭隧道方案的越岭位置、隧道长度、展线条件三个密切相关的因素影响很大。越岭方案的选择,以选择越岭垭口为重点,从而解决越岭垭口、隧道工程(长度)和两侧展线这三个既相互依存又互相制约的问题。一个大型的分水岭往往有不少的垭口,可对越岭路线和隧道穿越进行比选。《公路隧道设计规范》JTG D70—2004 条文规定:"穿越分水岭的长、特长隧道,应在较大面积地质测绘和综合地质勘探的基础上确定路线走向和平面位置"。选择越岭垭口时,可由面到线,由线到点,由近而远,由低而高,寻找可能穿越的各个垭口进行研究。一般利用小比例尺的航测照片或地形图,根据路线方向和克服高程的不同要求及条件,进行大面积选线,然后对这些方案进行同等深度的调查研究,特别是区域工程地质的调查、测绘,查清区域性构造与路线的关系,地质条件与隧道工程的关系;结合路线条件及施工水平,合理确定隧道工期,充分注意到较长的隧道往往具有显著的技术经济价值和较好的运营条件,但常因工期控制而遇到困难,应正确处理好施工与营运的关系,近期与远期的利益,结合两端展线情况,对各方案做出评价,进行全面的技术经济比选后确定。

3. 河谷地形

河谷地形由于受地质构造和水流冲刷等影响,往往出现地形和地质均较复杂的情况,特别是在山区河谷地区,往往河流弯曲、沟谷发育、支沟密布,河谷两岸常有对称或不对称的台地和陡峭的山坡,并常伴有崩塌、错落、岩堆、滑坡、泥石流、河岸冲刷等不良地质现象。河谷路线沿河傍山地段,常因地形、地质复杂等原因而采用隧道通过。由于地形、地质复杂,以隧道通过时,有时路线内靠不足,造成不少隧道出现洞壁过薄、偏压、浅埋、洞口深基础明洞工程,水流冲刷危害及穿越不良地质地段等现象,往往出现路线扭曲,隧道短而多,或桥隧相连,桥梁工程增加,支挡建筑物甚多,而一些坍塌落石的威胁又不能彻底消除。因此,《公路隧道设计规范》JTG D70—2004 条文规定:"当路线以隧道通过时,路线宜向山侧内移。"

路线沿河傍山,不论是河流弯曲地段或较顺直地段,常出现隧道群或桥隧群的情况,此时路线是靠里还是靠外,或裁弯取直,是用长隧道还是隧道群或桥隧群,就很有比选价值。一般情况下应优先选用长隧道,理由如下:

1)对危岩落石地段或陡坡地段,如以路基通过,安全难以保证,不如采用隧道方案优越。

2)沿河傍山地段,若路线靠外布设,结果会出现桥、隧、支挡相连,隧道洞壁过薄,洞口常伴有深基础明洞等较大的河岸防护工程,路基难免出现病害;如路线靠里布设以隧道穿越,增加隧道工程,减少桥、路工程,可避免上述弊端。

3)以中长隧道或长隧道代替隧道群或桥隧群,工程集中单一,施工管理方便,并有利于营运安全。

4)沿河傍山修建中长隧道或长隧道,易于设置辅助通道,增加工作面。

4. 洞口位置

隧道洞身和洞口是不可分割的整体,故在隧道位置选定时,理应包括洞身和洞口位置的选定。但由于洞身范围大,移动面宽,而洞口位置范围小,移动面窄,有关工程集中,且常在路线转换方向的附近,故隧道定线时,如不充分注意,往往照顾了洞身的位置条件,而忽视了洞口位置的选择和对洞外有关工作的处理,结果给隧道设计和施工带来困难,如接建明洞、施工进洞困难、洞口有关工程严重干扰等现象,甚至造成不得不改线的情况。所以,在路线定线时就应注意洞口的安排,当路线确定后,应尽量把洞口位置和洞口建筑设计得经济合理。

选定隧道位置时,尚应考虑到辅助坑道和营运通风的设置条件和要求,使其相互协调,以免顾此失彼,造成施工困难或营运不便,甚至不得不重新定线。

5. 濒临水库地区的隧道

濒临水库地区的隧道,其洞口路肩设计高程应高出水库计算洪水位(含浪高和壅水高)不小于 0.5m,同时注意由于水的长期浸泡造成库壁坍塌对隧道稳定的不利影响,且由于水库水位变化影响较大,常易造成山体坍岸及滑坡,因此必须充分注意,并采取可靠的工程措施,以确保隧道结构的营运安全。

参考《铁路隧道设计规范》TB 10003 和《公路桥涵设计通用规范》JTJ 021 的有关规定,《公路隧道设计规范》JTG D70—2004 条文给出了公路隧道设计洪水频率标准,见表 5.2。

表 5.2 隧道设计水位的洪水频率标准

隧道类别	公路等级			
	高速公路、一级公路	二级公路	三级公路	四级公路
特长隧道	1/100	1/100	1/50	1/50
长隧道	1/100	1/50	1/50	1/25
中、短隧道	1/100	1/50	1/25	1/25

5.2 隧道线形设计

5.2.1 平面线形

1. 圆曲线半径与视距

与其他路段相比,隧道段更易使驾驶员感受到心理压力,导致行车速度下降和交通容量降低。因此,隧道平面线形的确定,应综合考虑地形、地质状况、洞口接线、通风、车辆运行安全和施工条件等因素。而且,隧道平面线形需与隧道自身条件及前后连接区间的道路整体线形协调一致。

隧道平面线形一般希望设计成直线,这主要是基于两点理由:其一,取直线于通风有利,如果采用曲线尤其是小半径曲线,通风阻力增大,对自然通风不利,同时会增大机械通风量;其二,如果隧道取较小半径曲线,通常需设置超高和加宽,这使施工变得复杂,断面不统一及它们的相互过渡都给施工增加难度。从这两点考虑,希望在隧道洞身不设置曲线。

但如果隧道正朝东西方向时,可将洞口设计成曲线,以避开阳光直射驾驶员视野,或者设置必要长度的遮阳棚。当隧道设置为曲线时,不宜采用设超高和加宽的平曲线。隧道不设超高的圆曲线最小半径见表 5.3。

表 5.3　隧道不设超高的圆曲线最小半径

设计速度(km/h)		120	100	80	60	40	30	20
最小半径(m)	路拱横坡≤2.0%	5500	4000	2500	1500	600	350	150
	路拱横坡>2.0%	7500	5250	3350	1900	800	450	200

当因地形、地质条件限制不得已时,可采用较小半径曲线线形,但必须进行技术论证,并符合《标准》中关于超高的规定,其超高值不宜大于 4.0%。

隧道的停车视距与会车视距应符合表 5.4 的规定。

表 5.4　隧道停车视距与会车视距

公路等级	高速公路、一级公路				二、三、四级公路				
设计速度(km/h)	120	100	80	60	80	60	40	30	20
停车视距(m)	210	160	110	75	110	75	40	30	20
会车视距(m)	—	—	—	—	220	150	80	60	40

2. 并行双洞隧道的间距

根据并行双隧道间的距离,双洞隧道可分为分离式双洞隧道、小净距隧道和连拱隧道。

(1)分离式双洞隧道

相邻隧道毛洞边壁之间的最小距离大于隧道毛洞开挖跨度 0.8 倍的隧道称为分离式双洞隧道,高速公路、一级公路的隧道应设计为上、下行分离的独立双洞。分离式双洞隧道的最小间距是指相邻隧道毛洞边壁之间的最小距离,其确定应按对双洞结构彼此不产生有害影响为原则,结合隧道平面线形、围岩地质条件、断面形状和尺寸、施工方法等因素确定,两洞相互影响依地质条件或施工方法而异。《公路隧道设计规范》JTG D70—2004 条文给出的分离式独立双洞间的最小净距见表 5.5。对于长大公路隧道,为解决洞外占地和洞内间距的矛盾,可以采用两洞不平行布置的方式,即洞口是最小净距,洞内逐渐分离到相邻隧道彼此不产生有害影响的间距。

表 5.5　分离式独立双洞隧道的最小净距

围岩级别	Ⅰ	Ⅱ	Ⅲ	Ⅳ	Ⅴ	Ⅵ
最小净距(m)	$1.0 \times B$	$1.5 \times B$	$2.0 \times B$	$2.5 \times B$	$3.5 \times B$	$4.0 \times B$

注:B——隧道开挖断面的宽度。

表 5.5 中给出的净距值是根据国内科研成果、工程实践提出的经验值。大量工程表明,按分离式双洞考虑的隧道净距,除直接与围岩级别有关外,还间接与隧道长度有关。一般而言,隧道越短,其埋深越小,围岩条件相对较差,对净距大小的敏感度较高;反之,隧道越长,其埋深越大,围岩总体条件较好,它对净距大小的敏感度较低。基于这一思想确定隧道净距值,表 5.5 中的净距值是短隧道的最小净距值,对于中隧道以上可适当折减,折减系数见表 5.6。

表 5.6 分离式独立双洞间净距修正系数

隧道级别	短隧道	中隧道	长隧道	特长隧道
修正系数	1.00	0.98	0.95	0.90

(2) 小净距隧道

相邻隧道毛洞边壁之间的最小距离小于隧道毛洞开挖跨度 0.8 倍的隧道为小净距隧道,当采用小净距隧道时,最小净距最好不小于 4.0m,长度不大于 500m。

(3) 连拱隧道

连拱隧道相邻隧道通过人工衬砌结构连在一起。从近几年我国公路建设的经验和教训看,连拱隧道还有较多问题尚未得到很好解决,如防排水、衬砌开裂、施工工期长、造价高等,因此应慎重采用。如必须采用时,隧道长度一般应控制在 300m 以内,最长不应超过 400m。

5.2.2 纵断面线形

隧道纵断面线形,应以行车安全、排水、通风、防灾为基础,同时考虑施工期间的排水、出渣、材料运输等条件确定。为保证车辆运行安全,应尽量设置缓坡。

1. 隧道纵坡

隧道内纵坡的最小值应以隧道建成后洞内水(包括漏水、涌水、渗水等)能自然排泄为原则,要求不得小于 0.3%,又考虑到隧道施工误差,一般最好不要小于 0.5%。

隧道内纵坡的最大值应充分考虑施工出渣或材料运输的作业效率(纵坡太大则作业效率低下)、营运期车辆行驶的安全、舒适性及营运通风的要求等因素,一般要求不大于 3%。

隧道内纵坡过大会使大车、重车通过时上坡速度减慢,因隧道一般不设爬坡车道,会影响隧道通行能力。最大纵坡的选择还应有利于通风及车辆尾气排放,当隧道纵坡超过 3% 时,汽车排出的废气量将会急剧增加。隧道纵坡过大,车辆下坡时行驶速度也会加快,不利于行车安全。隧道纵坡还会影响施工期间的出渣和材料运输。

受地形等条件限制时,高速公路、一级公路无需机械通风的中、短隧道纵坡可适当加大到 4%;短于 100m 的隧道,纵坡可与隧道外路线的纵坡相同。当采用较大纵坡时,必须对行车安全性、通风设备投入和营运费用的影响等做充分的技术经济综合论证。

国外尤其是欧洲在修建水下隧道时,由于河(海)床较深,有时不得不加大纵坡,甚至达到 7%。但对于大纵坡的隧道,往往会采取交通管制,禁止排污较大的货车、柴油车驶入,或者增大机械通风规模。

2. 纵坡形式

隧道纵坡形式是可采用单向坡和双向坡。从行驶舒适性和营运通风效率来看,采用单坡较好,只是施工时会出现逆坡排水问题。根据调查,近年来抽水泵性能和抽排水技术水平有较大提高,因此,逆排水不存在大的技术难题,是可以解决的。如果采用双向坡,为提高行驶安全性和舒适性,其竖曲线半径应尽量采用较大值,纵坡变更的凸形竖曲线和凹形竖曲线的最小半径和最小长度应符合表 5.7 的规定。

表 5.7　隧道内竖曲线最小半径和最小长度

设计速度(km/h)		120	100	80	60	40	30	20
凸形竖曲线半径(m)	一般值	17000	10000	4500	2000	700	400	200
	极限值	11000	6500	3000	1400	450	250	100
凹形竖曲线半径(m)	一般值	6000	4500	3000	1500	700	400	200
	极限值	100	85	70	50	35	25	20

隧道内纵坡变换不宜过于频繁，变坡点数不宜多于 3 个，以保证行车安全视距和舒适性。

5.2.3　横断面设计

1. 建筑限界

各级公路隧道建筑限界如图 5.1 所示，公路隧道的建筑限界，不仅要提供汽车行驶的空间，还要考虑汽车行驶的安全、快捷、舒适和防灾等，因此要求设计中应充分研究各种车道与公路设施之间所处的空间关系，任何部件（包括通风、照明、安全、监控和内装等附属设施）均不得浸入在建筑限界之内。

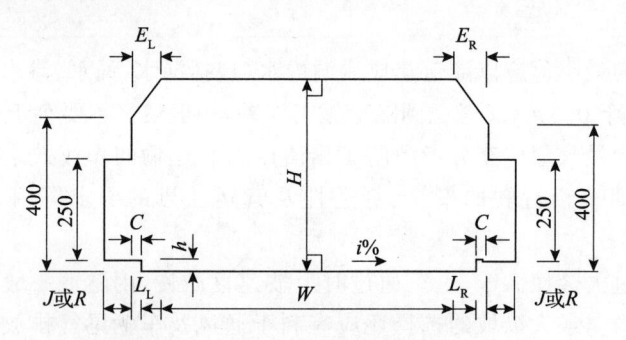

图 5.1　公路隧道建筑限界(单位:cm)

各级公路隧道建筑限界基本宽度应按表 5.8 执行，并符合以下规定：

1) 建筑限界高度，高速公路、一级公路、二级公路取 4.0m；三、四级公路取 4.5m。

2) 当设置检修道或人行道时，不设余宽；当不设置检修道或人行道时，应设置不小于 25cm 的余宽。

3) 隧道路面横坡：当隧道为单向交通时，应取单面坡；当隧道为双向交通时，可取双面坡。坡度应根据隧道长度、平纵线形等因素综合分析确定，一般可采用 1.5%～2.0%。

4) 当路面采用单面坡时，建筑限界底线与路面重合；当采用双面坡时，建筑限界底线应平置于路面最高处。

图 5.1 中，H 为建筑限界高度；W 为行车道宽度；L_L 为左侧向宽度；L_R 为右侧向宽度；C 为余宽；J 为检修道宽度；R 为人行道宽度；h 为检修道或人行道高度；E_L 为建筑限界左顶角宽度，$E_L=L_L$；E_R 为建筑限界右顶角宽度，当 $L_R \leqslant 1m$ 时，$E_R=L_R$，当 $L_R>1m$ 时，$E_R=1m$。

表 5.8　公路隧道建筑限界横断面组成最小宽度(m)

公路等级	设计速度(km/h)	车道宽度 W(m)	侧向余宽 L(m) 左侧 L_L	侧向余宽 L(m) 右侧 L_R	余宽 C (m)	人行道 R(m)	检修道 J(m) 左侧	检修道 J(m) 右侧	隧道建筑限界净高(m) 设检修道	隧道建筑限界净高(m) 设人行道	隧道建筑限界净高(m) 不设检修道、人行道
高速公路 一级公路	120	3.75×2	0.75	1.25	—	—	0.75	0.75	11.00	—	—
	100	3.75×2	0.50	1.00	—	—	0.75	0.75	10.50	—	—
	80	3.75×2	0.50	0.75	—	—	0.75	0.75	10.25	—	—
	60	3.5×2	0.50	0.75	—	—	0.75	0.75	9.75	—	—
二级公路	80	3.75×2	0.75	0.75	—	1.00	—	—	—	11.00	—
	60	3.5×2	0.50	0.50	—	1.00	—	—	—	10.00	—
三级公路	40	3.5×2	0.25	0.25	—	0.75	—	—	—	9.00	—
四级公路	30	3.25×2	0.25	0.25	0.25	—	—	—	—	—	7.50
	20	3.25×2	0.25	0.25	0.25	—	—	—	—	—	7.00

注:1) 三车道隧道除增加车道数外,其他宽度同表;增加车道宽度不得小于 3.5m。

2) 连拱隧道的左侧可不设检修道或人行道,但应设 50cm(120km/h 与 100km/h 时)或 25cm(80km/h 与 60km/h 时)的余宽。

3) 设计速度为 20km/h 时,两侧检修道宽度均不宜小于 1.0m;设计速度为 10km/h 时,右侧检修道宽度不宜小于 1.0m。

2. 步道设计

步道(检修道或人行道)的主要功能是:

1) 养护人员、隧道使用者可以在与交通相互不干扰的情况下处理紧急事件;

2) 步道路缘石可以阻止车辆爬上步道,是步行者的安全限界,同时,是保护隧道设备的安全限界;

3) 由于步道比较突出,它比车道边线更能吸引驾驶员的注意力,从交通管理和安全行走的观点出发,步道的路缘石可作为驾驶员的行驶方向线;

4) 步道除安全功能外,其下部空间还常被用来安装管道、缆线等。

根据上述功能,《公路隧道设计规范》JTG D70—2004 条文规定:高速公路和一级公路隧道内应设置检修道。其他等级公路隧道,应根据隧道所在地区的行人密度、隧道长度、交通量及交通安全等因素确定人行道的设置。检修道或人行道宜双侧设置,其宽度按表 5.8 规定选取,高度可按 20～80cm 取值,并综合考虑以下因素:

1) 检修人员步行时的安全;

2) 紧急情况时,驾乘人员拿取消防设备方便;

3) 满足其下放置电缆、给水管等的空间尺寸要求。

单按设计速度考虑,步道高度可参照表 5.9 取值,步道空间的一般尺寸如图 5.2 所示。

表 5.9　步道高度 h

设计速度(km/h)	120	100	80	60	40～20
步道高度 h(cm)	80～60	60～40	40～30	30～25	25 或 20

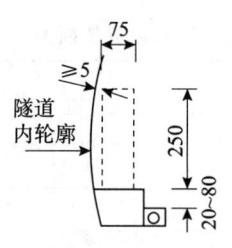

图 5.2 步道空间一般尺寸(cm)

隧道洞内检修道宜延出洞外 1.5～2.0m,方便洞内外电缆转接、检修人员进出,如图 5.3 所示。

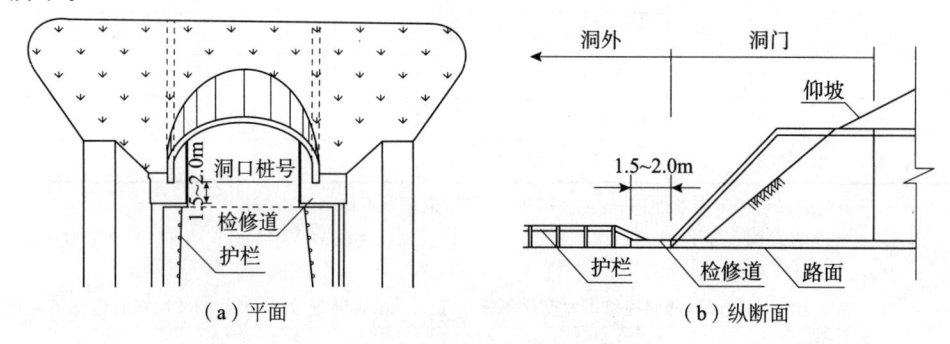

(a)平面　　　　　　　　　　(b)纵断面

图 5.3 隧道洞口段检修道的衔接

3. 紧急停车道设计

长、特长隧道应在行车方向的右侧设置紧急停车带,双向行车隧道,其紧急停车带应双侧交错设置。紧急停车带的主要功能是用来停放故障车辆、紧急情况下疏散交通及救援车辆和救援小组用以紧急救援活动。

一些发达国家在隧道内设置全长的紧急车道,当发生事故时,其应变能力当然更强,而且提高了行车的舒适性,但这样无疑加大了隧道横断面积,增大工程造价,目前不适合我国国情,而且隧道内事故一般要比洞外一般路段上少,故《公路隧道设计规范》JTG D70—2004 采用按一定间距设置紧急停车带的做法。

紧急停车带的宽度,包含右侧向宽度应取 3.5m,长度取 40m,其中有效长度不得小于 30m。紧急停车带的设计间距不宜大于 750m。停车带的路面横坡,长隧道可取水平,特长隧道可取 0.5%～1.0%。紧急停车带的构成如图 5.4 所示,具体尺寸按表 5.8 规定执行。

不设置检修道、人行道的隧道,可不设置紧急停车带,但应按 500m 间距交错设置行人避车洞。

4. 内轮廓设计

隧道内轮廓设计除了应符合隧道建筑限界的规定外,还应满足洞内路面、排水设施、装饰的需要,并为通风、照明、消防、监控、营运管理等设施提供安装空间,同时考虑围岩变形、施工方法影响的预留富余量,使确定的断面形式及尺寸符合安全、经济、合理的原则。

（a）宽度构成及建筑限界

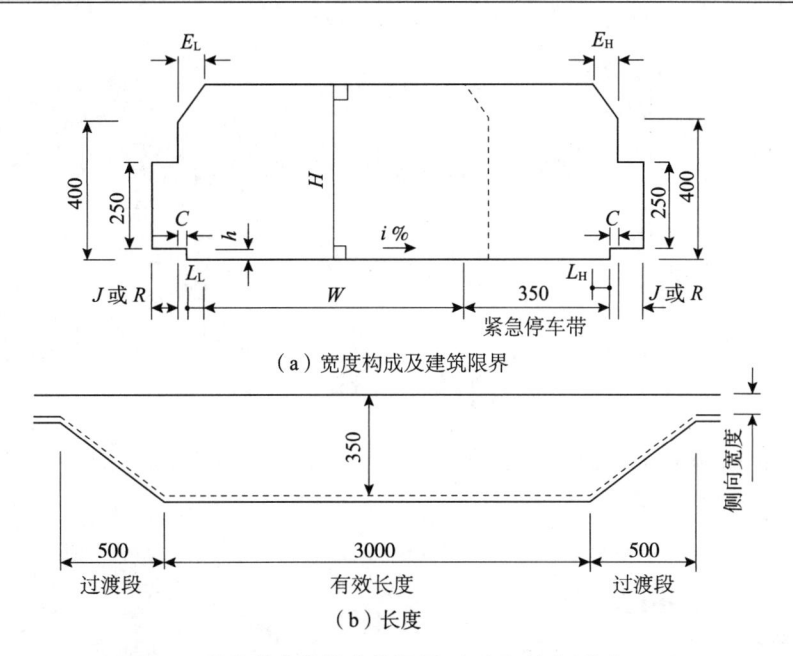

（b）长度

图 5.4 紧急停车带的建筑限界、宽度和长度（单位：cm）

我国公路隧道建设规模不断扩大，但各地在设计隧道横断面时标准不统一，甚至同一条公路上出现几种不同的内轮廓断面，这既影响洞内设施的布置，又不利于施工时衬砌模板的制作。在国外和我国铁路隧道中，已在推动断面标准化。因此，《公路隧道设计规范》JTG D70—2004 在横断面轮廓设计方面推行了标准化，即拱部为单心半圆，侧墙为大半径圆弧，仰拱与侧墙间用小半径圆弧连接。公路等级和设计速度相同的一条公路上隧道断面宜采用相同的内轮廓。

根据各设计速度相应的建筑限界，可分别计算出内轮廓几何尺寸，一般两车道隧道计算实例的结果见表 5.10，图 5.5 为计算示例。三车道隧道可参考该方法计算出内轮廓断面几何尺寸。

表 5.10 两车道隧道轮廓几何尺寸算例

公路等级	设计速度(km/h)		R_1(cm)	R_2(cm)	R_3(cm)	R_4(cm)	H_1(cm)	H_2(cm)	H'_2(cm)	R_5(cm)
高速公路一级公路	120	一般部	612	862	100	1500	160.4	200	144	—
		紧急停车带	612	862	150	1800	162.1	200	136	771
	100	一般部	570	820	100	1500	160.6	200	164.5	—
		紧急停车带	570	820	100	1800	162.4	200	151.5	747
	80	一般部	543	793	100	1500	160.2	200	176.1	—
		紧急停车带	543	793	150	1800	162.3	200	176.1	—
	60	一般部	514	764	100	1500	160.2	200	188.4	—
		紧急停车带	514	764	150	1800	160.3	200	184.1	708.5

5. 边沟设计

以往隧道排水为一个通路，即地下水与隧道壁面清洗水和火灾时的灭火水同流一个

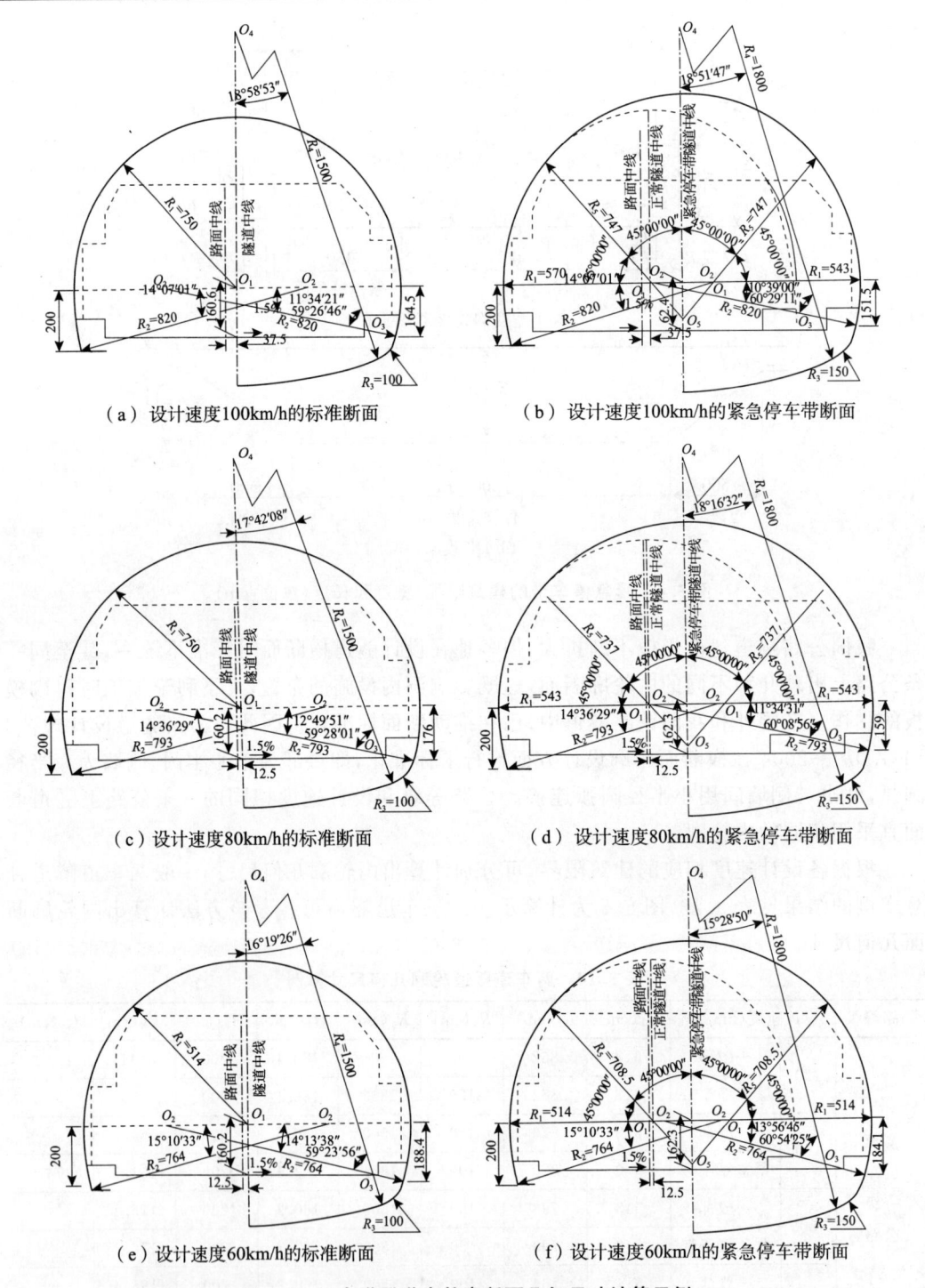

(a) 设计速度100km/h的标准断面　　　　(b) 设计速度100km/h的紧急停车带断面

(c) 设计速度80km/h的标准断面　　　　(d) 设计速度80km/h的紧急停车带断面

(e) 设计速度60km/h的标准断面　　　　(f) 设计速度60km/h的紧急停车带断面

图5.5　两车道隧道内轮廓断面几何尺寸计算示例

水路,这样清水和污水无法分离,对环保不利,同时增大了一个水路的流量负担。《公路隧道设计规范》JTG D70—2004提出设置中央水沟和路侧边沟,对两种水分别排放,即清水和污水各流一道,这样无疑是科学的。

路侧边沟形式较多,有矩形、圆形、椭圆形等;制作上有现浇的,也有预制成型现场拼装的,设计时应根据具体情况而定。此外,隧道内路侧边沟应结合检修道、侧向余宽等布置,其宽度应小于侧向宽度,并布置于车道两侧。

6. 横向通道设计

上、下行分离式独立双洞的公路隧道之间应设置横向通道,其断面建筑限界一般规定如图5.6所示。

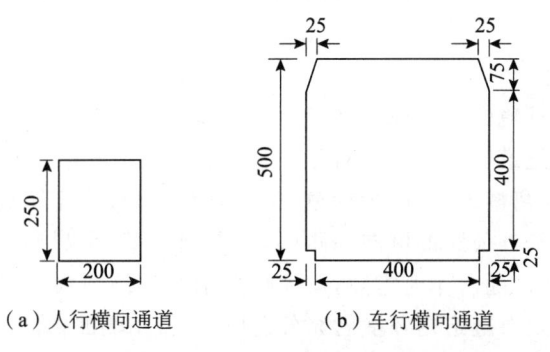

（a）人行横向通道　　（b）车行横向通道

图5.6　横向通道的断面建筑限界

人行横向通道的设置间距可取250m,并且不应大于500m。车行横向通道的设置间距可取750m,并不得大于1000m;长1000～1500m的隧道宜设1处,中、短隧道可不设。

5.2.4　隧道洞外连接线线形

通过调查发现,车辆穿越隧道时由于隧道内外环境的不同,驾驶员将会做出相应的调整,大致可分为三个阶段:隧道前调整期、隧道中适应期和隧道末调整期。大型车和小型车的典型三阶段如图5.7所示。

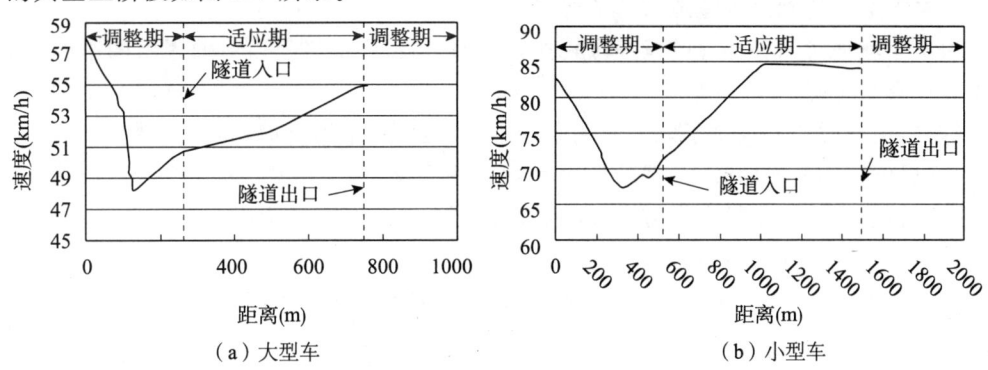

（a）大型车　　（b）小型车

图5.7　隧道内外车辆行驶速度变化

1. 隧道前调整期

车辆进入隧道前因隧道和公路其他路段构造的不同会降低其运行速度,以便适应新的驾驶环境,速度降低的幅度基本上为7%～20%,相对于其他两个阶段,速度变化幅度比较剧烈。与此同时,驾驶员会因对隧道的恐惧感和灯光等因素的影响,将车辆的横向位置向路中心偏移,小型车辆的偏移幅度在0.5～1.0m的范围之内,大型车辆的偏移幅度在1.0m左右,偏移幅度是比较大的。总之,驾驶员在进入隧道前会根据隧道前视距、线形、隧道口情况和驾驶员对隧道的熟悉程度调整车辆的速度和横向位置,以最为安全的方式进入隧道。

由于这一阶段驾驶员的驾驶行为会发生较大的变化,与洞内运行相比,从安全方面来说不利于行车安全。法国的一项调查研究发现:视距不足再加上速度过快是隧道事故发生的主要原因。挪威的一项研究也表明,隧道入口前50m和出口100m附近区域是最危险的。

2. 隧道中适应期

随着对隧道内部环境的逐渐适应,驾驶员会逐渐提高车辆的运行速度,提高的幅度与隧道横断面的组成及隧道长度有关。对于车辆的横向位置,由于在隧道内驾驶员的眼球转动角度较小,更喜欢离隧道墙(或步行道、防撞护栏等)有一定距离,尤其是隧道内侧向净距距离小于毗邻隧道外公路的侧向净距时,驾驶员一般会保持在隧道前调整期中对车辆横向位置做出的调节,随着车速提高,横向位移值会逐渐增大。但对于长隧道(长2km以上)来说,由于驾驶员对隧道内环境已充分适应,会将车辆的横向位置向墙一侧靠拢,但车辆的中线仍不会与车道中线重合,车辆仍偏向中间行驶,只是偏移的幅度减小。

由于隧道内的环境给驾驶员造成一定的压力,使得驾驶员在隧道内注意力高度集中,驾驶随意性小,速度相对较低,在一定程度上也提高了单一车辆在隧道内行驶的安全性。但车辆向内侧的横向偏移会使超车间距大为缩小,降低了车辆在超车过程中的安全性。

3. 隧道末调整期

随着车辆即将驶出隧道,面临隧道内外环境的转换,对于速度较高的小型车辆来说,这时车辆速度的上升幅度将减小,其运行速度可能会出现一定的降低。对于长度较短的隧道,车辆的横向偏移将会与进入隧道时保持一致。对于长隧道(长2km以上),车辆的横向偏移将会恢复到进入隧道时的情况。

由于车辆面对两种环境的又一次转换,受线形、视距、亮度等多方面因素的影响,车辆的安全性有所下降。

综上,由于隧道外提供了足够的侧向净距,车辆可基本沿车道中心线行驶。在隧道内部,由于提供的侧向净距较小,驾驶员更喜欢离隧道墙(或步行道、防撞护栏等)有一定距离,在自由流条件下,车辆会向隧道中心靠拢,发生横向偏移(隧道内车辆中心线与车道中心线的距离),如图5.8所示。

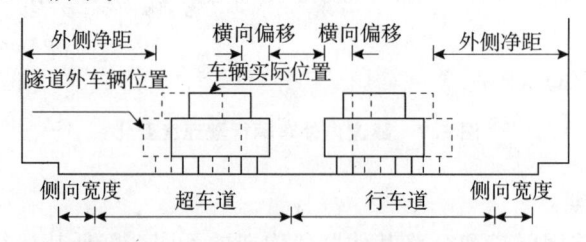

图5.8 隧道内车辆实际横向位置

由于隧道洞内、外车辆横向位置的差异,所以隧道洞外连接线应与隧道线形相协调,《公路隧道设计规范》JTG D70—2004规定。

1) 隧道洞口内外各 3s 设计速度行程长度范围的平面线形应一致。

2) 隧道洞口内外各 3s 设计速度行程长度范围的纵断面线形应一致,有条件时宜取 5s 设计速度行程。

3) 当隧道建筑限界宽度大于所在公路的建筑限界宽度时,两端连接线应有不短于 50m 的、同隧道等宽的路基加宽段;当隧道限界宽度小于所在公路建筑限界宽度时,两端连接线的路基宽度仍按公路标准设计,其建筑限界宽度应设有 4s 设计速度行程的过渡段与隧道洞口衔接,以保持隧道洞口内外横断面顺适过渡。

4) 长、特长隧道的双洞隧道,宜在洞口外合适位置设置联络通道,以利车辆调头。

从过去一些隧道经验和教训来看,洞外接线 50m 设置纵坡变坡点,通视很差,容易引起交通事故。因此,规定隧道两端的连接线纵坡宜有 5s 设计速度行程的长度与隧道纵坡保持一致。设计速度行程长度见表 5.11。

表 5.11 设计速度行程长度

设计速度(km/h)		120	100	80	60	40	30	20
行程长度(m)	3s	100	83	67	50	33	25	17
	4s	133	111	89	67	44	33	22
	5s	167	139	111	83	55	42	28

一般情况下,路基与隧道的横向宽度和布置是不一致的,隧道宽度较路基宽度要窄。这种宽度和布置的突变,会影响交通的连续性,因此,应在隧道与洞外连接道路之间,设置一定长度的过渡段,使车辆能够顺利驶入隧道。过渡段的长度,宜以前后路肩宽度差不超过 1/25 的斜率接顺,也可设 2s 设计速度行程长度过渡段与隧道洞口衔接,以保持隧道洞口内外横断面顺适过渡。连接线的路基宽度一般仍按公路标准设计,通过护栏实现过渡。洞口路基防撞护栏不能直接连接隧道洞口端墙,否则会存在安全隐患;应渐变过渡,连接并深入洞口。

5.2.5 隧道群线形

近年来,在山区高等级公路建设中,遇到一些距离很近的短隧道群。当隧道群进出口间距较近时,驾驶人需要在很短时间内经历"暗—明—暗"的视觉环境变化,对于这种情况,可视为长隧道,其平、纵线形指标按长隧道考虑,也应保持平、纵线形的一致,具体的范围可按"本隧道洞内 3s(5s)行程+两隧道间路基+下一隧道洞内 3s(5s)行程"控制。

5.2.6 隧道洞口

1. 洞口位置

在选择隧道位置时,必须重视洞口位置的选择。洞口选择不当会造成洞口塌方,长期不能进洞或病害整治工程大,不易根治而留下隐患。洞口位置选择的基本要求是:地质条件好、隧道轴线尽量垂直或接近垂直地形等高线。

从地形、地质和围岩等条件来看,隧道洞口一般是不稳定的。主要是由于施工开挖,改变了地表形态,形成路堑、洞口边、仰坡,可能引起边、仰坡的坍塌,产生偏压,诱发滑坡等地质病害。处理这些病害困难、费用高,而且投入运营后,也极易受塌方、滚石、雪崩、泥石流等自然灾害的威胁。合理选择洞口位置,是保护环境、保证营运安全、节省工程造价和顺利施工的重要条件。因此,洞口位置的确定应符合下列规定:

1) 洞口位置应设于山川稳定、地质条件较好处;避免选择在岩层松散、风化较为严重、滑坡或岩层破碎、容易产生坍塌、落石及受洪水、泥石流威胁的位置。

2) 位于悬崖陡壁下的洞口,不宜切削原山坡;应避免在不稳定的悬崖陡壁下进洞。

3) 跨沟或沿沟进洞时,应考虑水文情况,结合防排水工程,充分比选后确定。

4) 漫坡地段的洞口位置,应结合洞外路堑地质、弃渣、排水及施工等因素综合分析确定。

5) 洞口设计应考虑与附近的地面建筑及地下埋设物的相互影响,必要时采取防范措施。

当路线横沟进洞时,设置桥涵净空不宜过小,以免留有后患。当地形条件不适于设置桥涵时,结合地形、地质情况、水流大小,经过技术经济比较,采取相应的工程措施,包括:

1) 扩大洞门墙顶水沟,将水引离隧道;

2) 利用明洞顶作过水渡槽引接;

3) 洞顶水沟流量大,对隧道施工、营运不利时,应结合地形、地质条件,改沟排出。

洞口线路沿沟进洞时,往往地质条件差,极易产生塌方、滑移等病害,应尽量避开。当路线必须通过时,应采取相应妥善的支挡防护措施并认真做好防排水工作。

2. 洞口线形

双洞隧道平面的分线方式应灵活。目前设计中普遍采用的双线在同一交点分离的做法过于僵化,造成很多路段分离式断面较长,对环境破坏较大。双洞隧道平面分线应在保证出洞方向线形较顺畅的前提下,灵活选择进洞方向的平面分离点,进洞方向的平面指标不必过高,分离式断面长度不宜过长。

长隧道和特长隧道的出洞方向应避免在洞口接小半径曲线,如图5.9所示。

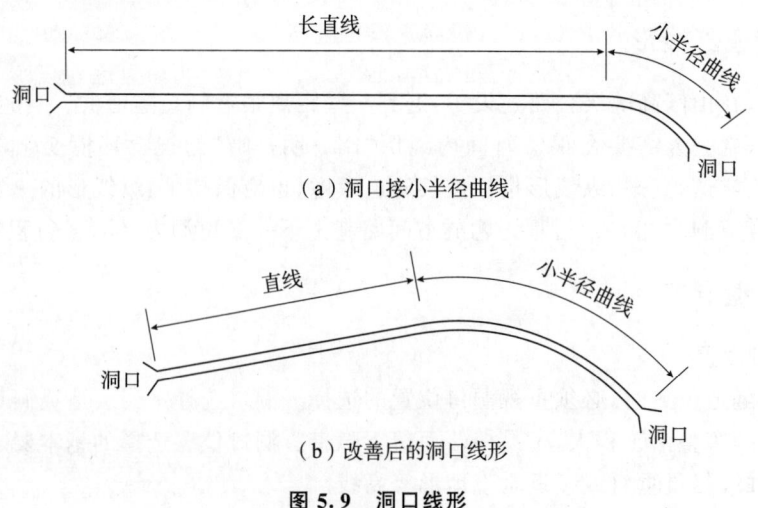

(a) 洞口接小半径曲线

(b) 改善后的洞口线形

图 5.9 洞口线形

3. 隧道洞门

隧道洞门是隧道两端的外露部分,也是联系洞内衬砌与洞口外路堑的支护结构,是保证隧道施工安全和运营安全的重要构造。洞门也是标志隧道的建筑物,与隧道规模、使用特性及周围建筑物、地形条件等要协调。隧道洞门的作用包括:支挡洞口正面仰坡和路堑边坡,保持仰坡和边坡稳定;防止仰坡上方少量的滚石、碎落和雪崩、风吹雪等自然灾害对路面产生危害;将坡面水引离隧道;改善和美化洞口环境。

(1) 洞门形式

隧道门洞的形式有很多,从构造形式、建筑材料及相对位置等可以划分许多类型。目前,我国公路隧道的门洞形式主要有端墙式、翼墙式、台阶式、柱式及削竹式和喇叭口式,如图 5.10 所示,各种隧道形式洞门的特征见表 5.12。

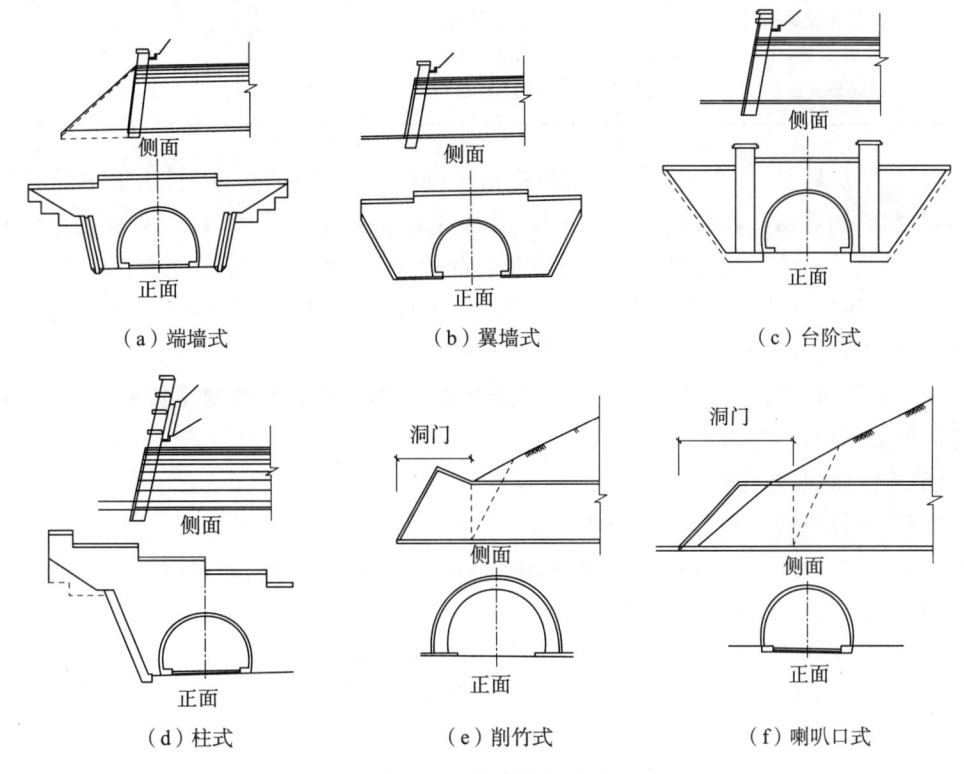

(a) 端墙式　　(b) 翼墙式　　(c) 台阶式

(d) 柱式　　(e) 削竹式　　(f) 喇叭口式

图 5.10　隧道洞门形式

表 5.12　隧道洞门形式与特征

洞门形式	端墙式	翼墙式	台阶式	柱式	削竹式	喇叭口式
适用的围岩条件	轴线与坡面基本正交,边、仰坡坡率为1:0.3~1:0.5	边、仰坡坡率为1:0.75~1:1.5	边、仰坡坡率为1:0.5~1:1.25	边、仰坡坡率为1:0.5~1:0.75	洞门周围地形平缓	地形、地质条件较好,洞门周围开阔;积雪地带易吹入雪

续表

洞门形式	端墙式	翼墙式	台阶式	柱式	削竹式	喇叭口式
特征	易于施工	抗滑、抗倾覆性能较好	可减少靠山仰坡开挖高度,一般与偏压衬砌配合使用	洞口受地形限制,无法布置翼墙式洞门	模型板、配筋较费事,耗资巨大	模型板、配筋费事,耗资大
景观	壁面面积大,两侧需降低其亮度(修凿打毛壁面);有重量感,行车易感到压抑	壁面面积大,两侧需降低其亮度(修凿打毛壁面);有重量感,行车易感到压抑	壁面面积大,两侧需降低其亮度(修凿打毛壁面);有重量感,行车易感到压抑	较为雄伟	修饰周围的景观,使洞门与之协调	对车辆行驶的影响小;最适合洞口周围地形

端墙式、翼墙式、台阶式和柱式洞门适用于仰坡陡峻、山凹地形、斜交地形的狭窄地带,洞门端墙和翼墙是具有抵抗来自边坡、仰坡土压力的支挡结构,对地基承载力要求较高,需按承受主动土压力的挡土墙进行设计。削竹式和喇叭口式洞门均属于明洞式洞门,是与隧道主体连接的洞口段的衬砌突出于山体坡面的结构,适用于地形开阔、边仰坡不高、仰坡较平缓、隧道轴线与地形等高线正交或接近正交的地带。明洞式洞门的明洞拱背可采用土石回填、浆砌片石回填、裸露或部分裸露;仰坡坡面按自然稳定坡率回填,需防护时应尽可能采用植物防护。

(2) 洞门的视觉处理

按照"整体协调性和自然性原则",公路隧道洞门设计不应强调人工化,应与周围景观协调。隧道洞门形式不提倡宏大、雄伟、醒目,应提倡简洁、隐蔽、淡化洞口处理,营造"悄悄进洞"气氛,使车辆自然驶入隧道。

端墙式、翼墙式、台阶式和柱式洞门,形式变化较多,设计人员有着较宽广的创作空间。采用这些形式的洞门,应注意洞口端墙对驾驶人视线的影响。端墙的色调应采用冷色调,不宜采用暖色调;墙面装饰不应采用光面,应采用亚光或反光弱的装饰面;端墙面不宜设置细腻的图案、雕塑、广告牌等,应采用粗犷、简洁的造型,以免影响驾驶人的视线,分散其注意力。

明洞式洞门,仰坡坡率平缓,洞门结构简单,仰坡、边坡有利于植被的恢复,易与周围景观协调。从行车安全角度,车辆进入隧道前,仰坡正面反射光较弱,光反差小,驾驶人适应光线变化的时间短,有利于行车安全。

(3) 洞门构造及基础设置

洞口仰坡坡脚至洞门墙背的水平距离不宜小于 1.5m,洞门端墙与仰坡之间水沟的沟底至衬砌拱顶外缘的高度不小于 1.0m,洞门墙顶高出仰坡脚不小于 0.5m。

洞门墙应根据情况设置伸缩缝、沉降缝和泄水孔,以防止洞门变形。洞门墙的厚度可按计算并结合其他工程类比确定,但墙身厚度最小不得小于 0.5m。

洞门墙基础必须置于稳固地基上,这是因为通常洞门位置的地形、地质条件比较复杂,有的全为松散堆积覆盖层,有的半软半硬,有的地面倾斜陡峻,为了保证建筑物稳固,作此规定。

洞门墙基础必须埋入地基一定深度(地基面以路面边缘计算),埋入深度视地质情况好坏确定,保证结构物稳定。基础设置在岩石上时,应清除表面强风化层;当风化层较厚难于全部清除时,可根据地基的风化程度及相应的地基容许承载力,将基底埋入风化层中。基底埋入土质地基的深度不应小于 1.0m,嵌入岩石地基的深度不应小于 0.5m;基底埋置深度应大于墙边各种沟、槽基底的埋置深度。斜坡岩基应挖台阶,以防墙体滑动,岩基的废渣均应清除干净,这样才能确保洞门稳定。在松软地基上,地基强度偏小时,可根据情况采用扩大基础、换土、桩基、压浆加固地基等措施。

基底标高应在最大冻深线以下不小于 0.25m;地基为冻胀土层时,应进行防冻胀处理。一般冻胀土壤的特点是:冻胀时土壤隆起、膨胀力大、而解冻时由于水融作用,土壤变软后沉陷,建筑物相应下沉,产生衬砌变形。根据公路工程一般设置基础的经验,要求基底设在冻深线以下不小于 0.25m(所指的冻深线为当地最大结冻深度)。如果冻深线较深,施工有困难,可采取非冻结性的砂石材料换填,也可采用设置桩基等办法。不冻胀土层的地基,如岩石、砾石、乱石、砂等,埋置深度可不受冻结深度的限制。

4. 洞口边仰坡

(1) 一般原则

洞口边仰坡一般多处于不稳定围岩状态,出现的问题也多为边仰坡失稳、坍塌。隧道洞口开挖,极有可能破坏原有山体的稳定,诱发地质病害,严重威胁隧道施工安全和行车安全。因此,隧道洞口开挖必须保证边仰坡的稳定,最大限度地降低边仰坡开挖高度(隧道洞顶到开挖线的垂直距离)。为缩短隧道长度,将洞口设在山沟深处,造成洞口大开挖的做法并不可取。"零"开挖的理念是隧道工程设计及施工技术发展和环境保护的要求。洞口设计时,应以尽量不扰动山体为条件,遵循"早进洞、晚出洞"的原则,避免出现因洞口开挖而破坏边仰坡的稳定、发生坡面坍塌的情况,减少对山体原貌的破坏,保护自然环境。

(2) 开挖高度控制

洞口的边坡及仰坡必须保证稳定,有条件时应贴壁进洞;条件限制时,《公路隧道设计规范》JTG D70—2004 条文规定的边坡及仰坡的设计开挖最大高度见表 5.13。

表 5.13 洞口边、仰坡控制高度

围岩分级	I—II		III		IV		V—VI	
边、仰坡坡率	贴壁	1:0.3	1:0.5	1:0.5	1:0.75	1:0.75	1:1	1:1.25	1:1.25	1:1.5
控制高度(m)	15	20	25	20	25	15	18	20	15	18

隧道稳定仰坡的开挖高度,虽受制于围岩条件(其分级情况如表 5.14 所示),但可以通过采取一些工程措施得到控制。在实际工程中,尽管可以通过放缓开挖坡率、增大开挖高度,并配以一些防护措施等方法保持仰坡的稳定,但这种做法对坡面扰动大,对环境造成的破坏也大,并不可取。

按照安全和环保的要求,洞口仰坡开挖高度,应以能否方便地恢复原有地形、掩盖人工开挖痕迹和隐藏防护结构为条件。洞口仰坡开挖痕迹,可通过接长明洞,在隧道顶回填土石、恢复植被等进行掩饰;洞口坡面(特别是仰坡坡面)应尽可能采取一些构造措施,淡化或隐藏支挡结构物的存在。洞口仰坡开挖高度越小,掩盖、隐藏工程就越小,当仰坡开挖高度小于2.0m时,即可考虑暗挖进洞。

一般情况下,双车道隧道仰坡最大开挖高度建议控制在4.0m以下,三车道隧道仰坡最大开挖高度建议控制在8.0m以下。

表5.14 公路隧道围岩分级

围岩级别	围岩或土体主要定性特征	围岩基本质量指标或修正指标
Ⅰ	坚硬岩,岩体完整,巨整体状或巨厚层状结构	>550
Ⅱ	坚硬岩,岩体较完整,块状或厚层状结构;较坚硬岩,岩体完整,块状整体结构	550~451
Ⅲ	坚硬岩,岩体较破碎,碎裂结构;较坚硬岩或较软硬岩层,岩体较完整,块状体或中厚层结构	450~351
Ⅳ	坚硬岩,岩体破碎,碎裂结构;较坚硬岩,岩体较破碎至破碎,镶嵌碎裂结构;较软岩或软硬岩互层,且以软岩为主,岩体较完整~较破碎,中薄层状结构	350~251
	土体:1) 压密或成岩作用的黏性土及砂性土; 2) 黄土; 3) 一般钙质、铁质胶结的碎石土、卵石土、大块石土	
Ⅴ	较软岩,岩体破碎;软岩,岩体较破碎至破碎;极破碎各类岩体,碎、裂状、松散结构	≤250
	一般第四系的半干硬至硬塑的黏性土及稍湿至潮湿的碎石土、卵石土、圆砾、角砾土及黄土;非黏性土呈松散结构,黏性土及黄土呈松散结构	
Ⅵ	软塑状黏性土及潮湿、饱和粉细砂层、软土等	

注:引自《公路隧道设计规范》JTG D70—2004 表3.6.5,该表不适用于特殊条件的围岩分级。

(3) 坡脚处理

仰坡坡脚土体对保持正面山体稳定很有帮助,特别是地质条件较差时,仰坡坡脚开挖,可能导致仰坡失稳、增加防护工程量。分离式双洞匝道、小净距匝道两线间的仰坡坡脚大多被削除,而直接将左右线洞门墙连成整体(当两线洞门处在同一断面时,这种情况更多),这种处理方式不宜提倡。

5.3 隧道线形设计成果

5.3.1 初步设计阶段

公路工程初步设计第五篇"隧道"中的线形设计成果主要包括:隧道表,隧道(地质)平面图、隧道(地质)纵断面图、隧道建筑限界及内轮廓方案图、隧道进出口方案图。

(1) 隧道表

列出隧道名称、起讫桩号、长度、净空、洞内路线线形(纵坡及坡长、平曲线半径及平曲线长度)、洞门形式(进口、出口)等。高速公路、一级公路按左线、右线分列。

(2) 隧道(地质)平面图

示出地形、地物、导线点、坐标网格、路线线形及交点要素,地层的岩性、界线、地质构造及其产状等,绘出隧道洞口、洞身、斜井、竖井、避车洞,标出钻孔、坑、槽探和物探测线等位置及编号。高速公路、一级公路还应示出人行横洞、车行横洞、紧急停车带的位置和联络道等,比例尺采用1∶1000～1∶2000。

(3) 隧道(地质)纵断面图

示出地面线、钻孔柱状图式、坑、槽探和物探测线位置,地层和构造带的岩性、产状及界面线,绘出隧道进口位置及桩号、洞身、斜井、竖井、避车洞及消防等设施预留洞等,图的下部各栏示出工程地质、水文地质、坡度及坡长、地面高程、设计高程、里程桩号、围岩级别、衬砌型式及长度。高速公路、一级公路还应示出人行横洞、车行横洞等。水平比例尺采用1∶1000～1∶2000,垂直比例尺采用1∶500～1∶2000。

(4) 隧道建筑限界及内轮廓方案图

包括横洞、斜井、竖井、紧急停车带的建筑限界及内轮廓方案,按不同类型分别绘制。比例尺采用1∶100～1∶200。

(5) 隧道进、出口方案图

按不同形式绘出洞门立面、纵断(地质)面、平面方案图和洞口连接方式及联络道方案,比例尺采用1∶100～1∶200。

5.3.2 施工图设计阶段

公路工程施工图设计第五篇"隧道"中的线形设计成果主要包括隧道表、隧道(地质)平面图、隧道(地质)纵断面图、隧道(横洞)建筑限界及内轮廓图和隧道一般设计图。

(1) 隧道表

施工图阶段的隧道表要求与初步设计相同。

(2) 隧道(地质)平面图

施工图阶段的隧道(地质)平面图要求与初步设计相同。

(3) 隧道(地质)纵断面图

施工图阶段的隧道(地质)纵断面图要求与初步设计相同。

(4) 隧道(横洞)建筑限界及内轮廓图

施工图阶段的隧道(横洞)建筑限界及内轮廓图要求与初步设计相同。

(5) 隧道一般设计图

按不同型式绘出洞口、洞门、洞身立、纵、平面的一般设计图,标注各部尺寸,比例尺采用1∶100～1∶200。

第6章 道路线形设计新理念

社会的发展、人类文明的进步对道路设计提出了更高的要求,道路设计者在总结实践工作经验与教训的基础上也提出了许多新的道路设计理念以满足人们对道路更高的要求。本节对国内外一些道路设计新理念进行了总结。

6.1 灵活设计理念

美国联邦公路管理局(FHWA)在20世纪90年代后期出版了一本名为 *Flexibility in Highway Design*(《公路设计灵活性》)的书,书中提出了设计灵活性的理念。这是因为美国联邦公路管理局充分认识到了"在保护甚至是加强对环境、自然风景、人文历史及社会资源建设的同时,为公众提供安全、高效的交通运输服务是一个巨大的挑战"。

每一个道路建设项目在地理位置、地形地貌、地质条件、气候气象、社会环境、文化传统、风俗习惯、审美特点等都具有独特性,道路使用者的需求等也有所不同,这些都构成了不同地区特有的道路景观环境。道路设计者需要在运输功能、安全与周围自然和社会环境之间协调和平衡。因此,为适应道路个性,设计中需要"灵活性"。

《公路设计灵活性》认为设计灵活性并不是试图去创建一个新的标准,而是以对标准、规范的深刻理解和掌握为根本,在确保道路安全性、功能性的同时,以最大限度维护道路与景观环境的协调为目的。这种协调包括道路自身和沿线景观的协调、自然和人文景观的协调,甚至包括驾乘人员的生理和心理感受的维护与提高。美国道路设计灵活性主要体现在标准指标体系、建设方案和超标设计等方面。

6.1.1 标准指标体系的灵活性

美国各州公路与运输工作者协会(AASHTO)所制定的《绿皮书》可以视作美国国家设计标准,在该书序言中明确地指出:此书的目的在于向设计人员提供指导方针,对关键性指标给出推荐的设计数值范围,允许充分的灵活性是为了鼓励针对特殊的情况给出切合实际的设计方案。所有的州可以不必将《绿皮书》作为它们的标准,在遵守总体指导方针的前提下,各州标准指标的制定可以存在差异,见表6.1。

表6.1 《绿皮书》与各州设计准则之间的差别

设计速度(km/h)	最小停车视距(m)			
	AASHTO	加利福尼亚州	俄勒冈州	弗吉尼亚州
60	74.3～84.6	85	80	80
80	112.8～139.4	130	120	120

第6章 道路线形设计新理念

续表

设计速度(km/h)	最小停车视距(m)			
	AASHTO	加利福尼亚州	俄勒冈州	弗吉尼亚州
100	157~205	190	160	160
120	202.9~285.6	255	210	210
130	无规定	290	无规定	无规定

如表 6.1 所示，《绿皮书》提供了最小停车视距的数值范围，而三个州都仅给出了一个最小允许数值。在每种情况下，加利福尼亚州的要求都是最高的。加州给出了一个更高设计速度 130km/h 所对应的最小停车视距，而《绿皮书》、俄勒冈州和弗吉尼亚州的标准都没有规定超过 120km/h 设计速度的最小停车视距，暗示不鼓励采用超过 120km/h 的设计速度。俄勒冈州和弗吉尼亚州允许的最小停车视距处于《绿皮书》允许的标准值范围的中低值，而这种情况在大多数州基本相同。

6.1.2 建设方案的灵活性

美国罗得岛州大多数公路沿线有很多的历史、景观和文化资源，在选择建设方案时，如果大量改移老路的线形，将会给沿线资源带来负面影响，在选择建设方案时一般倾向采用利用老路进行改造的方案，也就是维持现有公路的平、纵、横断面，仅仅进行重新罩面、修复和更换标志（又称 3R 原则）。

6.1.3 超标设计的灵活性

尽管标注指标体系的灵活、建设方案的灵活已经使设计具有了一定程度的灵活性，但仍存在即使使用最低标准和指标，也会导致较高造价或对周围环境产生较大影响的情况。对于这些情况，《公路设计灵活性》允许超标设计重新评估规划阶段的决策，需要时允许降低设计速度，在受到环境条件严格限制时，经过论证可以超标设计。

设计灵活性使设计人员具有了很大的发挥空间，但是这种发挥并非没有限制，《公路设计灵活性》用了很大的篇幅来论述设计的灵活性其实是一个相当严格的灵活，是建立在充分评估和审慎批准基础上的，对于美国国家公路网的项目，要求所有的超标设计必须以一定的方式加以论证，论证评估的内容应包括：

1) 结合交通特性、历史交通事故调查和前后路段状况，评价超标设计对公路运行安全的影响；

2) 结合公路项目类型、使用功能及交通量等，评价超标设计的功能适用性；

3) 评价如果坚持达到标准可能引起的工程造价，以及对道路自然景观、社会景观和其他景观要素的影响；

4) 评价设计指标需要被降低到何种程度、超标指标的采用可能引起的连锁反应（影响其他指标），以及能否通过降低其他设计要素减轻这一问题。

6.1.4 灵活设计路线

线位与景观环境应相协调，线位的选择应保持景观的完整性，如图 6.1 所示；同时路线不应切割观景者的视野,如图 6.2 所示。根据路线周围具体环境,灵活布置道路的横断面、路基、匝道等。

图 6.1　保持景观的完整性

图 6.2　路线切割了景观

6.2　宽容设计理念

据统计,在世界的总人口中,每年有近 1.9% 的人死于道路交通事故,20 世纪,全世界因道路交通事故累计死亡 2585 万人,比第一次世界大战中死亡的人数还要多。

行为安全和车辆安全的提高是一个战略性的长期发展目标,社会发展、科技进步的渐进性,决定了其必然需要经历漫长的发展过程。

此外,任何道路交通事故均不同程度存在着必然性和偶然性,任何发展阶段均无法彻底根除偶然交通事故对人类生命安全的威胁。

美国、澳大利亚等发达国家认识到了提高行为安全、车辆安全是一项长期艰巨的任务。提出了从改善环境安全入手,通过优化道路设计,弥补行为安全、车辆安全的不足,消除必然交通事故、降低偶然事故概率。

从道路设计角度来看,多个设计控制要素对交通安全存在影响,总体上可归并为包括平、纵、横在内的线形设计和包括净区宽度、路侧边坡、排水设施、交通工程的路侧设计。

一般认为,线形设计和路侧设计对提高道路交通安全具有不同效果:一个基于人、车、路的人性化线形设计可消除特定的必然交通事故;宽容的路侧设计可降低偶然交通事故概率、减轻事故损失;而常规意义的护栏则是挽救驾乘人员生命的底限。

在世界大多数国家和地区,尤其是在亚洲和太平洋地区等发展中国家交通事故死亡率不断攀升的同时,美国交通事故死亡率明显下降,这主要得益于美国始于 20 世纪 60 年代,花费 40 年时间进行完善和推广,到目前已被全社会和全行业广泛接受的"宽容的路侧设计理念"及相应的规划和设计方法。

6.2.1　路侧安全

1. 国外路侧安全状况

美国致死事故分析系统(FARS)显示:各种道路致死事故中,39% 为单车冲出路外(SV ROR)事故(见图 6.3)。

欧洲的研究项目 RISER 统计结果为路侧事故在德国、希腊和奥地利分别约占总数的 19%、19% 和 22%,然而这些事故造成的死亡人数却高达 33%、34% 和 36%(见图 6.4)。

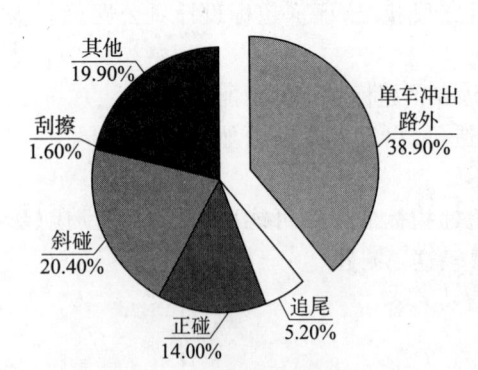

图 6.3　美国路侧事故情况

第 6 章　道路线形设计新理念

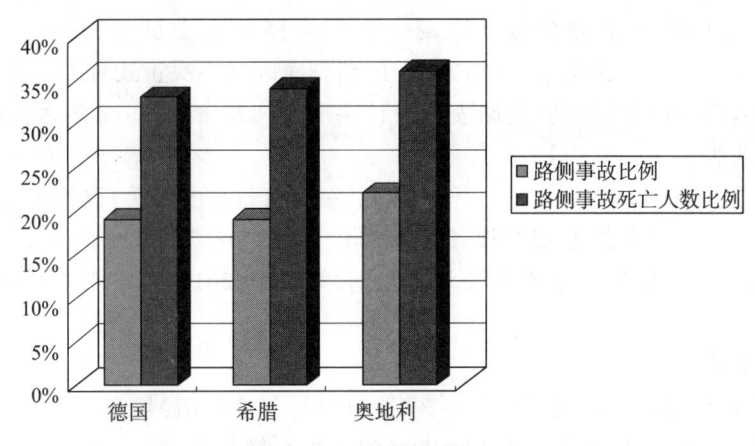

图 6.4　欧洲路侧事故情况

2. 我国路侧安全状况

在我国一次死亡 3 人以上的重特大恶性事故中，由于车辆冲出路外坠落陡崖或高桥的路侧事故约占一半。基于北京和贵州地区 31 条双车道公路（总里程约 740km）的事故资料统计显示：路侧事故数约占全部事故的 1/4，然而这些路侧事故却造成了 40% 的死亡率和超过一半的重伤。

图 6.5　我国路侧安全状况

考察单车冲出路面的原因，不乏因设计不完善、管理不利等所埋下的安全隐患，同时也包括了大量诸如恶劣天气影响，甚至驾驶人失误等偶然因素。但无论是何种因素造成事故，宽容的路侧设计均可避免或减轻路侧事故损失。

3. 路侧安全设计

路侧安全设计（Roadside Safety Design）是指针对路侧进行的安全设计，又称为路外设计或路侧设计。20 世纪 70 年代末期，"宽恕型道路设计"（Forgiving Highway Design）理念被广泛接受。在此基础上，发达国家开始将路侧安全设计引进、整合到道路设计中。

目前，路侧安全设计已成为提高道路安全性能的不可缺少的一个重要部分。

6.2.2　路侧净区

1. 概念的提出

行车道左侧或右侧边线向外伸展的一段安全区域称为路侧净区，全名为 Roadside Clear Recovery Zone，是在美国洲际公路大发展时期，安全隐患逐步暴露出来时提出的。

1963年,路侧净区的概念最早出现在美国公路研究委员会(Highway Research Board,HRB)的一次会议论文中;1965年5月,路侧净区第一次正式写入公路规范——联邦公路管理局(FHWA)出版的《公路安全设计手册》;1973年和1978年,《公路安全设计手册》被两次改版。

1989年,美国各州公路及运输工作者协会(AASHTO)出版了《路侧安全设计指南》第一版;1996年,出版了《路侧安全设计指南》第二版;2002年,出版了《路侧安全设计指南》2002版;2006年,出版了《路侧安全设计指南》第三版;2011年,出版了《路侧安全设计指南》第四版。

2. 路侧净区宽度

我国尚无路侧净区宽度的研究成果。《路侧设计安全指南》规定:高速公路行车道边缘以外不少于9m的路侧净区宽度可使80%的失控车辆得到恢复。但是,对于交通量较大的高速公路,路堤边坡较陡时,9m的路侧净区宽度是不够的;相反,对于交通量较小的低速公路,9m的路侧净区宽度又过大。因此,路侧净区宽度的选定,应综合考虑交通量、设计速度和路基边坡坡率。运行速度越高、交通量越大、填(挖)方边坡坡度越陡(缓),则所需要的路侧净区宽度越大。表6.2为美国规定的直线路段路侧净区宽度规定值。

表6.2 美国直线路段路侧净区宽度

设计速度 (km/h)	平均日交通量 (veh/d)	路堤坡度 ≤1:6	路堤坡度 ≥1:3	路堤坡度 ≥1:3	路堑坡度 ≥1:3	路堑坡度 ≥1:3	路堑坡度 ≤1:6
≤60	≤750	2.0~3.0	2.0~3.0	—	2.0~3.0	2.0~3.0	2.0~3.0
	750~1500	3.0~3.5	3.5~4.5	—	3.0~3.5	3.0~3.5	3.0~3.5
	1500~6000	3.5~4.5	4.5~5.0	—	3.5~4.5	3.5~4.5	3.5~4.5
	≥6000	4.5~5.0	5.0~5.5	—	4.5~5.0	4.5~5.0	4.5~5.0
70~80	≤750	3.0~3.5	3.5~4.5	—	2.5~3.0	2.5~3.0	3.0~3.5
	750~1500	4.5~5.0	5.0~6.0	—	3.0~3.5	3.5~4.5	4.5~5.0
	1500~6000	5.0~6.0	6.0~8.0	—	3.5~4.5	4.5~5.0	5.0~6.0
	≥6000	6.0~6.5	7.5~8.5	—	4.5~5.0	5.5~6.0	6.0~6.5
90	≤750	3.5~4.5	4.5~5.0	—	2.5~3.0	3.0~3.5	3.5~4.5
	750~1500	5.0~5.5	6.0~7.5	—	3.0~3.5	4.5~5.5	5.0~5.5
	1500~6000	6.0~6.5	7.5~9.0	—	4.5~5.0	5.0~6.0	6.0~6.5
	≥6000	6.5~7.5	8.0~10.0	—	5.0~5.5	6.0~6.5	6.5~7.5
100	≤750	5.0~5.5	6.0~7.5	—	3.0~3.5	3.5~4.5	4.5~5.0
	750~1500	6.0~7.5	8.0~10.0	—	3.5~4.5	5.0~5.5	6.0~6.5
	1500~6000	8.0~9.0	10.0~12.0	—	4.5~5.5	5.5~6.5	7.5~8.0
	≥6000	9.0~10.0	11.0~13.5	—	6.0~6.5	7.5~8.0	8.0~8.5
110	≤750	5.5~6.0	6.0~8.0	—	3.0~3.5	4.5~5.0	4.5~5.0
	750~1500	7.5~8.0	8.5~11.0	—	3.5~5.0	5.5~6.0	6.0~6.5
	1500~6000	8.5~10.0	10.5~13.0	—	5.0~6.0	6.5~7.5	8.0~8.5
	≥6000	9.0~10.5	11.5~14.0	—	6.5~7.5	8.0~9.0	8.5~9.0

平曲线处路侧净区的宽度应适当增大,其计算公式如下:

$$CZ_C = L_C \cdot K_{CZ} \tag{6.1}$$

式中　CZ_C——曲线外侧路侧净区的宽度,m;

　　　L_C——直线段路侧净区宽度,m;

　　　K_{CZ}——路侧净区宽度圆曲线半径修正系数,见表6.3。

表6.3　路侧净区宽度圆曲线半径修正系数

圆曲线半径 (m)	设计速度(km/h)					
	60	70	80	90	100	110
900	1.1	1.1	1.1	1.2	1.2	1.2
700	1.1	1.1	1.2	1.2	1.2	1.3
600	1.1	1.2	1.2	1.2	1.3	1.4
500	1.1	1.2	1.2	1.3	1.3	1.4
450	1.2	1.2	1.3	1.3	1.4	1.5
400	1.2	1.2	1.3	1.3	1.4	—
350	1.2	1.2	1.3	1.4	1.5	—
300	1.2	1.3	1.4	1.5	1.5	—
250	1.3	1.3	1.4	1.5	—	—
200	1.3	1.4	1.5	—	—	—
150	1.4	1.5	—	—	—	—
100	1.5	—	—	—	—	—

3. 边坡的影响

1）填方坡度陡于1∶3的边坡上无法行车,故不能作为有效路侧净区;

2）当填方边坡在1∶3.5和1∶5.5之间时,驾驶员就有较多的机会控制车辆下坡,故可利用1/2宽度的边坡作为路侧净区;

3）当填方边坡为1∶6或更缓时,整个坡面均可作为路侧净区;

4）挖方边坡是1∶2或更陡时,对于潜在危险一般不采取防护措施。

4. 路侧净区与红线的关系

路侧净区与路权红线并不冲突,路侧净区是安全设计时工程师应考虑的出发点,是个相对虚设的概念,而路权红线是道路购地时受客观条件限制实际考虑的。

在新建道路和旧路安全改造时,如果计算出的路侧净区宽度在红线范围内,最好不过,如大片农村地区或荒地;如果计算出的路侧净区宽度在红线范围以外,也没有必要多花钱买地向外拓展红线,可以退而求其次,采用对应的防护措施。

5. 路侧净区在我国的适用性

(1) 我国的高路基问题

在我国目前的情况下,高速公路的高路基问题导致完全按路侧净区宽度执行是难以实现的。高速公路是百年大计,路基高上去了,到时再想下来就难了。从安全角度看,高路基必是将来一大隐患。中国8万多公里的高速公路两侧没有必要都设置护栏,将这些不必设护栏的路段改用路侧净区,稍稍处理一下边坡,使之符合路侧净区的要求,这样既节省造价,还更安全。

控制路基高度可以保证公路路基稳定和营运安全,如果过分追求高标准的路线线形指标,或者单纯追求路基填挖平衡,就会造成大填大挖,破坏山体平衡,对周围环境带来不良影响。当路基填方高度较高时采用桥梁方案,挖方深度较大时采用浅埋隧道方案,可以避免对周围环境的破坏,节约耕地,使得公路与周围环境融为一体。路基填挖高度控制指标如下:

1) 路基中心填方高度不应大于20m,若大于20m时,原则上采用桥梁。
2) 路基中心挖方深度不应超过30m,若超过30m时,原则上采用隧道。
3) 路基挖方边坡高度不应超过40m,如超过40m,需要优化路线方案,可采用桥梁、隧道或半桥半路、半隧半路、纵向分离式路基等。

(2) 低等级公路的路侧净区

从整个路网结构和公路里程分析,我国高等级公路只占全国公路总里程的3%,其余97%都是二级及二级以下双车道公路。美国也是如此,其640万公里的公路里程中,高速公路只占2%,约80%以上的公路交通死亡事故都是发生在低等级公路上的。

在这点上,中美是相同的,所以可将安全计划的重点放在低等级公路上,这些路没有高路基问题。这些低等级公路完全可以采用路侧净区的概念,通过清除路侧净区内的障碍物,满足安全要求。

(3) 路侧危害物

此外,中国还有自己的其他实际情况,比如城镇地区路侧多自行车和行人交通,乡村公路路侧有慢速农用车辆。

路侧自行车和行人交通对冲出道路的事故车辆与人员应当不算危害物,但要实际分析和验证。路侧慢速农用车辆中,会有部分种类车辆是危害物,另外一些车辆未必是危害物,但要实际分析和验证。

总之,路侧安全设计理念同样应该用于中国,把它作为公路安全设计的出发点,作为是否使用护栏等防护措施的依据。

6.2.3 路基边坡

1. 填方路基边坡形式

传统设计中,填方路基边坡主要从满足路堤稳定性角度来选择边坡形式。主要形式包括直线形、折线型和阶梯式等(见图6.6)。

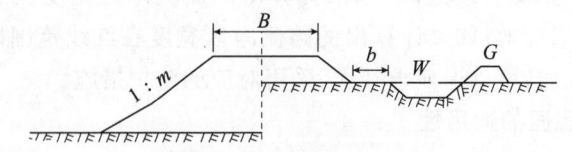

图 6.6 填方路基边坡形式

边坡设计应为失控车辆安全返回提供机会,新设计理念下的路堤边坡形式为流线型。流线型边坡的设计要点如下:

第6章 道路线形设计新理念

1) 取消路肩和坡脚的折角。
2) 从土路肩到路堤边坡坡脚的边坡表面线形组成为圆曲线—直线—抛物线。
3) 路基取土坑的位置设置在公路视线之外。
4) 由于地形起伏和路线纵坡的变化，填方路段若采用一成不变的边坡，顺路线方向边坡脚之间呈折线形变化，路容不自然，把过渡区的转折点做成宽展的弧形，形成纵向的连续弧形坡面，如图6.7所示。

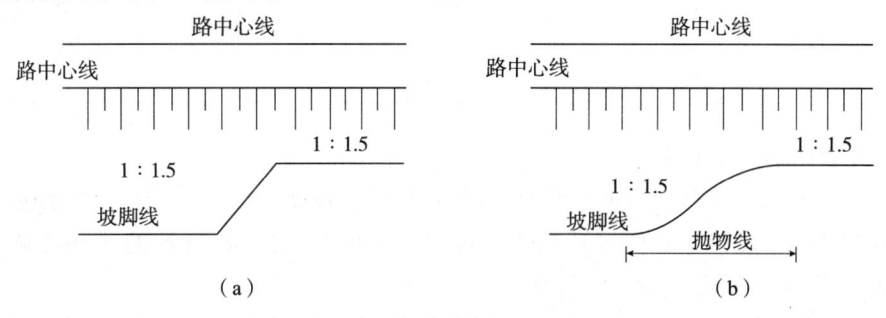

图6.7 路基边坡坡脚线处理

5) 斜坡上的填方路堤，常在路堤内侧出现窄的凹坑，传统设计中常把凹坑留下，路基横断面上的地形呈折线变化，出现不雅的外貌。此时，应将该凹坑填平，并设置浅碟形边沟，使得路堤与斜坡之间连接圆滑、平顺，路堤尽可能融入自然环境，如图6.8所示。

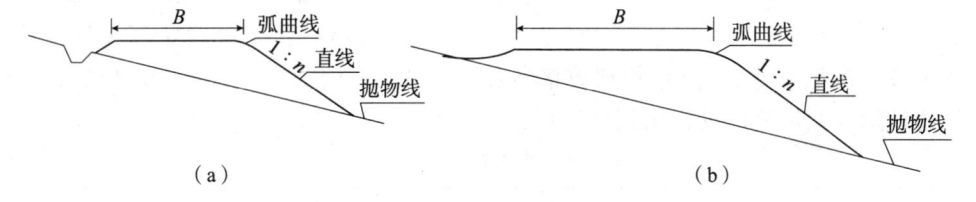

图6.8 斜坡路堤上的凹坑处理

2. 填方路基边坡坡率

《公路路基设计规范》JTG D30—2004 规定：当地质条件良好，边坡高度不大于20m时，其边坡坡率不宜陡于表6.4的规定值。对边坡高度超过20m的路堤，边坡形式宜采用阶梯形，边坡坡率应按照规定由稳定性分析计算确定，并应进行个别设计。浸水路堤在设计水位以下的边坡坡率不宜陡于1:1.75。

表6.4 路堤边坡坡率

填料类别	边坡坡率	
	上部高度($H \leq 8m$)	下部高度($H \leq 12m$)
细粒土	1:1.5	1:1.75
粗粒土	1:1.5	1:1.75
巨粒土	1:1.3	1:1.5

设计路堤边坡坡率时，需要根据填料的物理性质、边坡高度、工程地质条件等，首先选择满足路堤边坡稳定性要求的坡率。然后再结合路堤边坡高度、地形条件和土地类别，因

地制宜放缓边坡坡率,使路基与周围环境相融合,并尽量为失控车辆提供适当的救险机会。考虑环境协调的土质边坡设计建议值见表6.5。

表6.5 考虑环境协调的土质边坡设计建议值

边坡高度(m)	不同地带类型的土质边坡	
	地形平缓	地形较陡
0~3	1:4~1:6	1:2~1:4
3~6	1:1.5~1:4	1:1.5~1:1.75
>6	1:1.5~1:2	1:1.5~1:1.75

3. 挖方路基边坡形式

传统设计中,选择路堑边坡形状时,以保证路堑边坡稳定为重点,着重考虑地形、地质条件,没有考虑边坡形状对周围环境景观可能产生的负面影响,开挖的路基边坡形状方正、棱角分明,给人呆板、生硬之感。

挖方边坡形式分为直线形、流线形、折线形、台阶形。路堑边坡形式应灵活自然,结合边坡土的自然属性来选择边坡形状。自然开挖的边坡可以张扬个性,保留稳定的孤石可以点缀个性。

4. 挖方路基边坡坡率

土质路堑边坡坡率应根据工程地质与水文地质条件、边坡高度、排水设施、施工方法,并结合自然稳定山坡和人工边坡的调查及力学分析综合确定。《公路路基设计规范》规定:当边坡高度不大于20m时,边坡坡率不宜陡于表6.6的规定;路堑边坡高度大于20m时,其边坡形式及坡率应进行个别勘察设计。

表6.6 土质路堑边坡坡率

土的类别		边坡坡率
黏土、粉质黏土、塑性指数大于3的粉土		1:1
中密以上的中砂、粗砂、砾砂		1:1.5
卵石土、碎石土、圆砾土、角砾土	胶结和密实	1:0.75
	中密	1:1

在地形许可的情况下,应尽量采用较缓的坡率。从景观协调角度考虑,土质挖方边坡坡率建议值见表6.7。

表6.7 土质路堑边坡坡率建议值

边坡高度(m)	地形特征	
	地形平缓	斜坡较陡
0~3	1:2~1:3	1:1.5~1:2
3~10	1:1.5~1:2	1:1.25~1:1.75
>10	1:1.25~1:1.5	1:1~1:1.5

岩石挖方边坡坡率应根据工程地质与水文地质条件、边坡高度、施工方法,结合自然

第 6 章 道路线形设计新理念

稳定边坡和人工边坡的调查综合确定。必要时可采用稳定性分析方法予以检验。边坡高度不大于30m时,边坡坡率可按表6.8确定,有可靠的资料和经验时,可不受该表限制,Ⅳ类强风化包括各类风化程度的极软岩。

表 6.8 岩质路堑边坡坡率

边坡岩体类型	风化程度	边坡坡率 H<15m	边坡坡率 15m≤H<30m
Ⅰ	未风化、微风化	1:0.1～1:0.3	1:0.1～1:0.3
Ⅰ	弱风化	1:0.1～1:0.3	1:0.1～1:0.5
Ⅱ	未风化、微风化	1:0.1～1:0.3	1:0.3～1:0.5
Ⅱ	弱风化	1:0.3～1:0.5	1:0.5～1:0.75
Ⅲ	未风化、微风化	1:0.3～1:0.5	—
Ⅲ	弱风化	1:0.5～1:0.75	—
Ⅳ	弱风化	1:0.5～1:1	—
Ⅳ	强风化	1:0.75～1:1	—

对于有外倾软弱结构面的岩质边坡、坡顶边缘附近有较大荷载的边坡、边坡高度超过表6.8规定范围的边坡,边坡坡率应按《公路路基设计规范》有关规定通过稳定性分析计算确定。

6.2.4 排水工程

1. 边沟

边沟可采用三角形、浅碟形、梯形或矩形横断面。高速公路及一级公路宜采用浅三角形或碟形边沟,过水面积较大时,可采用带泄水孔盖板的矩形边沟。

边沟的位置一般在土路肩外侧,纵坡坡度尽可能与路线纵坡坡度一致。边沟出水口的间距,一般地区不宜超过500m,多雨地区不宜超过300m,三角形和碟形边沟不宜超过200m。

(1) 三角形边沟

采用铺草皮、浆砌片石、预制或现浇混凝土进行冲刷防护;大流量时,可与埋置的圆管及进水口配合使用;内侧边坡坡度一般为1:2～1:3,外侧边坡坡度为1:1～1:2,如图6.9所示。

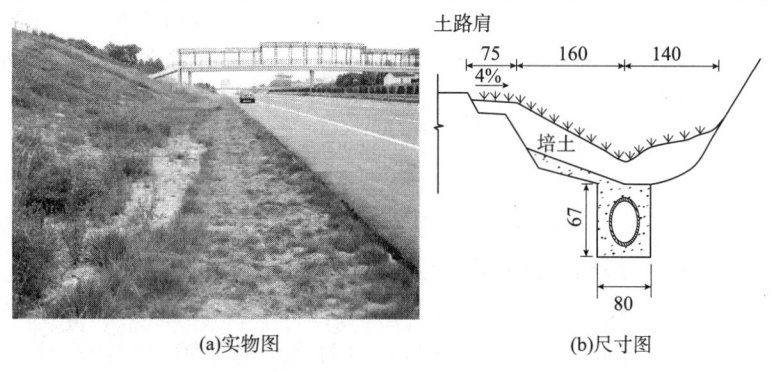

(a)实物图 (b)尺寸图

图 6.9 路堑三角形边沟

（2）浅碟形边沟

在公路用地受限制较小的路段，可考虑设置浅碟形边沟，如图6.10所示，其特点为能使失控的车辆安全地逾越；给人以开阔感，从而减轻驾驶人的紧张心理。

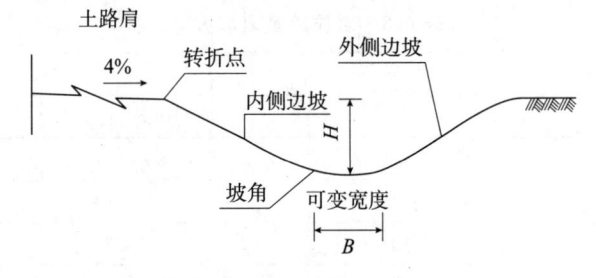

图6.10 浅碟形边沟

浅碟形边沟设计注意事项如下：
1）内侧边坡坡度不宜陡于1∶4，外侧边坡坡不宜陡于1∶3；
2）边沟断面应满足排洪的要求；
3）用草皮铺砌通常是最经济的形式。

（3）带泄水孔盖板的矩形边沟

带泄水孔盖板的矩形边沟适用于汇水面积较大且排水距离较长的挖方路基边沟，断面尺寸满足流量要求即可。盖板一般可采用厚度为10~12cm的钢筋混凝土板，如图6.11所示。

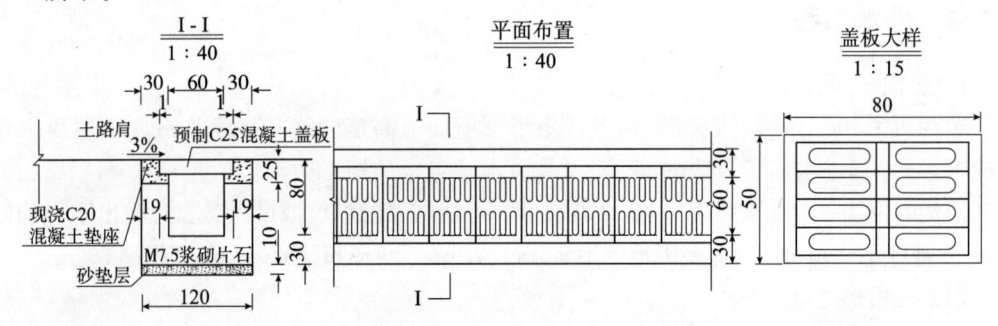

图6.11 带泄水孔盖板的矩形边沟

（4）预制混凝土边沟

预制混凝土边沟改变了传统边沟的生硬粗犷，线条流畅。可在流量较小、流速较高且石料供应较匮乏的地段采用，如图6.12所示。矩形和梯形边沟的底宽和深度不宜小于0.4m，北方干旱地区可适当减小至0.3m。

2. 排水沟

排水沟的作用为连接各种排水设施，将水引排到附近自然水道或桥涵，从而形成完善的排水系统。一般为梯形断面，深度和宽度均不宜小于0.5m。

坡率视土质而定，一般土层可用1∶1~1∶1.5。尽量采用直线，如必须转弯，其半径不宜小于10~20m。长度通常宜在500m以内。排水沟的防护应按冲刷控制，尽量采用植物防护。

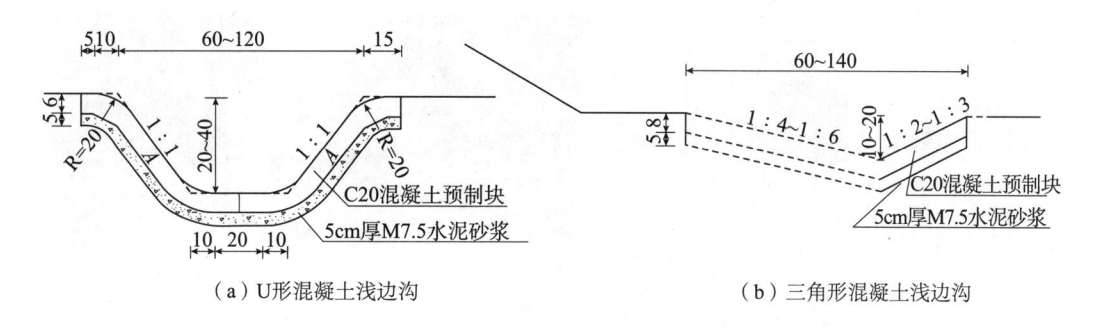

(a) U形混凝土浅边沟　　　　　　　　(b) 三角形混凝土浅边沟

图 6.12　预制混凝土边沟

3. 截水沟

路堑或路堤边坡上方流入路基的地表径流量较大时,应设置拦截地表径流的截水沟。截水沟设在路堑坡顶 5m 或路堤坡脚 2m 以外。

截水沟长度以 200~500m 为宜,超过 500m 时,可在中间适宜位置处增设泄水口。一般采用梯形或矩形断面,边沟坡度为 1:0.5~1:1.0,沟底宽度和深度不宜小于 0.4m。

6.2.5　解体消能设施

伴随着路侧安全设计理念的建立,美国提高路侧安全的设计原则与现实环境出现了一定偏差,即路侧安全空间范围内不可避免地需要设置一些道路交通设施。例如:交通标志、路灯、交通信号灯、求救设施、电线杆柱等设施,当发生驾驶过失而驶入路侧区域的失控车辆与这些路侧设施发生碰撞,屡屡引发严重的交通事故。美国每年大约有 3000 人死于这类事故。从而,如何提高失控车辆驶入此类路侧区域的安全性,降低冲出行车道的车辆与这些路侧设施发生碰撞的可能性或减轻其对失控车辆的伤害程度,成为备受关注的安全问题。路侧解体消能设施的设计理念由此而诞生,即在受到车辆撞击时,通过自身的解体来吸收碰撞能量,从而减轻事故严重性。

1. 连接方式

美国给出的解体消能装置的理想工作状况为当失控车辆撞击到解体消能的杆柱时,杆柱底部发生解体,杆柱发生位移,且位移方向与车辆撞击后的行驶方向一致,通过将可解体杆柱与其底座之间的特殊连接方式来实现。其特殊的连接方式分为底部弯曲型连接、底部易断裂型连接、滑动底座连接三种。

(1) 底部弯曲型连接

杆柱由 U 形槽钢、多孔方形钢管、薄壁铝管或薄壁玻璃纤维管构成。底部发生弯曲的部分是由 100mm×300mm×6mm 的钢板与支柱底部焊接或螺栓连接而形成的,如图 6.13 所示。

(2) 底部易断裂型连接

用木栓、钢栓或铝制品将杆柱与置于底座上的独立固定器相连。通过将木栓、钢栓等构件将底座与杆柱连接并固定在一起。在正常使用状态下,起到连接作用;当底部受到事故车辆的撞击时,在固定器处的连接件发生断裂,杆柱实现解体,如图 6.14 所示。

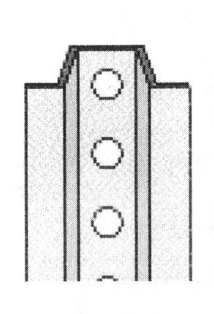

图 6.13　弯曲破坏　　　　　　　图 6.14　折断破坏

(3) 滑动底座连接

滑动底座由 2 块平行的钢板,在钢板四角用螺栓连接构成。当车辆碰撞时,连接 2 个平行滑板的螺栓受到外力被拔出,滑板自然分离,达到解体的目的,如图 6.15 所示。这种设计可以是单方向受力可解体型,也可以是多方向受力可解体型。单方向受力可解体杆柱底座的基本类型分为水平和倾斜 2 种滑动底座。倾斜的设计利用 4 个铆接的滑动底座与水平方向夹角为 10°~20°,这个角度确保车辆在通过时不会撞到挡风玻璃或者车顶。多向受力可解体的滑动底座,其底座被设计成三角形,在受到不同方向撞击时都能产生解体。

图 6.15　剪切破坏

2. 设置地点及适用条件

(1) 设置地点

解体消能设施设置地点应注意以下要点:

1) 不应设置在排水沟内,以免腐蚀、冰冻影响其功能的正常发挥。

2) 不应设置在陡坡上,否则有可能导致解体消能基础处的弯矩过大,束缚了解体消能设施破坏机理。

3) 在临近公共汽车站或大量行人出入的地点应避免设置。

4) 应尽量使其受失控车辆撞击的概率降至最低。

(2) 适用条件

解体消能标志的适用条件如下:

1) 门架型、悬臂型不能制作成解体消能结构。

2) 小型路侧标志(板面面积≤5m²)可采用弯曲破坏、折断破坏或剪切破坏的解体方式。

3) 大型路侧标志(板面面积>5m²)一般采用折断破坏或剪切破坏的解体方式,立柱的铰接点应至少高于路面 2.1m;多柱式标志之间的柱距大于 2.1m 时,则单根立柱的单位质量应小于 67kg/m;多柱式标志之间的柱距小于 2.1m 时,则单根立柱的单位质量应小于 27kg/m;铰接点之下不得设置任何辅助标志。

6.3 景观设计理念

景观是指由地貌和各种干扰作用(特别是人为作用)而形成的具有特定的结构功能和动态特征的宏观系统。它体现了人对环境的影响及环境对人的约束,是一种文化与自然的交流。景观的美不仅是形式的美,更是表现生态系统精美结构与功能的有生命力的美,它是建立在环境秩序与生态系统良性运转轨迹之上的。道路景观设计就是从美学观点出发,为使道路与周围景观协调而进行的设计。

6.3.1 道路景观的分类与特性

1. 道路景观的分类

(1) 自身景观和沿线景观

以路权为界,道路景观可分为自身景观和沿线景观。

道路自身景观包括道路线形(平、纵、横)、道路构造物(挡墙、护栏、路缘石、边沟、边坡、桥涵、隧道、互通等)、服务性设施(休息服务区、加油站、收费站、观景台和标志牌等)及道路绿化等。

道路沿线景观是道路所处的外部行驶环境,是构成道路整体景观的主体,同时也是乘客在行驶过程中的主要观赏对象。道路自身景观可以通过景观设计等加以修饰,道路沿线景观只能在规划和设计阶段,通过选择与周围景观协调的路线来实现。

(2) 自然景观和人文景观

按客体构成要素,道路景观可分为自然景观和人文景观。

自然景观主要指自然形成的地形、地貌(如平原、山区、草原、森林、大海、沼泽等)、植物景观、动物景观、水体景观及四季气候时令变化带来的景观,这些景物恰恰又属于单元生态系统,故又可称为生态景观。

人文景观是指道路沿线的风土人情,沿线生活的人们用自己的智慧、勤劳和双手创造出的各种社会、民族、宗教、文化、艺术等特殊工程景物(如城镇、村寨、庙宇、水坝和大桥等)及道路自身。

(3) 动态景观和静态景观

按观赏者活动方式,道路景观可分为动态景观和静态景观。

驾驶人和乘客在行驶过程中所见到的连续变化的道路线形、边坡及植被等,称为动态景观,也可称为线性景观。

从休息设施、观景台或独立景点及桥梁等处所见到的相对静止的景观,称为静态景观,亦称点式景观。

这种分类方法主要用于研究驾驶人和乘客处于高速行驶、慢行或静止的不同状态时,对动态景观和静态景观的不同生理和心理感受、视觉欣赏特征,以及与之对应的动态景观序列空间设计和静态景观的组景设计技巧、方法。

(4)保护利用景观和设计创作景观

按对道路景观的保护、利用、创造、设计,道路景观可分为保护利用景观和设计创造景观。

这种分类方法可使道路规划、设计和建设者明确哪些景观需在道路规划和实际中予以避让和保护,哪些景观可以改造,哪些景观可予以开发和利用,哪些景观应进行设计和创造。

(5)内部景观和外部景观

按使用者视点不同,道路景观可分为内部景观和外部景观。

行驶在道路上及驻足在道路附属设施(如停车场、服务区、观景台等)内的驾驶人和乘客所见到的景观称为内部景观。

从道路沿线居住地等其他道路以外的视点所看到的包括道路在内的景观称为外部景观。

2. 道路景观的特性

道路附着于大地表面,属非自然环境,具有供汽车行驶功能的人工构造物。因此,道路景观与单纯的造型艺术、观赏景观等存在显著不同,为满足车辆通行功能,在具有自身形态性能、组织结构的同时,又包含一定的社会、文化、地域、民俗等涵义。也就是说,道路景观集自然属性和社会属性、功能性和观赏性、实用性和艺术性于一身,是道路与周围景观共同构成的景观综合体系。

(1)带状性

道路是线性构造物,道路景观随道路的延伸而连绵起伏,形成一个宽窄不断变化的带状空间。乘客被限定在带状空间内做高速运动,因此其视线将受到一定局限。但通过这种带状空间横向宽度的不断变化,或峰回路转,或豁然开朗,或盘山而行,或涉水而过,纵向绵延几十公里甚至数百公里,跨越不同的气候带。虽然乘客在整个过程中始终保持线性运动方式,但因沿途宏观景观的交替变换,细微精致的丰富性和特异性,非但不会使运动过程有单调感,相反,时常会有惊喜发现。

(2)动态性

道路景观以动态序列性景观为主。汽车在道路上行驶,乘客以高速运动方式在道路线性空间内行进,因此道路景观有别于以步行等低速运动或静态方式欣赏为主的景观形式。受高速运动时人的视觉接纳能力限制(研究资料显示,0.4km 的近景变得模糊;0.4~5km 的中景视觉清晰,为感知的主题层次;5km 以上的远景称为背景层次),乘客只能走马观花,对道路景观留下宏观印象,而忽略较多细节。同时,车辆在道路上的行驶方向使道路景观也具有典型的单向序列性,即使对同一道路,因来去方向不同也会获得不同景观印象。当然,在道路沿线合理利用景观资源,适当布置休息服务区、观景台等设施,也可使游客有机会欣赏静态景观。这种局部的静态观景,不仅有利于缓解游客因长时间高速浏览窗外景致所造成的视觉疲劳,也有利于丰富整个旅途体验,做到动静结合。

(3) 四维性

道路景观不只是位置变化的三维空间,它还与时间存在密切关系。这种四维性不仅体现在前后伴随的空间序列变化,也体现在周边环境的季相(一年四季)、时相(一天中的早、中、晚)、位相(人与景的相对位移)变化及人的心理时空变化。

(4) 多元性

道路景观由自然的和人文的、有形的和无形的多种元素构成。它既需要满足运输功能,同时又被赋予一定的历史、文化、地域和民俗等内涵。以往对道路景观的理解多局限在对视觉品质的考虑和评价,而实际上乘客的感受是多方位的,虽然其中以视觉感受为主体,但听觉和嗅觉同样也起着不可忽视的作用。清脆的鸟鸣、潺潺的流水声、混杂着淡淡青草味的新鲜空气都同样能给驾驶员和乘客带来轻松愉悦的感受。

6.3.2 道路景观的影响因素与视觉分析

1. 道路景观的影响因素

道路景观的影响因素主要有三个,即文化因素、视觉(美学)因素、交通心理因素。文化因素包括两个方面,一是道路建设对周围人文景观(名胜古迹)的影响,二是道路景观设计所体现出的文化背景,即具有地方(民族)特色的审美观。视觉因素是指道路自身因素及周围自然因素相互作用所展示出的视觉优美性。交通心理因素是指道路景观给司机和乘客所带来的有关交通安全方面的心理感受;过分单调和使人害怕得神经紧张的道路景观都是不良的道路景观。如表6.9所示,表中所列的因素都将对道路景观产生重大影响。

表6.9 道路景观的影响因素

影响因素类型	影 响 因 素
文化方面	色彩; 造型; 名胜古迹; 广告
视觉方面	路线与地形或景观的协调性。 道路自身的因素:路线布局三维空间线形、道路几何尺寸的视觉变化及道路结构物与路线、地形的协调性(色彩、造型)。 (道路及环境)色彩及造型的变化。 视线的连续性。 视野内的景观。 交通标志(线)的色彩和大小。 上述各因素在设计行车速度下的视觉效果
交通心理方面	边坡及安全措施; 视觉导向、视觉的连续性; 道路感受的多样性; 安全设施的色彩及尺寸; 视觉空间的大小; 交通顺畅程度; 空气清新程度及能见度; 噪声

由表 6.9 可知,文化因素与评价的主体(评价者)有关,即评价者的文化背景,具有不同审美观的人们对同一客体的美学评价不会是完全相同的。他们对色彩的偏爱,对线形及结构物造型的喜好及对名胜古迹的态度等,都将对评价结果产生决定性的影响。道路两侧广告的存在无疑亦成为道路景观的一部分,甚至可充当一些次要的道路设施,此时管理者应要求广告的设计不仅从商品本身考虑,而且应与道路的景观相配合。

影响视觉和交通心理两方面因素虽不完全一样,但均与工程本身有直接关系,故可将影响道路景观的三方面因素粗糙的合并为两个因素,即文化因素和工程因素。工程因素对景观的影响有正反两个方面。一方面,由于不可避免的填、挖工程,不合理的或不美观的立交和桥隧设计等将影响或破坏固有的天然景观;另一方面,合理的设计和修饰有可能为原有景观增色,甚至形成新的人工风景点。综上所述,工程因素是评价的对象。

2. 道路景观的视觉分析

道路景观的评价应以动态方式进行,这种动态性包括两个方面:一方面随着时间的推移,人们的审美观会发生变化;另一方面人们对景观的感受是在高速行车的条件下完成的,这与静态的感受有所不同。从视觉心理出发,对道路的空间线形、道路与周围环境及自然景观的协调进行分析,从而满足视觉的连续性、舒适性和安全感,称为视觉分析。

汽车行驶在道路上,司机注意力随车速提高而愈集中,视野距离越大,范围愈缩小,如图 6.16 所示。从图中可知,$V=60 \text{km/h}$ 时,视角为 75°,视野距离为 400m;当车速增加到 80km/h 及 95km/h 时,视角分别为 60°和 40°,视野距离分别增加到 450m 和 550m。

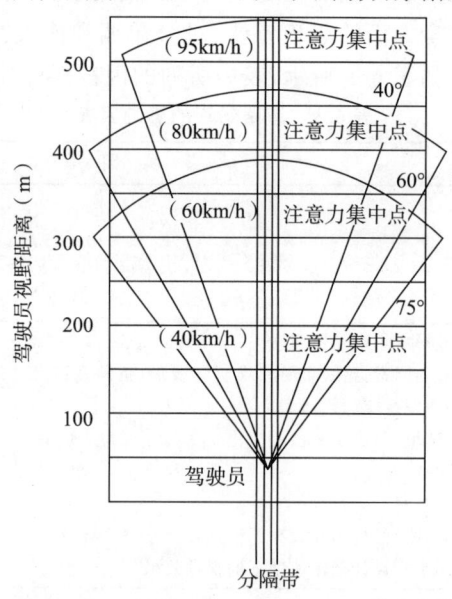

图 6.16 注意力集中点与视野距离、车速的关系

调查发现,驾驶者在行车视野内看到两个或两个以上的平、纵线形,驾驶时会紧张。

汽车行驶速度越高,驾驶者的注视点(即注意力集中点)就越远。驾驶者到注视点的距离称为行驶视野,行驶视野和汽车行驶速度的关系见表 6.10。两眼视觉范围如图 6.17 所示。

第6章 道路线形设计新理念

表6.10 汽车行驶速度和行驶视野的关系

行驶速度(km/h)	120	110	100	90	80	70	60	50	40
行驶视野(m)	675	625	575	475	450	375	325	250	200

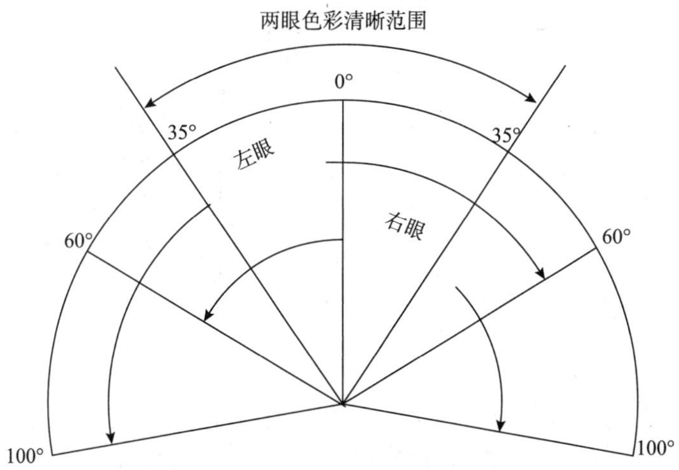

图 6.17 两眼视觉范围

为满足视觉心理上对线形连续、舒顺的要求,通常利用透视图或动态的录像显示来分析线形的视觉反应。为绘制道路透视图,司机视点一般取在前进方向右侧行车道分界线往右1m的位置上,高度为1.2m,概略以1.5m计,而所绘道路透视图视点到画面的距离一般取 $d=1000mm$。

从透视法则可知,透视所绘物体图形符合下列法则:1)近高远低;2)近大远小;3)近宽远窄;4)近前远后;5)近下远上;6)近清远浊;7)近弯远直。因此,道路透视图的形象反映了司机视点与物象的距离和方向。

6.3.3 道路景观设计原理

从人的角度出发进行道路景观设计,是道路景观设计的首要考虑,是以人为本的体现。道路景观设计涵盖的知识甚多,跨学科、跨门类,这些学科包括哲学、美学、社会学、心理学、行为学、地理学、生态学,还包括交通工程学、土木工程学、汽车理论、风景规划、道路设计、建筑设计等。在道路景观设计时着重考虑视觉原理、色彩的心理效应、美学原理。

1. 视觉原理

眼睛是视觉的器官,外界刺激经过视觉器官的感受,在大脑中所引起的生理反应,叫做视觉。视觉不仅使人们能够认识外界物体大小,而且可以判断物体形状、颜色、位置和运动情况,视觉可以使司机获得大约80%以上的交通信息。道路景观是一种相对动态系统,一种动态的视觉艺术。道路的景观设计,应着重于研究观察者在高速运行条件下,在道路上有方向性和连续性的活动中所获得的不同景观印象。

(1) 行驶中的视空间特性

静止和具有一定速度时的视觉特性有较大差异,从高速行驶的车辆中获得的视觉感受与静止时获得的视觉印象是大不相同的。

1) 反应时间。

人的感觉器官获得情报,传入大脑,经大脑处理后发出命令。获得影像信息的时间为反应时间,它包括由神经对刺激的传递时间和大脑的处理过程时间。不同的感官和不同的刺激都具有不同的反应时间,反应时间与外界的刺激性质有关,如听觉、视觉或者触觉等。与道路景观直接相关的是视觉反应时间。视觉反应时间与年龄、疲劳、干扰等多种因素有关。随着年龄的增加,反应时间显著增长,青年人反应敏捷,老年人反应迟钝;此外,其他事情的干扰也会影响反应时间,例如,边开车边打手机的驾驶员的反应就像老年人,不仅反应速度变慢,还很容易错过就在面前的东西。对于不同颜色,反应时间也是不同的,如两种颜色对比鲜明时反应时间短,而两种颜色色彩接近时反应时间长,这就要求在道路景观设计时,尤其在交通标识的设计中,根据不同颜色对比的反应时间,注意颜色的调配。

2) 视力。

视力(也称视觉敏锐度,Visual Acuity)是指人眼能分辨出两个相邻的发光点,即分辨物体精细形状的能力。把人眼前能分辨出的两个发光点对人眼视角的倒数定义为视力,用式(6.1)表示如下:

$$V = \frac{1}{\alpha} \tag{6.1}$$

式中　　V——视力;

　　　　α——视角。

视力是衡量驾驶员视觉优劣的一个重要指标。良好的视力可以较早地辨别和确认目标,以保证驾驶员有足够的时间进行反应、动作,从而减少交通事故。当可分辨的细节单位对眼睛的视角为 $1'$ 时,定义为正常视力。影响视力的几个主要因素:

① 视力随照度的增大而增大;

② 视力随着网膜的视野不同而变化;

③ 视力受衍射斑纹的限制;

④ 视力受神经细胞分辨能力的限制;

⑤ 亮度对比度与视力有密切关系。

3) 运动视力。

当车辆高速行驶的时候,司乘人员观察景物往往会与静止时有所区别,距车窗近的物体常常是看不清的,这时的物像来不及在人的视感器官上得到清楚的反映,因而物体显得模糊,从某种程度上说,视力好像下降了,这种运动状态下所具有的视力,也就是眼睛对做相对运动的物体的分辨能力,即为运动视力。

车速较低时辨认距离较远,车速增加时清晰辨认物体的距离缩短。同时,速度增大则车前距(驾驶员对自己前面不容易注意到的范围)也增大,例如车速 64km/h 时,车前距为 24m;车速 90km/h 时,车前距为 33m,在上述车速情况下,相应距离小于上述数值的物体,则不易看清。

现代的汽车交通,驾驶员只有在行车不紧张的情况下,才可能观察与道路交通无关的事物或注意两旁的景物。行车中两侧景物在中等车速情况下,驾驶员或乘客需有(1/16)s的时间,才能注视看清目标,视点从一点跳到另一点时中间过程是模糊的,如要看清则需相对固定。当两侧景物向后移动得很快时,一旦辨认不清,就失去了再次辨认的机会。同时外界景物在视网膜上移动过快时,视网膜分辨不清,景物就会模糊。相对于路侧景观,司乘人员是以角速度运动的,对于距路侧越远的目标,车的角速度越小,才可能较长时间看到景物;反之,对于路侧近处的目标,由于角速度变大,司乘人员对于路侧的景物则没有停留时间。

对道路空间视觉特性的研究表明,步行、马车等低速交通工具时代,用路者视觉问题在一般情况下并无十分显著的影响;而汽车成为道路上主要交通工具后,对用路者来讲,乘坐交通工具的连续活动就有和以前不同的体验。对于高等级公路的景观空间构成,要考虑汽车速度因素,这意味着一切景观尺度需要扩大,建筑细部尺寸要扩大,绿化方式需要改变,而且速度越高,这种变化就越大,司乘人员在运动的车中看到的景物只具有轮廓性。汽车时代产生的新视觉问题,要求设计人员用大尺度来考虑时间和空间变化。因此,有必要重新检讨路侧景观小品的设计,应注意景观小品距路边的距离,以及路侧景观结构物的空间尺度。

对于交通标志及道路附属设施而言,车速增加后,要在相同的距离处看清物体,则必须加大交通标志的尺寸;对于交通环境而言,车速增大,景观元素的尺度也应相应增大,景观在运动着的观测者眼里,成像最清晰的映象在中心窝很小的范围内,由于大脑的反应也需有一定的时间,许多景观要素一闪而过。为此,道路上的景观应该是人们所熟悉的,能够借助以往的经验加以判断,或者是类似于抽象画派,形成一种只是基于某种调子的感觉,从而达到审美快感。

4)视野。

视线固定时,眼睛所看到的范围称为视野(Visual Field)。驾驶人员的头部和眼球固定时的视野范围为静视野;仅将头部固定,眼球自由转动时能看到的范围称为动视野。动视野比静视野左右方向约宽15°,上方约宽10°,下方宽度相同。人的静止视野范围按周围环境的不同而有所不同。视野可以用视野计进行测定,如果驾驶员的双眼视野过小,则不利于行车安全。具体视场的角度见表6.11。

表 6.11 视场的角度

不同情况	对应的视场角(°)
以眼睛的视力最强部分看到对象物体详细情况	3
人眼完全处于舒适情况	18
观赏艺术品的情况(和通常看东西眼球的转动相同)	30
头部不动,眼球从左向右尽量活动的限界值	60
考虑了头部活动的实际视场	40~120

驾驶员的视野与行车速度密切相关。汽车停放时其视野是不变的;当汽车行驶时,视野的深度、宽度和视野内的画面都在不断变换,驾驶员就是根据视野来操作车辆的。车辆

高速行驶时，驾驶员的注意力集中，视野范围缩小，他只关心路线有关情况，其他诸如景观的问题则被大脑归于下意识积累经验中，并不仔细的辨别。车辆驾驶者在速度逐渐增高的情况下，头部转动的可能性也变小，注意力被吸引在车道上，视线集中在较小的范围以内，注视点也逐渐固定起来，这就是隧道视。

5）适应和眩光。

适应是一种感觉现象，它是由于刺激物的持续作用引起的感受变化。如果眼睛从强光转移到弱光环境，感受性变低；在弱光中停留一段时间，则感受性会提高，这就是视觉适应。人到不同亮度的环境都有一个适应过程，从亮处突然到暗处称为暗适应。暗适应时间一般要15min左右才能完全适应，有的研究则认为整个暗适应需要30~40min。例如步行进入隧道，如果照明条件差，则会发生暗适应过程，开始时觉得漆黑一片，什么也看不见，但经过一段时间，逐渐能看到黑暗中的物体，认清前方的道路，说明视觉感受性提高，视力得到恢复。

从暗处突然到亮处称为明适应。明适应较短，需要几秒到1min，一般最多不超过5min。通常，眼睛对光变化的适应是通过瞳孔的变化来适应的，但其对明暗的突然变化不能立即适应，隧道口事故率高的重要原因之一就是隧道内外的亮度相差过大，驾驶员来不及适应这一变化导致操作错误而发生事故。因此，在隧道入口处应设有缓和照明，以减少视觉障碍，或在进入隧道一定距离处设立交通标志，提醒在隧道内注意开灯。

夜间眼睛受到强光照射而造成视力下降称为眩光。眩光可引起耀眼，即视野内有强光照射，颜色不均匀，人眼不舒适，形成视觉障碍。眩光的视觉效应主要是使暗适应破坏，使视觉效能降低，产生视觉不舒适感和分散注意力，造成视疲劳，损害视力。研究表明，驾驶汽车时，眩光在20min内会使差错明显增加，可见眩光是夜间安全行车的隐患。引起眩光的主要因素有光源大小、光源亮度、光源宽度等。避免或减少眩光对改善道路照明和设计道路防眩设施有重要意义。为了避免眩光的影响，可采取交通工程措施，如改善道路照明，设防眩网，设道路中央分隔带，并合理配置植物，遮蔽迎面来车的灯光等。

6）临界融合频率。

视网膜很像电视的荧光屏，而与照相机的底片完全不同。人的眼睛要不断地将外界变化的映像呈现在视网膜上，所以眼前的映像要尽快消失，使下面的映像作业能够反复地进行，此过程在不到0.1s的时间内完成。当速度为120km/h时，0.1s后人眼能看到的两物体之间的间隔为3.3m，也就是说，眼睛在看完一个画面后，人能够感受到的画面至少已经是3.3m后的画面了。而临界融合频率为人眼恰好能开始感觉到闪光时的光的闪熄频率。眼睛会感觉出在一定时间界限（0.1s）以上的周期性变动，在1s内闪熄60次以上的闪光，人是完全觉察不到的；在1s内闪熄20次，就会感觉到闪光；在1s内闪熄10次，人眼就会觉得很疲劳，心情也会变得不耐烦。在道路附属构造物及设施设计时，尤其是对于桥梁的拦杆，甚至行道树等在一定时间内重复出现的地方，要注意检查。

(2) 行驶中视错觉现象

人类的知觉是一种主动探索信息的过程，包括许多有关眼睛和神经的机能，其中有些是有意识的，有些是无意识的。外界以各种各样的形式出现在人们面前，但不会都进入我们的经验，只有那些能引起我们兴趣的事物才能进入我们的记忆。由于知觉过程涉及大脑对环境中信息的处理,即使这个对象并不是人们所预期的,只要它具有某种独特性质,就会被视觉反应系统处理。基于视觉形成的复杂性,有时会发生视错觉现象,在道路工程和道路景观设计中,是应该予以注意的。

1) 距离判断错觉。

① 跟车距离判断错觉。

研究表明,在跟驰行驶时,驾驶员判断的车头间距往往比实际间距要小,车辆的大小也影响距离的判断,小车由于体积小,容易产生距离远的感觉,这种由于形状、大小引起的视觉误差,很容易使跟驰行驶时车间距离不足,诱发追尾事故。

② 会车距离判断错觉。

驾驶员在行车中需要准确地估计距离,但实际上不易做到这一点。以不同的速度会车时,让驾驶人员估计相遇点的位置:假设两车相距 100m,当自驾车与对向车以同样时速 120km/h 接近时,实际相遇点就在两车间距的中点;当对向车时速提高到 160km/h,而自驾车降速为 80km/h 时,实际相遇点将在距自驾车起点 33m 处;当对向车时速提高到 180km/h,而自驾车时速度降为 60km/h 时,实际相遇点将移动至距自驾车起点 25m 处。实验结果表明,驾驶员始终都把相遇点估计在两车间距的中点,而且很容易把对向车的速度估计得和自己的车速一样,这说明驾驶员不能根据对向车速度的变化正确估计相遇点的位置。

③ 超车距离判断错觉。

有试验结果表明,驾驶员总是倾向于低估超车所需的最小距离,估计误差是实际超车距离的 20%～50%,而且随着车速的提高,估计误差增大,这也是高速行车时,超车事故多的主要原因之一。

2) 道路线形判断错觉。

① 弯道错觉。

弯道的曲线半径越小,驾驶员就越会低估其曲率,在实际中对于不超过半圆的圆曲线,司机总会倾向于觉得它的弯度要比实际的弯度小,而且对于同样曲率半径的弯道,前方容易看清楚时,会产生弯度小的错觉。在 S 形曲线上,由于视线需要向相反方向改变,注视相反方向的弯道,司机会产生弯道更为弯曲的错觉,前种错觉会使驾驶员盲目高速行驶,后种错觉则会使驾驶员过急地转向,对安全行车很不利,在视觉上的线形也是扭曲的、不美观的。

② 坡道错觉。

汽车在坡度发生变化的坡道上行驶时,驾驶员常会产生坡道错觉,下坡行驶到坡度变缓的路段时,由于路边景物与路面倾斜度降低所造成的影响,驾驶员可能会觉得下坡已结束,从而造成加速上坡。而在上坡时,也会因中途坡度变缓而误认为上坡结束,开始下坡了,从而放松警惕,盲目换挡,导致车辆后溜,从而引发交通事故。

3) 速度判断错觉。

① 迎面来车的速度判断错觉。

驾驶员对迎面车的速度进行判断时,容易把高速估计过低而把低速估计过高,而且年龄大的驾驶员对速度估计呈偏低趋势。

② 自驾车的速度判断错觉。

驾驶员对自己车速的掌握有两个途径：一是车速表，一是凭知觉判断。而在驾驶员集中注意力观察交通情况时，几乎不看车速表，主要靠主观感觉来控制车速。这时，由视觉观察到的周围景物的移动情况是速度估计的重要依据，当向很远的前方观察时，由于视野中观察对象变化很小，因此觉得自己的车速低；而观察近距离景物时，视野中观察对象变化很快，从而觉得自己车速快。实践证明，由于错觉的影响，驾驶员凭感觉控制车速往往是不准的，在一项试验中，要求驾驶员不看车速表而保持时速 100km/h 的速度行驶，实际上驾驶员在无阻碍的道路上保持的平均车速只有 95km/h，在有行道树的道路上，平均车速为 90km/h。

③ 加减速对速度判断的影响。

驾驶员减速后控制的车速比要求的车速高，也就是说，驾驶员在减速后对速度估计偏低。这会造成驾驶员在通过交叉口、弯道，因减速不够而发生事故。同样，让驾驶员把车速提高一倍，其试验结果表明，驾驶员主观感觉已把车速提高一倍时，实际上车速并未达到规定要求，即驾驶员在加速后对速度估计偏高。

④ 速度适应性造成的错觉。

人的视觉对速度存在适应性，如驾驶员长时间以某一固定速度行驶之后，会觉得车速没有开始时那样快了，就是由于速度适应性而造成的错觉。速度适应性会影响驾驶员正确地进行速度判断，一般地，驾驶员具有低估实际车速的倾向，且行驶距离或时间越长，低估倾向越严重。这样，就会使驾驶员不自觉地高速行驶，对行车安全十分不利。

⑤ 时间判断错觉。

在行车过程中，时间知觉也是很重要的，尤其是在高速行驶时，如果不能在必要的时刻精确地掌握和及时发现交通情况，就不能迅速准确地采取应急措施，因此正确感知时间是保证行车安全的重要条件。而实际上人们对时间的估计也常常出现错觉，通常短于一秒的时间间隔被估计的偏长。而且人的情绪、兴趣、活动安排等都会对时间估计产生影响。

此外，恶劣天气也会造成速度、距离估计的错觉。下雨、雾或降雪时，由于能见度低，会把物体距离估计得比实际距离远。同时，由于看不清视野边缘景物变化的情况，对自己的车速估计有偏低趋势。

道路景观是一种在不同速度的运动中观赏（体验）到的一种动态视觉艺术。一个视觉环境设计的成功与否，直接取决于对环境情况的处理好坏，并且始终要保证使用者产生肯定的预测。对于道路景观设计而言，就是要形成一个良好的视觉环境，这就是用路者的视觉特性应成为道路景观规划设计依据的原因。

2. 色彩原理

色觉产生过程基本如下：物体的反射光线通过角膜、瞳孔、水晶体、玻璃体到达视网膜，在这里转换成特殊的信号，经由视神经，传入大脑，从而产生色觉。色彩一般分为无彩色（白、灰、黑等单调色彩）与有彩色（红、黄、蓝等鲜艳色彩）两大类。当人的视觉器官处在正常状态时，并非将物体的颜色与形状分别作为各自独立的信息加以接受。眼睛注视外界物体时，往往把色彩与形状作为统一信息接受。

第 6 章　道路线形设计新理念

雪地、冰山的白色会使人感到冷,太阳、火的红和橙色使人感到温暖,海水的蓝色使人感到清爽,色彩缤纷的草地、花卉会使人心情愉快,等等,都是人们对自然色彩的一种心理反应。我们可以利用这种心理反应在道路环境中运用各种各样的色彩,使人们在离开了自然环境时也能在人工的色彩环境中联想、记忆,犹如生活在大自然中。色彩的心理反应在道路或建筑设计方面有广泛的运用,色彩的心理效应及其应用主要包括以下几个方面:

(1) 色彩的冷暖感

外界物体通过表面色彩可以给人们温暖、寒冷或凉爽的感觉,色调直接影响人对色彩的冷暖感觉。红、橙、黄为暖色;蓝、蓝绿、蓝紫为冷色;绿黄、绿、白、红紫为中性色。由于亮度不同,色感觉也会发生变化,如绿、紫、蓝在亮度高时倾向于冷色,低时倾向于暖色。此外,由于颜色的对比,其冷暖也可能发生变化,如紫与红并列时,紫色显得冷些,而与蓝并列时紫色又显得暖些。显然,在夏季炎热的地区应该多用冷色花卉,能使人感觉清爽,蓝色、青色与青紫色冷感最强;在冬季或寒冷地带的春秋季,宜采用暖色的花卉,可打破寒冷的萧索,渲染热烈的氛围,使人感觉温暖、热烈。但是暖色的刺激作用较大,过强的暖色或观看暖色时间过长都会感到疲劳、烦躁和不舒服,这在边坡色彩设计中要尤其注意。在夏季青色花卉不足的条件下,可以混植大量的白色花卉,仍然不失冷感;而在尚未寒冷的春秋季节,青色的花卉应与其补色,如橙色系花卉混合栽植,可以降低冷感,而变为温暖的色调。纪念性建筑及场所多利用冷色所特有的宁静和庄严,如太旧高速公路太原一端有太旧高速公路纪念碑,对于这样严肃的结构物,纪念碑周围可大量种植冷色花卉,烘托和增加庄严肃穆的氛围,不由让人想起为修建山西省第一条高速公路——这条穿山越岭、以当时修建难度之最著称的高速公路——而牺牲的烈士们。

(2) 色彩的胀缩感

比较如图 6.18 所示的两个相同的圆,前者看起来大,后者看起来小,这就是色彩的胀缩性。上述现象的原因是白色具有膨胀性,黑色具有收缩性。在进行设计时,红色系统的色面积要小,蓝色系统的色面积要大,这样才容易取得色的平衡。在一般情况下,暖色、亮度高的颜色具有膨胀感;冷色、亮度低的颜色具有缩小感。当饱和度增加时,

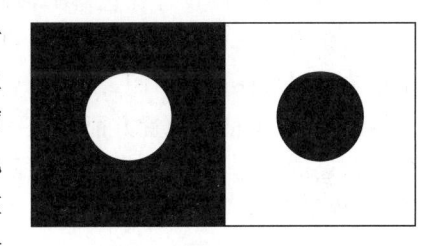

图 6.18　色彩的胀缩性

膨胀感增强。此外,当色彩相同时,往往会感到面积大的颜色比面积小的颜色饱和度增强,故大面积着色多选用饱和度较小的颜色,而面积较小的着色多用饱和度较大的颜色,以突出其重点。颜色的膨胀与收缩,与底色和周围的环境色也紧密相关,四周的颜色越亮,内部有色彩的图形越显得小。

在道路景观设计时,应利用色彩的膨胀与收缩感的作用来改善局部的不良状况。如立交桥粗大的桥墩可涂上不同的饰面材料(利用色彩的收缩感)来加以改善,使之在感觉上变得细些;如桥墩细时,可用明亮的浅色或暖色来饰面,利用色彩的膨胀感使之在感觉上变粗些。暖色具有膨胀性,在高速公路服务区所建的小品或服务设施,色彩可以以暖色为主,从而给人以亲切感,在心理上使人容易和愿意接近。

（3）色彩的进退感

色彩的进退、胀缩感受饱和度的影响最大,其次是色调和亮度的影响。在饱和度方面,波长较长的色彩,如红、橙、黄等颜色具有扩大、向前的特性,而波长较短的色彩,如蓝绿、蓝、蓝紫、紫色等颜色具有后退、收缩感。在亮度方面,一般情况下,亮度高而明亮的颜色都具有向前、扩大的感觉,亮度低而黑暗的颜色,则具有退后和缩小的感觉。在色调方面,高彩度、鲜艳的颜色不论波长长短,其扩张力均大,并且有伸张的感觉,尤以暖色为最强。彩度低而浊的颜色,有缩小感,而且受亮度高低影响有所不同。

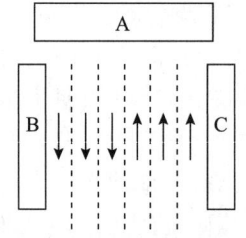

利用色彩的进退感,可调整道路设施的空间环境。如图 6.19 所示,A 为公路收费站,B 和 C 分别为收费站前的道路其他设施或广告牌,由于道路是线性构造物,司机在很远的地方可能就已经看到其标志或者看到收费站,从而显得路线过于狭长。这一状况可以通过色彩的进退感得到改善,收费站 A 与 B、C 上端涂成米黄色,将 B 和 C 的下端逐渐过渡为灰绿色,在视觉上就将收费站与 B 和 C 的下端的距离缩短了,可以使"收费站已到了"这一信息令司机提前接受,从而及早采取措施,避免意外事故发生,同时也可较好地改善视觉效果。

图 6.19 色彩的前进与后退感

（4）色彩的活泼感

充满明媚阳光的房间有轻快活泼的气氛,而光线较暗的房间则苦闷忧郁。通常看到以红、橙、黄等暖色为中心的明亮纯色时就变得活泼,看到蓝和蓝绿这些冷的暗浊色时就变得忧郁。也就是说,活泼和忧郁是以亮度的明暗为主伴随着亮度的高低、色调的冷暖而产生的感觉。无彩色的白和其他纯色组合时感到活泼;黑色是忧郁的,灰色是中性的。

旅游道路景观的设计在色彩的活跃方面体现得尤其明显。春天到郊外游玩踏青,游客的目的是得到放松,道路两侧植被的色彩应以活泼轻快为主,尽可能使红、橙、黄等色彩的植被轮流出现在道路两侧,给人以节奏感,使游客感到轻松愉悦。但对于通向名胜古迹的旅游道路,在植被的配置方面给人的感觉恰恰相反,尤其在接近古迹时,植被的色彩应体现该古迹的特色,如河北易县的清西陵,旅游区的道路两侧到处是青松翠柏,显得庄严肃穆,体现了皇家的威严宏大。

（5）色彩的疲劳感

色调高、较鲜艳的颜色,对人刺激较大,易使人疲劳。一般来讲,暖色较冷色疲劳感强。不论亮度如何,色调过高或色调、亮度相差过大的组合等多易使人感到疲劳。不同的颜色对驾驶员的生理作用是不同的,颜色的生理作用主要表现在对视觉工作能力和视觉疲劳的影响。在颜色视觉中,人能根据色调、亮度或饱和度中的一种或几种差别来辨别物体,因而可以提高辨认灵敏度。眼睛对不同的色光具有不同的敏感性,一般说来对黄色较为敏感,因而交通中通常用黄色作为警告标志底色。

3. 美学原理

速度的变化带来了人们对于道路景观要素尺度感的变化。在高速运动时,视野范围中尺寸较小的物体在一闪即逝中被忽略掉。因此,速度的增大要求道路景观元素的空间尺度也相应增大。

(1) 道路的美学原则

道路的美学原则大致归纳为

1) 路线要有优美的三维空间外观,要求线形流畅,并且具有连续性;

2) 路线要与地形、地物融为一体;

3) 充分利用现有环境,减少施工对环境的破坏,施工痕迹要注意修饰,并适当恢复其自然外观;

4) 充分利用风景资源,视野要具有多样性。

与发达国家相比,我国在道路建设中对景观问题考虑较少,基本上是逢山开路,遇水架桥,对环境的破坏较为严重。道路设计中注重路线平纵指标,忽视与周围地貌的融合;偏重乘坐安全而忽视乘客的视觉享受。目前我国道路建设中损害或破坏景观资源的现象屡见不鲜,且影响是不可逆的。道路建设仅注重道路的工程性功能,忽视道路两侧民众的视觉、生理和心理感受。而现代交通设计的标志之一就是交通设施要作为一种人文景观与周围自然环境融为一体。道路景观问题在我国也逐渐引起了重视:1983年,我国交通部制定颁发了《公路标准化美化标准》,要求道路畅通、整洁、绿化、美化、景物交叉协调,构成流畅、安全、舒适、优美的道路环境。从保护环境、改善景观和增强稳定性的角度出发,现在高等级公路绿化和景观已经受到国内建设单位的关注和重视。

道路景观的研究方法最主要的是根据用路者的视觉特性作为分析道路环境的依据,通过对现代交通条件下不同用路者的视觉特性研究,探索道路与视觉环境一体化的设计方法,以创造具有当代风格与特色的景观。

(2) 道路的美学特征

道路线性景观的观赏者多处于高速行驶状态,在这一状态下景观主体(人)对景观客体(道路与沿线景物景色)的认识只能是整体概貌与轮廓特征。因此,在控制好道路与周围背景的第一决定因素后,就道路本身而言,应力求做到道路线形、边坡、分车带、绿化等软、硬质景观具有连续性、平滑性、自然且通视效果好,与环境景观要素兼容、协调。沿途点式景观给旅行者的印象应力求轮廓清晰、醒目、错落有致、色彩协调、风格统一。

道路景观所表现的线条、形体、色彩、材质等,在时间空间上的排列组合,应该给人以美的感觉。高等级道路有着与其他艺术形式一样的形式美的特点和规律,在建设过程中,研究和应用这些规律,可以改善景观环境。

6.3.4 道路景观设计总体要求与原则

1. 道路景观设计总体要求

(1) 维护自然的"势"

自然界存在不同的"势"的走向和延续。山脉以其固有的走势连绵起伏,河流蜿蜒曲折流淌不止,不同的物种群落层峦叠出,绵延无尽。维护自然环境"势"的延续,要求道路线形和结构物的布设应该尽可能避免切割这种势的走向和延续,保持自然景观的完整性,减少对生态环境的破坏及对地形、地貌的自然性和稳定性的影响。从特定角度来看,道路已不是设计的主体,道路所处的自然和社会环境成为控制设计的主要因素,道路只是其中的一个影响因子。道路建设离不开环境和资源的支持,同时又对环境产生一定的负面影响。"不破坏是最大的保护"就是维护自然界"势"的延续的这一主题,体现自然性和经济性的和谐统一。

自然性是指设计中以追求自然、顺应自然为主要目的,不应耗费大量的人力、物力和财力去追求人造景观;人工构造物的设置应尽可能少,能不用混凝土圬工就不用混凝土圬工,能够以植被加以修饰就以植被加以修饰。造型再别致、图案再美丽、色彩再绚丽的人工构造物也不如原始的自然风貌和自然界环境的浑然一体。道路沿线的景观资源赋予了道路丰富的文化内涵,是道路重要的和特殊的审美主题,当这一切在筑路机械的车轮下"消失"时,重建的人造景点和丧失活力的"宏伟工程"将显得毫无生机和灵气。

经济性是指随着道路建设向山区的推进,挡防工程的设置越来越多,其占造价的比重越来越大,而且若选线不当,即使设置了较多挡防工程,后期仍存在地质安全隐患。因此,一方面,采用自然性的设计是以环保工程置换出一般来说对投资和安全影响更大的挡防工程,建设成本很难说一定增加;另一方面,采用自然性的设计即使加大了初期建设成本,但后期减少的管理养护费用、病害处置费用相当可观,而且,减少对自然和社会环境破坏所产生的效益,很难用经济指标来衡量。

"不破坏是最大的保护"要求在设计上最大限度地保护生态环境,在施工过程中最小限度地破坏和最大限度地恢复生态环境。把工程防护和生态保护结合起来,把设计作为改善环境的促进因素,摒弃"先破坏、后恢复"的陋习,实现环境保护与道路建设并举、道路发展与自然环境相和谐。

维护"势"的延续,重点要处理好线形与地形、城镇、河流、景区之间的关系。道路线形的布设应尽可能减少对周围的地形、地貌、天然树木、建筑物等的破坏,布线应尽可能避开大型建筑物、城镇、民居、高山、峡谷等,避免高填深挖,设计出与地貌和环境相适应、顺应地形的优美线形。

目前,由于预留横跨通道太多等种种原因,我国已建成和在建的高速公路填土高度始终降不下来。平原区的高速公路宛如一条土堆的"长城",在自然地形中显著突出,阻隔着人们的视线,破坏了自然地形地物,影响自然景观。

(2) 营造"动"感氛围

道路景观以动态景观为主。车辆在道路上行驶和移动时,包括地形、地物、不同种群地表植被等在内的道路外部环境都在不断变化,也就是说道路外部环境的形态、质地和色彩都在不断变化。营造道路"动"感行驶氛围,要求道路自身线形变化,结构物的形态、质地和色彩变化,绿化方式的选择等都应充分配合这种外部环境的变化,以自然的、渐进的、连续的手法来实现。

1) 景观筛选。

设计者应根据景观因子的性质和要求,明确哪些景观应予以避让和保护,哪些景观可予以改造,哪些景观可予以开发和利用,哪些景观应进行设计和创造。当地形和原有植被形成有吸引力的景观空间时,道路选线应予以保留;当道路必须穿过森林、绿地时,应利用曲线予以避让,避免生硬的直线线形对森林造成切割;应该充分利用沿途有特色的孤树、独立山丘、瀑布、古建筑等独立景观点作为主导建筑;当道路绕避景观区域或独立景点时,宜将景观置于曲线内侧。

2) 组织艺术。

组织艺术，也就是要把各种景观要素艺术地、有层次地组织起来，使之适合于人们平素的节奏流动变化，从而使人们体验到舒适的、愉快的美感。这就要求把线形选择的重点放到道路所经地区的视觉质量上，使区域景观特征能够充分展示出来，把最好的景观呈献给使用者。线形布设有利于显示景观、浮现景观等一连串事物的艺术编排，让景观出现的次序不再是随机组合，将无序的因素组织成有情感的、层次清晰的环境，把欣赏景观的人带到最好的景观序列当中。

3) 线形要富于变化。

道路线形的变化对于引导乘客的视线起着举足轻重的作用。车辆在道路上行驶，驾驶人和乘客的注意力被前方和路侧的景观所吸引，两侧飞逝变幻的景观使旅途充满着激情，心中涌动着一种不断向前，寻求奇异景观的渴望。从生理学意义上讲，克服单调就意味着刺激驾驶人和乘客的视神经，注意力不集中在近处或远处的目标，使眼睛上下左右不断移动，扫描整个区域而不是固定注视前方直至无限远的地方。所以路线线形不断变化的道路通常比笔直的道路更引人入胜。在笔直的道路上前进，乘客的视线始终保持着同一方向，时间一长，就容易造成视觉的疲劳。提供适度比例的平曲线，则能有效克服这一弱点。每走一步，使得视线的方向发生变化，从而丰富乘客的体验。不仅道路的平曲线能够起到改变乘客视线的作用，其竖曲线也具有同样的作用。对于上坡和下坡这两个不同过程，乘客的视野是完全不同的。在上坡的后半程中，由于乘客处于相对较高的位置，因而视野较为开阔；相反，在下坡的后半程中，乘客有如置身于盆地之中，视野受到很大的局限。

4) 处理好乘客与景观的位置关系。

游人相对于周围景观所处的位置是影响视线、视野的重要因素。当游人视点相对于周围景观较高时，即通常所指的位于山顶等居高临下的位置时，拥有最大的远眺机会，可以领略景观的整体气势，因此是最为理想的欣赏景观点；当游人的视点和周围景观处于相同的高度，也就是通常所指的平视时，乘客一般能够拥有较为开阔的视野，观察到更多的景观细节；最后一种情况就是乘客的视点明显低于周围景观的位置，也就是通常所谓的仰视，这种视点导致乘客的视野非常封闭，欣赏周围景物存在困难，获得的视觉信息量最为有限。乘客和周围景观这三种相对位置的关系，很大程度上取决于线形和沿线的地形地貌的配合。道路若经过平原，乘客的视线势必是平视的，视野则是开阔的、发散的；若经过的是高山峡谷区，当到达谷底时，视线将变成仰视，视野就会显得狭窄和封闭；当到达山顶时，视线则会变成俯视，视野将显得开阔。虽然这三种截然不同的位置在观赏的难易程度、获取的信息量方面存在差异，但如果能在道路规划设计过程中，有效结合沿线的地形地貌，合理安排这三种位置关系，则会大大丰富乘客整个过程中的视觉体验。

5) 注意动静结合。

动静结合就是要处理好景观特色带与景观过渡带的关系。道路景观是一种序列性景观，这些景观序列可以划分为景观特色带和景观过渡带。道路景观的特色带(也就是景观同质带)通常是指道路所经过的具有同类景观资源的地理区域，它是进行道路景观研究的一个基本单位，是道路景观设计中体现控制原则的最基本单元，也是"动"感氛围的主要提供者;道路景观过渡带则是指道路景观序列中景观价值较低、特色不够鲜明的区域。道路旅行通常是一个漫长的旅程,乘客不可能每时每刻处于兴奋状态。景观过渡带作为一种调剂,在整个道路景观中起到舒缓和松弛乘客心情的作用。就乘客的视觉感受而言,和景观特色带所带来的刺激和紧张感形成鲜明的对比,景观过渡带是一个休息的过程,如果景观特色带的变换过于频繁,沿路景观就会因为刺激太多而显得过于目不暇接而造成混乱,导致乘客视觉的过度疲劳。因此,景观过渡带和景观特色带之间以合适的比例相互配合,才能形成有张有弛的景观节奏,创造真正宜人的道路景观。

2. 道路景观设计原则

道路景观设计要因地制宜、风格鲜明、环境保护、兼顾效益。在总体设计要求的指导下,道路景观设计原则可概括为以下几方面:

(1) 功能性原则

道路首先是供车辆行驶的,进行道路景观设计,始终要把道路的功能性原则放在首位。要充分考虑道路的特点,以满足道路的交通功能为首要宗旨。

(2) 自然优先原则

以生态学理论为依据,尊重自然,正视自然,保护自然,恢复自然。自然景观资源包括原始自然保留地、历史文化遗迹、植被、湖泊等,它们对保持区域基本的生态过程和生命维持系统及保存生物多样性具有重要意义,一旦遭到破坏,将难以恢复。进行道路景观规划,必须考虑自然景观资源。

(3) 可持续原则

景观的可持续性可认为是人-景观关系的协调性在时间上的扩展,这种协调性应建立在满足人类的基本需要和维系景观生态整合性之上。人类的基本需要包括粮食、水、健康、房屋和能源;景观生态整合性包括生产力、生物多样性、土壤和水源。因此在可持续发展的大背景下,道路景观设计也要遵循可持续的原则,把道路景观这个由多个生态系统组成的具有一定结构和功能的整体,进行多层次设计,使整个道路系统的结构、格局和比例与本区域的自然特征和经济发展相适应,谋求生态、社会、经济三大效益的协调统一与同步发展。

(4) 地域性原则

道路特别是高等级道路少则几十公里,多则几千公里,故穿越的地区较多,不同地区的自然景观有不同的结构、格局和生态特征。因此修建高等级公路要统筹规划,分段设计,因地制宜,景观协调,注重特色,尽可能保证在穿越特殊地区尤其少数民族地区时,要突出少数民族文化特色。

(5) 综合性原则

道路景观规划是一项综合性研究工作,其综合性包括两方面含义:其一,道路景观规划设计的分析不是某一学科能解决的,也不是某一专业人员能完全理解景观内在的复杂关系并作出明智规划决策的。道路景观规划设计需要多学科的专业队伍协同合作并进行不懈的努力,这些人员包括道路工作者、景观规划者、景观建筑师、园艺师、地质工作者、生态学者等。其二,要兼顾生态效益、经济效益和社会效益的协调统一,要在分析自然条件的基础上,同时考虑社会经济条件。只有这样才能客观地进行道路景观规划设计,增强规划设计的科学性和实用性。

6.4 创作设计理念

创作设计的目的是激发道路设计者的想象力、独创性和灵活性,鼓励他们在运用技术标准与规范的同时,充分融合自己的考虑,通过采用一种综合设计手段,在保证道路系统安全及出行需要的同时,全面考虑其景观、历史、美学与其他文化价值。在这个综合设计的过程中,始终强调设计主题的确定及细节的体现、公众的参与,以及和多学科设计方法的结合。

6.4.1 确定主题

设计主题是一个项目的核心,它使项目朝着某一特定的方向发展。道路设计中存在诸多要素,每个要素间相互独立又相互联系,为达到共同的目标或理念,道路设计者需要将所有这些要素统一进行考虑,使所有要素成为完整理念的一部分;主题的形成反过来也有助于达到项目的整体设计效果,利用周围环境与公众的建议来引导理念的形成,对该项目与周围环境融合非常有利,并有助于该项目各要素相互间的协调统一。

位于美国康涅狄格州的梅里特(Meritt)公园大道是运用主题设计手法的极好例子。该公园大道建造于20世纪30年代,总的设计思想是在一个自然环境中建造一条优美的公路,通过路线的选择与细致的景观规划使得路面与地形很好地融为一个整体。通过采用长渐变竖曲线、破碎的圆卵石来体现自然的外观,使得设计目标得到很好的实现。该公路不仅满足了交通需求,而且还为其所经地区的居民提供了一个欣赏风景的好去处。

沿着这条61km长的路行驶,很容易看出这条道路的所有要素是如何相互融合来实现这条公园大道的主题:该路与周边植被配合极其自然。路面宽度采用最小值,对向交通由草坪中央分隔带分隔,大多数路肩进行了绿化植草。浓密的树木及精细的规划让道路使用者对地区人口的增长浑然不觉。

桥是这条公园大道最为显著的特点之一。该路共有72座桥梁,尽管每座桥型各异,材质不同,然而它们均按统一的比例来建造。长度和高度既不相同,大小比例相近,显得很协调,如图6.20和图6.21所示。

图 6.20　双拱石桥　　　　　　　　　图 6.21　上跨石桥

6.4.2 组建团队

拥有一个多学科的设计团队有助于确定和维护道路的设计主题。多学科的设计团队成立得越早,就越有利于整体设计水平的提高。如果从一开始,景观建筑师、建筑师、规划师、城市设计师及其他专业人士就充分利用各自的技能参与设计的话,项目获得成功的可能性就会大大增加。除了公路工程师以外,多学科的设计团队可以由多学科的专业人员组成,见表6.12。

表 6.12 设计团队组成

一个多学科的专业人员组成	
交通工程师 生态学家 运输与城市规划者 景观建筑师 建筑师	城市设计师 历史学家 生物学家 考古学家 地质学家 画家

6.4.3 公众参与

道路建设对周边环境具有重大影响,成功的道路建设离不开公众的参与。在整个道路建设过程中,道路设计者的设计只是其中的一个环节,社会公众及时地、全过程地参与应该也必将对项目的最终设计结果产生较大影响。如果道路设计者既没有吸取公众意见,也不了解相关标准的用法,同时还缺乏创造性,那么所设计的道路将可能与周围的环境格格不入,甚至可能会对自然与社会资源产生影响。

1996年9月,美国联邦公路局(FHWA)与联邦运输局(FTA)颁布了《公众参与制定交通决策方法》一书,书中对各种具有创新性的公众参与方法进行了详尽的描述。该书的序言部分及每章最后的部分介绍了制定与执行公众参与战略的方法。

1) 通过宣传的形式通知人们:提供了各种协调公众关系的办法,以在公众与机构之间进行信息交流。

2) 通过召开会议让人们进行面对面的交流:指出了如何创造交互式会议的机会,在这种会议上人们可以讨论设计问题并一起寻找解决方案。

3) "收集参与者的反馈意见":提供了一些新看法和观点,有助于各机构确定市民们理解复杂问题的程度,同时反馈的意见中可能会提供更好的问题解决信息。

4) "使用特殊方法加强人们的参与":提供了目前繁忙情况下引起并保持人们注意力的方法。

6.4.4 细节艺术

细节是设计主题、设计团队和公众意见的最直观体现,项目的细节部分是可视的,也是最容易被公众认同的,因此细节的设计和施工对于道路的美观有着至关重要的作用。

在设计团队和公众的共同参与下,项目的主要方案和设计主题得以确定,随之到了设计者可以充分发挥想象力、独创性及灵活性的阶段。本阶段,是工程结合艺术的关键阶段,在总体上遵循以前各阶段已经确定的设计主题的前提下,设计者需要对各细节进行再斟酌和实物化,必要时甚至可以对已经形成的理念进行轻微改动,以获得更好的效果。按项目的规模与复杂程度不同,一个好的细节设计可能需要花费几个月甚至是几年的时间。

6.5 "六个坚持,六个树立"的公路勘察设计新理念

2004年9月,全国公路勘查设计工作会议提出了"六个坚持,六个树立"的公路勘查设计新理念:
1) 坚持以人为本,树立安全至上的理念;
2) 坚持人与自然相和谐,树立尊重自然、保护环境的理念;
3) 坚持可持续发展,树立节约资源的理念;
4) 坚持质量第一,树立让公众满意的理念;
5) 坚持合理选用标准,树立设计创作的理念;
6) 坚持系统论的思想,树立全寿命周期成本的理念。

其核心是:紧紧围绕科学发展观的要求,通过采用灵活设计和创作设计,实现"安全""环境优美""节约能源""质量优良""系统最优"的目标。公路设计新理念是"坚持以人为本,树立全面、协调、可持续的科学发展观"在公路建设中的具体体现,是今后公路勘察设计工作极其重要的指导方针。

第 7 章 道路线形与景观评价

客观评价道路线形与景观是合理设计道路线形与景观的基础,只有在正确认识和评价道路线形与景观的前提和基础上,才能够更好地进行道路设计,从而达到从整体上把握道路线形与景观质量的目的。本章主要介绍道路线形常规评价方法、道路空间线形评价方法、路侧设计评价、桥隧线形评价、道路线形的安全审计及道路景观评价等内容。

7.1 基于运行速度的道路线形评价方法

7.1.1 平面线形评价

1. 平曲线半径

在路拱横坡度不变的前提下,采用路段运行速度计算值计算平曲线半径。当采用路段运行速度计算的平曲线半径大于设计速度对应的平曲线半径时,应对加大平曲线半径方案和降低运行速度对应的平曲线半径方案进行技术经济比较,择优采用。

平曲线半径采用式 7.1 进行计算。

$$R=\frac{v_{85}^2}{127(\mu+i)} \tag{7.1}$$

式中 R——路段运行速度要求的平曲线半径,m;

v_{85}——运行速度计算值,km/h;

μ——横向力系数;

i——路拱横坡度,%。

若加大平曲线半径 R,应不小于运行速度对应的平曲线半径,圆曲线长度不小于按运行速度行驶 3s 的距离。平曲线半径 R 不变时,可调整超高横坡度。二者调整均受限时,则采取调控措施,减小运行速度与设计速度的差值。

2. 缓和曲线

缓和曲线参数应根据运行速度对圆曲线半径和超高横坡度的变化作相应调整,调整时还应考虑相邻缓和曲线参数比值的均衡性,为避免相邻缓和曲线的运行速度相差过大,参数之比不宜大于 1.5。评价缓和曲线时,除其长度应满足超高渐变最小长度的要求外,还应考虑速度增加时横向加速度变化率的变化导致缓和曲线相应增长。

3. 最小直线长度

最小直线长度审计采用运行速度计算值 v_{85} 进行。路段运行速度计算值 v_{85} 与设计速度之差小于或等于 20km/h 时,直线长度不调整。路段运行速度计算值与设计速度之差大于 20km/h 时,反向曲线间直线最小长度(以 m 计)应不小于运行速度 v_{85}(以 km/h 计)

第 7 章 道路线形与景观评价

的 2 倍,同向圆曲线间直线最小长度(以 m 计)应不小于运行速度 v_{85}(以 km/h)的 6 倍。

4. 视距

设计速度对应的视距应不小于采用运行速度计算的小客车停车视距。在以货车交通量为主及货车或大客车可能多发事故的路段,设计视距还应同时满足按货车运行速度计算的停车视距要求。小客车停车视距采用路段运行速度计算,如式(7.2)所示。

$$S_c = \frac{v_{c85} t_c}{3.6} + \frac{(v_{c85}/3.6)^2}{2g f_c} \tag{7.2}$$

式中 S_c——小客车停车视距,m;
  v_{c85}——小客车运行速度,km/h;
  t_c——小客车驾驶员反应时间,取 2.5s(判断时间 1.5s,运行时间 1.0s);
  g——重力加速度,取 9.8m/s²;
  f_c——小客车轮胎与路面的纵向摩阻系数,依运行速度和路面状况而定。

货车或大客车可能多发事故的复曲线、减速车道、出口匝道端部、车道数减少处、丘陵区交叉口、桥墩附近的交叉口、位于或接近凸形竖曲线的平面交叉口等路段,应按照运行速度计算值进行评价。货车停车视距采用式(7.3)进行计算。

$$S_t = \frac{v_{t85} t_t}{3.6} + \frac{(v_{t85}/3.6)^2}{2g(f_t + i)} \tag{7.3}$$

式中 S_t——货车停车视距,m;
  v_{t85}——货车运行速度,km/h;
  t_t——货车驾驶员反应时间,根据不同运行速度取值(见表 7.1);
  g——重力加速度,取 9.8m/s²;
  f_t——货车轮胎与路面的纵向摩阻系数,不论运行速度大小,取值为 0.17;
  i——路线纵坡度。

对于坡度路段,应对按式(7.3)计算的货车停车视距进行修正,修正数值如表 7.2 所示。

表 7.1 货车驾驶员反应时间

运行速度(km/h)	反应时间(s)	运行速度(km/h)	反应时间(s)
110	2.5	80	2.4
100	2.5	70	2.3
90	2.5	60	2.2

表 7.2 上、下坡货车视距修正值

运行速度(km/h)	上坡的视距修正值(m)			下坡的视距修正值(m)		
	+2%	+4%	+6%	-2%	-4%	-6%
110	-29	-53	-73	56	86	153
100	-24	-44	-60	46	71	126
90	-20	-36	-49	38	58	102
80	-16	-28	-39	30	46	81
70	-12	-22	-30	23	35	62
60	-9	-16	-22	17	26	45

设计速度对应的视距不小于采用运行速度计算值计算的小客车停车视距。在以货车交通量为主及货车或大客车可能多发事故的路段,设计视距还应同时满足按货车运行速度计算值计算的货车停车视距要求。

5. 超高

在平曲线半径不变的前提下,超高横坡度采用路段运行速度计算。当采用路段运行速度计算值计算的超高横坡度大于设计速度对应的超高横坡度时,应加大超高横坡度。超高横坡度采用式(7.4)进行计算。

$$i_{85} = \frac{v_{85}^2}{127R} - f \tag{7.4}$$

式中 i_{85}——采用运行速度的超高横坡度计算值,%;
f——路面与轮胎之间的横向摩阻系数。

当下坡坡度大于3%时,超高值宜增加,并按式(7.5)进行计算。

$$E_{\min} = E + \frac{i_{纵} + E}{6} \tag{7.5}$$

式中 $E_{\min}$——大纵坡路段的最小超高值,%;
$i_{纵}$——纵向坡度,%;
E——《公路路线设计规范》规定的超高值。

平曲线半径不变时,应按预测运行速度对应值,并考虑大纵坡对超高值的影响,加大超高横坡度。

7.1.2 纵断面线形评价

采用路段运行速度对路段坡度、坡长及竖曲线半径进行评价。

路段运行速度与设计速度之差小于或等于20km/h时,路段的坡度、坡长及竖曲线半径不变,路段运行速度与设计速度之差大于20km/h时,应按运行速度调整相应路段的纵坡、坡长及竖曲线半径。

合成坡度采用路段运行速度进行审计。路段运行速度与设计速度之差小于20km/h,相应路段合成坡度不变;路段运行速度与设计速度之差大于20km/h,调整相应路段的纵、横坡度。

7.1.3 平纵组合线形评价

1. 平纵组合的配合

平、纵面线形是永久性的设计要素,有必要充分加以研究。平面线形和纵断面线形都不应单独设计,而是相互补充的。因此,设计配合的不好,不但有碍于优点的发挥,而且会加剧两方面的缺点。平、纵线形适当配合要通过对工程的研究和考虑以下一些控制来实现。

1)平曲线曲率和纵坡应适当平衡。在陡坡或长坡道上设置长直线或缓曲线,以及把急弯和平坡放在一起,都是很差的设计。

2)应在视觉上能自然地引导驾驶员的视线,并保持视觉的连续性。在视觉上能否自然地诱导视线,是衡量平、纵线形组合的最基本问题。

3) 保持平、纵线形的技术指标大小均衡。它不仅影响线形平顺性,而且与工程费用相关,对纵断面线形反复起伏,在平面上却采用高标准的线形是无意义,反之亦然。

4) 选择组合得当的合成坡度,以利于路线排水和行车安全。

5) 注意与周围环境的配合。它可以减轻驾驶员的疲劳和紧张程度,并可起到引导视线的作用。

6) 平、纵断面是公路永久性设计项目中比较重要的部分,有必要进行彻底的研究。这方面的精心设计和良好配合,通常无须增加造价即能增进公路的效用、安全和路容,有助于保持匀速行驶。

2. 评价方法

平纵面线形组合设计评价应按照计算运行速度的标准,检查平曲线与竖曲线组合后的视距,在有可能妨碍视线的边坡、路缘带、树木或其他障碍物等处,沿潜在的临界视线绘出纵断面图。

3. 评价标准

在路面上任一点按规定的视高看到的障碍物最高点的距离不得小于停车视距。

7.2 道路空间线形评价方法——透视图法

7.2.1 透视图法的发展过程

公路工程特别是在公路规划和设计中最先采用透视图法(远近图方法)的是德国,几乎每一条高速公路都要用透视图加以检验作为辅助设计。1937年,弗莱金和兰凯首先提出了公路透视图法。1948年,兰克实际应用透视纠正仪以后,包括风景在内的公路透视图就变得很容易绘制。V.J.C.冯·兰凯和H.尼布拉在1956年出版的《土木工程特别是公路工程的透视图法》作为这方面的入门书,到现在也可以说是唯一的优秀著作。

在日本,最早应用透视图是在东京名古屋高速公路修建的时候。我国在一般的山区公路用透视图法检查视距,在城市道路立交设计中也常用透视图检查道路与周围景观协调性。

将透视图法引进公路设计的原因是用公路平面线形和纵断面线形(而且它不是侧面图而是展开图)设计公路线形,很难事先掌握线形的真实感。但利用透视图能很容易地得到通过视觉、运动感觉和时间变化感觉的空间印象。这样,即达到平面线形和纵断面线形的协调,又得到公路和风景的协调,这样设计出来的公路线形对人的视觉和心理都会产生舒适、优美感。

将建成的公路拍成照片,就能得到准确的透视效果。可是我们绘制透视图的目的是判断拟建公路线形或构造物协调与否,预先判断已建公路的改建方案是否合适,所以应在建路以前经过计算再画出公路透视图。

道路立体线形的优劣对汽车驾驶者而言就是能提供其安全性、快速性及舒适性的程度,而安全与舒适的感觉主要是通过视觉获得的各种信息而得到的。道路路线透视图或动态连续透视图能直观地提供对视觉的检验与评价,因而对路线平、纵、横组合设计,一般情况下采用路线透视图进行评价是直观而有效的。《标准》规定:为保证和提高公路使用质量,对高速公路和一级公路以及风景区公路的必要路段,应采用透视图法进行检验。《公路路线设计规范》JTG B20—2006 规定:路线平、纵、横组合设计,可采用路线透视图进行评价,线形设计的优劣有条件时可运用动态连续透视图进行检验。

透视图不仅可用来判断平面线形和纵断面线形及公路和景观是否协调,而且小至超高缓和段的连接,大至构造物的设计,几乎在公路几何设计的所有领域中都能应用。道路设计除应考虑自然条件、汽车行驶力学的要求外,还要把驾驶员在心理和视觉上的反应作为重要因素来考虑。汽车在道路上快速行驶时,驾驶员是通过视觉、运动感觉和时间变化感觉来判断线形的。该视觉印象的优劣,除利用事先设计者对三维空间的想象判断来评价之外,比较好的方法是利用视觉印象随时间变化的道路透视图来评价。通过透视图,可直观地看出立体线形是否顺适,是否有易产生判断错误或茫然的地方,路旁障碍是否有妨碍视线的地方等等。若发现缺陷应在设计阶段中尽可能地修改,然后进行分析研究,直到设计线形符合要求为止。

7.2.2 透视图的种类

透视图大体上可分为以下几种:

1. 按透视图的使用目的分类

1)线形设计透视图;
2)道路和风景协调透视图;
3)桥梁设计透视图;
4)隧道洞口附近透视图。

2. 按视点的取法分类(和按使用目的分类有密切关系)

1)驾驶员透视图:把视点设在驾驶员眼高的位置上。
2)路旁透视图:把视点设在跨路桥或挖方坡肩等处,从其斜上方、斜侧方、斜下方或正侧方看道路特别是构造物。
3)鸟瞰图:把视点设在高空中,或从高岗上观看的透视图。

不管从哪方面说,路旁透视图效果相对较好。

3. 按所画的对象分类

1)线形透视图:只画路表面的透视图,实际上看不见的部分也要透视画出来作为参考。
2)局部透视图:只画路表面和边坡坡面等有关部分的透视图,根据需要也有附加上交通安全设施的透视图。
3)全景透视图:包括风景、建筑物等所有物体的透视图。

4. 按精度的要求分类

1)精密透视图:全部用计算出来的数值画的透视图。
2)普通透视图:部分用计算出来的数值画的透视图。
3)概略透视图:从平面图和纵断面图上量取数值画的透视图。

7.2.3 透视图法基本原理

透视图法本身是一般绘画所用的远近图法。在建筑学上因为多半使用直线,所以称为消失点法或焦点法。但公路不能全是直线,所以绘制公路透视图与建筑透视图多少有些不同。

道路线形设计要充分利用当地的地形地物,正确地掌握技术标准与规范的要求,使所设计的路线在一定年限内总的经济效益最佳,以达到经济、迅速、安全、舒适的目的。因此,道路线形设计不能片面地只追求造价低,而应同时保证道路线形的良好质量。

透视图法是根据道路的平面线形、纵断面线形及道路的横断面设计资料,绘制出驾驶人员在不同桩号处注视前方道路时映入眼帘的透视图,以此来判断路线平纵线形是否协调,道路与景观的配合是否适当,曲线之间的连接是否平顺,道路的走向是否清楚,通视条件是否良好等。如果检查中发现线形有缺点时,应对设计做某些修改,使施工后的道路空间线形达到较为完美的程度。

透视图属于中心投影,即把物体投射到投影面上时,所有的投射线都是从一个称为投影中心的点出发的,因此所得的投影与我们日常观察物体时所得的形象基本一致,富有立体感和真实感。如图 7.1 所示,物体在透视图上的大小与其实际大小的比值,是和从眼睛到图纸距离与到物体距离的比值相等。

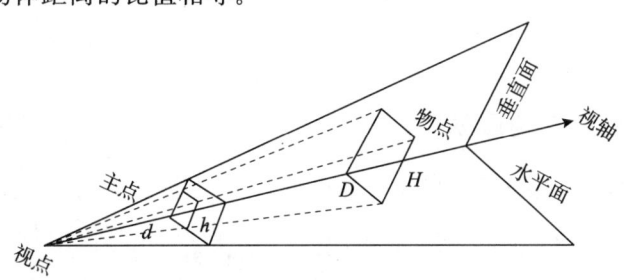

图 7.1 透视图法的基本原理

图 7.1 中,投影中心为视点,与画面垂直的视线称为视轴,视轴与画面之交点称为主点,视线与物体的交点称为物点,视点向地平面的投影点称为立地点,并有如式(7.6)所示的关系:

$$d/D = h/H \tag{7.6}$$

7.2.4 视轴的取法

在画透视图时,如何取视轴是一个重要因素,一般视轴最好是对着要画的物体的大致中心。如果要画的对象是像建筑物那种规整的物体时,一般是以通过物体左右大致中心,由下向上高度大约 1/3 处的水平线作为视轴。

对于道路,因为视点是以由近而远的连续带状物作为主要分析对象,虽然这种大致目标不好找,但也要把视轴选在使视轴左右的道路大致相等的位置上。在透视图上为了使左右大致相等(此处的大致相等不是指长度,而是指角度大致相等),视轴多作成水平线,另外,道路视轴一般取在道路中线位置,如图 7.2 如示。

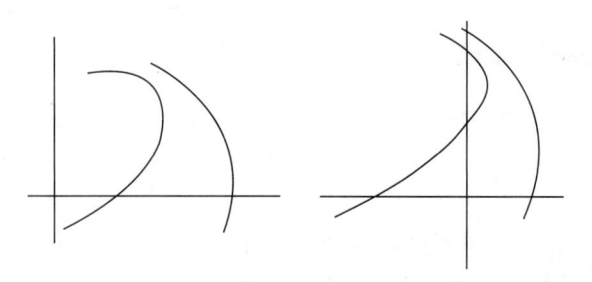

图 7.2 道路路线透视图的视轴位置

不同的视轴方向对透视图的形状影响较大。原则上,视轴方向要与实际情况相同或接近。在驾驶员透视图中,一般驾驶员的注意力集中在离视点约 $5V$ m(其中 V 的单位为 km/h)处的前方,纵向与竖曲线的切线方向一致,如图 7.3 如示。

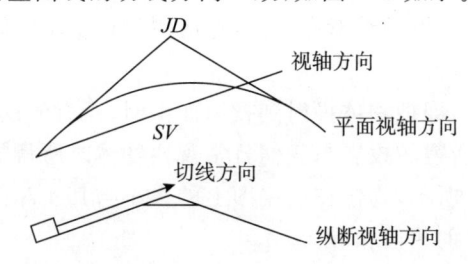

图 7.3 透视图在平面图和纵断面图上的视轴选取

7.2.5 视点和立地点的取法

道路透视图虽然不能任意选择视点的位置,但是在设计时必须控制视点至道路部分的距离或立地点至道路部分的距离。在车辆行驶过程中,驾驶员的视觉反应通常有以下特点:

1) 车速越高,驾驶员视野越窄;
2) 车速越高,驾驶员注意力集中点越远;
3) 车速越高,驾驶员对自己前面不容易注意到的范围越大。

在选定透视图的视点和立地点时,需要考虑驾驶人员的视觉和透视图精度这两方面的问题。故选定视点时,如目的是确定超高缓和段这类的细部设计,可取 50~100m;确定线形问题时,可取 200~600m;考虑实际问题复杂性,只能边试边绘选定。

道路是为车辆行驶服务的,最主要的检验者是驾驶员,故驾驶员透视图的视点应取在高度为 1.5m,离行车道内缘 1.0m 处,如图 7.4 所示。

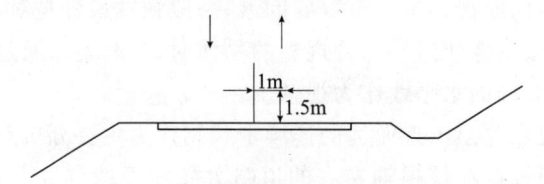

图 7.4 道路横断面中视点的位置

7.2.6 绘制透视图的基本事项

1. 概要

绘透视图时,要弄清楚绘透视图的目的是什么,是为了设计道路线形,还是为了设计道路构造物,或者是为了画宣传牌等,弄明白了这些以后才能选好合乎目的的观点和视轴,并且也能有效地选择绘图范围和精度。

其次是把工作方法也考虑在内,选定合乎目的的视点甚至立地点和视轴。在画道路透视图时,决定这两个问题是非常重要的,甚至可以说只要把这两个问题决定了就等于完成了透视图绘制一半以上的工作。立地点控制透视图质量的好坏,所以需要慎重地进行深入的研究来决定。如决定了这些,就能按部就班地进行物点坐标计算,开展绘图工作。

2. 绘图内容

(1) 道路技术人员画透视图的目的

道路设计,首先开始于基本的道路线形设计,以此为基础,进行派生的构造物或其他必要设施的设计。线形的确定,虽然很大程度上决定了道路建设费用,但同时对于高速化的汽车交通行驶的影响也是很大的。

因此,在道路线形设计阶段,需要进行经济和行驶力学上的研究,而且还要站在道路使用者(包括从路旁观看道路的人)的立场上,不只是把道路作为技术对象看,而且还要作为视觉的景观来进行研究。即视觉机能在道路设计中已成为不可缺少的重要因素。

道路和铁路不同,人们是直接根据其感觉进行驾驶,所以对于驾驶人员一点也不能有不安全感。这样就不单要解决汽车行驶力学上的问题,而且对驾驶员的心理乃至是视觉上的影响也应该给予严密的注意。

可是,心理或者视觉上的问题涉及的范围很广,而且掺杂着其他各种因素,所以不能用一定公式计算去解决。因此在道路设计中,对可能在视觉上有问题的地方或地段,需要根据各自的目的画出道路透视图来进行比较研究,这样可以较好地解决问题。

(2) 为研究道路线形的透视图

这种透视图是为了研究在道路上驱车行驶的驾驶人员对设计路线等的立体线形看上去是否顺适,或者走向是否清楚而画的。在画这种透视图的时候,一般如果在路旁有妨碍路线通视的路边挖方坡面、挡土墙和跨线桥等情况的话,还需把它们加在线形透视图上,研究实际的通视条件,为此要有局部透视图。这种透视图是为了修改驾驶员在行驶中发现线形有缺点地段的平面线形或者纵断线形,也是为了使道路线形有个良好的视感通视,以便将路侧设计作一些修正。

像这种为研究线形而画的透视图,通常是从平面图和纵断面图中只取出有疑问的地点或路段来画图研究。也可以绘制路线全线的线形透视图,先研究全路段的情况,然后对发现有问题的部分,画出变更视点位置的线形透视图(或局部透视图)或者是全景透视图以后,再详细进行研究。

(3) 为研究道路和风景相协调的透视图

在道路建设中,总会破坏天然的地形或地物,所以要尽可能设计成适应地形的顺适道路线形。这种透视图,是为了研究设计路线和所通过的周围风景是否协调,或是因挖方坡面等使路旁风景所产生的变化而绘制的。因此,不仅要画设计道路线形,而且也要画上风景的全景道路图。但是在研究设计路线时,一般的程序是先画线形透视图(或局部透视图),进行研究以后,根据需要,再画有周围风景的全景透视图。

(4) 为设计构造物的透视图

这种透视图是为了研究桥型或隧道洞口形式而画的。为研究所设计的构造物是否和周围风景协调多半是采用全景透视图,特别是为了研究当驾驶员看到构造物的时候是否有压抑感,或是因为构造物和风景的失调而损坏景观等所用的。

(5) 其他

以上虽然叙述了有关以道路线形为中心的透视图相关内容,但这种透视图不仅能用于纯技术性的问题,而且特别是全景透视图为了使社会上了解某条道路的建设计划,或者是为了宣传工程计划也能使用,所以透视图的用途是广泛的。

道路设计不仅是经济上的问题,而且在重视道路的美观和安全性的今天,为了判断这些问题,通过道路透视图可以较好地解决这些问题。

7.2.7 空间线形的透视图评价

平、纵线形组合设计是指在满足汽车运动学和力学要求的前提下,研究如何满足视觉和心理方面的连续、舒适及与周围环境的协调和良好的排水条件。

如果只凭平面图和纵断面图,来判别平纵线形的协调性,即使是有经验的技术人员也很难做到,但是如果利用透视图就可以对道路的空间立体感进行视觉分析。

图7.5是在视点定在极高的地方、从上面看路线的平面线形。由于视点较高,所以能看见很远的线形。这类透视图属于鸟瞰图。

如图7.6所示,是把视点高降到路表面上方10m处,图中出现了被凸形竖曲线顶部挡住而看不见的部分,成为有多处切断了的线形。

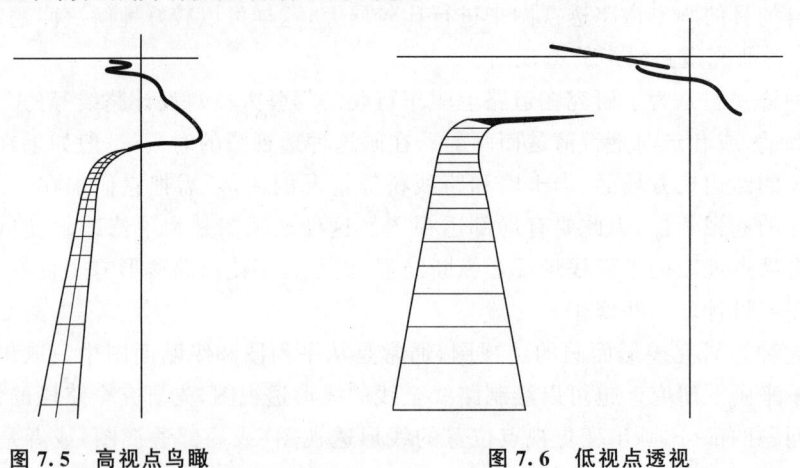

图7.5 高视点鸟瞰　　　　图7.6 低视点透视

如果把视点降到驾驶员眼睛的高度(路表面上方1.5m),透视图如图7.7所示,最近的凸形竖曲线顶部前面的线形完全看不到了。所以驾驶员对凸形竖曲线顶部往前的情况未看清楚以前会感到不安,也会减速。造成这种情况的原因,是凸形竖曲线的顶部有平曲

第 7 章 道路线形与景观评价

线的起点,所以驾驶员在接近凸形竖曲线顶部以前,是不能看到前面的平曲线的。像这种到凸形竖曲线顶部才发现曲线再转动方向盘的线形,对驾驶员来说不能事先知道在一定时间后驾驶上将要发生的变化,所以是坏的线形。对这种情况的改进措施,是进入凸形竖曲线顶部以前插入一大段的平面缓和曲线,或者采用大的竖曲线,使在进入凸形竖曲线顶部附近就可以看清楚平曲线的弯曲方向,如图 7.8 改进后的线形。

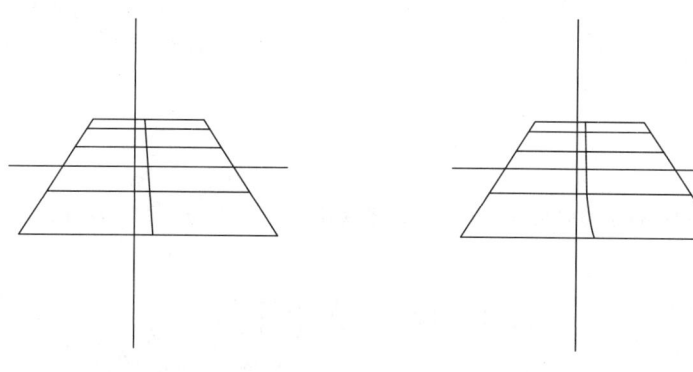

图 7.7 视点位于驾驶员眼部的透视图　　图 7.8 改进的线形(1)

如图 7.9 所示,是视点位于驾驶员眼部、公路 1km 的透视图,前方的线形是不顺适的,给人以生硬的感觉。这是因为眼前的凹形竖曲线和前面的凹形竖曲线之间有一段约 400m、未设竖曲线的直线坡段。这个直线坡段看起来不是直线,好像是一个凸形竖曲线有小的起伏似的错觉,所以像这样的线形是不理想的。为了消除这种错觉,可把这两个相连的凹形竖曲线改成一个大的竖曲线,或者是在它们中间不留直线坡段,而改成大半径的复合圆。这样就能把它改进成如图 7.10 所示的顺适线形。

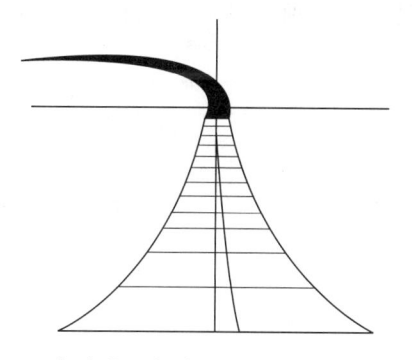

图 7.9 视点位于驾驶员眼部公路 1km 透视图　　图 7.10 改进的线形(2)

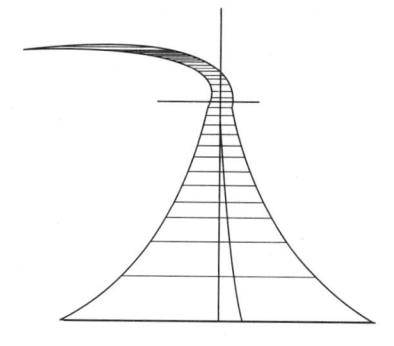

如图 7.11 所示,是视点位于驾驶员眼部、公路 2km 自凸形竖曲线顶部 50m 看的透视图。因为前面的平面线形是 S 形曲线,看上去眼前的凸形竖曲线顶部和前面的凹形竖曲线的底部之间好像断了,这也是不好的线形。改进这种线形的方法是去掉顶部和底部之间所剩下的直线坡段,把各个竖曲线尽量加大,使其连接起来,那么眼前的凸形竖曲线顶部就会降下来,前面的凹形竖曲线的底部就会高起来,变成如图 7.12 所示,即使在变动量不大的情况下,也能把平面线形和纵断面线形完全协调起来。

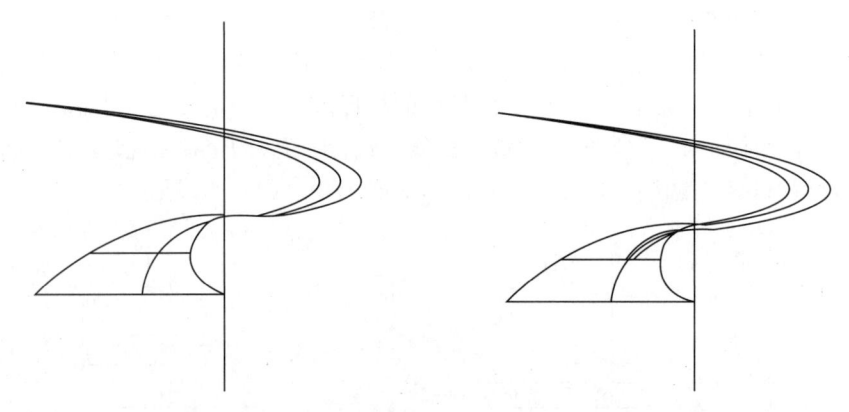

图 7.11　视点位于驾驶员眼部公路 2km 透视图　　图 7.12　改进的线形(3)

7.3　路侧设计评价

7.3.1　路侧净区评价

1. 评价方法

路侧净区采用路侧安全净空区宽度进行评价。路侧安全净空区是指与行车道毗邻（包括硬路肩范围在内）的区域，其宽度应根据路段运行速度计算值，交通量以及路基填、挖和平面线形指标状况进行计算，计算方法如下：

（1）直线段安全净空区基本宽度的计算

填/挖方路基直线段路侧安全净空区宽度规定分别如图 7.13 和图 7.14 所示。

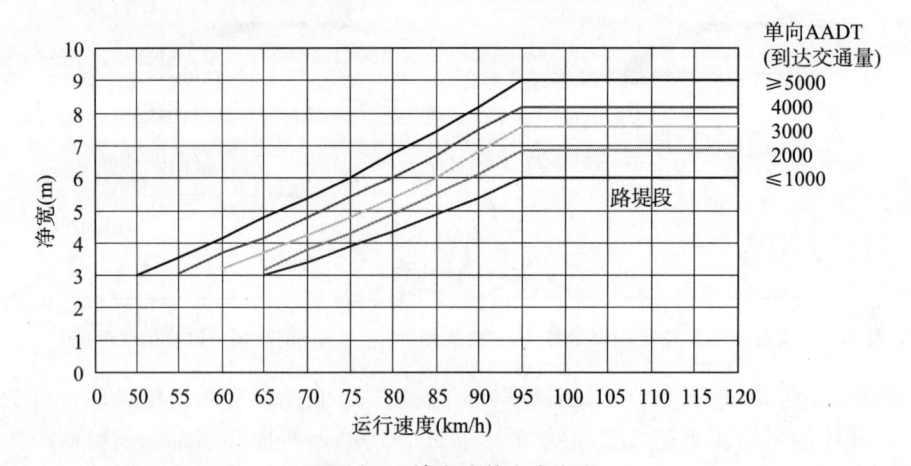

图 7.13　填方路基安全净宽

（2）曲线段安全净空区基本宽度的计算

曲线外的安全净空带宽度采用直线段安全净空宽度乘以曲线系数 F_c（见图 7.15）求得。

第7章 道路线形与景观评价

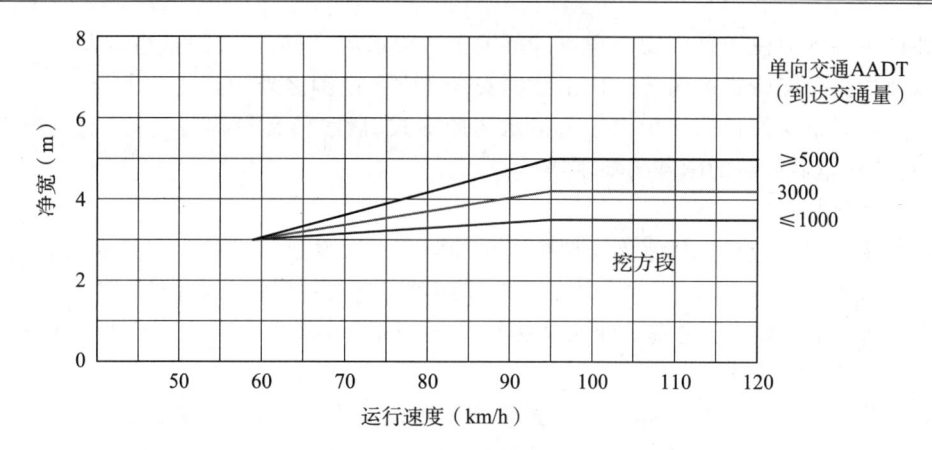

图 7.14 挖方路基安全净宽

(3) 边坡坡率对安全净空区宽度的影响

1) 填方边坡坡度陡于 1∶3.5 的边坡上不能行车,故不能作为有效安全净空区;

2) 当填方边坡在 1∶3.5 和 1∶5.5 之间时,驾驶人就有较多的机会控制车辆下坡,故可以利用 1/2 宽度的边坡为安全净空区;

3) 当边坡坡度为缓于 1∶6 时,整个坡面宽度均可作为安全净空区。

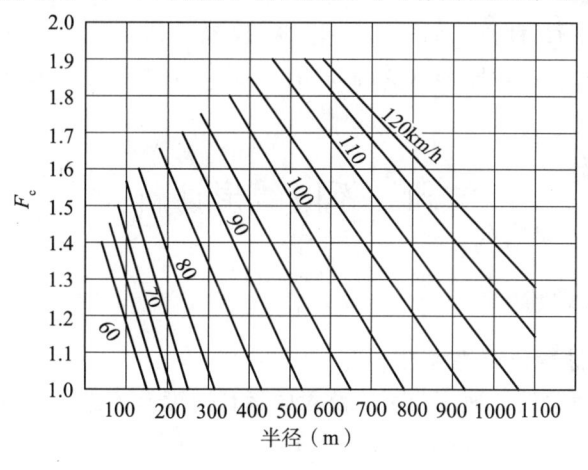

图 7.15 曲线段安全净空带宽度调整系数

2. 评价标准

当路侧安全净空区内存在障碍物时,应排除障碍,或采用解体消能式立柱代替普通立柱,或采用可越式端墙、纵向排水沟和路缘石等措施控制障碍或降低障碍的危害程度。

当路侧安全净空区以外存在悬崖等较大隐患时,应对设计采取的路侧防护措施(如增设护栏或护栏加强、加高等)的有效性进行评价。

7.3.2 排水设施评价

1. 排水沟

(1) 评价内容

评价主要针对位于路侧安全净空区范围内的排水沟,包括挖方路基边沟、填方路基排水沟以及中央分隔带排水沟等。位于路侧安全净空区范围之外的其他排水沟对行车安全有间接影响时也应评价。评价内容为排水沟的形式、泄水能力及沟身结构(包括沟壁、盖板等)对特殊车辆荷载的承载力要求等。

(2) 评价方法

排水沟的形式应根据排水沟与路侧安全净空区的关系进行评价。当排水沟处于路侧安全净空带宽范围以内时,排水沟的形式应采用可跨越式;当排水沟处于路侧安全净空带宽范围之外时,排水沟应在满足泄水能力要求的前提下,采用对失控车辆危害程度小的形式。

排水沟的泄水能力应根据坡面和路表的汇水流量进行检查,要求在设计暴雨径流强度下,行车道上的路面积水能及时排出。

当路侧未设置防撞栏杆时,排水沟沟身结构和盖板应按实际荷载进行承载力验算,不能满足特殊荷载要求时,应增设护栏或加强结构承载力。

2. 路缘石和泄水槽

(1) 路缘石

路缘石的形式应根据运行速度要求,从行车安全性方面进行评价。

(2) 泄水槽

根据路线设计要素,计算路面积水范围、深度,检查泄水槽的设置间距能否满足泄水能力要求。重点应对竖曲线底部以及超高路段、超高过渡段的排水设施的泄水能力进行评价。

7.4 桥隧线形评价

7.4.1 桥梁线形评价

1. 桥梁引线的速度协调性评价

速度协调性按桥梁设计速度与引线路段的运行速度差值进行评价。桥梁段设计速度按批准的项目技术标准采用;桥梁两端引线路段运行速度按两端引线路段加无桥梁状态下的相同技术指标的等长路段连续计算,并根据运行速度预测方法对引线路段的线形特征点(直线起终点、平曲线起终点及中点、竖曲线变坡点)进行双向运行速度预测。

桥梁设计速度与引线路段的运行速度差小于10km/h时,运行速度协调性好,不需进行调整。

桥梁设计速度与引线路段的运行速度差为10~20km/h时,运行速度协调性较好。条件允许时,可适当调整引线路段平面、纵断面、横断面技术指标,使桥梁设计速度与引线路段的运行速度差小于10km/h。

桥梁设计速度与引线路段的运行速度差大于20km/h时,运行速度协调性不良,需调整引线路段的设计。条件困难时,可在引线路段采取减速措施。

2. 桥梁断面安全性评价

当桥梁横断面受造价控制或其他技术改造难度过大等原因而不能设置硬路肩时,应根据行车安全需要评价设置紧急停车带的必要性。

对于增设人行道的桥梁,应根据交通组织管理及防撞护栏和防护网设置方案,评价人行道的行人通行安全性及对行车道的影响。

7.4.2 隧道线形评价

1. 隧道洞口接线段

(1) 速度协调性评价

隧道洞口接线段速度协调性按隧道设计速度与洞口接线段的运行速度差值进行评价。隧道设计速度采用批准的项目技术标准。隧道洞口接线段运行速度按两端洞口接线段加无隧道状态下的相同技术标准的等长路段连续计算,并根据运行速度预测方法对洞口接线段的线形特征点(直线起终点、平曲线起点及中点、竖曲线变坡点)进行双向运行速度预测。

隧道设计速度与洞口接线段的运行速度差小于10km/h时,运行速度协调性好,不需要进行调整。隧道设计速度与洞口接线段的运行速度差为10~20km/h时,速度协调性较好。条件允许时,可适当调整洞口接线平面、纵断面、横断面技术指标,使隧道设计速度与洞口接线段的运行速度差小于10km/h。隧道设计速度与洞口接线段的运行速度差大于20km/h时,速度协调性不良,需调整洞口接线段设计。条件困难时,应在洞口接线采取减速措施。

(2) 线形一致性评价

线形一致性按照无隧道状态下的预测运行速度,对隧道各洞口接线内外的平、纵线形进行审计,要求洞口接线内外至少3s运行速度行程长度范围的线形应保持一致。洞口接线横断面过渡应设置在洞口接线外,其过渡段长度应不小于3s运行速度行程。

2. 横断面

隧道横断面布置应根据隧道长度及交通量情况,评价侧向宽度及人行道、检修道的宽度,并对紧急停车带、避车洞及横洞等设置的必要性及其防护措施进行评价。

3. 视距

曲线隧道的横向视距应按照设计速度的标准进行检查。当横向视距不足时,可加大隧道横断面尺寸或采取减速措施。

7.5 道路线形安全审计

7.5.1 道路线形安全审计目的及必要性

1. 道路安全性审计的定义及目的

道路安全性审计是针对道路行车安全而进行的一个系统的评价程序,它将道路行车安全和降低交通事故的概念引入道路工程可行性研究及设计工作中。道路安全性审计是道路建设、管理的基本程序。

道路安全性审计的目的:从道路使用者行车安全性的角度对道路项目可行性研究、设计成果及运营道路进行行车安全性审计,以达到减少交通事故、降低交通事故危害程度的目的。

2. 实施道路安全审计的必要性及其效益

从某种意义上讲,道路和交通工程师们在他们的工作中一直在进行"安全检查"。道路设计规范的许多条文是根据安全要求或考虑安全因素而制订的,那么为什么还要进行专门的道路安全审计呢?

诚然,在对道路系统的基本要求——"安全、快速、经济、舒适"中,安全列于首位,对道路和交通工程师而言,安全是应时刻牢记的。但作为道路设计者,所考虑的因素十分繁杂,在设计中往往自然而然地将注意力集中到规范的各项指标上,因为这是设计最基本也是最重要的要求。然而,所有单项指标均满足规范并不能保证所设计的道路没有安全缺陷,因为规范及标准制定的过程中考虑了许多其他的问题,而不仅仅是安全问题。这样,即使严格执行规范,也未必能够形成最安全的道路环境。下面列举了一些没有经过安全审计、但在道路上常常会出现的问题:

(1) 不恰当的设计标准组合

道路设计标准是由道路性质、等级确定的,但实际道路的功能要远比设计规范中的分类分级复杂。例如:城市的出入口或市郊公路在功能上兼有公路和城市道路的要求,而我国的设计规范并无有关市郊公路的分段规定,于是,在实际操作中,有的地方就将公路与城市道路标准混合使用,当标准组合不当时就容易造成事故。如上海市郊某一级公路设计时,考虑到该路已位于市区以外,平面采用一级公路的标准,但市郊非机动车交通量仍很大,于是纵断面和横断面仍采用城市道路的标准,结果由于机动车车速很高,加之市郊相交道路、路侧建筑等横向干扰较多,该路通车后事故一直比较严重,多次采取交通管理和局部改线等措施,情况才有所好转。

道路网由不同等级、不同功能的道路组成,同一条道路各路段的交通需求也不尽相同,等级也不一定完全一致,因此,等级变化处的连接也十分重要。如某公路由高速公路和二级公路两个等级组成,在靠近高速公路结束处的二级公路上有一个平面交叉口,虽然前后路段均设置了有关交通标志(高速公路结束标志、限速标志、交叉口标志等),但通车后该交叉口前后事故率一直居高不下,又是一例。

(2) 符合标准的几个设计要素组合在一起产生不安全因素

道路是一个三维构造物,设计中习惯以平面、纵断面和横断面分别描述,设计规范对平、纵、横线形标准分别作出了详尽的规定。设计中平纵横的单项指标都应该符合标准,但是这些分别符合单项标准的平、纵、横要素组合起来,有时却会产生安全问题。虽然规范也对平纵面组合提出了一些原则性建议,但在实际应用中,平、纵、横可以有很多组合,加上交叉口、桥梁等结构物,不符合规范规定的组合是不良设计,而符合规定的组合也未必是好的设计。

(3) 使用要求与安全要求有矛盾

尽管安全要求也是使用要求之一,但毋庸讳言,设计中更多地会考虑通行能力、车速等要求,而它们与安全有时是有矛盾的,如在交叉口为提高通行能力的车道布置、交叉口拓宽等都会影响行人的安全。

第 7 章 道路线形与景观评价

（4）施工中修改设计

由于工程的复杂性,在施工过程中根据现场实际情况常常会对原有设计作适当的修改,以解决新出现的问题。如有时交通标志施工时会遇到地下管线的影响,只能对原设计位置作修改,但修改后的位置会对信息的提前量、可见性等方面产生影响,给安全带来隐患。

（5）经济与安全有矛盾

从某种意义上说,道路设计是技术可行性和经济合理性相互妥协、平衡的结果,技术方案必须考虑经济,有时则会无意识地牺牲了安全。如我国高速公路建设中普通存在的一个现象:资金受限制时,常会将交通监控设施取消或简化,结果不能及时发现和处理高速公路上的突发事件（局部起雾、车辆故障、车上坠物等）,由此所造成的事故直至目前仍十分严重。

在紧张的设计、施工过程中,如果不专门进行安全审计,上述问题有时是很难被发现和改进的。许多完全符合规范的设计,在道路通车后很快成为事故多发路段的现象也从反面证明了实施道路安全审计的必要性。

当然,道路安全审计不可能使新设计的道路完全没有安全缺陷,只是尽可能地降低事故隐患,同时提高设计者、管理者在决策时的安全意识。

道路安全审计的最大效益在于"只需用铅笔改变设计线,而不是到建成后再去搬动混凝土;即使是建成后的道路需要搬动混凝土,那么至少可以避免或减少搬动撞毁的汽车和伤亡的人员"。道路安全审计的费用和改变设计所花的费用,要远远低于项目建成以后采取治理措施所需的费用。如果一条道路设计中有明显的安全问题,那么事故耗费将可能成为该项目的整个经济寿命中费用的最主要部分;如果一条新建道路有安全问题,但因采取改动措施耗资巨大,而采取了其他的补救措施,这将带来一些不良后果,要么是持续的事故损失,要么是由于通行量和车速受到限制而带来的持续经济损失。对社会而言,在建造之前就避免问题的发生将是最经济的。此外,对现有道路的安全审计将会大大降低事故的损失代价,从而明显地节省开支。工程规范及指南为一个好的设计提供了一个好的开端。

对事故风险的控制是一个长期的战略任务,它需要各方面的通力合作。显然,无论是对于道路,还是其他的项目,控制事故风险的最有效途径是培养安全意识。英国工业联盟所描述的"安全意识"是:有关机构和所有人员应具有时刻关注事故及事故发生风险的意识。道路管理部门有义务为道路用户提供设施及服务。对培养安全意识,他们有很多实际的工作要做。最重要的是整个组织由上到下对道路安全有种承诺,这种承诺促使每个成员都去考虑自身行为的责任性,在设计一条道路、改善一个出入口或培训职员等各种工作中时刻注意自身行为对道路安全的影响。是否具有安全意识将决定产品及服务的优劣,不能只是在事故发生之后,才去采取减少事故发生的可能性及减轻其后果的措施。道路安全审计,应当被视作减少事故风险的整个道路安全战略和道路安全工程的一部分。

7.5.2 道路线形安全审计范围

对于任何处于设计阶段的道路和交通工程项目、正在运营的道路和交通工程项目及可能改变道路用户间的相互关系或改变用户与道路环境关系的其他项目,根据需要,都可对其进行道路安全审计。这里的其他项目,指的是对道路交通有直接影响的非道路交通工程项目,如路边加油站。由于上述范围太大,全部项目都进行安全审计是不现实的,一般各国都选择一些重要的项目入手,如英国主要对高速公路和汽车专用公路实施安全审计。我国《公路项目安全性评价指南》JTG/TB 05—2004 规定:我国道路安全评价的适用范围为新建或改扩建高速公路、一级公路,其他等级公路也可参照使用。为提高行车安全性,高速公路、一级公路改扩建之前应进行安全性评价,以指导改扩建工程设计。

根据项目的性质不同,安全审计的范围通常有以下几种:

(1) 新建道路

新建道路是指可行性研究阶段至通车前的道路项目,因其建设将改变现有路网的交通分配,所以不仅要评价其本身的道路安全性,而且要评价新建道路对现有路网安全性能的影响,如大型立交对其相交道路的影响。

(2) 旧路改造

这里的旧路改造指的是局部改造,如整条道路的改建可视为新建道路。旧路改建可能有多种情况,可以是路线改造(截弯取直、过境公路改线)、路面加铺、交叉口改造、改变交通方式(改变标线、新的渠化交通)、桥梁改造等。

(3) 交通控制系统改造或交通设施变更

高速公路和交叉口变更交通控制系统或变更交通设施设置时,应对其实施道路安全性评价。

(4) 道路附近的产业开发

道路附近的产业开发可能有两种情况,一是在路侧,如路边加油站、汽车旅馆、饭店等,这些商业设施的出入口直接连接不封闭的道路,会对交通安全产生很大的影响;第二种开发不直接在路边,但会产生或吸引很大的交通,如新建农场、工业区、旅游区、牧场等,将产生新的交通源或吸引大量交通,改变道路用户的构成。

另外有些特殊产业的开发会对交通安全产生特殊的影响,如湖南省某国道路侧的一个矾矿产生的空气污染使该路段经常出现局部的大雾,造成该路段事故多发,就是一个例子。

7.5.3 道路线形安全审计阶段

在目前已开展道路安全性审计的国家,审计工作大部分分为可行性研究、初步设计、施工图设计、试通车及运营等五个阶段。并不是所有的项目都需进行上述五个阶段的完整评价,事实上,在国外的实践中,第一和第五阶段最少进行,第二和第三阶段进行得最为普遍。英国运输部认为,标准采用、路线走向、交叉口形式等方面的安全因素在进行可行性研究阶段已在宏观层面上考虑,道路安全审计也只能进行到这种深度,因此可不进行;而对运营中的道路,如果事故统计并未发现安全问题,那么先去处理已发现问题的路段会更有效益;对于小的工程项目可将第二和第三阶段合并;对交通管理和养护工作进行道路安全审计时,也没必要从可行性阶段开始。

由于我国道路基本建设阶段划分及各阶段内容深度与其他国家不尽一致,同时我国道路安全审计的研究也刚刚起步,所以暂分为可行性研究、设计和运营等三个阶段。工程可行性研究、设计阶段的审计工作宜在政府主管部门对项目正式批复前完成;运营阶段的评价工作宜在竣工验收前完成。

下面就我国《公路项目安全性评价指南》JT6/TB 05—2004 规定的三个阶段的划分作简要的介绍:

(1) 工程可行性研究阶段

工程可行性研究阶段的道路安全性审计主要根据项目沿线城镇及人口分布情况、预测交通量、交通组成、项目功能及在路网中的地位等,从适应行车安全性要求方面,对拟定的道路等级进行审计。

该阶段的道路安全审计主要是对选择路线走向(路线起、讫点与接续道路的连接方式、交通组织等)和总体方案(平纵断面线形指标应与设计速度相适应)、建设标准(道路等级、设计速度、路基横断面宽度)和采用规范、考虑对现有路网的影响、出入口控制、交叉口数量与类型(如平面交叉、互通式立交跨线桥及通道)、环境影响(气候、不良地质、动物迁徙路线)等问题进行检查。

另外,还应考虑施工期间的临时交通组织和管理的安全。对改建项目的改造方案应充分考虑中断交通后,原有道路交通量在施工期间分流到其他道路时对行车安全产生的影响,或不中断交通时采取的交通安全措施对行车的影响。

重点要考虑的是方案的比选,技术标准的确定,评价道路等级、设计速度、路基宽度等技术指标选择的合理性,等等。

由于可行性研究阶段的工程方案需进行多方案的比选,因此,在比选中对安全因素的考虑也是十分重要的。

(2) 设计阶段

设计阶段的道路安全审计在国外的评价指南中一般按初步设计和施工图设计两个阶段分别编写。根据我国交通部部颁《公路工程基本建设项目设计文件编制办法》要求,初步设计和施工图设计文件编制内容基本相同,只是深度上有所差别。在审计时,可根据设计深度的不同要求,分别考虑审计的重点内容。

在这一阶段应重点考虑:设计符合性与运行速度协调性审计。

设计符合性审计是对设计中采用标准、规范、技术指标的正确性进行检查,内容应包括所有与行车安全性相关的技术指标。对不符合现行标准、规范规定的技术指标,原则上应进行纠正,但在实际中,对工程造价或其他工程难度过大等原因所导致的不符合标准、规范规定的技术指标,应进行行车安全性影响分析,在不影响行车安全性时可维持原技术标准。

运行速度协调性审计是根据运行速度预测方法对相邻路段的运行速度的差值 Δv_{85} 进行评价。相邻路段是指平面、纵断面、横断面指标或设计速度不同的相接路段,一般是指平曲线的起点、曲中点、终点、纵断面变坡点及横断面宽度变化的前后路段。运行速度协调性审计方法是根据运行速度预测方法对各相邻路段的线形特征点(直线起、终点,平曲线起、终点及曲中点,竖曲线变坡点等)进行双向运行速度预测并计算相邻路段运行速度的差值。运行速度计算方法见我国《公路项目安全性评价指南》JTG/TB 05—2004 附录

B. 根据计算所得的相邻路段的运行速度的差值 Δv_{85} 与指南规定的评价标准进行比较，以确定运行速度协调性的好坏及相邻路段平、纵断面是否需要重新进行调整。

设计阶段应对路线及立交匝道技术标准的采用，平、纵断面线形及其组合，视距，交叉口设置，车道和路肩宽度，路面横坡、合成坡度和超高，超车车道的采用，路基路面中的路侧安全净空区，路面，排水设施涵洞，桥梁中的大桥及特大桥进行评价，同时对桥梁中的桥梁引线、桥梁断面及桥面侧风影响，隧道洞口接线段、横断面、视距、路面及排水系统、通风、照明及监控设施、消防及救援等，紧急停车带或港湾式停车位的设置，出入口设置，立交及出入口的变速车道等方面进行安全评价。

这一阶段安全审计的重点，除对道路几何线形、交叉口、路基路面、标志标线等一般内容进行安全审计外，特别要注意路线弯道内侧的视距、平面交叉口设计细节（包括交叉口视距、交通组织、车道布设、交通岛设计、交通控制方式、非机动车和行人的安排等）、立体交叉设计细则（如立交净空、匝道与进出口的加减速车道长度及布设、立交前后的交通标志标线）、设施杆（灯柱、标志牌的竖杆、监控设施杆等）的位置、防撞护栏、桥梁隧道及其引道的宽度、纵坡、路面、照明等细节处的安全。另外，还应考虑施工期间的临时交通组织和管理的安全。

对设计阶段进行安全审计的道路项目，同时应对道路运营期间的技术指标进行预评价。通过设计符合性检查，将不满足设计符合性的路段作为下一阶段安全审计的重点路段。

（3）运营阶段

对设计阶段已进行安全审计的道路项目，在其运营阶段，应根据施工过程中的变更设计情况，对建成道路的状况进行设计符合性审计。运营期间的安全审计应注重施工过程中变更设计、施工等造成的事故隐患。审计按照批准的施工图设计文件及变更设计文件进行。运营阶段审计的内容包括平面、纵断面、横断面、平纵面线形组合、路基路面、桥梁、隧道、路线交叉、交通工程及沿线设施等的变更设计、施工部分。审计采取现场调查、设计文件或技术标准对照的方式进行。

运营阶段道路安全审计应进行事故调查，调查运营道路事故路段的类型、技术指标、路面状况、事故发生的时间、天气情况、事故形态、事故车辆类型及实载率、交通控制方式等，并进行事故分析，对交通事故的时间分布、空间分布、气候特征、事故程度、事故原因及形态等进行分析，并根据运行速度和设计速度协调性审计结果等综合因素对事故黑点进行全面分析，提出解决措施和改进方案。

7.5.4 道路线形安全审计方法

《公路项目安全性评价指南》JTG/TB 05—2004 中给出了基于运行速度的道路线形安全审计方法，现介绍如下：

1. 审计标准

（1）运行速度协调性

采用相邻路段运行速度的差值 Δv_{85} 作为审计指标，其标准如下：

1) $|\Delta v_{85}|<10 \text{km/h}$：运行速度协调性好。

2) $|\Delta v_{85}|=10\sim20\text{km/h}$:运行速度协调性较好,宜适当调整相邻路段技术指标。

3) $|\Delta v_{85}|>20\text{km/h}$:运行速度协调性不良,相邻路段需重新调整平、纵断面设计。

(2) 设计速度与运行速度协调性

当同一路段设计速度与运行速度的差值大于20km/h时,应对该路段的设计指标进行安全性验算。

2. 运行速度计算方法

(1) 运行速度分析路段划分

根据曲线半径和纵坡坡度的大小将整条路线划分为平直段、纵坡段、平曲线段和弯坡组合段,其中,纵坡坡度小于3%直线段和半径大于1000m的大半径曲线可看作平直段。以下路段作为独立单元进行运行速度测算:

1) 小半径曲线段(半径小于1000m);

2) 纵坡坡度大于3%、坡长大于300m的纵坡路段;

3) 弯坡组合路段。

(2) 运行速度计算特征点的选择

运行速度计算特征点一般情况下应包括:

1) 直线起、终点;

2) 平曲线起、终点及曲中点;

3) 竖曲线变坡点;

4) 大桥和隧道的起、终点;

5) 互通式立交的流入、流出点。

(3) 运行速度的测算

1) 初始运行速度 v_0。

初始运行速度的测算方法有两种,即现场观测和根据设计速度估算,设计速度与运行速度的对应关系见表7.3。

表7.3 设计速度与运行速度的对应关系

设计速度(km/h)		60	80	100	120
初始运行速度 v_0 (km/h)	小客车	80	95	110	120
	大货车	55	66	75	75

2) 直线段运行速度。

平直路段上驾驶人都有一个期望车速 v_e(小客车120km/h,大货车75km/h),当 $v_0 < v_e$ 时,驾驶员将加速直至达到稳定的期望车速后匀速行驶,如式(7.7)所示。

$$v_s = \sqrt{v_0^2 + 2a_0 S} \tag{7.7}$$

式中 v_s——直线段上的运行车速,m/s;

a_0——车辆的加速度,m/s²,小客车取 0.15~0.5m/s²,大货车取 0.2~0.25m/s²;

S——直线段距离,m。

(4) 小半径曲线段的运行速度

平曲线半径小于1000m的路段,对曲线中部和出口的运行速度进行预测。

根据曲线入口速度 v_{in}、当前路段的曲线半径 R_{now} 和前接曲线的半径 R_{back}，预测曲线中部的速度 v_{middle}；根据曲线中部的速度 v_{middle}、当前路段的曲线半径 R_{now} 和后续路段的曲线半径 R_{front}，预测曲线出口处的运行速度 v_{out}。

1) 小半径曲线段中部的运行速度。

① 入口直线—曲线：

小客车：$v_{middle} = -24.212 + 0.834v_{in} + 5.729\ln R_{now}$ (7.8)

大货车：$v_{middle} = -9.432 + 0.963v_{in} + 1.522\ln R_{now}$ (7.9)

② 入口曲线—曲线：

小客车：$v_{middle} = 1.277 + 0.924v_{in} + 6.19\ln R_{now} - 5.959\ln R_{back}$ (7.10)

大货车：$v_{middle} = -24.472 + 0.990v_{in} + 3.629\ln R_{now}$ (7.11)

2) 小半径曲线段出口的运行速度。

① 出口曲线—直线：

小客车：$v_{out} = -11.946 + 0.908v_{middle}$ (7.12)

大货车：$v_{out} = 5.217 + 0.926v_{middle}$ (7.13)

② 出口曲线—曲线：

小客车：$v_{out} = -11.299 + 0.936v_{middle} - 2.0601\ln R_{now} + 5.203\ln R_{tiont}$ (7.14)

大货车：$v_{out} = 5.899 + 0.925v_{middle} - 1.0051\ln R_{now} + 0.329\ln R_{tiont}$ (7.15)

(5) 纵坡路段的运行速度

1) 上坡路段。

小客车：坡度≤4%，降低 5km/h/1000m；坡度>4%，降低 8km/h/1000m。

大货车：采用图解法进行调整。

2) 下坡路段。

小客车：坡度≤4%，增加 10km/h/500m 至期望运行速度；坡度>4%，增加 10km/h/500m 至期望运行速度。

大货车：坡度≤4%，增加 10km/h/500m 至期望运行速度；坡度>4%，增加 15km/h/500m 至期望运行速度。

(6) 弯坡组合路段的运行速度

根据曲线入口速度 v_{in}、当前路段的曲线半径 R_{now}、变坡点前纵坡 i_{now1} 和前接曲线的半径 R_{back}，预测曲线中部的速度 v_{middle}；根据曲线中部的速度 v_{middle}、当前路段的曲线半径 R_{now}、变坡点后纵坡 i_{now2} 和后续路段的曲线半径 R_{front}，预测曲线出口处的运行速度 v_{out}。

1) 弯坡组合路段中部

① 入口直线—曲线：

小客车：$v_{middle} = -31.669 + 0.574v_{in} + 11.714\ln R_{now} + 0.176i_{now1}$ (7.16)

大货车：$v_{middle} = 1.782 + 0.859v_{in} + 1.196\ln R_{now} - 0.51i_{now1}$ (7.17)

② 入口曲线—曲线：

小客车：$v_{middle} = 0.750 + 0.802v_{in} + 2.717\ln R_{now} - 0.281i_{now1}$ (7.18)

大货车：$v_{middle} = -1.798 + 0.977v_{in} + 0.248\ln R_{now} - 0.133i_{now1} + 0.23\ln R_{back}$ (7.19)

2) 弯坡组合路段出口。

① 出口曲线—纵坡：

小客车：$v_{out} = 27.294 + 0.720 v_{middle} - 1.444 i_{now2}$ (7.20)

大货车：$v_{out} = 13.490 + 0.797 v_{middle} - 0.697 i_{now2}$ (7.21)

② 出口曲线—曲线：

小客车：$v_{out} = 1.819 + 0.839 v_{middle} + 1.427 \ln R_{now} + 1.782 \ln R_{front} - 0.48 i_{now2}$ (7.22)

大货车：$v_{out} = 26.837 + 0.830 v_{middle} - 3.039 \ln R_{now} + 0.109 \ln R_{front} - 0.594 t_{now2}$ (7.23)

7.6 道路景观评价

本节介绍几种常用于道路景观评价的方法，包括道路景观综合评价指数法、模糊综合评价法、层次分析法、结构方程建模方法。

7.6.1 道路景观综合评价指数法

根据对道路景观构成要素的分析可知，任何一处道路景观均由多种要素组成，以群体出现，各要素都具有明显特征和可比性。因此，道路景观评价是对群体景观的评价，是多因子评价，采用道路景观综合评价指数法，其评价指数的数学表达式为

$$B = \sum X_i \cdot F_i \quad (7.24)$$

式中 B——道路景观综合评价指数；

X_i——某评价因子的权值；

F_i——某景观在评价因子下的得分值；

$X_i \cdot F_i$——某景观评价分值。

景观综合评价指数是由分指数叠加得出，该法适宜研究多属性、多因子评价体系结构的问题。

1. 权值确定

权值是反映不同评价因子间重要程度差异的数值，也体现了各评价因子在总指标中的地位与作用，以及对总指标的影响程度。由于道路景观多数评价因子较抽象、宏观，故采用专家打分法，确定各评价因子的权值。

2. 评价因子分级指标

每项评价因子设5个级别，依据其优劣程度赋值，分级指标数值越高表示景观质量越好。

3. 景观分级计算方法

首先根据道路建设前后，现场实地踏勘调查的资料，研究确定各景观类型在每一个评价因子下的级别 F_i，并按该级别的得分值乘以该因子的权重，得出这一因子下的景观评价分值 $X_i \cdot F_i$，各分值相加得出景观综合评价指数 B，B 占理想景观评价指数 B' 的百分比，即为景观质量分数 M。

$$M = \frac{景观综合评价指数}{理想景观评价指数} \times 100\% = \frac{B}{B'} \times 100\% \quad (7.25)$$

M 作为景观分级的依据，并以差值百分比分级法划分为 Ⅰ、Ⅱ、Ⅲ、Ⅳ 级，见表 7.4。

表 7.4 城市道路景观分级标准

$M(\%)$	100~80	79~60	59~40	<40
道路景观质量等级	Ⅰ	Ⅱ	Ⅲ	Ⅳ

注：Ⅰ级——道路建设与沿线景观协调；Ⅱ级——道路建设与沿线景观较协调；Ⅲ级——道路建设对沿线景观轻度破坏；Ⅳ级——道路建设对沿线景观严重破坏。

7.6.2 模糊综合评价法

对道路景观的评价，会涉及多个因素或者多个指标，这些因素具有不确定性，一般地，可以把不确定的因素分成两类：一类具有随机性；另一类具有模糊性。前者可用概率统计学去加以研究，后者则可用模糊数学的理论去解决。将模糊综合评价方法用于道路景观评价中，其分析过程如下：

1）将道路景观评价目标看成是由多种因素组成的模糊集合，建立评价因素集 U。

2）建立权重集 A，用权重来反映各评价因素对评价对象影响程度的大小。

3）设定这些因素所能选取的评审等级，组成评语的模糊集合，即建立评价集 V，分别求出各单一因素对各个评审等级的隶属程度，将各因素评判集的隶属度为行组成的模糊矩阵 R，称为单因素评价矩阵。

4）根据各个因素在评价目标中的权重分配，通过做模糊矩阵运算，求出模糊评价集 $B=A \cdot R$，式中"·"表示某种合成运算。

模糊综合评价法中关键的两步是：确定单因素评价矩阵 R 和计算模糊评价集 B，其特点是考虑了道路景观系统内部关系的错综复杂，考虑了系统因素的模糊性。但是各指标权重的确定，存在着过多的主观依赖性。

模糊综合评价法考虑了道路景观系统内部关系的错综复杂，将道路景观作为一个系统来研究，考虑了系统因素的模糊性。也可以通过引入模糊理论，使道路景观评价具有了定性与定量相结合的特点，同时还具有科学、准确、直观和易操作等优点。

7.6.3 层次分析法

运用层次分析法时，要把问题层次化，即根据问题的性质和要达到的总体目标，将问题分成不同的组成因素，并按因素间的相互关系及隶属度，组成一个多层次的分析结构模型，最终把系统问题分析归结为最低层相对于最高层的相对重要性权值的确定或相对优劣次序的子问题。具体步骤如下：

1. 建立递阶层次结构

首先，将不复杂的问题分解为各种指标，把这些指标按不同性质分成若干组，以形成不同的层次。其次，同一层次上的指标作为准则，对下一层次的某些指标起支配作用，同时它又受上一个层次指标的支配，处于最上层的称为目标层，中间的层次一般是准则层或子准则层。

2. 建立判断矩阵

判断矩阵是层次分析法的基本信息，判断矩阵是以上一层某一要素作为评价准则，对本层各要素进行两两重要性比较来确定矩阵元素。除最高层外,每层都要建立判断矩阵,每层中的判断矩阵个数等于上一层的要素数。判断矩阵见表 7.5。

表 7.5　层次分析法的判断矩阵

A	A_1	A_2	⋯	A_j	⋯	A_n
A_1	A_{11}	A_{21}	⋯	A_{1j}	⋯	A_{1n}
A_2	A_{21}	A_{22}	⋯	A_{2j}	⋯	A_{2n}
⋯	⋯	⋯	⋮	⋮	⋮	⋮
A_i	A_{i1}	A_{i2}	⋯	A_{ij}	⋯	A_{in}
⋯	⋯	⋯				
A_n	A_{n1}	A_{n2}	⋯	A_{nj}	⋯	A_{nn}

上述判断矩阵是在总指标 A 下,指标层各要素进行两两比较建立的。A_i 对 A_j 的相对重要性的判断尺度通常取值 1～9 及它们的倒数表示,含义见表 7.6。

表 7.6　指标比较标度及其描述

标度 a_{ij}	定义描述
1	i 因素与 j 因素同等重要
3	i 因素比 j 因素略重要
5	i 因素比 j 因素较重要
7	i 因素比 j 因素非常重要
9	i 因素比 j 因素绝对重要
2,4,6,8	为以上两判断之间的中间状态对应的标准值
倒数	若 j 因素与 i 因素比较,得到判断值为 $a_{ji}=1/a_{ij}$,$a_{ii}=1$

3. 层次单排序及判断矩阵一致性检验

层次单排序是依据判断矩阵计算本层各要素对上一层某一要素而言的相对重要性权值,方法是求判断矩阵的特征向量。

特征向量一般采用方根法计算:$AW=\lambda_{max}W$,计算最大特征值 λ_{max},找出它所对应的特征向量 W,即为同一层各因素相对于上一层某因素相对重要性的排序权重,然后进行一致性检验。关于 λ_{max} 与 W 的计算,可采用方根法,步骤是:

1) A 的元素按行相乘;
2) 所得乘积分别开 n 次方;
3) 将方根向量归一化得排序权重 W;
4) 按式可计算 λ_{max}:

$$\lambda_{max} = \sum_{i=1}^{n} \frac{(AW)_i}{nW_i} \tag{7.26}$$

式中:$(AW)_i$ 为 AW 的第 i 个分量。

5) 一致性检验

$$CI = \frac{\lambda_{max}-n}{n-1} \tag{7.27}$$

$$CR = \frac{CI}{RI} \tag{7.28}$$

式中　n——判断矩阵阶数；

　　　RI——平均随机一致性指标，其数值见表 7.7；

　　　CI——一致性指标；

　　　CR——一致性比率。

表 7.7　维的判断矩阵 RI 值

阶数	1	2	3	4	5	6	7	8	9	10
RI	0	0	0.58	0.9	1.12	1.24	1.32	1.44	1.45	1.49

通常，一般 $CR<0.10$ 满足判断矩阵的一致性检验；如果 $CR>0.10$，说明判断矩阵不一致，需要调整判断矩阵元素的值。

6）层次总排序及一致性检验

层次总排序是计算本层各要素对更上一层的相对重要性权值，它是在单排序基础上进行的，从上到下逐层顺序进行。其基本计算方法如下：

设 A 层有 m 个要素 $A_1, A_2, \cdots, A_m$，其层次总排序权值分别为 $a_1, a_2, \cdots, a_m$。

设 A 层的下一层 B 层，有 n 个要素 $B_1, B_2, \cdots, B_i, \cdots, B_n$。其中 B_i 关于 A_j 的相对重要性权值为 b_{ij}。

则 B 层的层次总排序权值的计算公式为

$$b_i = \sum_{j=1}^{m} a_j \cdot b_{ij} \quad (j=1,2,\cdots,n) \tag{7.29}$$

B 层次总排序权值见表 7.8。

表 7.8　B 层次总排序权值

层次 B	层次 A				B 层次总排序权值
	A_1	A_2	$\cdots$	A_m	
	a_1	a_2	$\cdots$	a_m	
B_1	b_{11}	b_{12}	$\cdots$	b_{1m}	$\sum_{j=1}^{m} a_j b_{1j}$
B_2	b_{21}	b_{22}	$\cdots$	b_{2m}	$\sum_{j=1}^{m} a_j b_{2j}$
$\vdots$	$\vdots$	$\vdots$	$\vdots$	$\vdots$	$\vdots$
B_n	b_{n1}	b_{n2}	$\cdots$	b_{nm}	$\sum_{j=1}^{m} a_j b_{nj}$

计算完 B 层的层次总排序后，即可计算其下层的层次总排序，直至计算到最底层（评价指标层）为止。

7.6.4　结构方程建模方法(SEM)

1. 道路景观评价指标体系遵循原则

1）所选指标遵循道路景观及公众满意度的相关理论；

2) 根据特定的道路选取测量指标,测量指标必须要包含绝大部分研究对象的景观元素,做到客观公正;

3) 所选指标尽量具有明确的指向,即每一个指标只反映道路景观质量的某一个方面,这可以避免指标间存在严重多重共线性问题而导致模型预测失效;

4) 采用标准化数据,可以采用不同的尺度测量指标,但进行数据分析时需要将数据标准化。

2. 道路景观评价指标与模型设计

道路的视觉景观形象、道路的环境生态绿化、道路使用上的大众行为心理构成道路景观的三元素,是进行道路景观分析评价的依据。其中,道路景观视觉质量是决定该路景观高低水平的最重要因素。道路景观通过路侧植物、建筑等表现出来,并影响公众感知。根据经济学中满意度理论,公众对道路景观的质量感知影响其对道路景观的价值感知,两者同时影响公众对总体道路景观的满意程度。

(1) 公众对道路景观的质量感知

对于道路景观的质量感知从其体现的美学意义与功能意义进行分类。美学意义指标通过道路景观的生动性、变化性、文化性、自然性体现出来并呈现给公众;功能意义指标通过道路景观的安全性与服务性体现出来。两类指标一起从道路景观的软件与硬件方面体现公众对道路景观的质量感知,具体评价指标如图 7.16 所示。

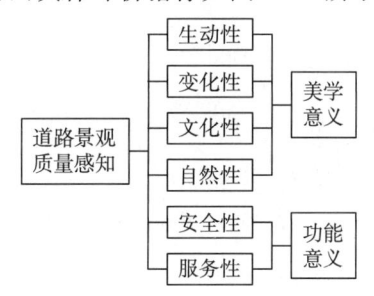

图 7.16 道路景观感知的具体评价指标

生动性通过道路线条、路面色彩、人行道铺装、建筑小品等表现;变化性通过植物种类丰富程度、色彩变化、建筑小品、水体景观等表现;文化性通过植物的种类及其年代、建筑小品等体现;自然性通过人类对自然的关爱程度、植物的栽植、可接近程度等体现;安全性则由道路上的机动车数量与速度、人行道宽度等体现;服务性通过道路附属设施的可利用性与表达性等体现。

(2) 公众对道路景观的价值感知

公众如果为欣赏道路景观付出一定的代价(收费公路等),必然会由质量感知而产生对该路的价值感知,即询问公众是否觉得付出与欣赏到的景观相匹配。

(3) 公众对道路景观的满意程度

公众经由对道路景观的质量与价值感知最终形成对整体道路景观的满意程度,这将决定公众对公路管理部门工作的肯定程度与公众对该路景观的认可程度。

以上三类评价指标一起构成道路景观评价系统,在此基础上设计道路景观综合评价满意度模型,如图 7.17 所示。

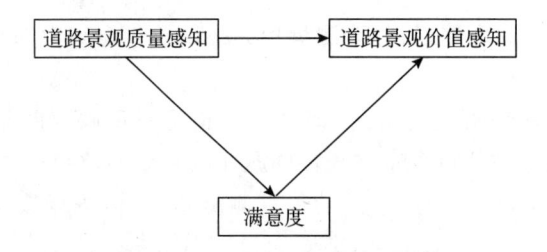

图 7.17 道路景观评价满意度模型

所有指标均通过公众实际感知获得,除功能意义指标采用李克特 5 级量表外,其他均采用 10 分制由公众打分获得。

3. 指标合理性与模型拟合检验

指标合理性检验与模型拟合检验具体步骤如下:

1) 评价指标无量纲化。

以 n 为接受调查者数目,采用 p 个测量指标构成样本 $\boldsymbol{X}$,即

$$\boldsymbol{X} = \begin{pmatrix} x_{11} & x_{12} & \cdots & x_{1p} \\ x_{21} & x_{22} & \cdots & x_{2p} \\ \vdots & \vdots & \ddots & \vdots \\ x_{n1} & x_{n2} & \cdots & x_{np} \end{pmatrix}$$

式中:x_{ik} 为接受调查者 i 对指标 k 的打分,$i=1,2,\cdots,n$;$k=1,2,\cdots,p$。

对 x_{ik} 进行无量纲化:

$$x_{ik}^* = \frac{x_{ik} - \overline{x_k}}{s_k}$$

其中:$\overline{x_k}$ 为每个测量指标评分平均值;s_k 为每个测量指标标准差。

无量纲化后的样本集 $\boldsymbol{X}^*$ 为

$$\boldsymbol{X}^* = \begin{pmatrix} x_{11}^* & x_{12}^* & \cdots & x_{1p}^* \\ x_{21}^* & x_{22}^* & \cdots & x_{2p}^* \\ \vdots & \vdots & \ddots & \vdots \\ x_{n1}^* & x_{n2}^* & \cdots & x_{np}^* \end{pmatrix}$$

2) 根据数据库调查数据检验各测量指标间的相关性,查看数据是否适合进行因子分析。

3) 提取主成分并表示为

$$\begin{cases} F_1 = a_{11}\boldsymbol{X}_1^* + a_{21}\boldsymbol{X}_2^* + \cdots + a_{p1}\boldsymbol{X}_p^* \\ F_2 = a_{12}\boldsymbol{X}_1^* + a_{22}\boldsymbol{X}_2^* + \cdots + a_{p2}\boldsymbol{X}_p^* \\ \vdots \\ F_p = a_{1m}\boldsymbol{X}_1^* + a_{2m}\boldsymbol{X}_2^* + \cdots + a_{pm}\boldsymbol{X}_p^* \end{cases}$$

式中:$a_{1q},a_{2q},\cdots,a_{pq}(q=1,2,\cdots,m)$ 为测量指标 $\boldsymbol{X}$ 的协方差矩阵 $\boldsymbol{\Sigma}$ 的特征值所对应的特征向量;$\boldsymbol{X}_1^*,\boldsymbol{X}_2^*,\cdots,\boldsymbol{X}_p^*$ 为样本集 $\boldsymbol{X}^*$ 的列向量。

因子分析分为探索性因子分析与实证性因子分析两种,探索性因子分析事先对指标

不归类而由因子分析来确定分类,然后进行理论检验;实证性因子分析是根据理论事先将测量指标归类,然后用因子分析验证(提取的主成分特征值大于1)。如果所选指标归类没有得到因子分析的验证,则根据需要重新修订所选测量指标。

4) 构建结构方程模型。

将提出的主成分作为模型的潜变量,根据结构方程建模方法得到

$$\begin{cases} X^* = AF + \varepsilon \\ F = BF + \zeta \end{cases}$$

式中　A, B——结构方程建模方法拟合系数矩阵;

　　　ε, ζ——拟合误差;

　　　F——$F_1, F_2, \cdots, F_p$ 作为列向量组成的测量指标矩阵。

5) 检验模型。模型检验的出发点是,如果模型是正确的,那么总体的协方差矩阵 Σ 就可以被准确地重复出来,即 $\Sigma = \Sigma(\theta)$,其中,θ 为矢量,含有模型的待估计参数,$\Sigma(\theta)$ 为一个由 θ 的函数写出的方差-协方差矩阵。在实际情况中,完全吻合的情况几乎不会出现,但可以应用模型拟合指数来考察模型的拟合程度。

6) 分析模型,指导实践。

第8章 道路线形计算机辅助设计

随着计算机图形处理功能的发展和动态可视化技术的日渐成熟,道路工程计算机辅助设计已逐步发展成为集数据采集与处理、设计、分析、优化于一体的集成化系统。该设计系统已经逐步替代了原有的传统人工设计手段,在实际设计领域具有非常广泛的应用。本章从介绍道路 CAD 系统的基本原理出发,分别选择目前被广泛应用的纬地公路设计软件与鸿业市政道路设计软件为例,介绍其道路线形设计功能与基本操作。

8.1 道路 CAD 系统的基本原理

传统的道路设计是以传统的测设方法为基础,以简单降维的平、纵、横设计和抽象的经验性组合设计为框架的数字计算与几何制图,其中包含着大量繁琐且重复性的人工计算与制图。道路计算机辅助设计系统应用于道路设计,主要以减少人工计算与制图并提高生产效率为目标。

8.1.1 CAD 技术简介

计算机辅助设计(Computer Aided Design,CAD)是一种以计算机硬、软件系统辅助人们进行产品或工程设计的技术。随着个人计算机的普及,计算机辅助设计手段也日益被人们所接受和应用,并得到了快速的发展。道路勘测设计最终的成果主要以图表的形式来表现,这就涉及大量的图形绘制工作。传统的手工绘图时代,制图是一门很重要的专业,道路设计中的制图与设计几乎是同等重要。然而,传统的手工制图不仅效率低下,出图效果也不好。出图质量与制图人员的水平紧密相关,难以达到一致的标准。

计算机辅助绘图技术出现后,设计人员可以摆脱开制图工作的束缚,制图与设计是一并完成的,设计完成时,制图工作也基本完成了。计算机绘制的图形可以以电子文件的形式保存,需要时传输到打印机打印即可,而且可以绘制任意比例的图形,非常方便;所出的图整齐、美观,并且可以达到完全一致的标准。

随着计算机技术的发展,CAD 绘图技术已由二维交互式绘图系统,向以三维参数化特征造型特点的 CAD 集成系统发展。商业化的计算机辅助绘图软件中,AutoCAD 是此类软件中的佼佼者。该软件由美国的 Autodesk 公司推出,目前最新版本为 AutoCAD2013。其较早期的版本 AutoCAD2004 在很多设计院仍有大批的使用者,而且基于 AutoCAD2004 的二次开发,还产生了相当一批成功的专业设计软件,在机械、土木及电气等领域都有所涉及。本教材将要介绍的纬地公路设计软件与鸿业市政道路设计软件均为以 AutoCAD2004 为平台二次开发得到的道路工程专业设计软件。

道路 CAD 系统即利用计算机辅助设计系统进行路线设计,在数字地形模型支持下,

第 8 章 道路线形计算机辅助设计

借助数学方法,由计算机初定平面位置,并通过人机对话对设计方案进行修改;经过不断的人机交互作用,进行优化设计,根据计算机选择的最优方案和地形数字模型提供的地形资料完成整个路线平面、纵断面和横断面设计,以获得切合实际的最优方案,在设计完成时可以利用绘图机输出各设计阶段所需的相应图纸和表格。

道路 CAD 领域的软件最初大致可分为两种类型:一是适用于结构工程的,如路基、路面、挡墙、桥涵等构造物的 CAD 设计软件;另一类是适用于路线工程设计的。前者偏重于力学数值计算,后者面向带状建筑物,广泛绵延于地面之上,很多与地形、地物、地质水文等有关的自然地理数据是设计的原始依据。同时很多经济与交通状况的动态发展因素又对设计产生很大影响。因此它涉及很多地理数据采集工作和图形处理工作。这两种类型的软件在各自不断发展的同时,也有集成到同一软件包的产品出现。本教材关于软件介绍的部分,将重点介绍其路线工程设计功能。

随着计算机图形处理功能的发展和动态可视化技术的日渐成熟,以及 GPS、航测、遥感等现代测量技术的应用和普及,道路 CAD 已逐步发展成为集数据采集与处理、设计、分析、优化于一体的集成化系统,主要表现为基于三维数字地面模型(DTM,以下简称数模)的自动化数据采集过程、实时动态可视化的高效辅助设计过程、三维路线(或全景)透视图检验,以及快速规范的成果文件输出过程。运用现代测量技术采集原始数据并预处理,实际上是道路 CAD 概念的外延扩展。应该说,今天的道路 CAD 基本实现了手段先进和过程高效及外业测设内业化的预期功能。

8.1.2 道路 CAD 系统的组成与功能

道路 CAD 系统由硬件和软件两部分组成。硬件包括计算机(主机、显示器、硬盘等)和外围设备(打印机、绘图机、数字化仪和图形扫描仪等),如图 8.1 所示。CAD 系统的软件包括操作系统(如 WINDOWS、UNIX 等)、语言环境(如 C、FORTRAN、PASCAL、BASIC 等)和支撑软件(如 AutoCAD、Micro Station 和 GKS 等)。目前,道路 CAD 系统的主机平台主要有小型机和微机两种,小型机工作站主要有 HP、SUN、VAX 等,MOSS、INROADS 就是建立在小型机平台上的系统,国内多以微机作为工作平台,随着近年来微机性能的快速发展。MOSS 等软件也开始推出微机版。一个典型的微机系统的主要组成如图 8.2 所示。

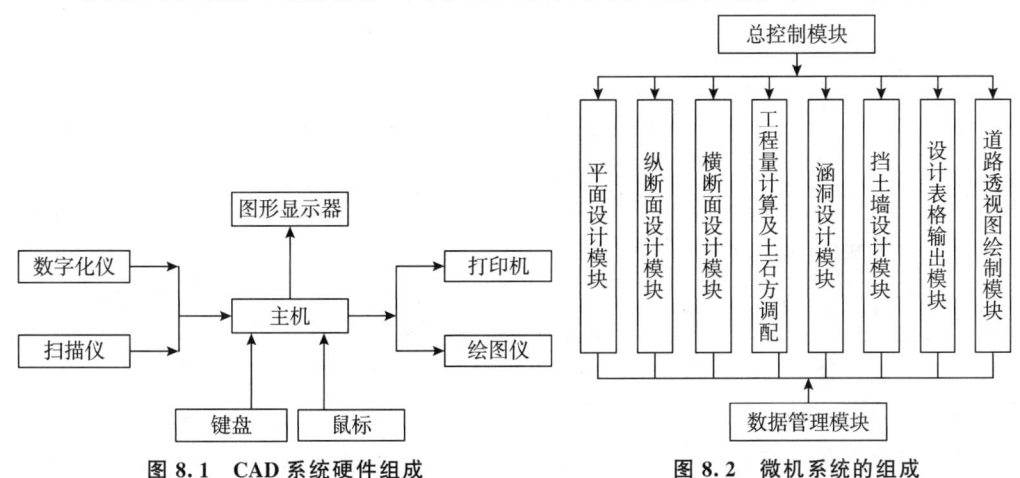

图 8.1 CAD 系统硬件组成

图 8.2 微机系统的组成

根据工程实际的要求,通常一个道路CAD系统应具备以下功能:

1) 接受纸上定线或实地测设的数据,建立和使用数字地形模型(DTM)技术;

2) 进行平面线形的人机交互设计,并进行平曲线要素超高、加宽和桩号计算,对已设计平面线形进行人机交互修改;

3) 对实地定线方案进行纸上移线设计;

4) 产生并输出地面线,供纵断面设计用;对纵断面方案进行人机交互检查、修改,并可同步提供任意横断面示意图和工程量累积曲线供修改参考;

5) 横断面自动设计及横断面人机交互检查、修改;

6) 工程数量的计算和土石方调配;

7) 平、纵、横断面设计图的绘制;

8 各种成果表格文件的打印;

9) 涵洞的设计和绘制,挡土墙的设计和绘制;

10) 路线结构线透视图及全景透视图的绘制。

依靠以上这些功能,道路CAD系统预期能代替工程师完成内业工作量的60%以上,将大大提高工作效率,为工程多方案比选提供了极大的可能。从而,可提高设计质量,大大节约工程费用,取得可观的经济效益和社会效益。

8.1.3 道路CAD系统的基本工作方式

为了实现上述功能,通常道路CAD系统的各个模块以以下方式工作。

1. 平面设计模块

平面设计主要支持纸上定线设计与纸上移线设计,其基本工作方式为设计工程师在大比例尺(1:2000以上)地形图上确定道路导线位置,将带状地形信息及导线坐标输入计算机,而后采用人机对话方式逐个完成曲线设计,在设计过程中或设计完成以后,设计工程师可对原设计进行修改。在数字地形模型的支持下,模块还可提供所定的平面方案对应的纵、横断面的信息,并可输出纵、横断面地面线略图,供下一步设计使用。

对实地定线所得的平面设计方案,模块可提供平面移线设计,除输出上述信息外,模块还将输出移距图及移距表,最后可绘制平面设计图。平面设计模块工作流程框如图8.3所示。

2. 纵断面设计模块

道路设计中,平面方案一旦确定即很少变更。因此,工程数量的大小很大程度上取决于纵断面设计的合理性。这样,纵断面设计的检查、修改就显得十分重要了。系统中纵断面设计模块的基本工作方式为将实测地面数据输入计算机,当采用纸上定线时,则将平面设计所得的纵断面地面及设计数据文件读入,纵断面设计模块将这些不同来源的数据进行处理,形成模块本身所需数据,并由绘图机绘制一张纵断面地面线图(当采用纸上定线设计时,这部分工作已由平面设计模块完成),工程师在图上用手工进行纵坡设计,然后将设计的变坡点信息送回计算机,工程师以人机对话方式对此方案进行检查、修改,直至满意,最后即可绘制纵断面设计图,并输出有关设计数据成果。在此过程中,计算机能显示与纵断面当前方案所对应的横断面略图及土石方累积曲线,供工程师检查修改作参考。

纵断面设计模块工作流程图如图 8.4 所示。

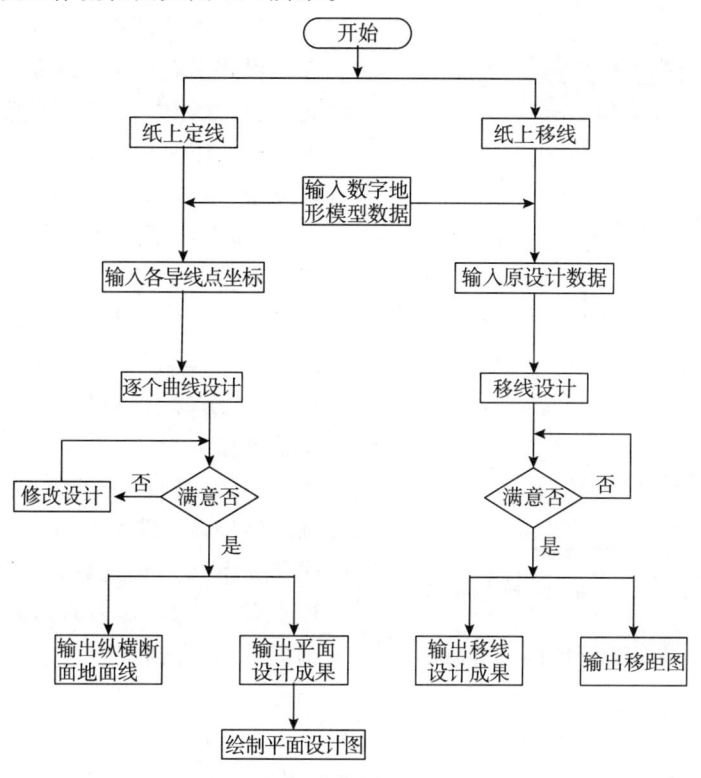

图 8.3 平面设计模块工作流程

3. 横断面设计模块

横断面设计的工作量在整个道路设计工作量中占很大比例,且重复工作量大,采用计算机辅助设计后,可以大大提高工作效率。其基本工作方式为先用数字化仪将实测横断面地面线逐个输入,当采用纸上定线时,横断面数据由数字地形模型自动产生,工程师根据各路段的具体情况定义各段的标准设计横断面,计算机根据标准横断面自动进行横断面设计。由于自动设计所能处理的种类只是大部分而不是全部断面。因此,计算机自动设计完成后,工程师即在屏幕上对横断面逐个进行连续显示检查。当发现不合理的设计即暂停显示,进行修改,而后再继续连续显示检查,直到全部断面都满意为止。最后,计算机计算土石方工程数量,绘制横断面设计图并输出有关数据成果。横断面设计模块工作流程图如图 8.5 所示。

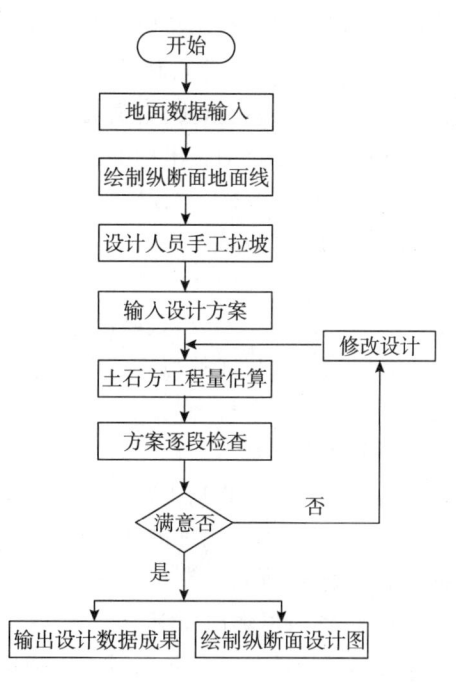

图 8.4 纵断面设计模块工作流程

4. 土石方调配模块

对工程费用的影响,不仅来自于土石方工程数量,还与土石方调运量有关。因此,土石方调配是又一项直接关系到工程造价的工作。在人工设计中通常采用逐桩调配,计算工作量大,调配的结果偶然性大,整体考虑不易做到合理,而计算机自动调配采用土方累积曲线的方法,调配结果往往与实际情况出入较大。采用人机交互方式后,就能较好地解决这个问题。其基本工作方式是:将横断面土石方数量的计算结果输入,计算机自动计算形成土石方累计曲线,并且在一定的范围内自动调配。调配结果在屏幕上显示一条土石方累积曲线和一条当前调配状况曲线,工程师即可根据以上信息,输入新的调配范围,调整原调配方案,直到满意为止。结果输出"土石方数量与调配表"。

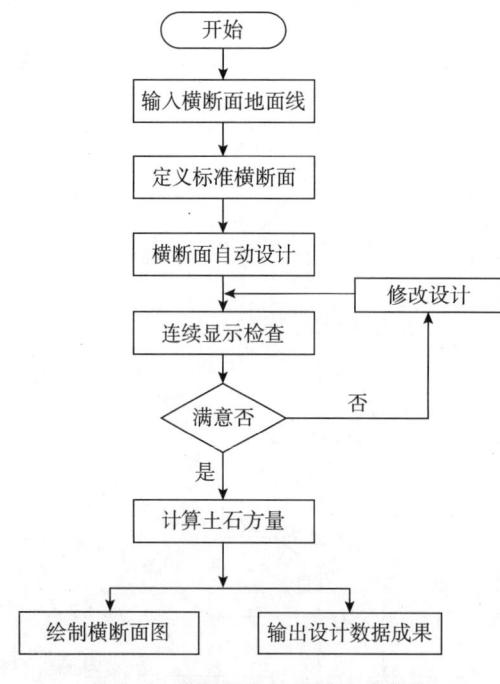

图 8.5 横断面设计模块工作流程

5. 涵洞设计模块

根据《公路工程基本建设项目设计文件编制办法》的要求,涵洞设计应做到一涵一图,这就使涵洞设计的工作量增加很多,而在涵洞设计中,采用标准图的情况较多。因此,涵洞设计模块主要依靠相关标准图进行设计,可完成板涵、拱涵、圆管涵中由不同进出口形式组合而成的 20 余种涵洞的设计、绘图。基本工作方式为输入设计所必须的参数,如涵洞与路线交角、路线纵坡、超高与加宽值、涵洞的跨径、净高、涵底设计标高等基础数据,模块根据这些数据自动查出标准图上其他的细部尺寸(标准图已以文件形式存入计算机),并计算形成绘图文件,工程师在屏幕上对图幅稍加布置后,即可绘制涵洞设计图,同时向打印机输出工程数量。

6. 挡土墙设计模块

与涵洞设计相同,挡土墙设计也依照部颁标准图进行。但挡土墙设计中,计算并不能作为确定挡土墙尺寸的唯一依据。在这里,工程师的经验占有很重要的地位。因此,挡土墙设计模块提供了较强的人机交互功能,许多计算很难确定的尺寸由工程师直接确定,并提供修改功能。基本工作方式为输入初定的挡土墙设计基础尺寸和路线设计数据,通过显示典型横断面检查挡土墙高度是否合理,如不合理则可修改。高度、地质等基础数据确定后,计算机自动查出标准图上的细部尺寸,计算形成绘图文件。工程师在屏幕上对图形进行一些编辑,即可绘制挡土墙设计图,同时计算工程数量并输出。

7. 设计表格输出模块

这个模块的功能就是向打印机输出路基设计表、土石方计算表、直线及曲线一览表等多种设计表格,使之能直接复印装订成册。它能根据要求打印任一路段的设计表格,设计工程师只要输入表格名称及打印起迄点,计算机即自动打印。

8. 数字地面模型构建及应用模块

数字地面模型(Digital Terrain Model,DTM)就是以数字的形式来表示实际地形特征的空间分布。最初由美国麻省理工学院 Miller 教授为了高速道路的自动设计,于 1956 年提出。此后,该模型被广泛用于各种线路(铁路、道路、输电线)的设计及各种工程的面积、体积、坡度的计算,任意两点间的可视性判断及绘制任意断面图等领域。

数字地面模型的构建原理是,利用有限个已知的坐标点 $P_n(x_n,y_n,z_n)$,构建数字化网格,再利用插值算法,计算其余位置点的三维空间坐标 $P_i(x_i,y_i,z_i)$。数字地面模型的类型,若按数据结构形式可以分为三种类型,分别为面状(格网、三角网、空间多边形);线状(等高线、断裂线;点状(散点))。若按数模的几何形状也可分为三种类型,即规则数模(方格、矩形、正三角形网);半规则数模(等高线、地形断面);不规则数模(散点、三角网)。

在利用计算机进行道路设计时,若为施工图设计阶段,需要精确掌握原始设计参数,那么设计参数的获取必须通过现场实测的方法来实现。但在方案论证、可行性研究及初步设计阶段,对几何设计参数的精度要求不高时,可以采用数字地面模型技术进行插值计算。因此在上述设计阶段,该技术的应用便极为广泛。

利用计算机进行上述阶段的设计时,需要让计算机识别地形图并处理地形资料。为此必须用数字的方式来表示地形。数字地面模型就是将地形按照某种数字模型对已知平面坐标的地形点进行高程计算,是一个表示地形特征与空间分布的许多有规则或无规则的数字阵列,也就是将地形表面用密集的三维地形点坐标表示。

对于呈带状分布的道路来说,需要道路两侧一定范围内的地形资料,它所对应的数字地面模型,则为带状数字模型。有了数字地面模型,就可以采用一种数学内插方法,把这种地形信息拟合成一个表面,以便在道路设计时根据已知点的坐标计算出平面中其他特征点的高程。利用航测像片形成的不同比例的数字地面模型可分别进行道路的方案比选、初步设计和技术设计。数字地面模型的应用示例如图 8.6 所示。

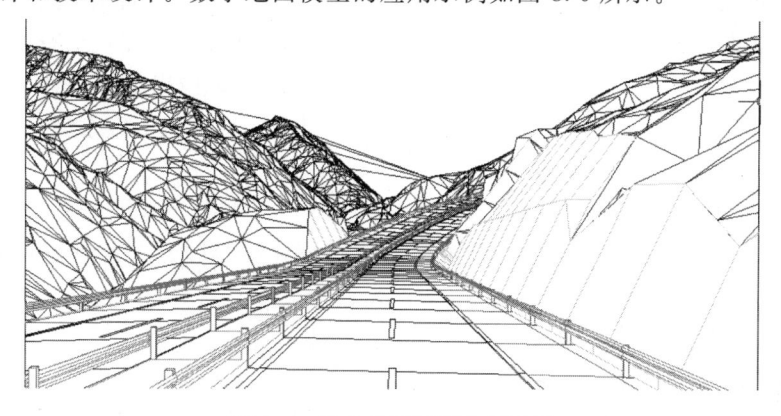

图 8.6 数字地面模型应用示例

现代计算机的发展日新月异,随着人工智能、专家系统等技术进入道路设计领域,道路计算机优化与辅助设计将会得到更快的发展,进入更高的发展阶段。

8.2 典型公路设计软件介绍

本节以纬地公路设计软件(5.88版本)为例,介绍其关于公路路线设计的基本功能与使用方法。内容涉及纬地公路设计软件简介、纬地设计向导与项目管理、平面线形设计、纵断面设计及横断面设计等方面。

8.2.1 纬地公路设计软件简介

纬地公路设计软件(HintCAD)是路线与互通式立交设计的专业CAD软件。使用BjectARX及Visual C++编程,支持AutoCAD2000至2012等中、英文版本操作平台和Windows98至Win7等操作系统。

该软件适用于高速、一、二、三、四级公路主线、互通立交及平交口的几何设计。利用实时拖动技术,可直接在计算机上动态交互式完成公路路线的平、纵、横设计,绘图及出表;在互通式立交设计方面,以立交曲线设计方法、起终点智能化接线和批量的连接部处理等功能而著称。最新的数模版支持国内常规的基于外业测量数据基础上的路线与互通式立交设计,可以利用三维电子地形图及激光雷达扫描得到的点云数据等,建立三维数模并直接获得准确的纵、横断地面线数据,进而进行平、纵、横系统化设计。软件针对不同用户的不同功能需求分为标准版、专业版、数模版,以及对应的中英文版本。针对不同规模的用户群体分为单机版与网络版,单机版为一套软件锁控制一台电脑单独使用,网络版为一套软件锁控制局域网内多台电脑同时登陆使用。该软件的主要功能包括路线辅助设计、互通式立交辅助设计、数字化地面模型应用(DTM)、公路三维仿真模型构建、数据输入与准备及其他功能。

(1) 路线辅助设计

路线辅助设计功能可以实现平面动态可视化设计与绘图、断面交互式动态拉坡与绘图、超高及加宽过渡处理及路基设计计算、参数化横断面设计与绘图、土石方计算与土石方计算表等成果的输出、公路用地图(表)与总体布置图绘制输出、路线概略透视图(全景透视图)绘制、路基沟底标高数据输出、沟底纵坡设计及平面移线等详细设计功能。

(2) 互通式立交辅助设计

互通式立交辅助设计功能具体包括立交匝道平面线位的动态可视化设计与绘图、任意的断面型式及超高加宽过渡处理、立交连接部设计与绘图及连接部路面标高数据图绘制。

(3) 数字化地面模型应用(DTM)

该功能具体包括支持多种三维地形数据接口、自动过滤及剔除粗差点和处理断裂线相交等情况、快速建立最优化三角网三维数字地面模型、多种数据编辑修改和优化、快速且准确地完成路线纵横断面地面线插值及二维平面数字化地形图的三维化等。

(4) 公路三维仿真模型构建

利用该功能,设计人员可以基于三维地模快速建立公路全线地面三维模型、基于横断面设计建立真实的公路全三维模型、自动根据公路全三维模型完成对原地面模型的切割及方便地制作公路全景透视图和公路三维动态全景透视图。

(5) 数据输入与准备

纬地软件中所有的平、纵、横基础数据录入均开发有实用、方便的录入工具(模块)，如：平面数据(交点)导入/导出、纵断面数据输入、横断面数据输入等，减少了数据输入错误。

(6) 其他功能

其他功能具体包括估算路基土石方数量与平均填土高度、外业放线计算、任意地理坐标系统的相互换算、桥位与桩基坐标计算、立交连接部自动搜索及桩号自动查询等。

尽管纬地公路设计软件具有上述较完善的设计功能，但由于本教材主题及篇幅所限，本章后续小节仅介绍该软件的路线辅助设计功能及部分原始数据输入与准备功能。

8.2.2 纬地设计向导与项目管理

1. 设计向导

纬地软件基于现行《公路工程技术标准》和《公路路线设计规范》，研制开发了"设计向导"功能。该功能自动为不同等级和标准的设计项目选取超高与加宽过渡区间及数值，设置填挖方边坡、边沟排水沟等控制参数，引导设计人员更加快捷、方便地完成路线设计工作。设计人员可以通过菜单选项中的"项目"—"设计向导"来实现该功能。利用设计向导功能，可以根据设计项目的要求，将一个项目划分为若干个不同公路等级标准的项目分段，从而避免设计者将同一项目分成多个项目进行设计。还可根据同一项目不同的等级标准分段自动计算建立超高、加宽、路幅断面、填挖方边坡等技术参数。

(1) 项目基本信息

设计向导的第一步为输入项目基本信息。纬地设计向导启动后，程序将从项目中提取"项目名称""平面线形文件"以及"项目路径"等数据。设计者需选择项目类型，并且指定设置本项目设计起终点范围。在其他设置栏中可以输入本项目的桩号标识和桩号精度。

(2) 项目分段与参数设置

首先，输入本项目第一段的分段终点桩号，系统默认为平面设计的终点桩号。如果整个项目不分段，即只有一个项目分段，则不修改此桩号。其次选择"公路等级"，根据公路等级程序自动从数据库中提出其对应的设计速度。其次，针对每一个项目分段，进行横断面宽度的布置。设计向导提示出对应的典型路基横断面型式和具体尺寸组成，设计人员可直接修改并调整路幅总宽，如图 8.7 所示。然后，设计向导将针对每一个项目分段，引导设计者完成项目典型填、挖方边坡的控制参数设置。设计人员可根据需要设置高填与深挖断面的任意多级边坡台阶，如图 8.8 所示。然后可以进行边沟形式及尺寸设置。该功能将引导设计者进行路基两侧边沟、排水沟形式及典型尺寸设置，可以根据需要设置矩形或梯形边沟。项目分段设置的最后一步是分段选择曲线超高及加宽设置。该功能会提示用户选择确定该项目分段路基设计所采用的超高和加宽类型、超高旋转及超高渐变方式、曲线加宽位置及加宽渐变方式。点击"下一步"则开始项目的第二个分段的设置，如此循环直到所有项目分段设置完成。

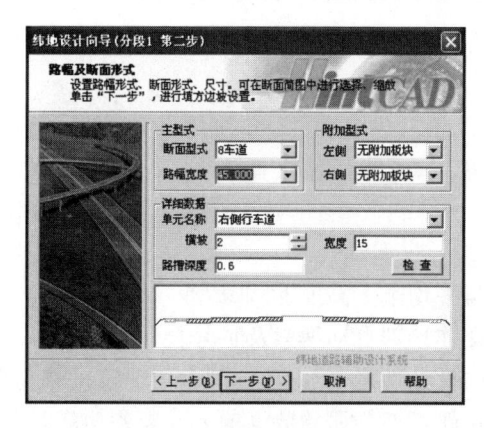

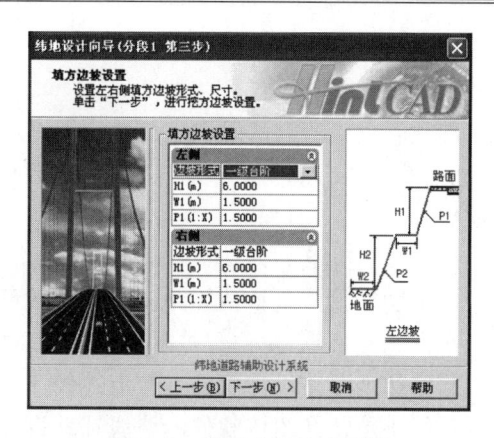

图 8.7　公路横断面布置　　　　　　图 8.8　路堤边坡坡度设置

（3）超高加宽自动计算与文件生成

在纬地设计向导最后一步，点击"自动计算超高加宽"按钮，系统将根据前面所有项目分段的设置，结合项目的平面线形文件自动计算出每个交点曲线的超高和加宽过渡段，如图 8.9 所示。对于过渡段长度不够或曲线半径太小的线元，系统将以红色显示，便于用户进行检查。用户可以展开每一个曲线单元查看其超高和加宽设置，并且可以修改超高和加宽过渡段的位置和长度。纬地设计向导结束对话框如图 8.10 所示。用户可设定逐桩桩号间距，程序将以此间距自动生成桩号序列文件，并增加所有曲线要素桩。点击"完成"按钮，系统即自动计算生成路幅宽度文件、超高设置文件、设计参数控制文件和桩号序列文件，并自动将这四个数据文件添加到纬地项目管理器中。

图 8.9　超高加宽自动计算　　　　　　图 8.10　数据文件生成

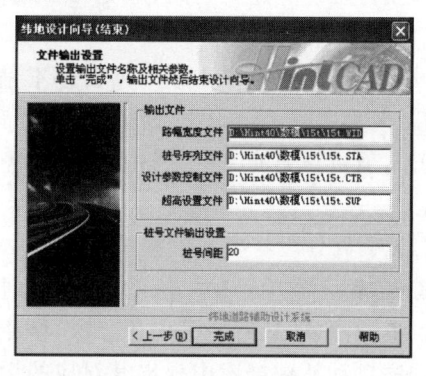

2. 项目管理

纬地软件通过项目管理的功能，来管理某一工程设计项目的所有数据文件及与项目相关的其他属性（如项目名称、超高加宽方式、断链设置等）。用户通过菜单选项中的"项目"—"项目管理"来使用该功能。利用"项目管理器"可以指定项目对应的各类数据文件，也可对它们进行新建、删除与编辑等操作，如图 8.11 所示。需要注意的是，对于公路设计中经常出现的断链问题，也是通过"项目管理器"中"编辑"选项，进行添加或删除断链的操作。

第 8 章　道路线形计算机辅助设计

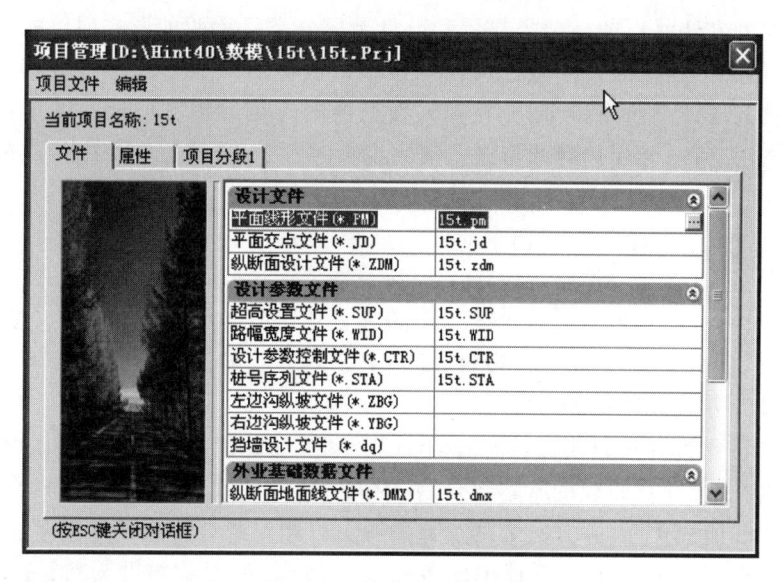

图 8.11　纬地项目管理器

3. 纬地项目中心

对于纬地软件自动计算得到的数据文件，如果设计人员希望对其进行局部调整与修改，可利用纬地项目中心来实现。用户可通过运行"项目"菜单下的"纬地项目中心"程序来编辑和管理一个设计项目的所有数据文件。该程序主要实现对项目中各设计控制数据的表单化和图形可视化修改的功能，用户既可以在以表单形式修改设计参数的同时，还可以看到参数所表示图形的变化；当然用户也可以直接使用鼠标去动态修改图形，以达到对设计参数修改的目的，如图 8.12 所示。

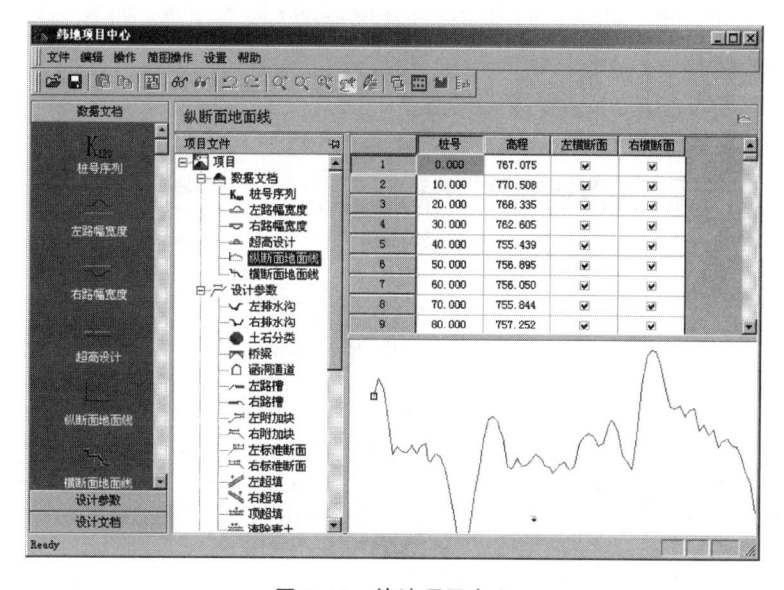

图 8.12　纬地项目中心

程序界面的左侧是以图标分类显示和以目录树分类显示两种形式列出的数据文件名称列表栏;右侧上方是按照各个数据文件的格式以表格形式显示的各种数据。右下方是各个数据文件的图形显示窗口,用户在输入数据的同时可以很方便地在图形窗口实时查看数据输入的正确性,而用户对图形进行实时编辑时,在上方数据窗口中对应的数据也会实时发生变化。

8.2.3 平面线形设计

在纬地设计软件中,平面设计主要采用两种方法,即曲线设计法和交点设计法,前者适用于互通式立体交叉的平面线位设计,而后者适用于公路主线的设计。本教材主要介绍公路主线设计方法,即交点设计法。

交点设计法是针对公路主线线形设计而开发的,纬地软件将两段缓和曲线和一段圆曲线捆绑,作为一个交点曲线的基本组合,其中前部缓和曲线和后部缓和曲线既可以分别是任意一种缓和曲线类型,并且相邻两交点曲线可以相互组合。也正是基于这样的组合,本交点设计法适用于公路主线设计中的各种线形组合,如对称与非对称、S 型、凸型、卵型、C 型及回头曲线的设计。交点设计法又可称为导线设计法。

1. 导线设计

通常情况下,公路导线的确定有两种方法,第一种为已知各交点坐标,确定导线;第二种为已知各交点后视距离及导线转角,确定导线。

(1) 已知各交点坐标

对于各交点坐标已知的情况,可以利用"数据"—"平面交点数据导入/导出"功能或"设计"—"主线平面设计"功能,直接确定公路导线。

平面交点数据导入/导出功能,可将使用交点坐标控制的导线数据导入纬地系统中,也可将已经完成的各级公路项目的平面设计数据导出为交点文件。设计人员根据各交点坐标确定导线时,除确定路线起始桩号外,只需将各交点横纵坐标对应输入对话框中即可,而曲线半径、前缓长及后缓长三栏均暂输入 0,若交点为虚交点则输入 -1,实交点则输入 0,如图 8.13 所示。

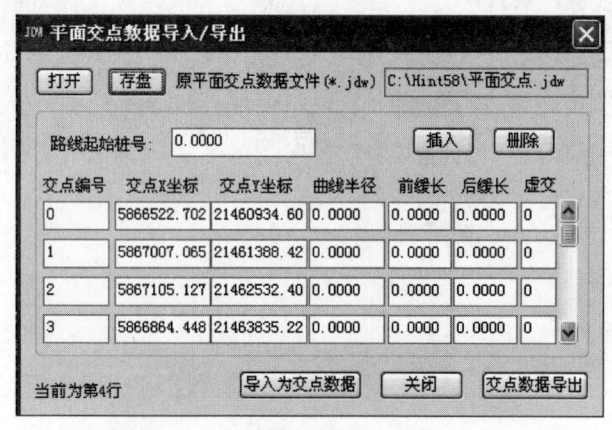

图 8.13 平面交点数据导入/导出功能

第 8 章 道路线形计算机辅助设计

若采用主线平面设计功能确定由交点坐标控制的导线时,需要针对每一个交点,输入其横纵坐标或在地形图中手工点取对应点位。而圆曲线半径及前后缓和曲线长度均暂时输入 0,如图 8.14 所示。

图 8.14 主线平面线形设计

(2) 已知各交点后视距离及导线转角

平面交点数据导入/导出功能,用于将使用交点间距或桩号加转角数据的方式确定的导线数据导入到纬地项目中;或将已完成的公路项目平面设计数据导出为交点文件。

利用该功能确定导线时,需要首先确定路线起点桩号、横纵坐标及初始方位角数据,输入如图 8.15 所示的对话框中。在数据模式一栏选择交点间距,然后根据公路外业勘测数据,将各交点的后视距离及转角数据输入对话框中。同时,各交点的圆曲线半径、前后缓和曲线长均暂输入 0。需要注意的是,在输入转角及方位角数据时,应直接将以度、分、秒为单位的角度参数,按指定格式进行输入,无需换算为十进制角度,如 123°30′15″ 输入为 123.3015 即可。此外,若按路线前进方向转角左偏,则转角值为正;转角右偏,则转角值为负。

图 8.15 平面曲线数据导入/导出功能

249

2. 平曲线设计

在确定了导线以后，下一步工作是对每处交点进行平面曲线设计。通过纬地软件所提供的"设计"—"主线平面设计"功能，即可实现上述工作。即在图 8.14 的基础上，输入对应的平面曲线要素参数，点击"试算"，可得到对应的平面曲线设计成果，以缓和曲线+圆曲线+缓和曲线的基本型平曲线且由缓和曲线长度指标控制为例进行说明，如图 8.16 所示。

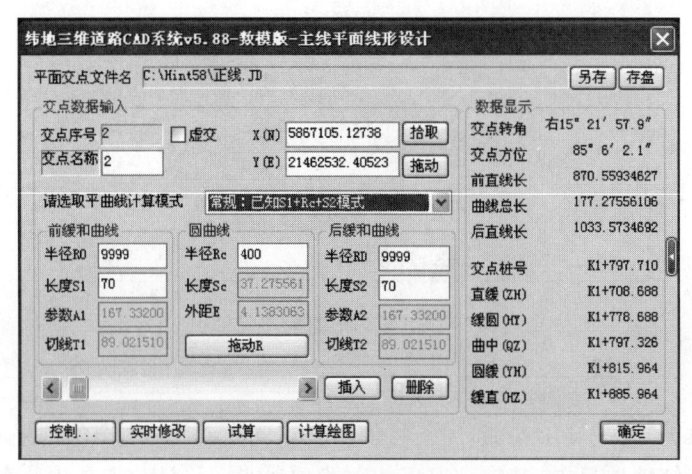

图 8.16 平面曲参数设计

需要特别说明的是关于该功能中的平曲线计算模式选择的问题。纬地公路设计软件为设计人员提供了多达 14 种的平曲线计算模式以供选择，基本涵盖了公路平曲线设计的全部情况。本教材选取常见的四种模式予以分别介绍。

(1) 常规通用计算方式($S_1+R_c+S_2$)

该计算模式适用于两端对称的基本型平曲线。设计人员可以根据需要，通过输入不同的曲线控制数据来完成任意的交点曲线组合。即通过输入前部缓和曲线的长度、前部缓和曲线的起点曲率半径(程序将以中间圆曲线的半径作为前部缓和曲线的终点曲率半径)、中间圆曲线的半径、后部缓和曲线的长度、后部缓和曲线的终点曲率半径(程序将以中间圆曲线的半径作为后部缓和曲线的起点曲率半径)等数据，点取"试算"或"计算绘图"按钮后，程序都自动判断本交点曲线组合的类型，并完成曲线的设置计算与平面绘图标注。例如：用户输入 $S_1=70\text{m}$、$R_0=9999.0$(即无穷大，用户输入小于或等于零的实数程序会自动判断为无穷大)、$R_c=400\text{m}$、$S_2=70\text{m}$、$R_D=9999.0$ 时，程序将会判断本交点的曲线组合为前端和后端均带有长度为 70m 缓和曲线，中间设有半径为 400m 的圆曲线的曲线线形。此外，对于某些公路曲线的外距受到约束的情况，仍可以利用上述常规通用计算方式，通过手动调整圆曲线半径及缓和曲线长等参数，进行反复试算并观察对应外距数值的变化，从而实现平曲线外距控制。

(2) 对称曲线的切线反算方式($T+R_c+T$)

当路线位于桥头或其他公路构造物附近时，常常为了避免缓和曲线上翘，而需要平曲线在构造物范围以外结束。由此常常需要采用切线长反算的方式予以控制。此方式下交

第 8 章 道路线形计算机辅助设计

点的曲线组合为对称的基本曲线组合方式,即中间设置圆曲线,两端设置相同参数的缓和曲线,用户可以输入切线长度($T_1 = T_2$)及圆曲线的半径(R_c)等数据,程序将反算其他数据。当程序通过试算后发现缓和曲线的长度太小(<10.0)或太大(>1000.0)时均会出现警告。

(2) 与前(后)交点相接反算模式

在实际工程项目中,经常会遇到两处或多处同向平曲线不满足 6V 或反向平曲线不满足 2V 的情况。此时可以考虑将上述平曲线首尾相接,设计成组合曲线的形式。该设计方法可以通过与前(后)交点相接反算模式予以实现。这里不论两交点是什么曲线类型(单圆曲线、对称与不对称曲线等),设计人员先选择"反算:与前交点相接"计算模式,然后输入两端缓和曲线的控制参数,点按"试算",系统便可自动反求圆曲线半径,使该交点平曲线直接与前一交点平曲线相接(成为公切点,即两交点间直线段为零,公切点记为GQ),如图 8.17 所示。

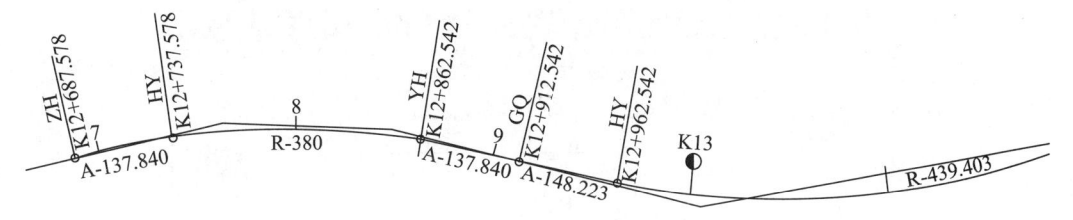

图 8.17 首尾相接的反向 S 型曲线

(3) 凸形曲线反算模式

在地形地质条件复杂的情况下,为了避免过分的增加改线工程量,有时在低等级公路项目中,需要设计凸形平曲线。而该类曲线的设计可以通过凸形曲线反算模式得以实现。设计时,设计人员需要通过试算的方式,大致确定凸形竖曲线终点处的曲线半径。如图 8.18 的实例所示,可先假定半径 R_c 值为 150m,并按规范选取前后缓和曲线长为 50m,将其输入至指定位置。点击"试算",则软件会自动精确计算出该点的半径值,即163.8517m,由此可以得到该凸形竖曲线,如图 8.19 所示。

图 8.18 凸形平曲线反算模式 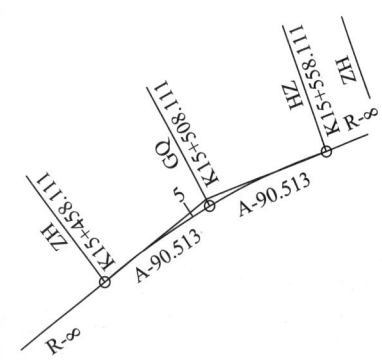   **图 8.19 设计完成的凸形竖曲线**

3. 平面自动分图

纬地公路设计软件中提供的平面自动分图功能可同时应用于路线平面图、总体布置图、公路用地图及路基设计表等的分图。这种分图方式不仅分图方便、快捷,而且支持进行批量打印,纬地系统推荐设计人员使用此方式进行分图、打印,但需要用户熟练掌握 AutoCAD 2004 以后版本的布局及打印功能。

设计人员需要采用"绘图"—"平面自动分图"菜单实现上述功能。首先选择出图的比例,对应比例系统自动提示每页的路线长度如 1∶2000 时,每页 700m。在新的 Hint5.0 版以后,用户还可选择"精确剪裁地形图",并指定路线左右侧需保留的地形图宽度。点按是否"插入曲线元素表"后,根据用户不同的需要可以选择 3 种曲线表样式输出:①带交点坐标无要素桩号;②无交点坐标无要素桩号;③带交点坐标带要素桩号,选择平面图中是否需要插入指南针。直接点"开始出图"便可完成分图过程,生成的路线平面图如图 8.20 所示。

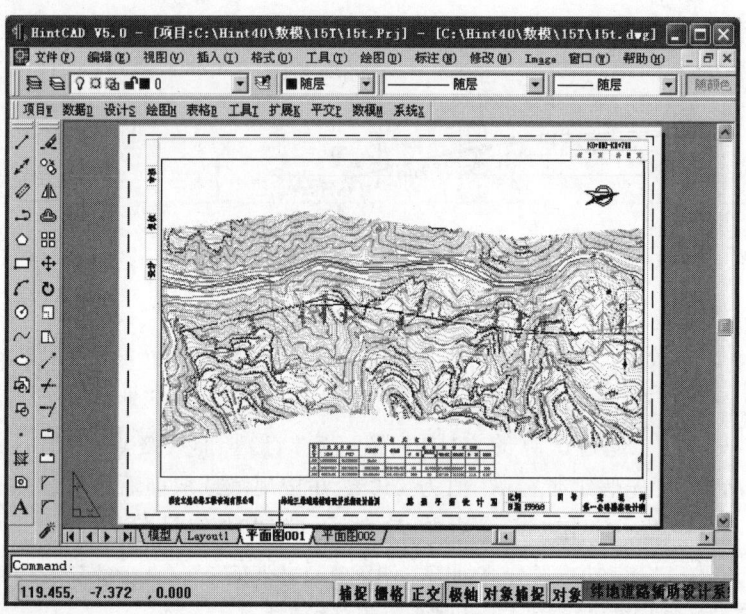

图 8.20 平面自动分图成果

8.2.4 纵断面设计

1. 纵断面地面线数据输入

为了方便设计人员将来自于外业勘测的中平数据输入到设计软件中,纬地公路设计软件开发了地面线数据输入程序。设计人员可以使用"数据"—"纵断数据输入"菜单来实现上述功能,如图 8.21 所示。此外,纬地的纵断面地面线数据为纯文本文件格式,因此,设计人员也可以使用记事本、写字板、Word 及 Excel 等文本剪辑器进行数据输入,但需注意符合纬地软件能够识别的基本格式。

利用该功能,软件可自动根据设计人员在"文件"菜单"设定桩号间隔"设定按固定间距提示下输入桩号(自动提示里程桩号),用户可以修改提示桩号,之后键入回车,输入高程数据,完成后再回车,系统自动下增一行,光标也调至下一行,如此循环到输入完成。输入完成后,用鼠标点击最后一行的序号,选中该行,点击图标工具中的"剪刀"图标,便可删去最后一行多余的桩号。当用户需要在某一行插入一行时,先将光标移到该行,再点按图标工具中的"插入"按钮。系统会自动检查用户输入的每一桩号的顺序,错误时会自动提示。

图 8.21 纵断面地面线数据输入

输入完成,点击"存盘"按钮,系统便将地面线数据写入到用户指定的数据文件中,并自动添加到项目管理器中。

2. 纵断面动态拉坡设计

纬地公路设计软件在自动绘制拉坡草图的基础上,支持动态交互式拉坡与竖曲线设计。设计人员可实时修改变坡点的位置、标高、竖曲线半径、切线长、外距等参数;对大、中型桥梁等主要纵坡受限制处,系统可自动提示控制标高和相关信息。设计人员可以通过"设计"—"纵断面设计"菜单选项来实现动态拉坡功能,如图 8.22 所示。

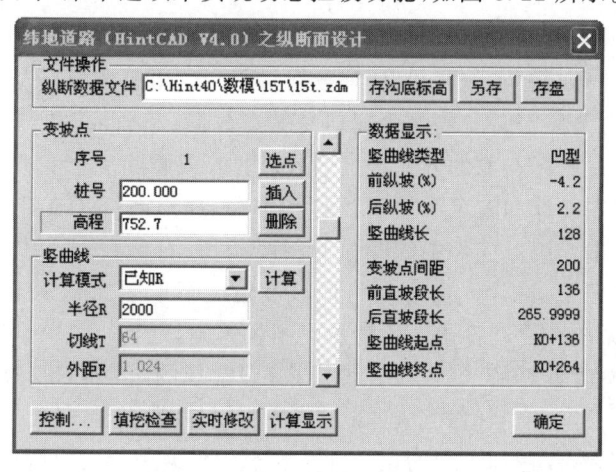

图 8.22 纵断面设计参数输入界面

如图 8.22 所示的对话框启动后,第一次点击"计算显示"按钮,软件将在当前屏幕图形中绘出全线的纵断面地面线、里程桩号和平曲线变化,同时屏幕图形下方也会对应显示一栏平曲线变化图,为用户直接在屏幕上进行拉坡设计作准备。在动态拉坡设计过程中,设计人员需要首先在拉坡草图上,根据原地面线的高低起伏状况,大致点取变坡点位置及高程。然后回到如图 8.22 所示的对话框中,针对每个变坡点进行详细设计,包括设计变坡点位置、高程、前后纵坡坡度及竖曲线半径等参数,必要时还需增加或删除变坡点。在屏幕左上角会出现一个动态数据显示框,主要显示变坡点、竖曲线、坡度、坡长的数据变化,随着鼠标的移动,框中数据也随之变动,动态显示设计者拉坡所需的数据。平曲线图的窗口是固定不动的,并且可以将背景、字体、线形设置成不同的颜色。随着拉坡图的放大、缩小和移动等操作,平曲线也会随之在横向进行拉伸、缩短和移动,使其桩号位置始终和拉坡图桩号对应,以方便设计人员对拉坡位置进行判断和很方便地进行拉坡的平纵组合设计,如图 8.23 所示。

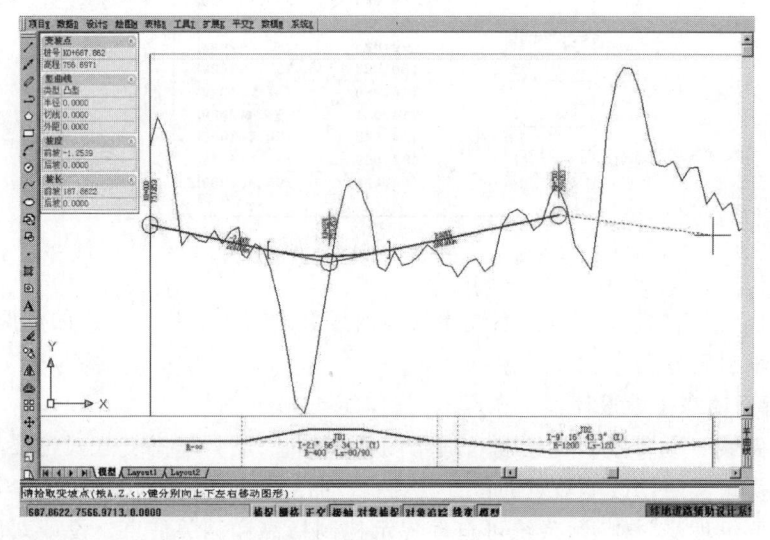

图 8.23 动态拉坡设计草图

在如图 8.22 所示的纵断面设计参数输入界面中,"变坡点"中各控件显示当前变坡点的"序号""变坡点桩号"及"变坡点高程"等数据。"选点"用于在屏幕上直接拾取当前变坡点的位置;纵向滚动条控制向前或向后翻动变坡点数据。"插入"和"删除"按钮使设计人员可以在屏幕上通过鼠标点取的方式直接插入(增加)或删除一个变坡点及其数据。为了使路线纵坡的坡度在设计和施工中便于计算和掌握,纬地系统还支持在对话框中直接输入坡度值。鼠标点击变坡点控件中的凹显"高程"按钮,右侧数据框中的变坡点高程值会转换为前(或后)纵坡度,设计人员可以将该坡度值进行取整或输入需要的坡度值,点击"计算显示"按钮,系统会自动算出新的变坡点高程并刷新图形。

在"竖曲线"中的"计算模式"包含五种模式,即常规的"已知 R"(竖曲线半径)控制模式、"已知 T"(切线长度)控制模式、"已知 E"(竖曲线外距)控制模式,以及与前(或后)竖曲线相接的控制模式,以达到不同的设计计算要求。根据用户对"计算模式"的不同选择,其下的三项"竖曲线半径""曲线切线""曲线外距"等编辑框呈现不同的状态,亮显时为可

第 8 章 道路线形计算机辅助设计

编辑修改状态,否则仅为显示状态。

"实时修改"按钮是纵断面动态拉坡设计功能的重点,同时也是"动态"二字的具体体现。首先提示"请选择变坡点/P 坡段:",如果设计人员需要修改变坡点,可在目标变坡点圆圈之内单击鼠标左键,系统提示请用户选择"修改方式:沿前坡(F)/后坡(B)/水平(H)/垂直(V)/半径(R)/切线(T)/外距(E)/自由(Z):",设计人员键入不同的控制键(字母)后,可分别对变坡点进行沿前坡(F)、后坡(B)、水平(H)、垂直(V)等方式的实时移动和对竖曲线半径(R)、切线长(T),以及外距(E)等的控制性动态拖动。该命令默认的修改方式是对变坡点的自由(Z)拖动。如果设计人员需要将变坡点的桩号或某一纵坡坡度设定到整数值或固定值,可以通过实时拖动、直接修改对话框中变坡点的数据或直接指定变坡点的前、后纵坡值来实现。

当设计人员选择拖动"坡段"时,系统提示"选择修改方式:指定坡度且固定前点(Q)/固定后点(H)/自由拖动(Z)"。设计人员可以在指定坡段的前点或后点固定的前提下,直接输入一指定纵坡坡度,"自由拖动(Z)"使设计人员可以在坡段坡度不变的前提下,整段纵坡进行平行移动。

3. 路线纵断面图绘制

动态拉坡设计结束以后,所得成果为拉坡草图及全线的纵断面设计参数。但若要形成标准美观的纵断面设计图,则需使用路线纵断面图绘制功能。设计人员需要利用"设计"—"纵断面设计绘图"选项实现上述功能。该功能可根据不同需求进行不同设置,从而绘制任意比例及不同形式的纵断面设计图,并可自动分跨径标注桥梁、涵洞等构造物,如图 8.24 所示。

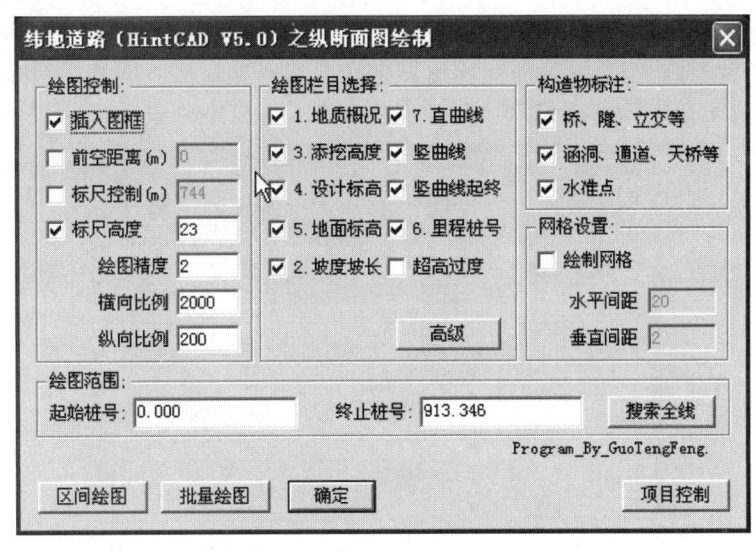

图 8.24 路线纵断面绘制控制界面

设计人员通过设置出图的起止桩号、绘图精度、横纵比例尺、绘图栏目选择及构造物标注等控制参数,点击"区间绘图"或"批量绘图"后,可在 CAD 文件中获得符合制图规范与设计要求的标准纵断面图,如图 8.25 所示。

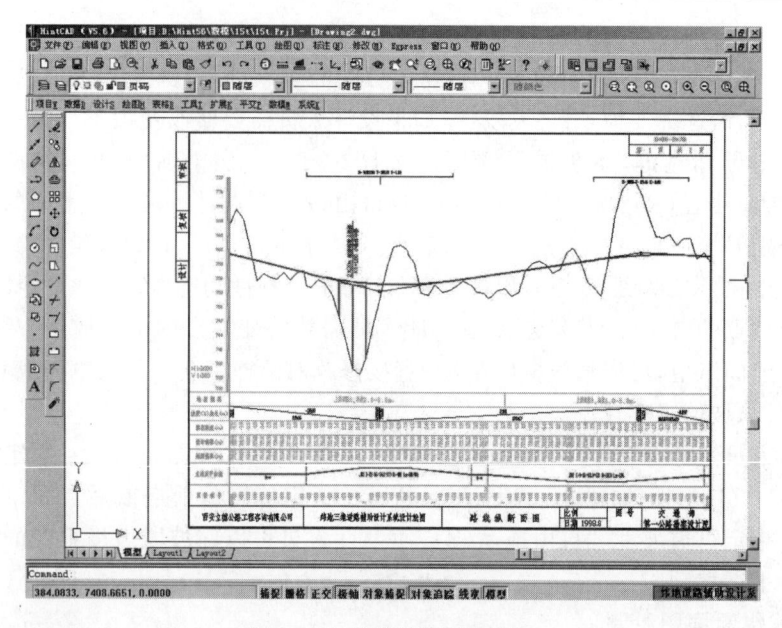

图 8.25　路线纵断面设计图

8.2.5　逐桩横断面设计

1. 横断面地面线数据输入

设计人员可通过"数据"—"横断数据输入"选项,调出横断面地面线数据输入对话框,如图 8.26 所示,将由外业勘测得到的横断面地面数据输入到该对话框中。纬地软件提供了两种方式的桩号提示:按桩号间距或根据纵断面地面线数据的桩号。一般用户选择后一种,这样可以避免出现纵、横断数据不匹配的情况。

图 8.26　横断面地面线数据输入

在图 8.26 的输入界面中,每三行为一组,分别为桩号、左侧数据、右侧数据。设计人员在输入桩号后回车,光标自动跳至第二行开始输入左侧数据,每组数据包括两项,即平距和高差,这里的平距和高差既可以是相对于前一点的,也可以是相对于中桩的(输入完成后,可以通过"横断面数据转换"中的"相对中桩→相对前点"转化为纬地系统需用的相对前点数据)。左侧输入完毕后,直接键入两次回车,光标便跳至第三行,如此循环输入。输入完成后点击存盘将数据保存到指定文件中,系统自动将该文件添加到项目管理器中。

2. 横断面设计

在进行路线逐桩横断面设计以前,需要具备以下三个条件:第一是完成标准横断面布置及边坡边沟参数设定(在设计向导中完成);第二是完成路线平面及纵断面设计;第三是输入完成横断面地面线数据。

在具备上述三个基本条件的基础上,设计人员可以通过纬地软件提供的"设计"—"横断设计绘图"功能来实现逐桩横断面设计工作。该功能包括:根据设计需要,定制各种横断面类型、多级填挖方边坡、护坡道、边沟、排水沟,以及截水沟和路基支挡防护构造物;可实现横断面随意修改后的所有数据自动搜索刷新;针对不同公路等级和设计的不同需要,可随意定制横断面绘图的方式方法、断面各种图形信息的标注形式和内容。该功能主要分为设计控制、土方控制、绘图控制三个设计环节。

(1) 设计控制

设计人员可在如图 8.27 所示的对话框中,设置是否自动延伸地面线不足,对左右侧沟底标高进行控制,对下护坡道宽度进行控制,对矮路基临界高度进行控制,设置是否扣除桥隧断面及沟外护坡宽度设置。

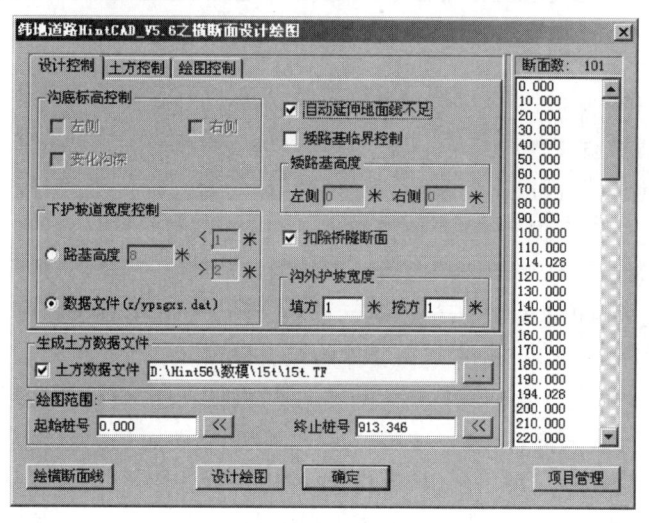

图 8.27 横断面设计中的设计控制

(2) 土方控制

在如图 8.28 所示的对话框中,设计人员可以设置是否计入排水沟面积、是否计入清除表土面积、是否计入左右侧超填面积、填挖方路槽土方是否计入及是否计入顶面超填面积等土方控制条件。

(3) 绘图控制

设计人员可在如图 8.29 所示的对话框中,设定出图方式与出图比例,是否插入标准图框,设置每幅图横断面排放列数,设置是否自动剪裁地面线及出图标注格式等绘图控制参数。

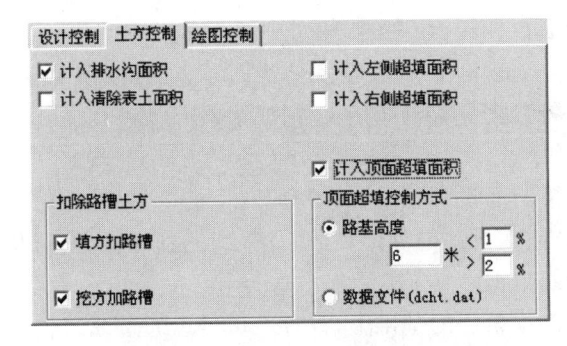

图 8.28 横断面设计中的土方控制

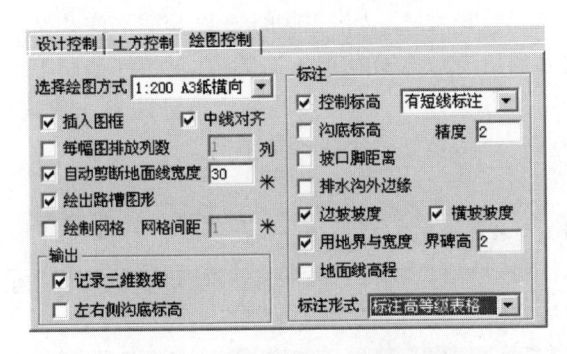

图 8.29 横断面设计中的绘图控制

3. 横断面绘图

(1) 生成土方数据文件

纬地公路设计软件可以根据设计人员的选择,直接在横断面设计与绘图的同时输出土方数据文件,其中记录桩号、断面填挖面积、中桩填挖高度、坡口坡脚距离等数据,需要满足后期的横断面设计修改、用地图绘制、总体图绘制等需要,特别是满足路基土石方计算和调配的需要。在如图 8.27 所示的对话框中,设计人员在选择输出土方数据文件后,需输入土方数据文件的名称,并指定该文件的存放位置。

纬地高级版本中土方数据文件还进行了许多功能改进,记录了横断面设计中更多的数据,如路基边缘宽度与高程、坡口坡脚宽度与高程、断面面积中已经考虑的分项土方面积等。这样,设计人员不仅可以利用该数据文件进行土方计算,还可以从中提取出路基排水设计、挡土墙设计、分项土方计算等所需要的数据,大大方便了相关专业的设计与出图工作。

(2) 桩号列表和绘图范围

软件在启动横断面设计对话框时,便已经打开了项目中的横断面地面线文件,读出所有桩号,并列于对话框右侧,便于用户查阅和选择横断面绘图范围中的起终桩号。

(3) 设计绘图

纬地软件根据设计人员上述所有的定制,开始横断面设计与绘图。点击"设计绘图"按钮,系统自动调用纬地安装目录下的横断面图框,批量自动生成用户指定的桩号区间的所有横断面图。如图 8.30 所示为软件根据设计人员用户的定制自动生成的一套横断面图。

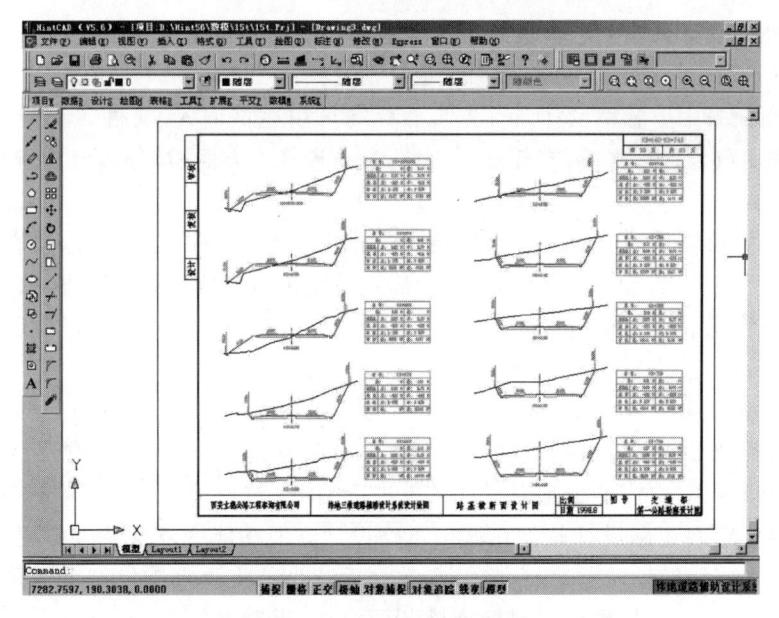

图 8.30　路线逐桩横断面图

8.3　典型城市道路设计软件介绍

本节以鸿业市政道路设计软件(8.0版本)为例,介绍该软件的基本功能及操作方法。结合现状城市道路设计过程中的主要环节,分别介绍道路标准横断面设计、道路平面设计、道路纵断面设计及交叉口设计的主要功能及操作流程。

8.3.1　鸿业市政道路设计软件简介

鸿业市政道路设计软件(HY－SZDL)是鸿业同行科技有限公司开发的系列CAD软件产品之一,是国内最早研制并推出的专业市政道路类软件。鸿业市政道路设计软件由专业开发人员与市政设计人员联手开发,专门面向设计人员的设计思路与设计习惯。该软件以AutoCAD2000至2008版本为支撑平台,广泛采用AutoCAD新版本的先进技术,以Object ARX、Auto LISP和Visual C++语言编程,并采用大量的对话框,技术先进,功能强大,贴近用户需求。

该软件主要特点有:

1) 引入工程名的概念。按工程名管理不同的设计任务,可直接复制、删除整个工程,可自动统计该工程各类设计资料并形成表格,并可根据各项工程的设计要求和个人习惯进行个性化设置,使工程管理不再烦琐。

2) 平面绘制功能全面,且直接与国家规范相结合。可自动完成各种标准和非标准板块道路的绘制,交叉口自动处理,为喇叭口、出入口、车港等细部处理提供了各种工具,并自动进行计算机和测量坐标的换算,平面坐标、路宽、平曲线等参数自动标注,可以进行超高加宽设计。

3) 纵断面设计采用动态拉坡。可根据中桩处的自然地形标高及控制点标高,进行动态拉坡设计,设计结果自动存储,根据设定自动分幅出图。

4) 横断面采用随意型设计。首先自然标高可用逐桩输入、文件转化或地形图提取,边坡设计采用组合式布置,可布任意型边坡,自动计算土方面积,分幅出横断图,自动生成征地线并计算占地面积。

5) 交叉口设计采用等分法。根据相交道路中心线上控制点设计标高虚拟出交叉口曲面并生成等高线,自动计算各个角点标高,设计结果可生成三维视图,进行空间分析。

6) 三维街景。软件中包含大量三维图块,并可任意扩充,可自动或交互布置,对路面自动进行填充处理,自动生成三维渲染图。

7) 不仅包括以上道路专业内容,还包括与其相关的内容,如自然地形的处理,可直接对矢量化后的地形图进行自动处理,自动优化、计算场地土方,并且提供了大量实用的绘图、计算工具,可以方便、快捷地对设计结果进行编辑。

尽管鸿业市政道路设计软件在城市道路设计方面功能完善且特点鲜明,但由于本教材重点探讨道路线形设计理论与方法,本教材后续小节将重点围绕城市道路路线设计方面的常见问题开展探讨,主要包括标准横断面设计、道路平面设计、道路纵断面设计及交叉口设计四个方面。

8.3.2 标准横断面设计

道路横断面设计通常包括两个方面:一为标准横断面;二为逐桩横断面。鉴于逐桩横断面通常编于设计文件中的路基路面部分,且目前城市道路设计中,除填挖方极大的特殊工程项目外,极少给出逐桩横断面设计图。故而,本教材只介绍标准横断面的设计方法。

设计人员可通过鸿业菜单中"横断"—"横断构造图"菜单选项实现道路标准横断面布置。在弹出的如图 8.31 所示的对话框中,可以点击左下角"新建"按钮新建道路横断面。在"板块类型"中可以根据实际需要,选择横断面类型。在下方列表处,可以设定板块名称、对应各板块的宽度、坡度、坡型、厚度、道牙高度及路拱形式。利用对话框下方的"打开文件"或"保存文件",可以分别打开或保存已设计好的道路标准横断面数据文件。点击"绘制"便可在 CAD 图上绘出道路标准横断面,如图 8.31 与图 8.32 所示。

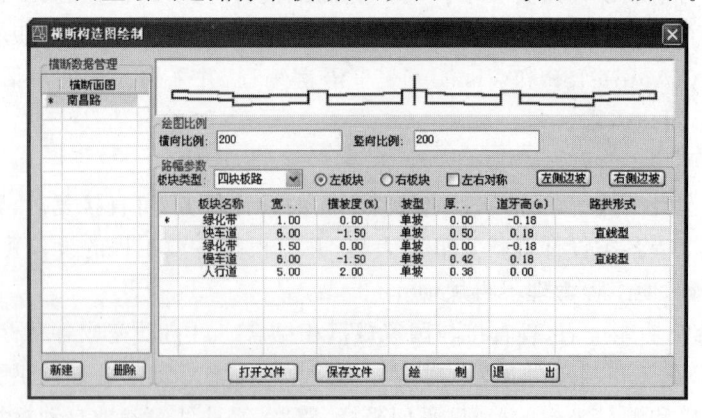

图 8.31 标准横断面设计界面

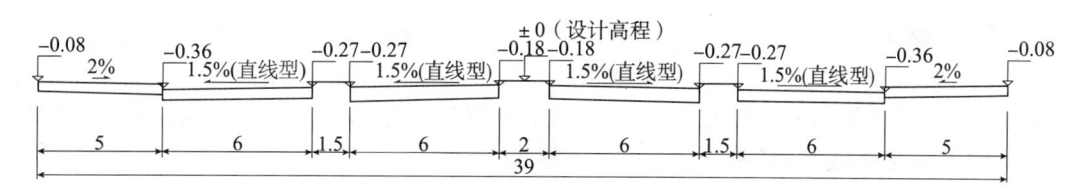

图 8.32　标准横断面设计成果

8.3.3　道路平面设计

1. 中心线定义

本功能通过点选"平面"—"中心线定义"来实现,主要是选择需要定义为中心线的直线或曲线,将其定义成道路中心线。如果道路平面是用其他专业软件绘制的,甚至是用Autocad绘制的,这时必须转化成鸿业道路软件可识别的道路中心线才能进行后面的平、纵、横设计。转化时可以逐根选择也可以框选。只有被定义了的道路中心线,才能在其上进行桩号排列或线转道路等操作。

2. 道路绘制

设计人员可以通过点击"平面"—"道路绘制"菜单选项弹出道路绘制参数设定对话框,如图 8.33 所示。在该对话框中,设计人员可以根据实际工程需要,定义道路名称、选择道路等级并确定设计速度。同时应根据已定义好的道路标准横断面形式及各部分尺寸,设置板块类型及各部分宽度数据。点击"绘制道路"后,便可在平面图上绘制出道路草图。

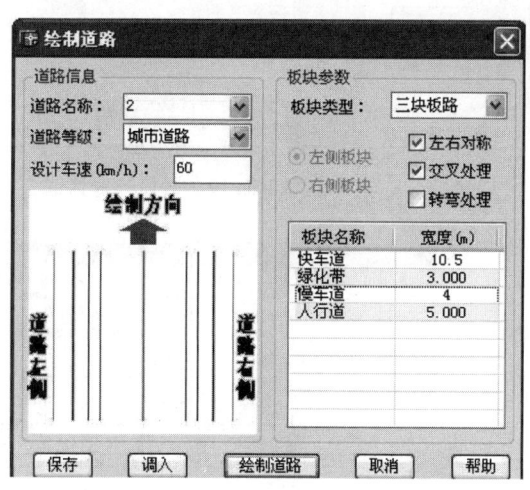

图 8.33　道路绘制参数设定对话框

需要指出的是,鸿业道路设计软件中,还通过"平面"—"线转道路"菜单,提供了线转道路功能。该功能与道路绘制的目标基本类似,仅仅是实现过程及设计习惯不同而已。道路绘制功能是在以确定道路中心线的前提下,通过设置横断面形式及尺寸,直接绘制,然后再进行交点处的平曲线设计。而线转道路则是先由道路中线进行平曲线设计,通过前文所述的方法定义道路中心线后,将该条中线转化为道路平面图。

3. 导线法平曲线设计

设计人员可以通过"平面"—"导线法线型设计"来进行对应交点处的平曲线设计。鸿业道路设计软件根据常见平曲线类型,提供了四种平曲线的设计方法,具体包括基本型缓和曲线、同向复曲线、凸形曲线及 S 型、C 型曲线。

(1) 基本型缓和曲线

基本型缓和曲线主要用在只有一个曲线单元时的缓和曲线设计,点击"基本型缓和曲线"命令,根据提示先后点取第一根和第二根直线导线或者选取已设计好的基本型曲线单元,弹出如图 8.34 所示的对话框。点击"设计"便可将平曲线插入对应交点处。该功能同时提供了四种曲线设计方法,其名称及功能如表 8.1 所示。利用"平面"—"平曲线参数标注"功能,可将对应平曲线参数标注在道路平面图上,如图 8.35 所示。

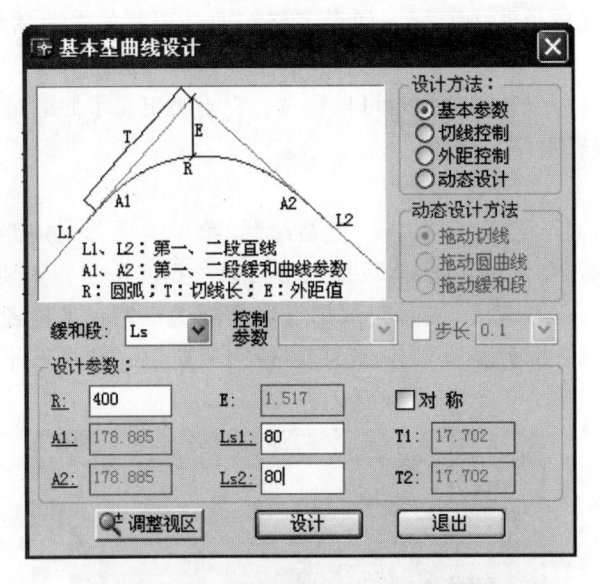

图 8.34 基本型缓和曲线参数设计对话框

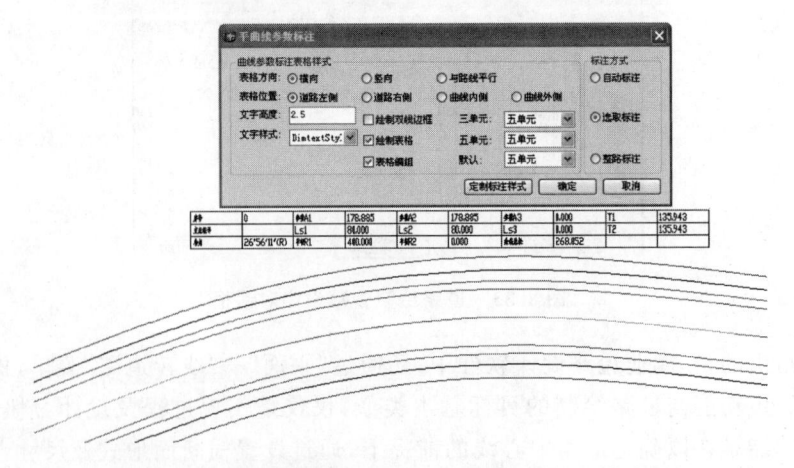

图 8.35 平曲线参数标注及基本型缓和曲线设计成果

第 8 章 道路线形计算机辅助设计

表 8.1 基本型缓和曲线参数设计方法说明

设计方法	说　　明
基本参数	通过设计参数控制圆曲线和缓和段参数来设计曲线
切线控制	通过控制参数组合框中的参数和拖动切线来控制曲线参数
外距控制	通过控制参数组合框中的参数和拖动外距来控制曲线参数
动态设计	此时动态设计方法框亮显,通过动态拖动控制设计参数;还可以选择步长控制拖动精度

(2) 同向复曲线

该功能用于设计道路中的同向曲线(包括带缓和曲线的复曲线和不带缓和曲线的复曲线)及卵形曲线,按照命令行提示选择导线弹出如图 8.36 所示的对话框。两种设计方法控制同向复曲线,其功能见表 8.2。

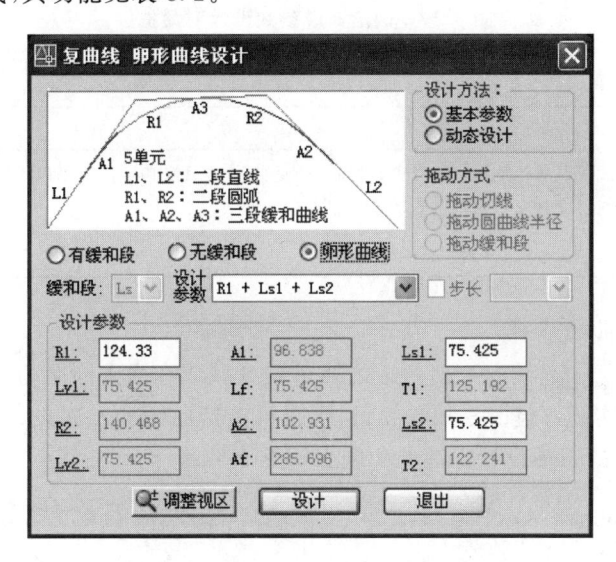

图 8.36 同向复曲线参数设计对话框

表 8.2 同向复曲线参数设计方法说明

设计方法	说　　明
基本参数	有三个单选按钮来控制设计的曲线类型(有缓和段、无缓和段、卵型曲线),对于每种曲线,有不同的参数控制,通过这些参数来控制曲线
动态设计	动态拖动曲线参数(动态拖动复曲线时,只能控制在本类型,不可以在三种类型之间切换)

(3) 凸形曲线

该功能主要用于设计出一段完全由两段缓和曲线构成的曲线。这两段缓和曲线可以是对称的也可以是不对称的。按照命令行提示选择导线弹出如图 5.37 所示的对话框。控制凸形曲线的两种设计方法说明,见表 8.3。

263

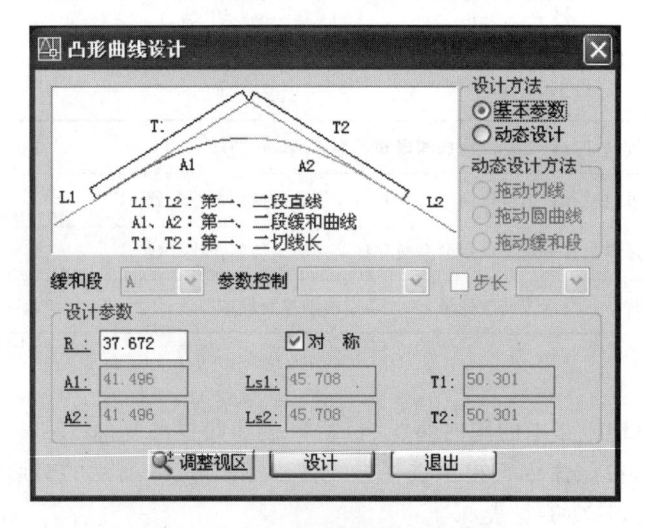

图 8.37 凸形曲线参数设计对话框

表 8.3 凸形曲线参数设计方法说明

设计方法	说　明
基本参数	凸型曲线可以对称也可以不对称,对称的凸型曲线只用控制半径就可以控制凸型曲线,不对称的凸型曲线通过设计参数框中的参数来控制
动态设计	动态拖动曲线参数,得到满意的设计结果

(4) S 型、C 型曲线

该功能用于在两个连续的反向弯道之间布置 S 型或在两个同向的连续弯道之间布置 C 型曲线。可选择连续弯道的三根导线设计,也可支持曲线的二次设计,如图 8.38 所示。S 型、C 型曲线设计的三种设计方法的功能介绍见表 8.4。

图 8.38 S/C 型曲线参数设计对话框

第8章 道路线形计算机辅助设计

表 8.4 S/C 型曲线参数设计方法说明

设计方法	说　　明
缓和段控制	通过控制缓和段来拖动改变 S/C 型曲线
切线控制	通过控制参数组合框中的参数和拖动切线来控制曲线参数
外距控制	通过控制参数组合框中的参数和拖动外距来控制曲线参数

4. 桩号处理

在鸿业道路设计软件的"平面"—"桩号"选项中,包括很多道路桩号处理命令,本教材选取若干常用命令予以介绍。

(1) 定义桩号

在鸿业道路设计软件中,只有被定义了桩号的道路中心线,才能进行桩号标注。有鉴于此,设计人员需要将已经定义为道路中心线的黄色线条,定义为桩号线。经桩号定义后的道路中心线变为品红色。设计人员可通过"平面"—"桩号"—"定义桩号"菜单选项实现上述功能。

(2) 定义主桩号

在进行城市道路设计时,往往在同一工程下同时存在数条道路。为了标示当前状态下设计的是哪一条道路而引进了"主桩号"的概念。所谓主桩号即是当前设计道路的桩号。也就是说同一工程中不同设计阶段,主桩号可能不同。当然,如果工程中仅有唯一的桩号代号,那就无所谓主桩号了。设计人员可通过"平面"—"桩号"—"定义主桩号"菜单选项实现当前桩号线的定义。

(3) 取消桩号定义

通过"平面"—"桩号"—"取消桩号定义"菜单选项,可以将已定义好的桩号线取消桩号定义,但仍保留该线条。要注意的是此命令是对全图操作。虽然提示的是选择道路中线,但只要是与选择的道路中心线桩号代号相同的中心线均被取消定义。当桩号定义有误时,可先用此命令取消定义,再重新进行定义。

(4) 自动标注桩号

利用"平面"—"桩号"—"自动标注桩号"菜单选项,可以在已定义好的桩号线上,按照设置好的桩号标注格式,自动排列桩号。本功能不仅自动标注整桩代号,同时也自动计算并生成平曲线要素桩代号。

(5) 点取标注桩号

对于某些自动标注桩号功能未标出的特殊点桩号,设计人员可以通过"平面"—"桩号"—"点取标注桩号"菜单选项激活命令,而后在设计线上手工点取待标注的点位,对应的桩号便会自动显示出来。

(6) 生成桩号列表

利用"平面"—"桩号"—"生成桩号列表"菜单选项,可以激活如图 8.39 所示的对话框。设计人员可以根据实际工程需要,点选需要标注的桩号选项。保存文件后即可得到工程的桩号序列文件,便于后续纵断面设计及逐桩横断面检查等设计工作的开展。

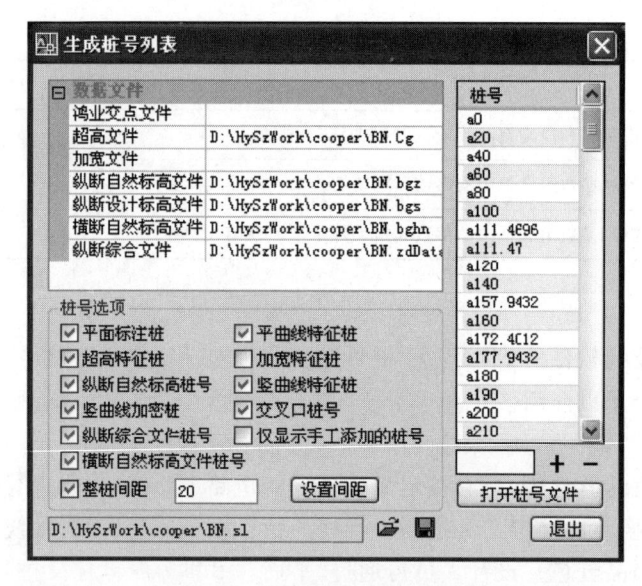

图 8.39 设置桩号列表对话框

(7) 桩号标注设置

设计人员利用"平面"—"桩号"—"桩号标注设置"选项,可以激活如图 8.40 所示的对话框。利用该功能可以设置不同的桩号标注格式,从而适应各种出图标准与出图习惯。

图 8.40 桩号标注设置对话框

5. 超高及加宽设计

鸿业道路设计软件目前提供的超高及加宽功能仅能自动处理基本型缓和曲线和单弧曲线。而对于复曲线的超高加宽目前只能手工编辑文件实现。此外,软件仅对距离中线最近的行车道进行超高计算;加宽只对弯道最内侧车道。道路的设计速度必须是超高规范库所包含的,否则就必须利用规范查询扩充功能进行扩充。设计人员通过单击"平面"—"超高加宽设计"可激活如图 8.41 所示的对话框。设计人员通过输入设计车速、设定加宽方式与类别、设置加宽缓和段长度及加宽值,实现曲线加宽设计。通过指定高程设计线位置、选定超高旋转方式、设置超高横坡度与超高渐变率,完成曲线超高设计。点击"计算"按钮后,设计成果数据将被保存在加宽文件、超高文件及超高图文件中。

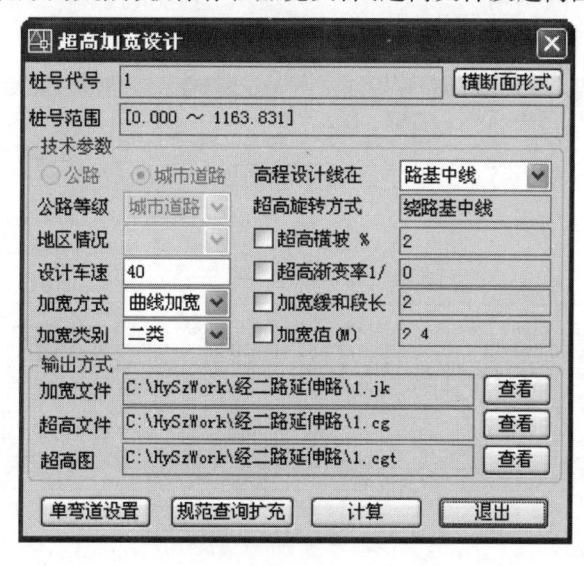

图 8.41　曲线超高及加宽设计

8.3.4　道路纵断面设计

道路纵断面设计包括三个主要环节,分别为现状地面高程的确定、设计高程的确定及纵断面图绘制。鸿业道路设计软件分别通过自然地形的输入、纵断面设计及纵断面绘制来实现上述功能。此外,鸿业软件还提供了有关纵断面设计的其他工具,但本教材仅介绍上述最常用的三个主要功能。

1. 自然地形的输入

鸿业道路设计软件提供了四种确定原地面高程的方法,其中"交互输入自然标高"与"地形图提取自然标高"最为常用。

(1) 交互输入自然标高

对于已获得道路中平实测数据的施工图设计项目,设计人员只需要通过单击"纵断"—"交互输入自然标高"菜单激活对应对话框,按软件提示,逐点输入路线中桩的原地面高程实测数据即可。全线输入完成后,单击保存,便可生成原地面自然标高数据文件,从而便于后续纵断面设计与绘制工作的开展。

(2) 地形图提取自然标高

该功能适用于没有道路中平实测数据,只有道路设计范围的地形图资料的初步设计阶段。由于不具备道路中平实测数据,设计人员需要利用鸿业设计软件中"地形"菜单中的相关命令,处理原地形图,并构建数字地面模型。然后利用"纵断"—"地形图提取自然标高"选项,激活对应对话框,点击提取标高,便可根据处理好的地形图提取道路纵断自然标高并保存为地面高程数据文件。

2. 纵断面动态设计

在已获得原地面高程数据文件的前提下，设计人员通过"纵断"—"纵断面设计"菜单项便可在屏幕上方激活如图 8.42 所示的对话框。单击对话框右下角工具栏中的"绘制草图"图标按钮可以得到包含地面线与设计线的拉坡草图。

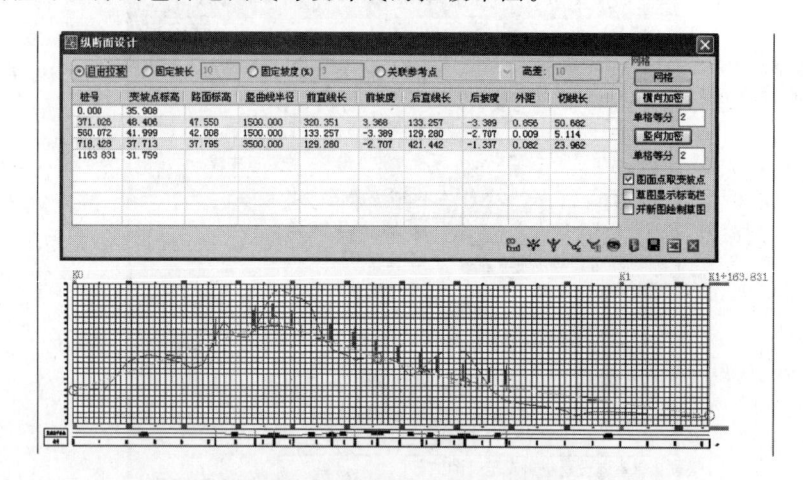

图 8.42 动态拉坡及拉坡草图

设计人员应首先在拉坡草图上，根据原地面线的高低起伏特征，大致确定变坡点位置、高程及相邻变坡点坡度。而后在动态拉坡对话框中，针对每个变坡点进行详细设计与调整，包括变坡点桩号取整、高程微调、坡度取整及插入竖曲线等。需要说明的是，该功能在进行纵断面拉坡设计的同时，提供了对应平面曲线的基本信息，便于设计人员确保"平包竖"的平纵组合设计原则，如图 8.43 所示。设计完成后，对应设计数据保存在纵断面设计文件中。

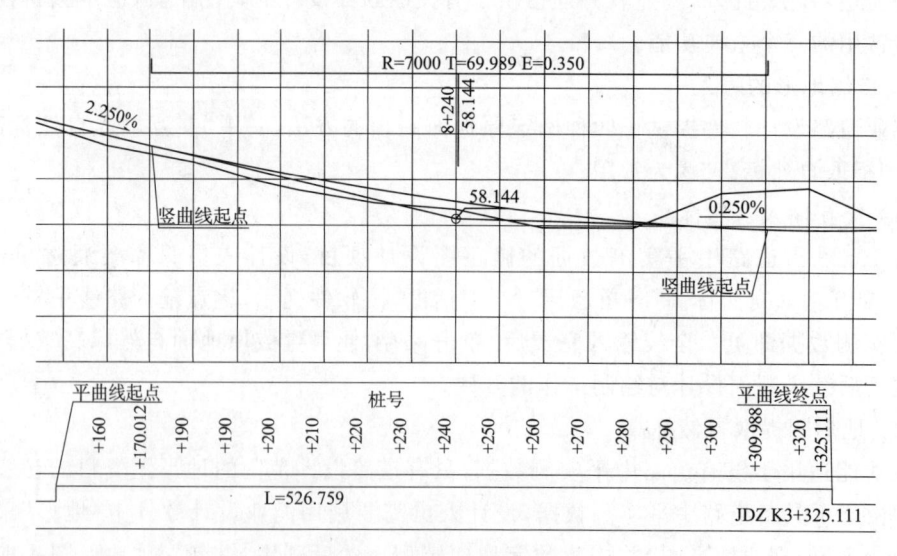

图 8.43 变坡点处详细设计

第 8 章　道路线形计算机辅助设计

3. 纵断面绘制

在已具备原地面高程数据文件与纵断面设计数据文件的前提下，可以进行纵断面绘图工作。设计人员通过"纵断"—"纵断面表头制定"菜单选项，可以设置出纵断面设计图中表格尺寸参数及表头内容，以满足图纸规范要求，如图 8.44 所示。

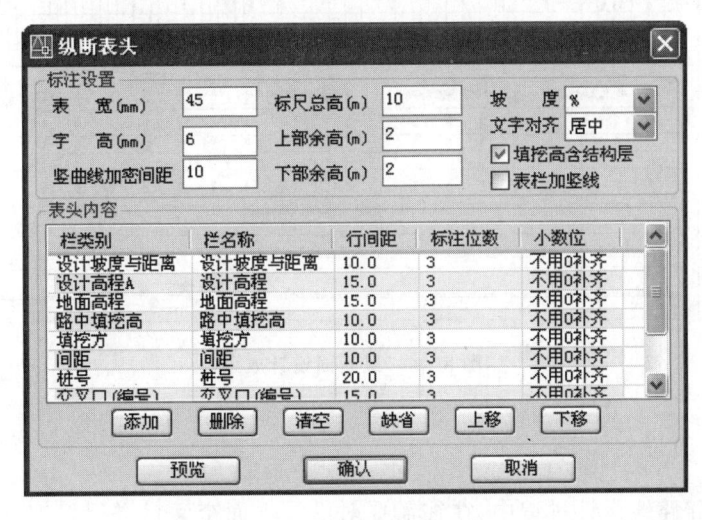

图 8.44　纵断面表头制定

然后利用"纵断"—"纵断面绘制"激活如图 8.45 所示对话框。在对话框中指定自然标高数据文件、设计标高数据文件及纵断综合数据文件。此外还应设定绘图参数，确定桩号范围与桩号标识。参数设定完成后，单击右下角"绘制"按钮，便可生成所需要的纵断面设计图，如图 8.46 所示。

图 8.45　纵断面绘制参数设定对话框

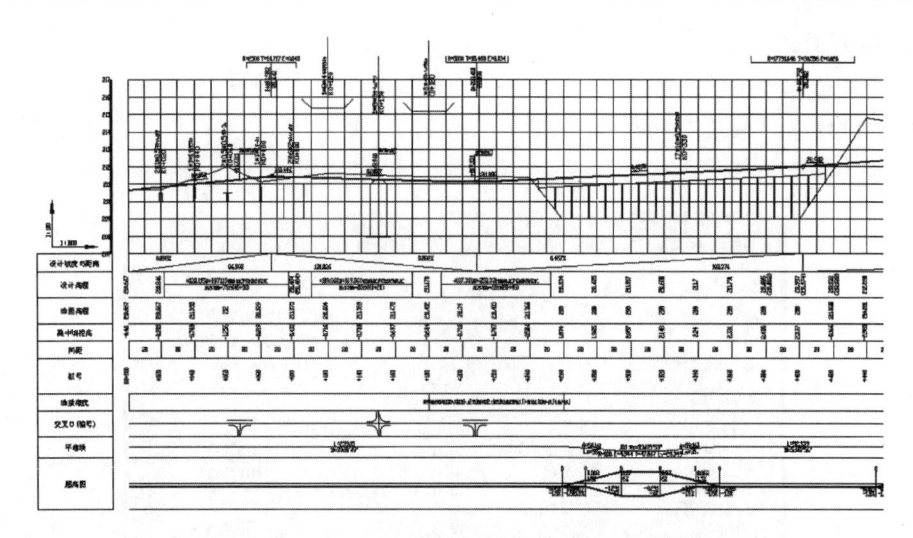

图 8.46 纵断面设计成果

8.3.5 交叉口设计

在城市道路路线设计过程中,往往需要对沿线平面交叉口进行详细设计。交叉口设计内容主要包括两大环节:一为交叉口平面(渠化)设计;二为交叉口竖向设计。

1. 交叉口平面(渠化)设计

(1) 小路口渠化

针对于主线沿线的小路口,有时需要进行渠化处理。设计人员可通过"平面编辑"—"路口处理"—"喇叭口"菜单选项予以实现。在弹出的对话框中,有三种可选择的渠化形式,点击选中其中一项,参数可根据实际需要进行任意调整与设定。点击确定以后,程序会根据缓和段长和缓和段宽来检查过渡半径的数值是否合理,以便设计人员进行及时修改。

(2) 右转车道

对于较大的交叉口,往往需要进行路口拓宽并设置右转专用车道。这可以通过点击"平面编辑"—"路口处理"—"右转车道"菜单,弹出如图 8.47 所示的对话框予以实现。

图 8.47 右转车道设计参数设定

在如图 8.47 所示的对话框中,设计人员可以根据左侧示意图的提示,相应选择右转专用车道的各部分几何设计参数,如拓宽宽度、过渡段及变速段长度与过渡导圆半径等参数。设计示例如图 8.48 所示。

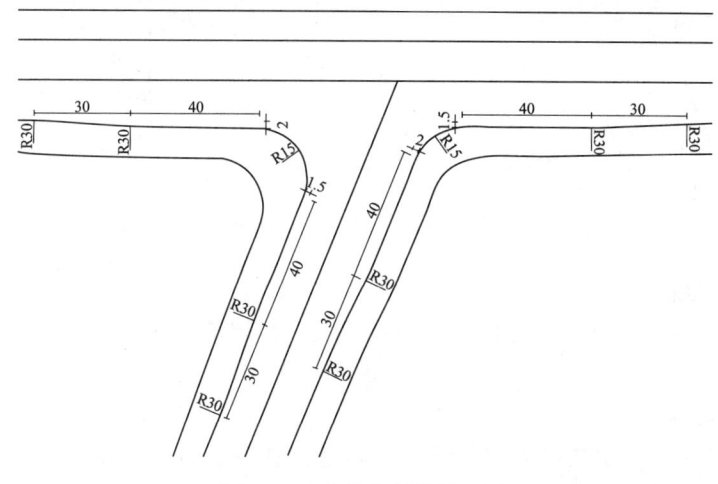

图 8.48 右转车道设计示例

(3) 渠化岛设计

在较大交叉口平面设计中的重要环节之一就是设计渠化岛。鸿业道路设计软件,通过"平面编辑"—"路口处理"—"导流岛"菜单选项,为设计人员提供了方便的设计环境,如图 8.49 所示。设计人员在该对话框中需要首先选择渠化岛类型,然后根据实际设计需要,设置渠化岛各部分几何参数。具体包括进口道与出口道宽度、右转车道宽度、进口道与出口道处渠化岛端部半径及交会角半径。设计完成的交叉口渠化岛示例如图 8.50 所示。

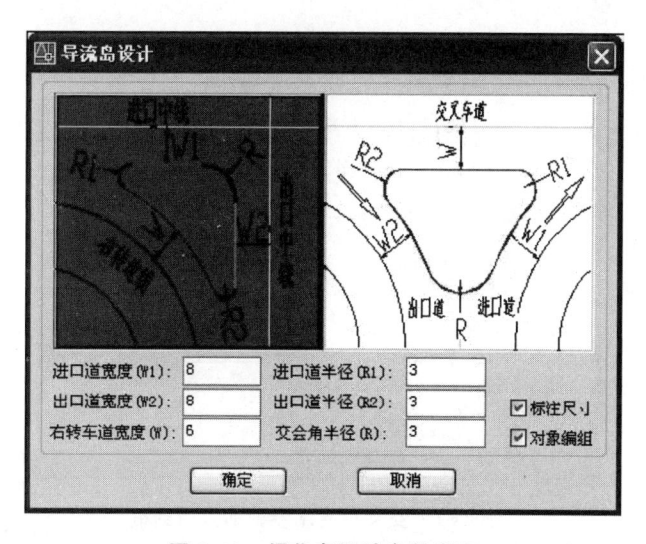

图 8.49 渠化岛设计参数设定

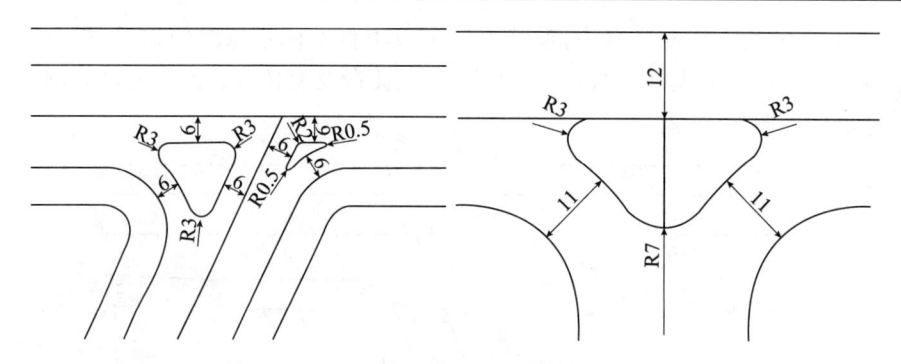

图 8.50　渠化岛设计示例

2. 交叉口竖向设计

本教材按照一般交叉口竖向设计的基本流程,介绍鸿业道路设计软件关于交叉口竖向设计的基本功能。

(1) 构造边界线

利用"交叉口"—"交叉口取样"菜单选项,可以选取待设计的交叉口。设计人员也可在道路平面图上手工截取某一交叉口进行竖向设计。利用"交叉口"—"构造边界线"菜单选项,可以圈定交叉口竖向设计范围。此时交叉口的构造边界线变为红色粗线,且已被鸿业软件识别。

(2) 定义路脊线

利用"交叉口"—"定义路脊线"菜单选项,确定相交道路的路脊线位置,以便鸿业软件进行识别。

(3) 基本参数输入

设计者通过单击"交叉口"—"基本参数输入"菜单选项,可激活如图 8.51 所示的对话框。

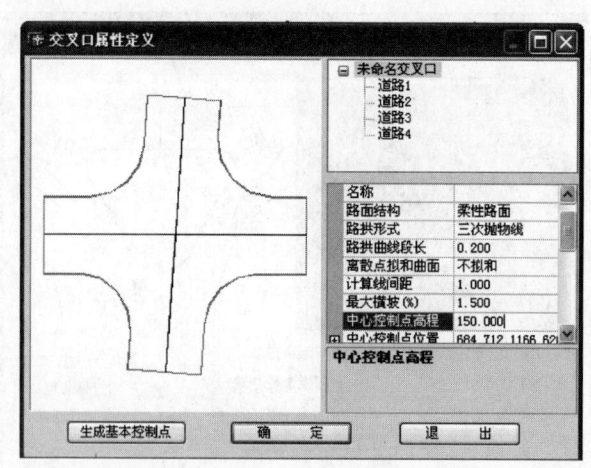

图 8.51　交叉口基本参数输入对话框

在该对话框中,设计人员首先要输入整个交叉口的基本参数,包括路面结构类型、路拱形式、路拱曲线段长度、中心控制点坐标与高程等参数及板块尺寸、角点、等高线参数等。其中中心控制点坐标由程序自动提取,无需修改;而中心控制点高程数据,应根据道路纵断面图的设计成果予以确定。

而后,设计人员需要在该对话框的右上角处,分别点选四条相交道路,对于每条道路进行参数设置。对于主要道路,设计人员需要根据纵断面设计成果,输入相应的坡度值,则程序会自动计算出入口点的设计高程。而对于次要相交道路,设计高程的确定有两种方式。第一种情况,若设计项目属于新路与旧路相接的情况,则次要相交道路的设计高程应由入口点设计高程决定,此时应根据现状地形图予以换算,并输入该数值。第二种情况,若主线与相交道路均不实际存在,而均为规划路网的局部,那么次要相交道路的高程,也应由规划图中的坡度所决定,此时应输入坡度值而非入口点高程值。需要说明的是,在本环节中,各控制点坐标均由程序自动提取,如无特殊需要,设计人员无需修改。完成参数设定后,点击对话框下方"生成基本控制点"后单击"确定",则设计参数予以保存,并且CAD绘图界面上出现控制点高程标注。

(4) 生成计算线

设计人员通过"交叉口"—"生成计算线"菜单选项可以生成交叉口竖向设计范围内的计算线。该计算线在出图时不需绘制,但作为软件后续自动计算等高线与角点标高数据,则是必不可少的一个重要环节。

(5) 板块划分与板块处理

利用"交叉口"—"板块划分"菜单选项,可以激活如图8.52所示的对话框。软件提供了多种板块划分方式,设计人员根据交叉口基本几何构造,选择合适的划分方式进行板块划分,划分完成后的交叉口如图8.53所示。

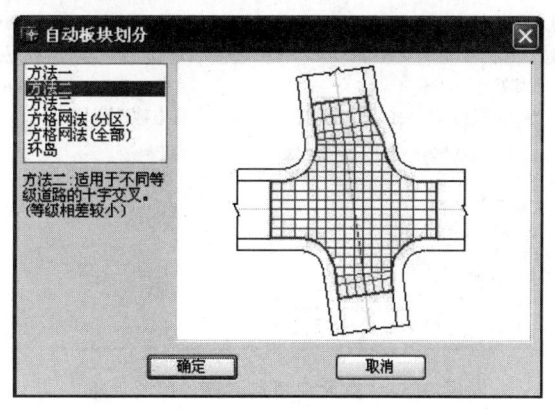

图 8.52 交叉口自动板块划分对话框

经过板块划分后,还需利用"交叉口"—"板块处理"菜单选项进行处理。经过板块处理以后,交叉口板块角点处自动生成圆形角点标记,此后才能继续进行后续设计工作。

(6) 角点标高计算

利用"交叉口"—"角点标高计算"功能,可以激活如图8.54所示对话框。设计人员可以根据实际需要,选择计算方式。通常在已生成计算线的前提下,优先选择根据计算线计算。单击"确定"按钮,角点标高计算开始。计算完成后,原设计图的每个角点处将自动生成其标高数据。

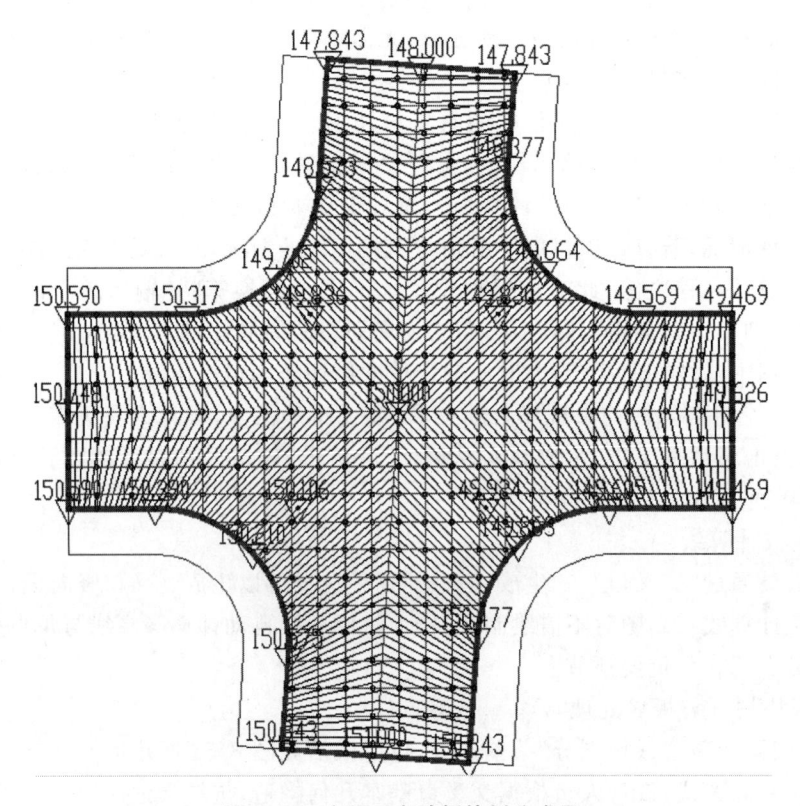

图 8.53 交叉口自动板块划分成果

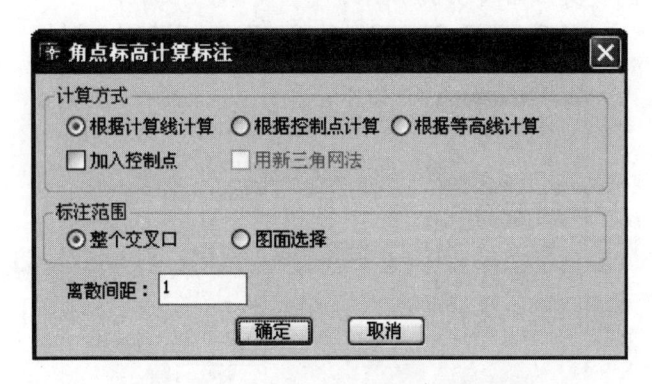

图 8.54 交叉口角点标高计算对话框

(7) 生成等高线

通过"交叉口"—"生成等高线"菜单选项,可以在交叉口竖向设计范围内自动生成等高线。至此,交叉口竖向设计的工作已经基本完成。后续工作便是调整文字的字号,按照制图标准调整格式,使得设计图更加整洁。

参考文献

[1] 中华人民共和国交通运输部.公路建设项目可行性研究报告编制办法[M].2010.
[2] 中华人民共和国交通部.公路工程基本建设项目设计文件编制办法[M].2007.
[3] 中华人民共和国建设部.市政公用工程设计文件编制深度规定[M].2004.
[4] JTG B01—2003 公路工程技术标准[S].北京:人民交通出版社,2004.
[5] JTG D20—2006 公路路线设计规范[S].北京:人民交通出版社,2006.
[6] CJJ 37—2012 城市道路工程设计规范[S].北京:中国建筑工业出版社,2012.
[7] CJJ 152—2010 城市道路交叉口设计规程[S].北京:中国建筑工业出版社,2010.
[8] CJJ 129—2009 城市快速路设计规程[S].北京:中国建筑工业出版社,2009.
[9] JTG D60—2004 公路桥涵设计通用规范[S].北京:人民交通出版社,2004.
[10] CJJ 11—2011 城市桥梁设计规范[S].北京:中国建筑工业出版社,2011.
[11] JTG D70—2004 公路隧道设计规范[S].北京:人民交通出版社,2004.
[12] GB/T 18567—2010 高速公路隧道监控系统模式[S].北京:中国质检出版社,2010.
[13] 交通部公路司.新理念公路设计指南[M].北京:人民交通出版社,2005.
[14] 国家发展计划委员会.建设项目前期工作咨询收费暂行规定(计价格〔1999〕1283号)[M].
[15] 国家发展计划委员会、建设部.工程勘察设计收费标准(2002 年修订本)[M].2002.
[16] 郑柯.基于驾驶员心理生理反应的高速公路线形研究[D].北京:北京工业大学,2003.
[17] 乔建刚.基于驾驶员因素的山区双车道公路关键参数研究[D].北京:北京工业大学,2006.
[18] JTG D30—2004 公路路基设计规范[S].北京:人民交通出版社,2004.
[19] 美国各州公路及运输工作者协会(AASHTO).路侧安全设计指南[M].第 4 版.2011.
[20] 魏中华.公路景观设计理论研究[D].北京:北京工业大学,2005:22—23,35—51.
[21] JTG/T B05—2004 公路项目安全性评价指南[S].北京:人民交通出版社,2004.